# 旅游管理(MTA)教学案例集

主 编 孙 静 孙 琦 赵 阳
副主编 汤 姿 朱正杰 汪晓梅 徐晓菲

中国财经出版传媒集团
经济科学出版社
Economic Science Press
·北京·

**图书在版编目（CIP）数据**

旅游管理（MTA）教学案例集 / 孙静，孙琦，赵阳主编；汤姿等副主编. -- 北京：经济科学出版社，2024. 12. -- ISBN 978-7-5218-6431-1

Ⅰ. F590

中国国家版本馆 CIP 数据核字第 2024DU0388 号

责任编辑：初少磊　尹雪晶
责任校对：孙　晨
责任印制：范　艳

**旅游管理（MTA）教学案例集**
LÜYOU GUANLI（MTA）JIAOXUE ANLIJI
主编　孙　静　孙　琦　赵　阳
副主编　汤　姿　朱正杰　汪晓梅　徐晓菲
经济科学出版社出版、发行　新华书店经销
社址：北京市海淀区阜成路甲 28 号　邮编：100142
总编部电话：010-88191217　发行部电话：010-88191522
网址：www. esp. com. cn
电子邮箱：esp@ esp. com. cn
天猫网店：经济科学出版社旗舰店
网址：http：//jjkxcbs. tmall. com
北京季蜂印刷有限公司印装
710×1000　16 开　19. 5 印张　358000 字
2024 年 12 月第 1 版　2024 年 12 月第 1 次印刷
ISBN 978-7-5218-6431-1　定价：78. 00 元
**（图书出现印装问题，本社负责调换。电话：010-88191545）**

# 前　言

自改革开放政策实施以来，尤其是党的十八大以后，中国的旅游业实现了迅猛发展。中国已经成为世界上规模最大的国内旅游市场，并且在国际旅游领域扮演着重要的客源国和目的地的角色。作为国民经济中具有战略意义的支柱产业，以及一个具有鲜明时代特色的民生产业和幸福产业，中国的旅游业已经成功地开辟了一条独具特色的旅游发展道路。党的二十大报告明确提出，坚持以文塑旅、以旅彰文，推进文化和旅游深度融合发展。中国旅游业正逐步向高质量发展阶段迈进。

2024 年习近平总书记对旅游工作作出重要指示，强调新时代新征程，旅游业面临新机遇新挑战，提出要以新时代中国特色社会主义思想为指导，完整准确全面贯彻新发展理念，坚持守正创新、提质增效、融合发展，统筹政府与市场、供给与需求、保护与开发、国内与国际、发展与安全，着力完善现代旅游业体系，加快建设旅游强国，让旅游业更好服务美好生活、促进经济发展、构筑精神家园、展示中国形象、增进文明互鉴。

旅游管理硕士专业学位（Master of Tourism Administration，MTA）教育在中国旅游业迅速发展的背景下应运而生，自 2010 年设立以来，已成为培养旅游行业高层次应用型专门人才、服务地方发展战略、推动旅游业高质量发展和深化文旅产教融合的重要途径和中坚力量。案例教学和研究在 MTA 教育中扮演着至关重要的角色，不仅能促进学生更好地理解理论并应用于实践，增强战略决策能力和激发创新思维，还有助于学生更加深入地了解旅游业的运作和行业特点，拓宽国际视野，加强跨学科学习和整合知识，培养沟通和表达能力，发展领导力和团队协作能力。同时，案例教学和研究也为 MTA 教育与时俱进提供了平台，有利于鼓励师生不断创新教学和学习方法，通过高质量的案例提高教学的吸引力和有效性，促进产学研结合。此外，案例研究的成果还可以为政府和行业组织提供决策支持和行业指导。

经国务院学位委员会批准，哈尔滨商业大学自 2011 年开始招收和培养 MTA 研究生，并在 MTA 教育中不断努力培养学生的创新思维和实践能力。本书收录的 14 篇 MTA 优秀教学案例，从旅行社、酒店、旅游交通、旅游景区（点）、旅游目的地等不同主体和角度对文旅产业的现实问题进行了深入浅出的剖析和解读，切实反映出当前中国文旅产业发展的热点和焦点。这些教学案例和市场实践充分展现了中国文旅产业深度融合的特点和趋势，体现了中国文旅产业的快速发展和创新。

在此，特别感谢哈尔滨商业大学旅游烹饪学院的刘琳、张冠男等教师，大美儿童世界创始人肖述涛，哈尔滨工业大学城市规划设计研究院有限公司风景园林与冰雪艺术中心副主任于朋，哈尔滨远方旅行有限责任公司总经理梁宗南，以及哈尔滨商业大学的于翔、刘岳月、王冰玉、杨成旺、张雪莹、徐昌建、赵慧敏、任倩文、殷慧、程冰、张宏源、王卫丽、梁妍、汪伟、吴梦云、王静、任意、张紫雯等研究生参与本案例集的编写。此外，还要衷心感谢经济科学出版社各位编辑和其他工作人员的高效务实工作。

**编　者**

2024 年 10 月

# 目录 CONTENTS

# 案例一
Case 1

# 旅链绘梦，规模诗行
## ——河北中青国旅连锁经营探索与实践

**案例摘要：**本案例描述了在旅行社规模化、信息化发展的背景下，作为一家规模小、客群市场单一、产品体系尚不完善的单体小型旅行社企业，河北中青国际旅行社有限公司在与河北省内各地区多家供应商和渠道商的合作中，积极探寻解决中小旅行社运营短板的有效路径；通过连锁经营、依托运营平台实现行业规模化发展，有效规避业内竞争并提升中小旅行社抗风险能力。其创新发展的探索与实践经过新冠疫情的考验，得到行业及市场的一致认可，为国内中小型旅行社的未来发展提供启示。

## 一、教学目的与用途

本案例主要适用于旅游企业经营管理、旅游企业连锁经营、服务管理、旅游市场营销等课程相关内容的教学。

本案例适用对象为 MTA 专业硕士及旅游管理类专业的本科生、研究生。

本案例的教学目的在于以中小型旅行社的连锁加盟发展历程为主线，帮助学生更好地了解旅游企业如何在变化及艰难的环境中，自力更生、审时度势、因势利导、顺势而为，制定与社会现实、行业发展、消费者需求和自身特点相适应的发展战略，并进一步理解连锁经营的意义、规模经济的重要性、中小型旅游企业经营模式的机制、互联网背景下旅行社的发展、满足旅游消费者多元化的需求等问题，以达到培养学生多视角分析问题的能力和创新创业思维意识的目的。

# 二、案例内容

## （一）引言

连锁经营是指经营同类产品和服务的若干企业在核心企业（总部）的领导下，遵循共同的经营方针，从事一致的营销活动，集中采购和分散销售相结合，从而通过企业形象的标准化、经营活动的专业化、管理方式的规范化、管理手段的现代化来提高效率，实现规模效益的一种商业经营制度和商业组织形式。旅行社服务业的连锁经营则是旅行社凭借自己的优势，以自由连锁、特许经营和直营连锁等方式组合成一个联合体，在旅行社总部的规划下各分公司及营业部相互合作、相互支持，使资源达到最优配置，获取规模效益。旅行社总部对各分公司及营业部拥有财产所有权和经营决策权，各分公司及营业部对总部负责，受总部指挥和监督，并且在整个连锁体系中实现经营理念的统一、企业识别的统一和经营管理的统一，实现这三方面的连锁化和高度的对外统一。

经济学中，规模经济的实现是指在对产品和服务进行生产时，投入成本带来产量（效益），且随着投入量的增加，所带来的产量（效益）增加的比例要大于投入量增加的比例，最终导致其单位成本在一定程度上实现缩减。

随着商品经济的快速发展，企业单一化的经营模式难以适应社会和消费者多元化的需求。连锁经营模式备受关注，不仅能够帮助企业提高品牌认知度，还能通过多元化的销售渠道、市场覆盖、规模化低成本集中采购，提高企业利润。目前，连锁经营的模式涉及众多领域，包括零售领域、餐饮领域、酒店领域。

中小型旅行社是国内旅行社行业的主体，更是实体经济的重要组成部分，在旅游经济增长中发挥了重要作用。在市场开发格局不断深化、旅游消费需求逐步多元化的背景下，中小型旅行社探索连锁经营是实现行业可持续发展的必然选择。旅行社连锁经营使旅行社业务迅速扩张，市场规模不断扩大；旅行社收益稳步提升；不仅有效降低了旅游产品原材料采购成本，更实现了经营的多元化。移动互联网时代，人们的消费理念和支付方式发生了巨大转变。在网络化水平蓬勃发展的条件下，中小旅行社的连锁经营和规模化发展变得更加容易实现。旅行社领域的连锁经营之前主要表现为大型旅行社的集团化发展；国内部分地区的中小型旅行社也曾尝试通过建立企业联盟实现规模化发展，但未能取得预期效果。因此，河北中青国际旅行社有限公司在中小旅行社连锁经营方面开创了先河。

2018 年，河北中青国际旅行社有限公司完成战略转型和体制重组，建立直营连锁旗舰店及特许加盟连锁店，形成“加盟—签约—平台—系统”连锁模式。截至 2023 年 10 月，河北中青国际旅行社有限公司已实现河北全省门店全覆盖，全省 11 个地市下辖 11 个运营中心即分公司 11 家，总公司营业部即门店 300 余家，成为河北省内规模最大的实力品牌公司之一。

## （二）案例背景介绍：河北中青国旅简介

河北中青国际旅行社有限公司 2009 年成立于河北省保定市，是一家从事旅游服务的专业机构，是经工商局注册、国家旅游局批准、具有合法资质的出境旅游公司。2009 年公司成立时曾用名为“保定市天涯旅行社有限责任公司”，经多次更名，2017 年最终确定为“河北中青国际旅行社有限公司”（以下简称河北中青国旅），一直沿用至今。

河北中青国旅自 2009 年成立直至 2017 年，其主营业务产品均以河北省内及周边京津、山东、山西等国内周边游为主；同时，还为以国内长线旅游为主体产品的大型旅游批发商代理销售产品。主要面对的是保定市内的周边游客源市场，客群规模相对较小。

2018 年 1 月河北中青国旅实施战略转型和体制重组，3 月底之前完成了河北省 11 个地市运营中心的全面落地和控股直营。2018 年 4 月，河北中青国旅全省各运营中心同步开启门店连锁加盟。经过一年多的不懈努力，依托河北中青国旅强大的品牌影响力和公司核心的经营理念，截至 2019 年底，河北中青国旅在河北省内拥有 500 余家门店。河北中青国旅始终秉承三大核心宗旨：服务门店、服务供应商、全力做好门店与供应商的桥梁纽带工作，最终达到门店与供应商的双赢目标。

河北中青国旅下设的 11 家地级市运营中心分别为：省会石家庄运营中心、总部所在地保定运营中心、冀东地区唐山运营中心及秦皇岛运营中心、冀北地区张家口运营中心及承德运营中心、廊坊运营中心、冀南地区沧州运营中心、衡水运营中心、邢台运营中心及邯郸运营中心，从而形成了完整的河北战区网络布局。各地区运营中心已基本形成其各自独立的部门中心，主要包括：门店供应商服务中心（主要任务是做好门店和供应商的桥梁、平台系统日常运营及维护）、各地区同业操作中心（主要为国内及出境长短线、亲子及研学产品同业批发）、组团操作中心（主要为国内及出境中青自组团产品）、自媒体运营中心（主要涉及抖音、快手、小红书等官方账号运营）、票务中心（主要为包段代理景区票务）、房务中心（主要为包房产品）以及地接中心（主要承接国内及入境业务）。

河北中青国旅有限公司自2018年改制后发展蒸蒸日上，获得多项荣誉。在实现经济增长的同时，回报社会，被河北省评为爱心企业和双拥单位。在河北中青国旅2018年年终盛典上，与河北广电《公益河北》栏目组、石家庄市志愿服务基金会共同举行“爱心捐赠”仪式和“中青行动、爱心传递”活动的启动仪式。公司在2019年依托全省运营中心和门店的企业架构共捐赠10万元基金，用于补贴“圆梦北京之旅”旅游产品。

河北中青国旅非常重视游客在旅游过程中的体验，任何一条旅游产品线路的设计都尽可能以游客的满意度为第一出发点，在寻找各种差异化旅游产品的同时，高适用性和高好评、高满意度一直是河北中青国旅做事的风向标。公司坚持以最热情的服务为宗旨，最优质的产品为导向，最高效的发展为目标，最人性化的管理为理念，着力打造成为国内旅游行业的实力品牌。

2018年底开始，河北中青国旅依托“互联网＋旅游”的新思路，着力研发在线旅游业务以及酒店包房、景区包段业务，加大拓宽销售渠道。同时，重点定位O2O业务，将传统线下旅游产品及碎片化资源整合重组后转向线上营销，致力打造创新模式下的新型企业。

## （三）案例主题内容

在经济、政策、社会等因素的共同推动下，企业调整商业结构和采用连锁经营模式，能够增强企业的竞争能力。在消费者消费需求多样化及消费升级的背景下，市场逐渐细分化发展，衍生出不同领域的新业态企业。连锁经营的发展将从零售领域转向批发领域、生产领域和服务领域。消费者对新业态领域的服务需求不断增加，企业逐渐向专业化、垂直化的连锁品牌发展。连锁化和规模化具有很强的集聚性和优势性，品牌经营连锁化将成为各行业发展的大趋势。河北中青国旅以此为契机，构建线上线下一体化的、全渠道的经营模式，通过连锁经营实现规模效益。

### 1. 连锁经营创新旅行社经营模式

在中国旅游业的发展进程中，旅行社行业一直在寻求改变以中、小型企业居多的散、小、弱、差状态，但实现进程却异常缓慢。2018年，受到市场需求变化与外在环境的冲击与影响，河北中青国旅各位股东经过多次商讨、探究，认为再也不能慢慢地寻求自然而然的发展路径，必须果断地去寻求一种新型的、规模化的发展道路，最终决定施行企业战略转型和体制重组。将与自己有共同理想和目标的中、小旅行社企业团结起来，共同发展，形成旅游生态系统下的命运共同体。通过进行统一的工商登记、税务登记、旅游局备案，从行政及财政上率先实现统一，再逐步推广到品牌宣传、产品营销、统一的制度管理体系等内部运营的统一。通过“互联网+”及信息化平台建立多元化连锁加盟经营管理模式。即河北中青国旅建立直营连锁旗舰店及特许加盟连锁店，形成“加盟—签约—平台—系统”连锁模式。

加盟是指以直营连锁及特许加盟连锁方式，对内整合“门店”，即“买方”。签约是指在战略合作模式前提下，以签约形式加盟供应商，对外整合旅游产品供应商，国内及国际旅游产品大型地接社及专线批发商，即“卖方”。供应商包括出境产品供应商、国内长线产品供应商、国内周边短线供应商。平台是指通过平台以解决门店及供应商两头衔接的问题。系统是指与欣欣旅游网合作，建立的一套信息管理系统，以实现B2B及B2C的问题，进而解决连锁企业规模化的问题。“加盟+签约”的目的，是同时提升组团收客和出团接待的质量。具体来说就是，一方面设置随处可见的线下门店，以接触客户；另一方面控制地接社及专线批发商，保证服务质量。所谓“平台+系统”就是在加盟签约的基础上，通过河北中青国旅这个平台，实现门店及供应商的对接。河北中青国旅投入50多万元与欣欣旅游网合作开发了一套内部管理软件系统（ERP）。正是这套ERP软件系统让河北中青国旅的总部、供应商、门店三方协作得以实现。供应商负责与门店对接客源并负责所有团队的具体安排；门店负责咨询和招徕游客，但绝不涉及具体的团队操作。为保证产品质量，河北中青国旅还制定了单项旅游产品（酒店、餐饮、旅游用车）的采购标准，要求供应商严格按照采购标准供应产品，对达不到质量要求和规定销售量的加盟门店将予以处罚或淘汰。总部行使监管责任，负责品牌产品的整体营销推广。河北中青国旅经营的独家自组产品往往在市场上具有很强的号召力，得到消费者追捧的同时也得到景区更多支持，步入良性发展轨道。

河北中青国旅最早的设定是从河北全省到覆盖京津及华北地区，并通过“镇镇通”模式，最终实现门店到镇、全域覆盖。实践中，尽管河北中青国旅遵循方圆1.5公里之内不设置第二家门店的原则，以实现对原有门店的保护，但市场渗透及扩充速度仍然是史无前例的。每年会有新门店设立及加盟，也会有新的供应商签约，为了加深门店及供应商之间的相互了解，以便于更好地相互合作，实现共赢，河北中青国旅总部及各地区运营中心按年度组织门店及供应商的见面会，让他们彼此加强沟通，加深了解，增进彼此的黏性。

河北中青旅在连锁经营的基础上通过奖励机制充分发挥激励作用。无论是加盟门店，还是直营门店，均可以参与评选金牌门店及优秀门店，金牌门店及优秀门店奖励机制，按年度评选，年营业收入突破50万元，即可参与优秀门店的评选，并获得授牌及5000元奖金；年营业收入超过100万元，即可参与金牌门店的评选，并获得授牌及10000元奖金。河北中青国旅的地区运营中心，每个月度对门店进行月度培训、交流，及发放短期的奖励。譬如，月销售前三名给予流动红旗及奖金激励等。致力将河北中青打造成学习型组织，鼓励门店互相交流、共同进步。

奖励机制同样适用于加盟的供应商。按年度评选优秀供应商及核心供应商，评选标准包括：第一，产品接待量为同类产品所有供应商中最多的；第二，产品接待质量为同类产品所有供应商中最好的。因此，凡是获选各类产品优秀供应商（即优秀出境供应商、优秀国内长线供应商、优秀周边短线供应商）均是接待最优的供应商。同时，河北中青国旅也是这些供应商的最优“大客户”，能够享受供应商给予的更优惠政策，由此为优秀供应商带来更好的产品推广效果与更广大的市场份额，形成良性循环。

### 2. 连锁经营拓展旅游客源市场

改革开放以来，伴随着中国旅游业的高速发展，我国旅行社行业发生了巨大的变化，特别是近年来，行业规模不断扩大，从业人员不断增加，经营体制不断创新，经营环境不断改善，旅行社行业已经成为我国拉动经济增长、扩大就业渠道的重要服务行业之一。在旅行社行业规模扩大、营业收入增加的同时，行业净利润率却在不断地减少。一方面，国内旅行社的进入门槛相对较低，国民旅游需求增加刺激了国内旅行社规模迅速扩张和行业整体营业收入的增加。另一方面，由于缺乏旅游产品的创新设计能力，同类旅行社之间主要依靠价格竞争来获取客源，从而导致行业利润率的下降以及新进入者的减少。在短期内，新兴领域的旅游产品将成为旅行社新的利润增长点。旅行社行业薄利的主要原因之一是旅游产品缺少差异性，市场竞争以价格竞争为主。因此，开拓旅游新兴市场、提高产品创新能力、是旅行社短期提升盈利空间的关键。

实施改制前，河北中青国旅的主营业务产品以国内周边游为主，主要面对保定市内消费者。2018年改制后，河北中青国旅在河北全省境内通过加盟连锁拥有500余家门店，基本完成在河北省内销售网络的有效布局，客源市场持续扩张。

从新冠疫情后的市场反馈来看，旅行消费需求依然旺盛，为旅行社业恢复发展奠定了基础。2022年12月26日，国家卫生健康委员会公布了《关于对新型冠状病毒感染实施“乙类乙管”的总体方案》。2023年1月8日，国家移民管理局有序恢复受理审批中国公民因出国旅游、访友申请普通护照，恢复办理内地居民旅游、商务赴港签注。一系列利好政策公布后，携程旅游、同程旅行、飞猪等在线旅行社（OTA）平台数据显示，海外热门目的地、出境机票、海外酒店、春节出境跟团游产品搜索量等迅速攀升，部分数据达到了2020年以来的峰值，旅游市场需求强劲，也让旅行社从业人员对市场复苏充满期待。河北中青国旅抓住机遇，重新调整市场战略，将原计划于2020年底前完成北京、天津、山西、山东、河南、内蒙古六大地区的战略挺进和市场进驻，2021年底之前完成企业上市并实现华北地区的整体战略布局和资源交叉的战略计划，调整为2024年底前，客源市场扩展到完成北京、天津、山西、山东、河南、内蒙古六大地区以及华北地区的整体布局，并着力将企业打造成国内旅游界“航母级”的旅游品牌。并以此为目标，整合布局营销网络：总部研发设计的产品下达至11个地市运营中心，从运营中心转发河北省各地区门店，由门店在线上与线下同步推广。

河北中青国旅针对旅游者消费多样化和个性化需求的不断增长和升级，不断聚焦与深耕，专注亲子、研学、文化、体育、蜜月、老年等细分市场，做“小领域”的“大市场”占有者，着力做好用户社群，培育高黏性用户，深挖黏性用户需求并予以满足，保持持续拓展能力。与此同时，河北中青国旅也看到了跨界融合将是未来重要的发展方向。利用旅行社的传统资源、人脉优势，介入关联产业发展，实现资源、客源发展的又一新方向。

### 3. 连锁经营促进旅行社产品线延伸

2018年改制后，河北中青国旅组团板块主营业务产品已经由国内周边游扩展为国内游和出境游。河北中青国旅目前已签约众信旅游、竹园国际全景旅游、寰宇飞扬等全线出境批发商及澳翔假期、传奇之旅、天津鲲鹏、天津纵横等东南亚及东北亚专线包机批发商，山海边、辉腾等全线国内批发商及南京正大、宇坤假期、天津喜途、北京鸿鹄、北京联邦假期、百思特、超越假期等国内专线及周边批发商共计200余家。国内业务包含国内周边游及国内长线游，国内产品线路全覆盖；出境游业务包含自营业务与代理销售业务，其中自营产品主要涉猎东北亚韩日专线、东南亚泰国、柬埔寨包机以及俄罗斯专线等；对于所代理销售供应商的产品，基本覆盖了全球主要开放的旅游目的地，包括国际短线和国际长线；地接板块实现了国内及入境旅游接待业务的同步增长，产品类型也由原全包价产品为主，转向“包价游”+“定制游”并行发展。主要客源市场由保定市内扩展为河北省全域，实现了产品线的延伸与客源市场的扩张。

河北中青国旅各分公司结合当地的特色旅游资源优势，不断创新开发新的产品，以秦皇岛地区为例，开发的国内周边游产品主要包括以下几种。

（1）河北中青国旅包船游。

秦皇岛嘉年华公主号游船，平日主要推销给外地来秦游客，秦皇岛本地游客很少有人乘坐过。通过推出“秦皇人游秦皇岛”系列活动，秦皇岛本地游客在享受优惠的同时，也感受了在家乡乘船出海的快乐，2020 年 7 月至 8 月暑期期间，包船游航次累计达 100 余航次。

（2）秦皇岛市内各大景区直通车。

主要是市民直通车，其中包括北部山区祖山风景区、傍水崖漂流、鸣岐一号天然温泉、首钢赛车谷，东部山海关角山/长寿山、山海关一关、龙头风景区、乐岛海洋王国、求仙入海处景区，南部海滨碧螺塔酒吧公园、集发梦想王国、南戴河国际娱乐中心、昌黎国际滑沙中心、渔岛温泉海洋乐园等。各大景区直通车暑期 7 月至 8 月接待人次均达到 3000～5000 人次。河北中青国旅秦皇岛运营中心提出一个口号："我们中青人就是游客与景区之间的搬运工。"河北中青国旅秦皇岛运营中心承接了秦皇岛地区绝大多数景区的市民直通车项目，并致力将其打造成为秦皇岛城市旅游班车。实现各县区主要站点及城市东、西、南、北各条线路主要景区站点上下车。为游客提供便利的同时，实现对同线路各大景区的客流输送。最重要的是协助营业部门店、同业旅行社及旅游包车公司实现了新冠疫情时期的创收。当然，这一切的根源都是因为，河北中青国旅是连锁经营模式下一体化、集团化、多元化并存的旅行社企业。

截至 2023 年 10 月，河北中青国旅主营业务有京津冀地区入境旅游接待、河北省内各景区代理直通车及电子票业务、出境游、国内旅游、亲子游、老年游、会议等几大业务板块。工作重点为终端客户及同行业提供 B2B/B2B2C/API 等多种系统预订方式，产品渗透多个线上线下渠道。旅行社可以使用同业批发的 B2B 平台预订；申请 API 接口使用产品数据服务；同时，也向线上旅游企业提供面向自由行客人的 B2B2C 预订的贴牌模式（门店系统佣金模式及电子票系统佣金模式），把产品频道嵌入合作伙伴的网站中。

#### 4. 连锁经营提升旅行社服务质量与营利能力

（1）实施服务创新，不断提升服务质量。

在"互联网＋旅游"的背景下，随着旅游消费的提档升级，中小旅行社不仅要利用好互联网这一强有力的利器，还要不断提升旅游服务质量，把消费者满意度作为旅游企业发展的第一要素。河北中青国旅创始人武旭先生非常热爱旅游业，对旅游业态的创新和发展运营方面有着丰富经验，从业十余年来对行业也有着自己的独到见解，他认为旅游业无论怎么变革创新，都是传统的服务行业，必须注重服务创新、关注服务细节。他所带领的管理团队也成为一个有胆识、有梦想、有激情、有专业态度的团队，他们不但沿袭了成熟旅游市场的先进理念，同时充分发挥京津冀旅游资源优势，成为京津冀领先的旅游服务商。同时，通过不断创新服务理念，打造严谨的企业作风，建立完善的旅游服务体系、时尚专业的品牌形象，为广大旅游者服务。河北中青国旅在连锁发展的过程中，实现了集中采购、统一服务标准及服务流程，以数据分析作为旅行社开展业务及绩效管理的依据，为打造河北中青国旅的品牌价值不断努力。

传统旅行社行业不景气的背景下，“导游强迫购物”“导游打人事件”“黑导”“宰客门”等话题常常登上媒体头版头条，游客与旅行社的纠纷也是甚嚣尘上，这些负面新闻严重影响旅行社的形象与信誉，也使得当今许多潜在游客对旅行社望而却步，从而选择在 OTA 平台订购旅游产品或借鉴各类攻略实现自助游。河北中青国旅首先从传统旅行社改革升级的第一步就是自查自省，系统梳理以往客人投诉事件，探究原因，从源头上提高旅行社服务质量，进而为游客提供高品质服务。其次，积极组织线上和线下的员工及门店培训，捕捉潜在游客的多样化、个性化旅游需求，为上门游客提供人性化的情感服务，增加游客好感度。最后，不断创新旅游产品，引导消费需求，增强消费者体验感和满意度。如自助游占在线旅游市场份额的权重比越来越多，且增速最快。酒店及景区门票又是在线旅游的主要变现方式。河北中青国旅经过多次论证，抓住机遇，并针对国内自助游产品信息和价格不透明的现状，重点开展落地服务和数据统计分析工作。通过去中介化，不断优化技术和产品，帮助用户更简单、更低价格地预订自助游中的酒店、门票和其他碎片化产品，提高产品的性价比，提升消费者满意度，进一步扩大了自助游的客源市场。

（2）不断提升盈利能力。

2018 年末，旅游市场快速增长，中国游客增速全球领先，为解决大部分想要加入旅游行业的同仁们入市门槛高的问题，帮助他们解决后顾之忧，同时，加大河北中青国旅的运营规模，河北中青国旅开启大规模、扩张式加盟模式，快速成长为京津冀地区较大的旅游联盟体系，不仅将原本零散化、点状化的微小旅游单位统一，而且联合了大型旅游批发商，实现了“旅游镇镇通”业务，将旅游规模实现网状化统一管理。河北中青国旅创建了总部—各地运营中心—供应商—门店模式及直营连锁、特许连锁、自愿连锁三种类型多元化连锁加盟模式，因其主要部门及主营业务，总部及 11 个地区，2019 年之前收益主要是作为平台方，收取系统平台服务费 + 业务利润并举的模式。新冠疫情期间因整体市场处于崩盘状态，各地运营中心针对供应商出台了减免端口费等服务费用政策，保留流水扣点，流水扣点主要用于支付系统银行费用及门店奖励，总部及各大运营中心可谓是举步维艰，在各自独立创新，艰苦奋斗的情况下，以秦皇岛地区为例，逐步转向小同业盘活运营中心的模式。

2019 年，河北中青国旅 11 个地区运营中心营业额共计多达 7800 余万元；遭遇新冠疫情，2020 年跳崖式跌破 600 余万元；2021 年略有反弹，实现 900 余万元；2022 年可谓是历史性最低，仅为 100 余万元；2023 年截至 10 月已恢复至近 2000 万

元（见图1-1）。

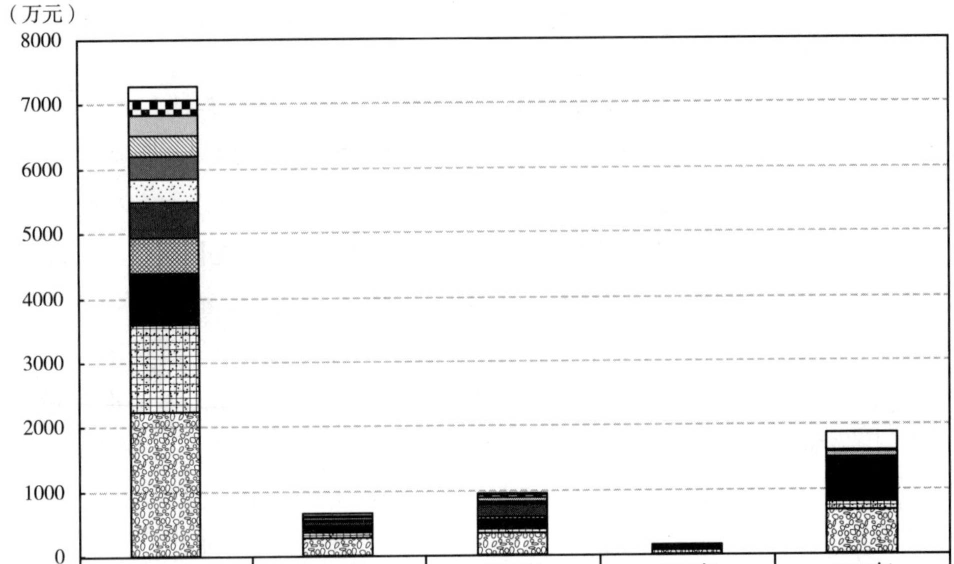

（万元）

| | 2019年 | 2020年 | 2021年 | 2022年 | 2023年 |
|---|---|---|---|---|---|
| 邢台 | 198.48 | 33.46 | 22.49 | 5.25 | 275.13 |
| 衡水 | 239.70 | 25.92 | 38.00 | 0.82 | 1.30 |
| 唐山 | 318.85 | 43.64 | 54.83 | 23.71 | 91.51 |
| 张家口 | 321.82 | 6.27 | 22.82 | 0.06 | 3.11 |
| 邯郸 | 346.45 | 14.35 | 16.43 | | |
| 承德 | 368.20 | | | | |
| 廊坊 | 551.72 | 58.99 | 192.31 | 12.41 | 37.97 |
| 沧州 | 539.89 | 29.30 | 53.72 | 0.24 | 3.75 |
| 秦皇岛 | 810.95 | 84.19 | 152.62 | 38.58 | 644.90 |
| 石家庄 | 1356.96 | 85.04 | 60.54 | 0.04 | 146.39 |
| 保定 | 2227.02 | 267.17 | 331.95 | 67.91 | 665.05 |

**图1-1　2019年至2023年10月河北中青国旅11个地区运营中心营业额**

注：2023年数据截至10月。

2019年至2023年10月，河北中青国旅各地区运营中心营业额跳崖式下降，但接待人次数反而略有提升，在跨境、跨省游减少的背景下，将产品市场转向省内周边游（见图1-2）。尽管营业额下降了，但是整体的接待规模却有所增长，这正是连锁经营管理带来的红利。

### 5. 连锁经营增强旅行社抗风险能力

我国旅行社行业整体抗风险能力还比较弱，尤其对大多数中小型旅行社而言，各种不确定因素会让他们的经营存在更多风险。如何规避这些风险，提高处理应对突发事件的能力？除了在产品、在管理上增强竞争力外，旅行社在企业经营模式上也应该不断创新，而连锁经营无疑是现阶段旅行社节约成本，优化配置，提高企业抗风险能力的一种重要手段。

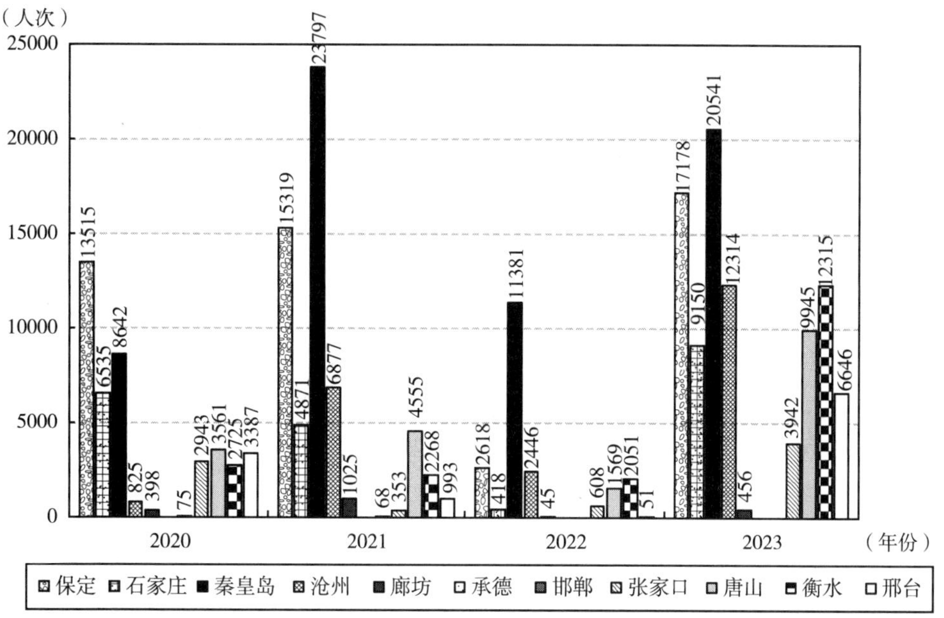


**图 1－2　2019 年至 2023 年 10 月河北中青国旅 11 个地区运营中心接待人次数**

注：2023 年数据截至 10 月。

2020 年初突发新冠疫情。2020 年 1 月 24 日，文化和旅游部下发紧急通知，要求各地暂停旅游企业经营活动，全力做好新型冠状病毒感染的肺炎疫情防控工作。根据通知要求，全国旅行社及在线旅游企业 24 日起暂停经营团队旅游及“机票＋酒店”旅游产品。对于已出行的旅游团队，可按合同约定继续完成行程。行程中，密切关注游客身体状况，做好健康防护。通知明确，各地要深刻认识此项工作重要性，指导辖区内旅游企业服从服务大局，妥善处理好游客行程调整和退团退费等合理诉求。

对此，河北中青国旅系统退款多达 2000 余万元。仅秦皇岛运营中心一地，退款就达到 200 余万元。巨大的现金流对于河北中青国旅而言，无疑是一场巨大的灾难。众所周知，旅游产品大部分为预售制，即客人报名后，门店系统下单，公司已完成产品采购。在受新冠疫情影响原有行程被打乱，造成高客户投诉的情况下，河北中青国旅各地区运营中心及各地区门店，依旧耐心为客户解答，在保证客户身体健康状况的情况下，尽全力将其损失降到最低。面对大部分供应商的退款，河北中青国旅应收账款账户不断攀升，经营风险不断加大。但是，河北中青国旅依旧秉持社会责任，为下属各门店垫付退款退还给游客。门店加盟初衷是对总部的信任，因而，一旦出现问题，总部必须遮风挡雨，帮助门店渡过难关。正是得益于连锁经营模式，单体门店有效规避了大批量退款的风险，易于在后续向专线同业产品供应商追回欠款。

因为旅行社属于轻资产行业，大部分门店都是租赁房屋，房东并不会因为新冠疫情而减免房租，譬如，秦皇岛北戴河著名的刘庄夜市步行街的旗舰店年租金10万余元，企业经营压力巨大。新冠疫情期间北戴河落地散游客呈现跳崖式下跌，门店营业流水由2019年流水560万元滑落至2022年的80万元。旅行社是微利行业，利润率一般为2%~5%，一般不会超过10%，门店需要承担的压力不言而喻。尽管如此，在规模化发展的连锁经营模式下，整个河北中青国旅，上至总部，下至门店，都没有放弃，他们坚持信心和决心，共同发挥各自的聪明才智，形成总部与门店的合力，一体化运营，同荣辱，共进退，不断开创新思路，开发新产品，寻求新的经营模式，探寻生存与发展出路。同时，所有的门店都始终保持积极乐观向上的经营态度，积极自救并寻求发展。以秦皇岛地区为例，新冠疫情后门店总体数量不减反增，从2019年底的46家增加到了2023年的55家，大部分的门店是心怀与总部共同进退、荣辱与共的决心。

2020年，虽然仍处于新冠疫情期间，河北中青国旅依然进行了平台系统升级，增加自愿连锁模式，降低运营成本，集中采购，各地区独立自主发展，形成总部—各地运营中心—供应商—门店模式及直营连锁、特许连锁、自愿连锁三种类型多元化连锁加盟模式并举，保持着规模化的经营模式，抵御了新冠疫情所带来的沉重打击。

2022年虽然为新冠疫情期间市场最为惨淡的一年，河北中青国旅依旧寻求战略转移，带领门店开辟新的营收模式，以秦皇岛地区为例，大部分景区室内景区及密集型景区处于关闭状态，仅有山岳型景区开放，河北中青国旅秦皇岛运营中心，就带领门店对周边游再次进行深耕，发起祖山风景区直通车，接待人次突破15000余人次，打破了历年祖山直通车的接待量，创下历史性新高（见图1－3）。这要归功于连锁经营管理的规模化发展战略的实施。

2023年，旅游市场逐渐实现整体运营的复苏，秦皇岛地区充分利用其原有景区包段代理资源及同业操作中心成为运营中心的主力军，带领门店将其原有地接景区资源，转换为本地市民组团前往的目的地。同业操作中心由原有长线转为周边游小同业，负责宣传推广。

同时，河北中青国旅自媒体运营中心开始打造官方抖音账号。2023年2月，河北中青国旅缴纳10万元质保金，入驻抖音，成为河北省第一家经营出境旅游业务且入驻抖音平台的旅行社服务商。官方抖音账号上线后，主营出境业务产品，国内组团产品及国内地接产品，授权全省门店入驻，进行线上直播分销，仅秦皇岛一地，阿那亚一款地接产品，首日直播销售额就突破20余万元。河北中青国旅未来将开启

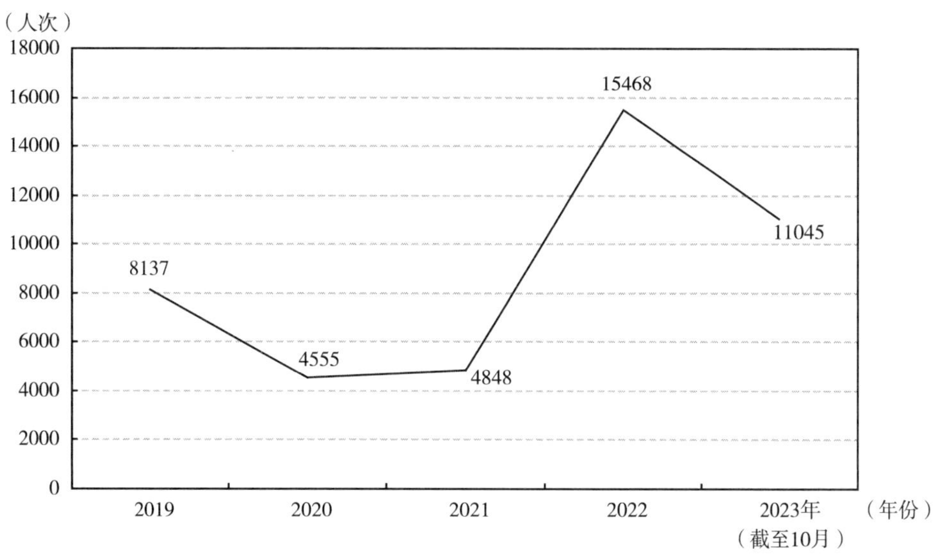


**图 1-3　2019 年至 2023 年 10 月河北中青国旅秦皇岛地区运营中心祖山直通车接待人次数**

线上电子门店推广，全网全域推广战略，以河北省内 11 个地市、11 个运营中心为核心，继续开拓周边市场，争取早日完成北京、天津、山西、山东、河南、内蒙古六大地区的战略挺进和市场进驻，实现华北地区的整体布局和资源交叉，着力打造国内旅游界"航母级"的旅游品牌，最终实现融资上市。

### （四）结语

河北中青国旅的连锁经营规模化发展模式是值得推广下去的。在未来很长一段时间，大型旅行社通过集团化发展或将长期存续下去，中小旅行社的专业性和代理性需要通过这样一种平台媒介模式，通过制度化的管理、统一品牌、统一运营模式，实现共同进步的多元化协同发展。

## 三、启发思考题

1. 河北中青国旅是一个怎样的旅行社？
2. 河北中青国旅制定了怎样的发展战略？
3. 连锁加盟给旅行社管理带来了哪些优势？
4. 新冠疫情期间，作为企业高管如何带领旅行社存活？
5. 结合新冠疫情期间各地区旅行社危机管理的成功案例，判断消费需求的新趋势，讨论旅行社应该采取哪些措施。

6. 互联网背景下，中小旅行社经营模式如何创新？

7. 旅行社集团化、规模化的经营模式，发展方向是什么？

8. 在未来，规模化发展程度越来越高的情况下，随着企业模式的多元化，如何在制度上提升管理效果？

## 四、分析思路

首先，在中国现行旅行社经营模式的发展背景下，引领学生了解传统旅行社经营模式的特点、布局及发展趋势。

其次，将河北中青国旅的连锁经营模式与中小旅行社“互联网+”背景下多元化企业的发展及连锁加盟相关理论与资源与能力相关理论相结合，理解河北中青国旅的发展背景和机遇选择。同时，理解中小企业在新冠疫情下，如何通过连锁企业管理模式，顺势而为，进行战略转型、制度转化，抵御风险带来的冲击。

最后，结合中国旅行社的现状，以及中小旅行社的发展规模及在旅行社行业中的市场地位，组织学生进行头脑风暴，设想河北中青国旅未来的发展趋势将如何，以及整个旅行社行业未来的复苏发展规模将如何。

## 五、理论依据与分析

### （一）相关概念

连锁经营是指企业经营若干同行业或同业态的店铺，以同一商号、统一管理或授予特许经营权的方式，来共享规模效益的一种经营组织形式。连锁经营的三种基本形态为直营连锁（正规连锁）、特许连锁（合同连锁、加盟连锁）、自由连锁（自愿连锁）。

直营模式是一种经营形态，在这种经营形态下公司的所有权和经营权集中于总部，对公司的经营网络、线路规划、资产技术具备绝对的掌控权，由总部对各地设立的各分公司或子公司直接进行投资、经营和管理。直营模式以一个品牌为主导，凭借自身雄厚的资金实力通过吞并上下游企业、设立独资企业、实现对优质企业的控股等途径，进而发展壮大自身经济实力和企业经营规模的一种形式。在直营模式的经营过程中由总部设立统一化、标准化的操作流程，有效提高资源配置效率，进而不断优化公司管理水平。

加盟模式是相对于直营模式的另一种经营形态，在这种经营形态下公司的所有权与经营权分离，所有权隶属总公司，而经营权则归属于各分部。各加盟网点对总部资源具有使用权，且总部为各加盟商提供系统支持、培训支持、营销支持、品牌支持、建设支持以及公共服务支持，各加盟商日常经营相对独立于总部管理，只需支付一定加盟费并经过相关培训即可开展经营。

自愿模式即自愿加入连锁体系的企业。这种企业由于是原已存在，而非开店伊始就由连锁总公司辅导创立，所以在名称上自应有别于加盟店。自愿加盟体系中，商品所有权归加盟主所有，而运作技术及商店品牌则归总部持有。

连锁经营的主要特征是具有规模优势，对采购、运营、定价等方面都进行了统一规定。连锁经营需要建立统一的配送中心，与生产商或者供应商直接合作。此外，由于统一管理、统一进货渠道、直接定向供应，连锁经营的商品质量得以保障。

## （二）连锁加盟相关理论

### 1. 规模效益理论

规模效益理论，是指企业的经营成本随着规模的扩张而降低，促使企业为获取更大利益而扩大经营。此理论的基础条件是生产技术平稳发展，研发资金稳定收入，产品在市场需求稳定等。规模效益逐步成为企业发展需求，对社会的生产与发展产生推动作用。

连锁经营是利用规模效益降低运营成本的优秀范例。企业通过推广自己拥有的专利技术、信息管理技术以及商业理念，开设连锁的分支机构，并通过增加加盟商的数量，提升企业市场占有率。随着加盟门店数量的增加，产品和服务的规模随之增加，促使经营链条中生产效率提高，管理逐步提升，分工趋于公平合理，有助于达到利润的最大化。规模效益理论对于连锁企业在竞争中取得优势具有重要意义。以连锁的形式对企业进行规模化经营，可有效节省企业服务与营销支出；规模化的经营模式在产品成本尽可能降低的同时，保障了产品及服务品质。

当市场交易费用的节约与企业内部交易费用的上升趋于持平时，企业扩张动力减小，扩张速度逐步趋于停滞，企业规模逐步趋于稳定。

### 2. 分工理论

亚当·斯密在《国富论》中第一次提出了分工理论，指出劳动分工可以提升劳动生产率。具体途径如下：首先，将复杂的工作分解，减轻劳动者工作难度；其次，生产者专注于固定工序，将生产活动集中化，有助于技术与速度的提升；最后，劳动分工以流水线方式进行，为引进高科技设备提供可能。分工的方式节约了由工序变动引起的时间与物料损耗。

连锁经营的方式很好地体现了盟主与加盟商间的分工合作。横向上将各个领域的职位联动起来实行统一管理，纵向上对领域内的工作进行更为细致的分工。连锁企业内部的分工具体体现在以下几个方面：首先，根据企业内部经营模式，将企业的职位进行合理的划分，对于运营、营销、技术、人力等部门进行合理的规划，并根据连锁企业运营模式与工作特点对各环节的比重进行调整。其次，对于管理过程进行标准化，依据合理的分工与资源配置，制订合理有序的管理计划并严格执行，从而提升企业的运作效率，使得整体产业链稳定有序，为消费者提供更精良的产品，提高企业的竞争优势。

#### 3. 交易成本理论

交易成本理论由科斯提出，它的基本思路是：围绕交易费用节约这一中心，找出区分不同交易的特征因素，然后分析什么样的交易应该用什么样的体制组织来协调。交易成本泛指企业为了促成交易而付出的成本，根据不同的经济活动对交易成本进行划分，主要可以分为监督成本、信息成本、议价成本、搜寻成本、决策成本、违约成本。

在市场经济中，价格机制是对有限资源较为有效的配置方式。当交易的行为由企业自身来完成，且产生低于市场运行成本时，此种交易行为可被内化到企业内部完成。企业与市场在一定程度上可以看作可替代的关系。连锁经营企业交易模式由外部交易转变为内部运营，减少了交易环节中采购及服务的费用，在达到降低交易成本目的的同时提升了运营效率。

### （三）我国旅行社发展历程

我国现代旅行社业的产生与发展是改革开放的产物。40 多年来，旅行社业从无到有，随着市场需求的增长与变化，行业规模迅速壮大，行业的发展可以概括为四个阶段。

#### 1. 初步形成阶段（1978～1989 年）

整个行业的需求基础基本是建立在入境旅游市场上；产品结构以自然和文化观

光型为主；产品运作以“团进团出”的批量方式为主；产业规模的增长主要建立在二类旅行社上，即没有外联权但可以接待入境旅游者的旅行社。

### 2. 快速增长阶段（1900～1994 年）

第一，国内旅游市场逐渐发育成熟，成为旅行社产业除入境旅游市场以外的另一个市场支点。

第二，市场集中度逐渐降低。实际上，从 20 世纪 80 年代开始，以三大社为代表的中国旅行社产业集中度就在不断下降，这标志着，中国旅行社产业的市场结构已经先后完成了从寡头垄断到垄断竞争的过渡，开始向完全竞争的态势发展。

第三，一批在市场竞争中成长起来，并熟悉市场机制的旅行社群体成为中国旅行社产业的新兴推动力量。

### 3. 结构调整阶段（1995～2001 年）

第一，中国旅行社业的市场运行基础更加完善。1997 年 3 月《中国公民自费出国旅游管理暂行办法》出台标志着国家正式开办中国公民自费出国旅游，也标志着中国出境旅游市场的形成。入境旅游、国内旅游和出境旅游成为旅行社经营业务的三大组成部分。

第二，随着国内旅游市场的兴起和产业投资管制的宽松，一些非政府的投资机构开始进入这一领域。其主要经营领域是国内旅游业务，主要集中于国内旅行社领域。在注册和管理上有的采取挂靠的形式，也有的采取直接经营的形式。结果是国内旅行社在 20 世纪 90 年代后期进入一个更为快速的增长时期。

第三，一系列的专项治理使得一部分违规经营的旅行社退出了市场，从而净化了产业运行环境，市场秩序逐渐向好的方面转化。

此外，为了适应全球服务贸易自由化的趋势，此间中国在先期允许在国家旅游度假区内开办中外合资旅行社的基础上，国家旅游局和对外贸易经济合作部又于 1999 年 1 月联合发布了《中外合资旅行社试点暂行规定》，开始了中国旅行社市场开放的进程。

### 4. 全面开放与走向成熟阶段（2002 年至今）

《旅行社条例》自 2009 年 5 月 1 日起施行，2020 年 11 月进行了第三次修订。修订后的《旅行社条例》按照市场经济原则和我国旅行社业发展的客观需要，全面总结了我国旅行社业发展、经营服务、监督管理的经验，对我国旅行社体系结构、经营服务和监督管理等制度进行了全面调整改革，在以下几个方面有明显变化。

第一，大大放宽了旅行社的设立条件，简化设立程序，下放许可权。

第二，对我国旅行社业体系分工、经营服务作出重大调整，主要表现在取消旅行社类别划分、扩大业务范围、增加分支机构、允许委托代理、健全经营规则等方面。

第三，全面规范旅行社的经营行为，对零负团费操作模式、部门挂靠承包、超范围经营和无许可经营等问题，都作出了明确的禁止和处罚规定。

第四，对我国旅行社的许可证、保证金、业务年检三大制度进行了改革完善。

### （四）互联网背景下传统旅行社转型升级

在由互联网时代催生的 OTA 风起云涌的今天，传统旅行社行业地位岌岌可危，不变则死已是必然，登上“互联网 +”的大船，扬起 O2O 的风帆，以客户为中心，回归旅行社的本质，为游客提供极致细化的自由行产品和服务体验，挖掘团队旅游市场的潜力，培育新的粉丝群体，实现转型升级。连锁品牌经营会帮助旅行社更好地回归服务。目前旅游中的食、住、行、游、购、娱各行业都已自行渗透 OTA 行业，旅行社的存在感越来越低，资源越来越缺失，但是，在如此的情况下，除了重组资源外，旅行社最具人性化的资源——导游，就需要紧密联合起来。无论未来数字智能多发达，至少在现行情况下，人工导游的作用与优势远远超出电子导游，而导游是所有连接要素中，唯一需要旅行社指派对接客人的，法律目前不允许导游私自承揽，这就是旅行社最大的优势。作为连锁品牌旅行社，拥有自己旗下独有的“金牌导游”，自己的 KPI“网红导游”，无论是对旅行社的品牌建设、连锁加盟，还是整体宣传，都将是强大的无形力量。在移动互联网时代，中小旅行社面对外部和内部环境的巨大变化，在经营模式上，要采取“差异化 + 旅游电商”的经营模式，等到公司有一定的实力后，采取“网络化 + 横向一体化”经营模式；在企业管理上，要运用好战略管理理论进行公司治理。

## 六、教学要点

（1）在充分掌握中小旅行社企业连锁经营管理模式的背景下，将理论与案例相结合，理解河北中青国旅总部—各地运营中心—供应商—门店模式及直营连锁、特许连锁、自愿连锁三种类型的多元化连锁加盟模式。

（2）分析河北中青国旅在连锁经营管理模式下，以及在规模化运营的发展模式下，如何开启新的加盟模式、如何多元化发展、如何抵御抗击风险。

（3）分析在复苏的经济背景下，河北中青国旅、中小型旅游企业，甚至整个中国旅行社行业，如何进行连锁经营及规模化发展。

## 七、课堂设计

本案例可以作为专门案例进行课堂讨论，以下是按照时间进度提供的课堂安排建议。课堂时间安排按 90 分钟设计。

### （一）课前准备

（1）教师在课前提出启发思考问题。

（2）要求学生在课前完成案例阅读。

（3）请学生搜集与旅行社经营管理及旅行社连锁企业管理相关的信息，以便对旅行社的规模化发展、多元化发展等有更为深入的了解。

### （二）课中计划

（1）由教师简述课堂教学目的、课堂要求和讨论方式等（5 分钟）。

（2）请学生对收集的旅行社信息进行介绍，使学生在分析案例前能够对我国旅行社行业的整体情况有所了解（5 分钟）。

（3）分小组讨论，告知发言要求（30 分钟）。

（4）小组发言，每组 5 ~ 8 分钟（40 分钟）。

（5）教师引导全班进一步讨论，并进行归纳总结（10 分钟）。

### （三）课后计划

请学生以小组的形式，通过查阅旅游企业经营管理的相关资料，写出分析报告，总结旅游企业连锁经营、规模化发展、危机管理、多元化发展、品牌化运营、抗风险能力等相关问题。

## 参考文献

［1］李海梅. 大型品牌旅行社网络化经营模式路径［J］. 当代旅游, 2021, 19（10）: 48－49.

［2］李红，杜江. 旅行社经营与管理［M］. 3 版. 天津：南开大学出版社，2016.

［3］刘东南. 中小旅行社的资源整合与协同发展分析——以泉州宝中旅行社为例［J］. 哈尔滨职业技术学院学报，2014，113（1）：69－70.

［4］刘楠楠. 加盟商与盟主视角下软件连锁企业竞争力影响因素对比研究［D］. 唐山：华北理工大学，2021.

［5］潘立新，胡洁，庞兆玲. 滁州市“宝中国际旅行社”连锁经营模式研究［J］. 旅游纵览（下半月），2014（4）：21－22.

［6］吴天山. 移动互联网时代厦门中小旅行社经营模式创新研究——以 X 旅行社为例［D］. 厦门：厦门大学，2017.

［7］吴莹洁. “互联网＋”背景下传统旅行社的转型升级［J］. 现代营销（学苑版），2021（8）：106－107.

［8］郑利文. 直营与加盟模式快递企业竞争力比较研究——以顺丰和圆通为例［D］. 广州：暨南大学，2021.

# 案例二 Case 2

# 生活如诗，工作向远方
## ——以创新精神书写中小旅行社创业新篇章

**案例摘要：**人才是推动旅游业高质量发展的第一资源。旅游领域是最需要创新引领、最需要人才支撑的领域之一。新冠疫情对旅行社业造成了巨大的打击，也加快了行业洗牌的速度。人们对旅游的需求正在发挥“口红效应”且日益凸显，旅游业也迎来了二次复苏。一批年轻的创业者在绝境中生生不息，用对旅游业的满腔热爱，以对幸福产业的不懈追求，用创新、用拼搏描绘着生活如诗，用创新的企业家精神铸造旅行社业发展的新篇章。“远方”创始人凭借其坚韧不拔的创业精神和对市场敏锐的洞察力，成功地抓住了新兴旅游市场的机遇。通过创新思维和灵活策略打造出一批独特且受欢迎的旅游产品，“用旅行赋能生活”、成为你身边的“金钥匙”，是“远方人”孜孜不倦的追求。本案例为我们提供了宝贵经验。作为旅游企业家，除了需要有坚定不移的决心和勇气去尝试新事物外，还需要具备深入理解消费者需求、持续改进服务质量以及开发创新产品等能力，并且需要具备积极向上、开放包容、热情友好、耐心细致、善于沟通、灵活适应的人格特质。

## 一、教学目的与用途

本案例主要适用于旅游营销、旅游目的地开发与管理、旅游行为研究、旅行社经营管理等课程相关内容的教学与实践。

本案例适用对象为 MTA 专业硕士、MBA 专业硕士及旅游管理类专业的本科生、研究生。

本案例的教学目的在于引导学生思考，在新冠疫情过后，消费迭代升级的过程中，如何发挥企业家精神，以旅游人的创新精神为指引，找到中小旅行社未来发展的方向；构建以市场需求为导向，以产品创新为核心，以品牌建设为重点的旅行社全新经营思路，通过细分市场、灵活应对市场变化、拓展与升级、跨界合作、提高服务质量和强化风险管理等手段来提高中小旅行社自身的竞争力和适应能力。为学生更好理解旅游企业家精神、旅游市场营销及旅游产品创新提供经验与启示。

## 二、案例内容

### （一）引言

2023 年，我国旅游市场呈现强劲复苏势头。文化和旅游部官网数据显示，2023 年前三季度国内旅游总人次 36.74 亿，比上年同期增加 15.80 亿，同比增长 75.5%。而《2023 年第二季度全国旅行社统计调查报告》的数据显示，截至 2023 年 6 月 30 日，第二季度全国旅行社总数为 50780 家。《2022 年度全国旅行社统计调查报告》的数据显示，截至 2022 年 12 月 31 日，全国旅行社总数为 45162 家。即在 6 个月内，我国旅行社总数增长率达到 12.4%。

旅游市场规模的不断扩大和旅行社数量的不断增加，使得行业间的竞争日益加剧。而新冠疫情的冲击，更是深刻地改变着旅游投资方式和供给行为、影响着旅游消费行为，带来诸多行业变革。主要体现在：第一，旅游资源供应方式发生变化。越来越多的上游资源方开始直接与潜在游客进行信息传递与接收。第二，客群结构发生变化。中老年旅游者成为主要客源，14 岁及以下的青少年旅游者增速较快。第三，游客需求发生变化。短途旅行、自驾游更受游客青睐，私人订制旅行模式逐渐兴起。面对市场发展带来的巨大竞争压力以及旅游产业转型升级带来的新机遇、新变化、新要求，旅行社需要积极思考应对之策，才能紧跟时代步伐，实现企业良性发展。

黑龙江远方旅行社有限公司是一家正在快速成长中的本土青年创业型旅行公司，企业创立伊始，即确定发展定位为“深耕定制旅行，匠心打造远方”。遭受新冠疫情冲击期间，企业仍然坚守初心，秉持着有爱、负责、可持续的发展原则，一方面为客户提前垫付退团款、让客户感受到企业关怀；另一方面不断拓展新业务、研发新线路、创意新产品。创始人梁宗南在创业的过程中，将企业家精神融入企业的经营管理，将创新思维、冒险精神、责任感与担当精神、追求卓越的意识运用于领导力的提升、企业竞争力的增强，从而为企业的发展开创了新的天地。创业至今，黑龙江远方旅行社有限公司曾获得黑龙江省旅行社协会理事单位、黑龙江省首个自有金牌导游工作室的旅行公司、黑龙江省首批研学旅行供应商拟定旅行公司、东北亚文博会最佳旅行公司、高端定制旅行社联盟西南地区荣誉会员、多家百强上市旅行公司集团东北区高端定制旅行唯一地接供应商等。新冠疫情期间仍保持连续运营状态，2020～2022 年业务损失低于 40%，3 年综合新业态增长高于 20%。经历过新冠疫情所带来的行业凛冬之后，2023 年企业仍实现了营业收入的 1.25 倍增长。

## （二）案例背景介绍

黑龙江远方旅行社有限公司（以下简称远方旅行社）坐落于美丽的冰城哈尔滨，创立于 2016 年，是一家专注于定制旅行服务的旅行社。远方旅行社以独有的朋友式旅行理念为顾客打造更具仪式感、更有温度、更专业的可持续旅行体验，还原旅行本真。“远方旅行”是一个正在快速成长中的创业型文旅综合服务品牌，旗下实体公司的主要业务是为客户提供私人定制旅行服务、MICE 服务、异业旅行权益服务、度假单元体、文旅运营方案和旅行知识付费服务等。如今“远方旅行”这一品牌，已快速成长为一个文旅赋能为特色的整合型服务品牌。

远方旅行社的企业愿景是“用文旅赋能生活”。企业的短期发展目标为：在 2027 年，发展成为以定制旅行为主体，初具规模的旅行・生活服务类综合体及旅行赋能类公司，持续为远方会员、远方企业级团体、同业合作伙伴和异业联盟伙伴提供不断优化的旅行服务解决方案。

## （三）案例主题内容

企业家是经济活动的重要主体，企业家精神是改革创新、推动经济增长的重要因素。党的十八大以来，习近平总书记曾在多个场合提到“企业家精神”。2020 年 7 月 21 日，习近平总书记在企业家座谈会上曾指出，“企业家要带领企业战胜当前的困难，走向更辉煌的未来，就要弘扬企业家精神，在爱国、创新、诚信、社会责任和国际视野等方面不断提升自己”。习近平总书记强调：“要千方百计把市场主体保护好，激发市场主体活力，弘扬企业家精神，推动企业发挥更大作用实现更大发展，为经济发展积蓄基本力量。”

回顾远方旅行社的发展成长之路，可以清楚地看到企业家精神对于企业发展的引领作用。远方旅行社是创始人梁宗南辞去外企工作，在云南做义工期间产生的构思。“远方旅行社”是他的一个梦想，更是他“还原本真”理想的载体。即便遭受新冠疫情打击，他也没有放弃，而是克服重重困难，始终期待远方。2020 ~ 2022年，远方旅行社仍保持着连续非必要休业总计不高于29天的纪录，他带领团队不断探索转型方式及旅行赋能新业态，并全员连续保持全额底薪发放，再一次印证了“热爱与责任，可抵岁月漫长”。企业家精神是什么？是对于一个品牌不忘初心的热爱、对团队和社会不离不弃的责任、对于远方至死不渝的匠心。

**1. 创新进取**

（1）推进产品创新。

在激烈的市场竞争中，远方旅行社并没有推出与其他旅行社同质的产品或采用价格战来赢得市场，而是另辟蹊径、更换赛道，以定制旅行产品作为主打卖点。远方旅行社是国内首批专门从事定制旅行的公司之一，曾在2018年成为荷兰代尔夫特理工大学中国入境接待私人服务商；2019年成为广东省国家马术队私人旅行服务商；2020年成为凯撒中国东北区的定制游品类指定战略供应商；2021年成为华夏私人银行旅行权益独家合作伙伴。

定制旅行是根据产品将发力点放在客户端，所以定制旅行拥有获客周期长但客户忠诚度高、先选旅行品牌再定线路的流程、操作模式为核心竞争力等特点。远方旅行社经过在定制领域深耕，现已在市场积累了一定的C端以及B端的私域流量池，并初步形成了自有的品牌效应和独家行程风格。有感动、有温度、有态度、有所收获的4个体现，便是远方定制旅行产品所呈现的核心模式。

远方旅行社现已开发多个旅游线路及产品。第一，安达塔拉系列，包括九色甘南、呼伦贝尔、伊犁牧歌等；第二，呀雪系列，包括胜景长白、夏雪冰城、一路向北、冷极探秘等；第三，城趣系列，包括城市乐游、心动周末、剧本解密、音旅治疗、远驻旅居等；第四，山野系列，包括纵横太行、远征腾格里、十非计划、大五朝台等。除了定制路线，远方旅行社还提供定制包机服务。以满足顾客跨洋飞行、湾区摆渡、一日多程、大型团队等要求。顾客可以自主选定飞机机型、起飞时间，机舱主题和机上餐食等，以安全、快捷、私密的服务为顾客提供良好的出行体验。

此外，远方旅行社还推出了“远方潮流运动营一价全包微旅行产品”。这是远方旅行社的产品开发部与目的地的远方“G. O.”（Gentle Organizer）一起共同设计，并由目的地的远方“G. O.”带队进行活动的一类产品。它不只是普通的旅游项目或课程，而是让顾客亲历独特的当地生活、体验当地特色。2017年，远方旅行社推出了“纵雪奇遇”这一体验旅行品牌，是国内首家“社交滑雪培训 + 微旅行”产品的输出者。“纵雪奇遇”系列产品基于目的地营地式运营，将专业的培训体系与社交微旅行完美融合，用简单、专业且快乐的方式带领顾客挑战潮流运动，让顾客在旅行的同时拥有一项新技能。在亚布力、成都、哈尔滨和温州，都能体验这一产品。在额尔古纳，还能体验国内独家欧式风筝滑雪旅行。除了滑雪旅行，远方旅行社的潮流运动营产品还包括内蒙古呼伦贝尔的马背旅行（马术）和巴厘岛、普吉岛、成都、广州的潜水旅行。

远方旅行社的产品创新还体现在会根据季节、节庆等因素，不时推出新颖的微旅行产品。比如，“City Walk”——梦回老道外线路；飞奔吧哈尔滨——助力哈尔滨马拉松的城市游；周末看歌剧——与哈尔滨大剧院联合推出的赏剧城市游；“Drink Walk”——在咖啡的醇厚与美酒的热辣中庆祝万圣节；哈尔滨美食一日游——在赏美景的途中遍尝当地人的心头好。

（2）实现资源整合。

远方旅行社自 2019 年开始，积极运用自身的旅游资源整合能力，将旅游属性赋予合作伙伴，从而实现旅游赋能的理念，创造共享价值。例如，将废弃老工厂的厂区进行升级改造，使其或成为有教育意义的场馆，或成为轻奢露营地，或成为荒野生存、丛林穿越、企业团建、沉浸演出的融合地。再如，与知名企业合作，如飞鹤哈尔滨智能产业园、雀巢奶牛养殖培训中心等，把现有的工业区与旅行相结合，打造工业旅行和研学旅行产品。如此，既唤醒了国有沉睡资产，使其得以重焕生机、增加收益，又让更多家庭走进企业，真实了解身边的工业化生产模式，开拓视野。

（3）注重品牌建设。

远方旅行社在倾力打造“远方旅行”这一企业品牌的同时，也在创立旗下产品的特色品牌，从而丰富“远方旅行”的品牌内涵、实现品牌形象的设立与品牌建设的迭代。远方旅行社旗下现有远方定制、远方 MICE、远方体验、远方艺述和远方金牌五个子品牌，分别对应定制旅行、MICE 商旅、体验旅行、文教亲子旅行和金牌导游培训这五类产品。每个品牌内涵的不断丰富、特色的不断凝练，共同提升了“远方旅行”的品牌价值。

### 2. 勇于尝试

远方旅行社在企业经营中，从不故步自封，而是敢于尝试新的业务模式与宣传方式。比如，新冠疫情期间，针对人们的焦虑情绪，远方旅行社提出了一个新的旅行概念，即“音乐治疗 + 旅行”。推出了“乐滤系列”产品，产品包括滤分享、滤漫游、MUI 营地和乐 SPA 四种体验类型，都是用音乐调节、疗愈身心加上精心选制的线路或活动安排，希望可以让顾客将焦虑过滤，重新痛痛快快地玩起来。考虑到新冠疫情的不确定性和顾客对安全方面的要求，这一类产品仅支持预约体验。再如，2022年末，远方旅行社推出沉浸式长线旅行产品“念・滨”。这是以“哈尔滨—亚布力—雪乡”为线路，以顾客的角色扮演为出行方式的沉浸式旅行，也是“剧本杀 + 旅行”的完美融合。这一产品，每期只有前8位报名的顾客可以参与。尽管目前这类产品的客群还偏小众，对企业的营收贡献也不大，但却未尝不是企业未来经营的新亮点。

此外，远方旅行社还大胆涉足新的经营领域。新冠疫情期间，曾响应“地摊经济”的号召，创造性地尝试了哈尔滨首个无人售卖城市摊位，开设当日实现营业额145元。还为因不能去远方旅行而感到憋闷的顾客，打造移动的快闪“背箱酒吧”，这一酒吧的运营也为枯燥的东北夜生活增添了几分梦幻。2021年，远方旅行社旗下的IF咖啡馆建立，这个空间是为在地文化发声，做过首个哈尔滨主题的个人微展；与社区举办了首届IF艺术周；举办了首届IF慈善时装秀等。看似不相关的业务布局，实际上却可以互为支撑与补充。

### 3. 责任担当

新冠疫情之初，远方旅行社为保障顾客权益，第一时间就处理了团费的退款事宜。即便按照流程，有的款项是要等合作企业退还后才能退给顾客的，远方旅行社却毫不犹豫地选择了先行代为退款。

远方旅行社还坚守有爱的旅行方式。无论走到世界的哪个角落，对于当地文化、环境和居民，都主张不是打扰而是融入。他们会对每一趟旅行进行评估，看其是否与“有爱准则”相符。

同时，远方旅行社积极倡导、宣传环保SHE理念，主动承担自己在环保事业中所应尽的责任，如与社会公益机构进行合作、定制及研发公益课程等。远方旅行社广泛传播“可持续性旅行”的观念，坚信这些点滴的正能量终会成为燎原之火，为社会与行业带来正面的影响。

### 4. 逆境坚韧

在市场环境发生变化或企业遭受重大打击时，企业家的抉择影响着企业的发展与未来。

2020年初突发新冠疫情，给企业生存带来了压力与重创，让企业面临困难与损失，最初也曾让创始人梁宗南连续11天失眠甚至脱发。每每在开工资的前一天，每每在被迫熔断业务处理退单时，每每在某些甲方拖欠账款就是追不回钱的时候，他也会感慨实在太难了！是放弃，还是坚持？是改弦更张，还是坚守还原本真的创业者情怀？

远方人走出舒适圈去加倍地努力，抓住一切机会去尝试。最终，仅在2020年，远方旅行社的MICE业务量就翻了一倍；“纵雪奇遇”的客户增长量翻了2倍；签约5家知名公司作为定制游东北区战略供应商。远方人不忘初心，保持热爱，继续奔赴山海。

#### 5. 追求卓越

在线路设计方面，远方旅行社坚持特色专业的开发流程。由远方团队及远方旅行顾问共同研发制定YFLE线路评定体系，对每一条远方S级线路，进行不定次数的更改完善，直到YFLE各项分值均在6.8分以上，线路综合分值达7.9分以上才可以正式上线。

在产品定价方面，远方旅行社基于产品定价法则、市场规则及客户满意度三项基础之上，采用YFPP产品定价体系，使每一项产品定价有章可循，有则可依，更加合规化、人性化、特色化，去除定价的盲从性，在充分保证产品质量的同时最大程度地提高其性价比，从而保证客户的利益。

在管理方面，远方旅行社推行基于ISO 4000和ISO 9000的远方YFSHE管理体系。远方关心客户的安全，关爱员工的健康，关注我们共同的环境。

在员工培训方面，远方旅行社作为黑龙江省内唯一自有金牌导游工作室的旅行公司，将通过“远方特色的培训+专业的政校企联合培训”，培养出符合远方定制标准的“G. O.”领队人才，为行程提供更为专业及有远方特色的行程引导执行服务，同时为社会输送优质导游人才。

### （四）结语

远方旅行社的创业发展之路，凸显了企业家精神在企业发展中的重要作用。创始人梁宗南说：“对于旅行这一朝阳行业经过洗礼后的美好前景，我们充满信心和期待。”远方人真正实现了“生活如诗，工作向远方”，而这也正是远方人“永远渴望年轻，永远渴望远方”精神的完美体现。

## 三、启发思考题

1. 远方旅行社是如何实现资源整合的？
2. 远方旅行社的营销策略有哪些特点？
3. 远方旅行社的企业愿景和短期发展目标是什么？

4. 远方旅行社的企业家精神对企业的成功有何重要作用？

5. 远方旅行社是如何实现“生活如诗，工作向远方”的企业精神的？

## 四、分析思路

本案例以中小旅游企业的产品创新为主线，教师可根据教学目标不同，选择一个样本模块，或结合整个案例描述内容灵活使用本案例。

（1）新冠疫情对旅游市场造成了严重的影响，导致旅游消费市场出现迭代变化：旅游消费的线上化趋势更加明显；旅游消费更加注重品质和个性化；旅游消费更加注重健康和安全。大众对个性化旅游、品质化旅游、多元化旅游产品的需求更多地向周边游、短途游、乡村游转化。旅游行业从以往关注市场上“量”的满足，向关注产品服务“质”的提升转变，促进企业由粗放型发展向专业化、精细化发展，不仅提高了行业的竞争门槛，也对人才队伍建设提出了更高的标准，创新型、复合型、特色化、高层次人才需求将越来越大。

（2）中小旅行社的发展对于旅游企业家的创新精神在旅游市场的复苏和发展中具有至关重要的意义。旅游企业家通过敏锐的市场洞察力和创新思维，能够发现并抓住市场机遇，推出符合消费者需求的新产品和服务。旅游企业家的创新精神有助于提升企业的核心竞争力。通过不断创新，企业能够提高产品质量、拓展业务领域、优化管理模式，从而在市场中获得更大的竞争优势。企业家通过引入新技术、新模式、新理念等方式，不断推动旅游产业向高端化、多元化、个性化方向发展。这不仅能够满足消费者日益增长的需求，也能够促进旅游产业的可持续发展。旅游企业家的创新精神有助于拓展旅游市场，扩大旅游业的受众群体。通过创新，企业能够开发出更多具有吸引力的旅游产品和服务，满足不同消费者的需求。这不仅能够促进旅游市场的拓展，也能够为旅游业带来更多的商机和增长动力。因此，培养和激发旅游企业家的创新精神是促进旅游业发展的关键所在。

（3）随着消费市场变化，如何发掘年轻消费群体在碎片化、即时化、多样化、自助化旅游服务需求增多，团队旅游服务需求逐渐减少的今天，通过本案例可以进一步探讨旅行社应该如何进行产品创新，以新产品、新服务引入流量，提高消费者黏性，并使碎片化的产品得以重新组合，实现旅行社产品的多元化组合，发挥其服务行业溢出效应，提高消费者的满意度，培育客户忠诚度，增加旅行社的综合收益。

（4）创新是推动旅游产业发展的重要动力，可以帮助旅游产业适应市场需求的变化，提高旅游产品的质量和竞争力，拓展旅游市场和受众群体，促进旅游产业的可持续发展。创新是引领旅游业实现幸福产业升级的第一动力，人才是驱动企业创新的内在动力。如何培养旅游人的创新精神，如何让旅游人先认知“诗和远方”，用幸福的人打造幸福的产业，共筑人民满意的服务业，是值得行业深思的问题。要培养旅游从业者热爱旅游事业，培养旅游从业者的职业认同感和热情。通过专业培训和实践，提高旅游从业者的专业素质和技能，帮助旅游从业者掌握学习和创新的方法和技巧，培养他们的创新思维和创造力，从而能够不断推陈出新，提高旅游产品的质量和竞争力。通过搭建旅游从业者之间的交流和合作平台，促进他们之间的信息和经验共享，共同推动旅游事业的发展。

（5）旅行社营销创新的重要性，“酒香也怕巷子深”，旅行社可以通过引入新技术和新模式，提高旅游产业的效率和竞争力。旅行社可以通过提高服务的质量和效率，提升游客的旅游体验。例如，提供个性化的定制服务，为消费者量身定制旅游行程和产品。或者通过在线客服和电话热线等方式，提供24 小时不间断的服务支持，解决消费者在旅游过程中遇到的问题。旅行社可以通过创新的营销方式和手段，扩大产品的知名度和销售渠道。例如，利用社交媒体平台进行线上推广，通过短视频、直播等形式展示旅游产品和服务。还可与“网红”、意见领袖等合作，利用其影响力和口碑效应吸引更多的消费者。

本案例的分析思路如图 2－1 所示。

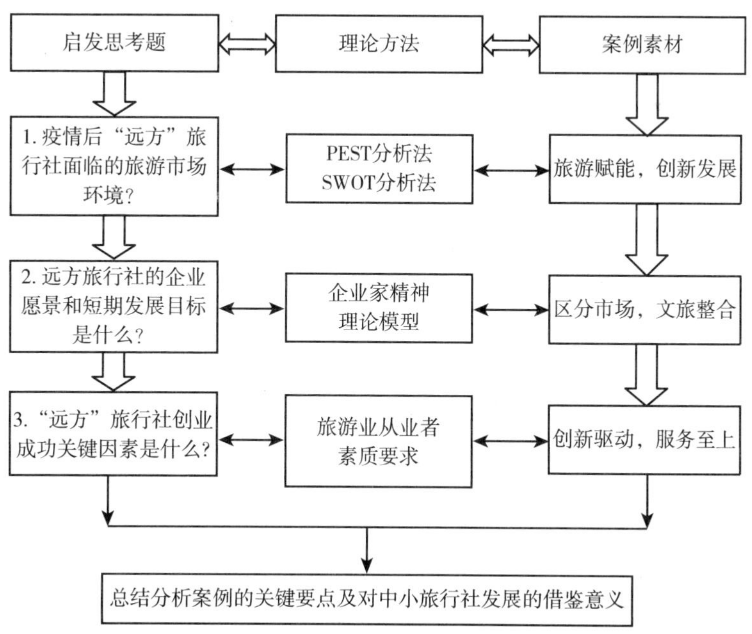


**图 2－1　案例二分析思路**

# 五、理论依据与分析

## （一）旅游产品创新

### 1. 旅游产品界定及特征

旅游产品是指旅游经营者向旅游者提供的满足其一次旅游活动所需各种物品和服务的总和，通常包括旅游资源、旅游设施、旅游纪念品及旅游服务等。

旅游产品的特殊性主要表现在以下几个方面。

（1）综合性。旅游产品是由物质产品、精神产品及旅游服务等多种成分构成的综合性产品。其中，旅游服务是旅游产品的核心，表现为旅游者在旅游过程中的食、宿、行、游、购、娱等各种服务。

（2）无形性。旅游产品主要表现为旅游服务，旅游产品的价值和使用价值不是凝结在具体的实物上的，而是通过提供服务来体现的。因此，旅游产品的质量取决于旅游服务的水平和质量。

（3）不可转移性。旅游服务所凭借的旅游资源和旅游设施是无法从旅游目的地运输的，旅游产品通过交换不发生所有权的转移。这意味着旅游产品的生产和消费必须在同一地点进行，无法像一般商品那样进行长距离运输和交易。

（4）生产、交换、消费的同一性。旅游产品的生产表现为旅游服务的提供，旅游产品的生产必须以旅游者来到旅游目的地为前提，旅游者直接介入旅游产品的生产过程。因此，生产、交换、消费在空间上同时并存。

（5）品牌化及个性化需求。随着旅游业的发展和消费者需求的不断变化，品牌化和个性化成为旅游产品的重要特征。旅游企业需要树立自身的品牌形象，了解旅游者的特殊需求，开展有针对性的个性化服务，提高服务水平以换取旅游消费者的认可。

除此之外，旅游产品还有以下值得注意的特性。

（1）易波动性。旅游产品的需求受到多种因素的影响，包括内部因素（如政治、经济、社会、自然环境等）和外部因素（如竞争对手、旅游政策、季节性因素等）。这些因素的变化可能导致旅游产品的需求出现大幅波动，给旅游企业的经营带来一定风险。

（2）依赖性。旅游产品和旅游资源、旅游设施密切相关。旅游产品的生产依赖于特定的旅游资源和设施，如景区、酒店、交通等。如果这些资源和设施出现问题或不足，将直接影响旅游产品的质量和供给。

（3）时间与空间特性。旅游产品具有明显的时间与空间特性。旅游产品的供给和需求受到时间因素的影响，如季节性、工作日与周末等。此外，旅游产品的空间特性表现在不同地域的旅游资源和设施的差异，以及旅游者在空间上的流动和分布。

（4）体验性。旅游产品是一种体验性商品，旅游者购买的是一种经历和体验。旅游产品不仅包括旅游景点、设施等物质部分，还包括旅游服务、文化交流等非物质部分。旅游者通过体验旅游产品，获得身心愉悦和满足感。

（5）文化性。旅游产品通常与特定的文化相关联。旅游产品所依托的旅游资源和设施往往具有独特的文化内涵和特色，如历史遗迹、民俗风情等。旅游者在购买旅游产品时，往往追求的是对异域文化的了解和体验。

总之，旅游产品是一种特殊的综合性商品，具有自身的特点和规律。在开发和销售旅游产品时，需要充分考虑其独特的特点和要求，注重提升产品质量和服务水平，以满足消费者的需求和期望。

### 2. 创新理论

创新理论的开创者是经济学家熊彼特。他在其著作《经济发展理论》中第一次提出了创新理论，并在后续的研究中对创新理论进行了解释与补充，为创新理论的发展奠定了基础。

熊彼特指出，所谓“创新”就是建立一种新的生产函数，即“生产要素的重新组合”，就是要把一种从来没有的关于生产要素和生产条件的“新组合”引进生产体系中去，以实现对生产要素或生产条件的“新组合”。所谓“经济发展”就是指整个资本主义社会不断地实现这种“新组合”，或者说资本主义的经济发展就是这种不断创新的结果；而这种“新组合”的目的是获得潜在的利润，即最大限度地获取超额利润。

### 3. 旅游产品创新在本案例中的应用

“远方旅行”是一家专注于定制旅行服务的旅行社，以独具的朋友式旅行理念，打造更具仪式感、更有温度、更专业的可持续旅行体验，还原旅行本真。公司始终坚持有爱、负责、可持续的长久发展原则，匠心打造远方旅行产品线。

（1）旅游产品创新。“远方潮营”是远方旅行专为年轻人打造的产品板块。其中，滑雪品类中，远方推出“纵雪奇遇”品牌，作为目前首家“社交滑雪培训 + 微旅行”产品输出者。该产品将具有挑战性的潮流运动与专业的培训体系完美融合，以简单、专业且快乐的方式呈现给大家。通过运营 OTA 平台，远方潮营拥有稳定的客户群体和不断扩大的流量参数，平均年收益达到 50 万元以上。此外，远方旅行还开拓了“安达塔拉”马背骑行营、蓝色冲浪运动营等产品，不断深耕产品画像，使私域客户流量不断复购。

（2）旅游赋能运营。远方旅行自 2019 年开始，将自身的旅游资源整合属性赋能给合作伙伴，达成创造共享价值的理念。例如，将废弃的老工厂进行改造和资源整合，使其资源再利用，唤醒国有沉睡资产；把现有的工业区跟旅行结合，打造全新的工业运营模式，提出工业旅游和研学旅行理念。这些举措带动了老工厂的收益，重新焕发生机；同时让更多家庭走出城市，真实了解身边的工业化生产模式，开拓视野。

（3）远方文旅。远方文旅运营品牌——远方艺述，让更多人可以读到诗、读懂诗、从此热爱远方。该品牌提倡发扬在地文化让艺术用便于接受的方式融入城市烟火中。例如，“3.1 IF 如果艺术空间”是远方线下首家直营微型艺术空间，为更多拥有艺术天赋并热爱诗和远方的平凡人提供孵化和交流的乌托邦；远方城市露营地、远方小剧场、东北首部沉浸式话剧、冰城艺术驻留计划以及冰雪环城巴士项目等产品作为哈尔滨的一张闪耀的名片也在不断推进中。

#### 4. 教学启示

远方旅行的成功得益于其不断推陈出新的产品和运营模式。具体体现在以下几个方面。

（1）创新驱动发展。通过创新驱动发展，远方旅行在竞争激烈的旅游市场中脱颖而出，赢得了市场份额和口碑。这提示我们在旅游管理教学中应注重培养学生的创新意识和能力，引导他们适应市场需求变化，勇于尝试新的旅游产品和服务模式。

（2）整合资源优势。远方旅行通过整合旅游资源优势，打造独具特色的产品和服务。这提示我们在旅游管理教学中应注重培养学生的资源整合能力，引导他们善于发现和利用身边的旅游资源，发挥其最大价值。同时，还应让学生意识到可持续发展的重要性，在整合资源优势的过程中注重环境保护和可持续发展。

（3）强化品牌建设。远方旅行通过强化品牌建设赢得了市场认可和消费者口碑。在旅游管理教学中，应注重培养学生的品牌意识和品牌建设能力，引导他们关注消费者需求和市场趋势变化，打造具有竞争力的旅游品牌。

（4）团队协作能力。远方旅行注重团队协作和合作伙伴关系的建立。这提示我们在旅游管理教学中应注重培养学生的团队协作能力，让他们学会在团队中发挥自己的优势并尊重他人意见，共同实现团队目标。

综上所述，远方旅行社创新发展的案例为旅游管理教学提供了宝贵的启示。通过培养学生的创新意识和能力、资源整合能力、品牌建设能力和团队协作能力，我们将培养出更多优秀的旅游管理人才来满足市场需求。

## （二）企业家精神

### 1. 企业家精神概述

"企业家精神"一词是由法文"entreprendre"引申而来，意为着手工作、寻求机会，通过创新和开办企业实现个人目标，并满足社会需求。企业家精神的起源可以追溯到现代经济发展的历程。在西方资本主义社会中，企业家们通过创新和冒险，推动了经济的快速发展和繁荣。随着时间的推移，这种精神逐渐被认可和弘扬，成为现代企业成功的重要因素之一。熊彼特认为创新是一种"革命性的变化"，而创新的主体是企业家。企业家就是以实现"新组合"为职业的人。企业家的"个人实现"的动机，即企业家精神，熊彼特认为这种"企业家精神"包括：建立私人王国；对胜利的热情；创造的喜悦和坚强的意志。这种精神是成就优秀企业家的动力源泉，也是实现经济发展中创造性突破的智力基础。

法国学者弗兰克·奈特认为企业家精神主要是指企业家的才华和能力。企业家精神应该与风险和不确定性联系一起，就是要有敢于冒风险和敢于承担风险的魄力。国内学者对企业家精神的研究也日益增多，相关的研究体系也在不断完善。鲁兴启等（2006）认为变革和创新精神是企业家精神的本质。王娟和刘伟（2019）认为企业家群体所共有的特质、价值观体系和采取的行动就是企业家精神，核心是创新、冒险。鲁传一和李子奈（2000）则认为企业家精神对经济增长的影响主要体现在企业家创业精神和创新精神两个层面：其一，通过创业活动，有更多的就业岗位可以被开发出来，进而能够改善市场竞争环境，促进知识向外溢出；其二，创新活动可以增加新的市场需求，促进产业升级，并为经济增长提供长期驱动力。

企业家精神是指企业家要带领企业战胜当前的困难，走向更辉煌的未来，就要弘扬企业家精神，在爱国、创新、诚信、社会责任和国际视野等方面不断提升自己。这种精神通常包括对风险的承受能力、创新思维、责任感和领导力等方面的特点。

（1）自我挑战。企业家通常会不断挑战自我，寻求突破和发展。他们愿意冒险尝试新的想法和业务模式，从而推动企业的成长和进步。

（2）风险承担。企业家在面对不确定性和风险时，能够勇敢地承担责任，并寻求机会。他们能够预测和评估潜在的风险，并制定相应的策略来应对。

（3）创新精神。企业家具有创新精神，能够敏锐地察觉市场变化和趋势，并采取相应的措施来满足客户需求。他们善于发掘新的商业机会，并运用新技术、新思维来推动企业创新。

（4）责任感和领导力。企业家具有强烈的责任感和领导力，能够带领团队实现企业的目标。他们能够激发员工的潜力，创造一个积极向上的工作氛围，推动企业不断发展壮大。

企业家精神的形成和发展受到多种因素的影响，包括个人性格、家庭背景、教育经历、社会文化环境等。例如，个人的性格特点和价值观会对企业家精神产生影响；家庭背景和教育经历也会影响一个人的风险意识、创新思维和领导力等方面的能力；社会文化环境也会对企业家精神的形成和发展产生影响。

### 2. 企业家精神的管理学理论基础

（1）资源基础理论。该理论认为，企业间存在资源差异，这种差异使得一些企业比其他企业更具优势。企业家需要识别和利用这些资源，以提高企业的竞争力和盈利能力。

（2）创新理论。该理论认为，创新是企业成功的关键因素之一。企业家需要具备创新思维和创新能力，以推动企业的创新和发展。

（3）领导力理论。该理论认为，领导力是企业成功的关键因素之一。企业家需要具备领导能力和领导风格，以带领企业实现目标。

（4）组织行为理论。该理论认为，组织行为是企业成功的关键因素之一。企业家需要了解组织行为学原理，以建立有效的组织结构和激励机制，促进企业的发展。

这些理论为企业家提供了管理和领导企业的基础框架和指导原则。企业家需要在实践中不断探索和创新，以实现企业的成功和发展。

### 3. 企业家创新精神在本案例中运用

企业家精神是推动企业成功的重要因素之一。企业家要带领企业战胜当前的困难，走向更辉煌的未来，就要弘扬企业家精神，不断提升自己，努力成为新时代构建新发展格局、建设现代化经济体系、推动高质量发展的生力军。许多成功的企业家都体现了企业家精神的特点。例如，亚马逊公司的创始人杰夫·贝佐斯就是一个典型的例子。他通过不断地创新和冒险，将亚马逊从一家小书店发展成为全球最大的电子商务平台之一。他注重客户体验和服务质量，不断推出新的产品和服务，满足客户需求。此外，苹果公司的乔布斯也是一个典型的例子。他具有强烈的领导力和创新精神，将苹果公司发展成为全球最具影响力的科技公司之一。他注重设计和技术创新，不断推出新的产品和服务，引领市场潮流。

本案例中，企业家创新精神在推动旅游产业发展中发挥了重要作用。

（1）远方旅行创始人梁宗南，作为一个“90 后”的创业者，因为热爱旅游而走进旅游行业，将个人兴趣与成长创业融为一体，在各种挑战与不确定环境下，以一个年轻企业家敏锐的市场洞察力和创新思维，发现了旅游市场的潜在需求，并针对这些需求开发出了新的旅游产品和服务。这体现了企业家在创新过程中对市场趋势的敏锐捕捉和对消费者需求的深刻理解。

（2）企业家在产品开发和服务提供中采用了新的理念和技术，如利用互联网和社交媒体平台进行营销推广，引入人工智能和大数据技术进行客户管理等。这些创新举措不仅提高了企业的营销效果和服务质量，也推动了整个旅游产业的升级和发展。产品多样化的同时，强调在旅游服务接待中打造更具仪式感、更有温度、更专业的可持续旅行体验，还原旅行本真。推出比客人自己还了解需求的“金钥匙”导游员培训体系，想游客之所想，服务客人之所需。积极与黑龙江省文化和旅游厅、哈尔滨商业大学旅游烹饪学院合作，打造政、产、学、研一体化人才培养模式，共同建立黑龙江省“金牌导游工作室”，为企业的良性发展提供人才保障。

（3）企业家在经营过程中注重品牌建设和个性化服务，通过打造独特的旅游产品和提供个性化的旅游服务，树立了企业的品牌形象并满足了消费者的特殊需求。这种创新精神有助于提升企业的竞争力和市场占有率，为旅游业带来更多的商机和增长动力。

（4）企业家在面对挑战和困难时具备创新思维和创新能力，能够灵活应对市场变化和竞争压力。他们通过不断尝试新的解决方案和创新模式，帮助企业克服困难并实现持续发展。

总之，企业家创新精神在本案例中得到了充分体现和应用。企业家通过创新思维、新的技术和理念、品牌建设和个性化服务以及创新能力等手段，推动了旅游企业的成功和旅游产业的持续发展。

### 4. 教学启示

随着旅游业竞争日益激烈，旅游企业需要发挥企业家精神以提高自身竞争力。本案例从企业家精神的概念和特点出发，探讨中小旅行社如何发挥企业家精神，并运用实际案例进行分析。研究发现，旅游企业可以通过发掘企业家精神、培养创新意识、提升领导力、秉持价值观以及满足客户需求等方式发挥企业家精神。找准市场定位，在转型中的旅游市场找到中小企业的生存之道。

首先，发掘企业家精神，培养创新意识。旅游企业在市场竞争中需要不断进行创新，以满足客户的需求并提高市场占有率。为此，企业需要发掘和培养具有企业家精神的员工，鼓励他们勇于尝试新事物，提出创新性的想法和建议。例如，中小旅游企业鼓励员工参与创新项目，通过提供一定的资金和资源支持来推动项目的实施。此外，企业还可以通过定期举办创新大赛或成立创新团队等方式来激发员工的创新意识和能力。

其次，提升领导力，实现企业良性发展。企业家精神不仅体现在个人层面，还体现在组织层面。旅游企业的领导者需要具备卓越的领导力，以实现企业的良性发展。具体而言，领导者需要关注市场动态和客户需求，制定科学合理的发展战略，并带领团队实现企业的目标。同时，领导者还需要关注员工的成长和发展，提供必要的培训和支持，帮助他们实现个人价值。通过提升领导力，旅游企业可以实现自上而下的创新和变革，提高整体竞争力。

最后，秉持价值观，满足客户需求。企业家精神强调对员工、客户和社会的责任感和担当精神。在旅游企业中，秉持价值观并满足客户需求是发挥企业家精神的重要体现。企业需要关注客户的需求和反馈，积极调整产品和服务以满足市场需求。同时，企业还需要关注员工的成长和发展，提供良好的工作环境和福利待遇。通过秉持价值观并满足客户需求，旅游企业可以建立良好的口碑和品牌形象，提高市场竞争力。

“远方旅行”的企业家精神体现在以下几个方面。

（1）创新思维：不断推出新产品和服务，以满足客户的不同需求。例如，针对年轻人群体推出个性化定制旅行服务；针对中年人群体推出健康养生主题家庭旅行等。这些创新的产品和服务使该企业在市场中占据了竞争优势。

（2）冒险精神：敢于尝试新的业务模式和市场策略。例如，在新冠疫情期间，该企业迅速调整业务模式，推出 MICE 旅游产品和服务，使企业得以存活。

（3）责任感和担当精神：关注员工和客户的利益需求。在面对突发事件或危机时，能够迅速响应并提供保障措施以维护客户的权益。同时，积极履行企业社会责任，参与公益活动和支持教育事业等。这种责任感和担当精神使该旅行社赢得了客户和社会的认可和信任。

（4）追求卓越：不断提高产品和服务质量。通过与供应商建立战略合作关系、提高服务标准和加强质量监管等措施来保证产品的品质和客户的满意度。这种追求卓越的精神使该平台在市场中获得了良好的口碑和品牌形象。

本案例中探讨了旅游企业如何发挥企业家精神以提高自身竞争力。旅游企业可以通过发掘企业家精神、培养创新意识、提升领导力、秉持价值观以及满足客户需求等方式发挥企业家精神的作用。这些措施有助于中小旅游企业在市场竞争中保持领先地位并实现可持续发展。因此，旅游企业应重视企业家精神的重要性并将其融入日常管理和运营。

### （三）互联网时代的旅游业领导者特质模型

企业家精神包含创新精神、敬业负责、战略思维和社会责任感四个维度，是互联网时代旅游企业、工业时代制造企业领导者所共有的核心特质。相较于工业时代，在互联网技术与金融资本力量的推动下，互联网时代呈现资源无边界流通整合，导致企业间的竞争愈发激烈。需要领导者通过创新为企业找到新的发展方向，并通过战略制定和选择对有限的资源进行最优配置，从而建立企业竞争优势（见图2-2和图2-3）。

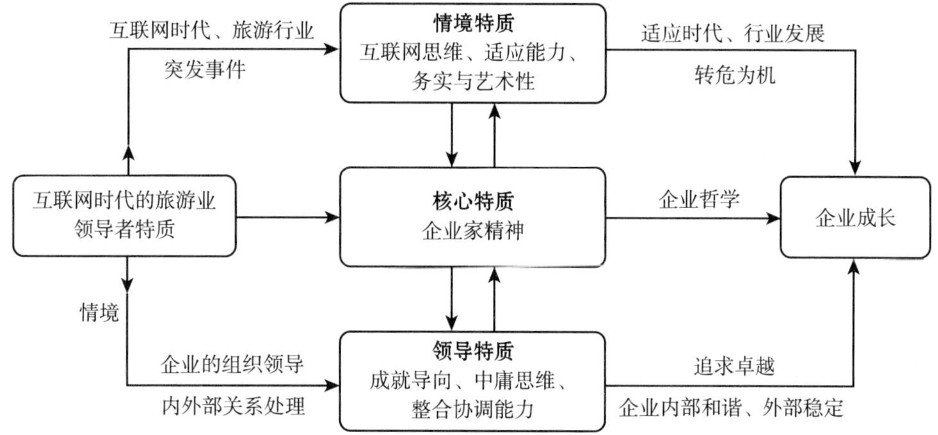


**图2-2　新时代旅游业领导者特质构成**

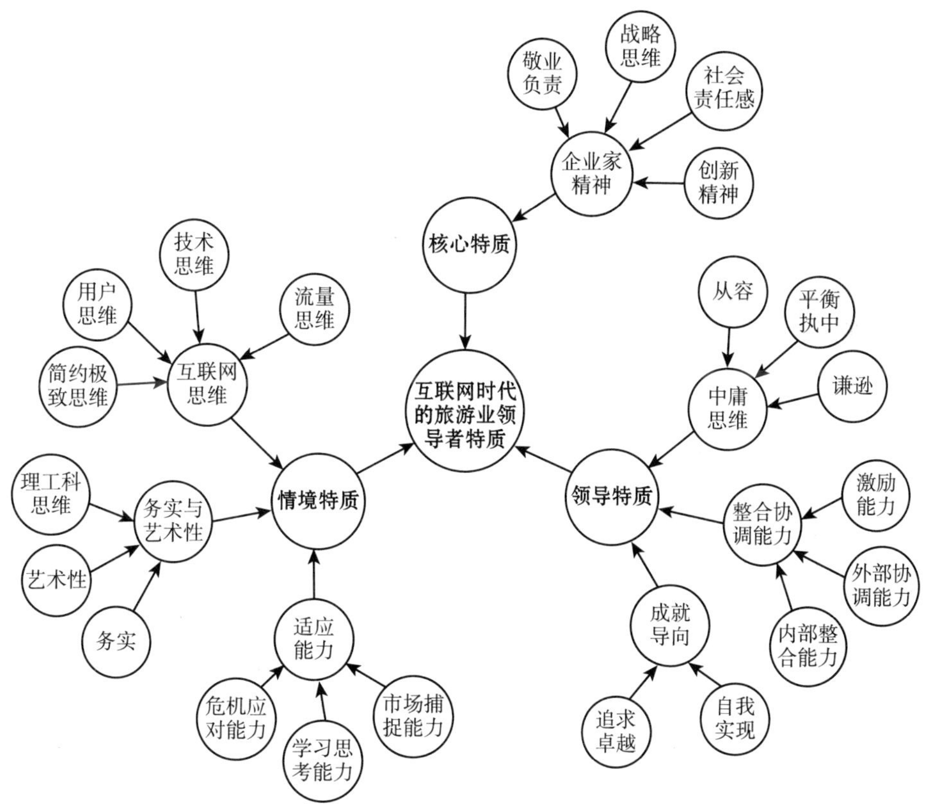


**图2-3　新时代旅游业领导者特质体系**

# 六、教学要点

（1）在数字化时代，消费趋势、消费习惯以及商业模式的改变对旅游行业带来巨大变革，新冠疫情后的旅行社市场进行了一次彻底洗牌，能存活下来的中小旅行社必须认真分析市场环境、寻找细分市场，夹缝中求生存，整合现有资源、组建个性化团队。学会综合运用SWOT分析、PEST分析法，在人文、资源、区位、时空中找到旅游产品的创新点位，结合消费者需求，推出有针对性的创新个性化产品，抢占市场新高地，为企业生存提供契机。

（2）企业家精神在中小旅游企业的发展中具有至关重要的意义。理解企业家精神需要结合管理学中的资源基础理论、创新理论、领导力理论、组织行为理论以及心理学、社会学等相关理论，分析旅游创业者的创新精神与能力构架。企业家精神的核心是创新意识和创新思维，旅游企业的企业家需要具备敏锐的市场洞察力和创新思维，不断探索新的商业模式、旅游产品和服务方式，以满足市场需求的不断变化；需要具备敢于尝试和承担风险的精神，积极探索新的商业机会和可能性，推动企业的创新发展；同时，需要不断追求卓越，完善企业的商业模式、产品和服务，推动企业的持续改进和创新发展。旅游企业的创新发展需要各部门的协同合作和员工的积极参与。企业家需要具备团队合作和领导力，协调各部门的工作，激发员工的积极性和创造力，推动企业的创新发展。具备全球化视野和文化包容性。企业家需要了解全球市场的发展趋势和文化差异，尊重不同文化背景的客户需求和文化习惯，推动企业在全球范围内的创新发展。

（3）作为幸福产业的从业者，由于旅行社新产品的生命周期很短，如何形成客源黏性，形成顾客品牌忠诚度依靠的是旅行社的服务质量和口碑。而服务的提供者就是旅游从业者，高素质的“金钥匙”导游队伍，才能为游客带来不一样的旅游体验。从心理学旅游从业者需要具有以下性格特征：热情友好，能够主动积极地与游客建立良好的关系，并提供真诚贴心的服务；耐心细致，能够耐心解答游客的问题，关注游客的需求和感受，并提供细致入微的服务；乐观开朗，能够积极面对工作中的挑战和困难，带给游客愉悦的体验和感受；善于沟通，能够与游客进行良好的沟通和交流，理解游客的需求和期望，并提供相应的服务；灵活适应，能够快速适应不同的环境和情况，处理突发问题和变化，并灵活应对游客的各种需求。结合案例中创新精神，分析个体是否具备旅游创业者的性格特质，以“诗和远方”的激情与情怀投身旅游产业。

# 七、课堂设计

案例授课班级人数不宜过多，最好控制在 15 ~ 30 人，以 3 ~ 5 人为一个小组，选择宽敞、有序、明亮的多媒体教室。为方便学员更好参与案例讨论与分析，学员可提前进行分组，并为所在小组进行命名，准备座位名牌等。本案例按照 90 分钟设计，教师在案例讨论前，可要求学员结合案例内容，扩展收集旅行社企业疫情后经营中面临的市场挑战及经营情况信息，了解案例背景，然后再组织学员进行分组讨论。课堂计划和板书如表 2 - 1 和图 2 - 4 所示。

**表 2 - 1　课堂教学计划**

| 内容 | | 教学活动 | 时间 |
|---|---|---|---|
| 课前安排 | 课前准备 | (1) 发放教学案例，关注该企业公众号，收集案例的相关背景和信息；<br>(2) 通过知网、EBSCO 等数据库查阅相关中、英文文献，不少于 30 篇进行初步思考；<br>(3) 分组以 PPT 形式形成初步的分析成果报告 | 课前 1 周 |
| 课堂讨论 | 案例启发 | 教师简要阐述案例内容，重现案例情境及提供相关线索 | 10 分钟 |
| | 小组讨论及成果分享 | (1) 各小组分析案例及思考题；<br>(2) 组内开展讨论，选派代表，分享本组关于案例的思考和建议；<br>(3) 形成小组汇报 PPT | 45 分钟 |
| | 班级讨论 | 教师根据小组发言内容穿插理论知识，对其进行启发式问题的延伸讨论 | 25 分钟 |
| | 案例总结与延伸 | (1) 归纳总结各小组发言内容，概括梳理案例中涉及的知识点及其应用范畴；<br>(2) 依托案例对相关知识点进行扩展延伸，进一步加深学生对企业家精神理论的掌握 | 10 分钟 |
| 课后总结 | 课程作业 | (1) 学生以小组为单位，根据课堂讨论的意见，完善并提交案例分析报告；<br>(2) 以命名小组为单位进行旅行社产品的创新设计案例撰写 | 课后 1 周 |

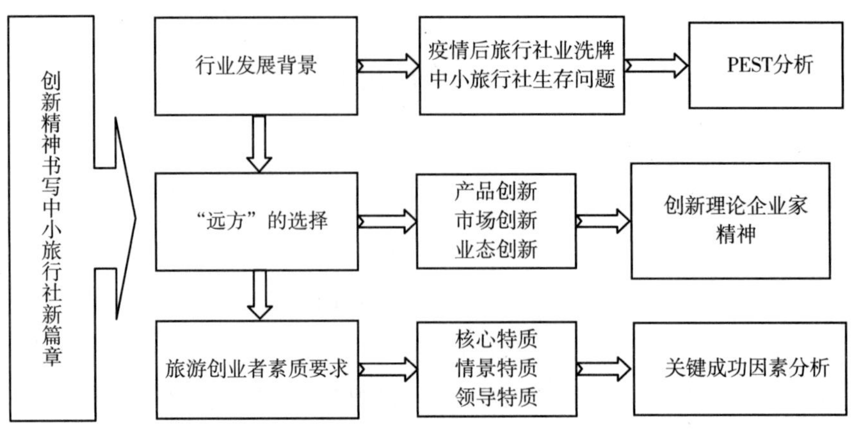


**图2－4　课堂板书设计**

# 参考文献

［1］弗兰克·奈特．风险、不确定性和利润［M］．王宇，等译．北京：中国人民大学出版社，2005.

［2］龙海军．旅游业中的企业家精神调查：以凤凰古城中小旅馆为例［J］．北方经济，2013（18）：57－59.

［3］鲁传一，李子奈．企业家精神与经济增长理论［J］．清华大学学报（哲学社会科学版），2000，15（3）：42－49.

［4］鲁兴启，王琴．企业家精神与当代经济增长［J］．商业研究，2006（2）：18－21.

［5］罗芬．改革开放40年湖南旅游发展的历程与路径选择［J］．湖南社会科学，2018（6）：133－140.

［6］骆玥文，董亚娟．基于CiteSpace文献计量的旅游企业家精神研究综述［J］．经济研究导刊，2021（16）：118－120.

［7］田桂成．酒店与旅游产业中的创新与企业家精神［J］．社会科学家，2013（S1）：51－54.

［8］王娟，李婷．互联网时代的旅游业领导者特质——基于季琦《创始人手记》分析［J］．管理案例研究与评论，2022，15（2）：115－128.

［9］王娟，刘伟．企业家精神的涌现：一个整合框架［J］．管理现代化，2019，39（4）：118－121.

［10］王霞，郭丕斌．旅游服务创新的驱动力研究——以山西为例［J］．山西农业大学学报（社会科学版），2010，9（4）：472－475.

［11］赵学思，郑立新．疫情之下中小企业面临的挑战与发展机遇思考［J］．商场现代化，2020（13）：140－142.

［12］Aires J，Costa C，Brandão F. Exploring Indicators and Determinants to Evaluate Innovation in

Tourism Firms-A Systematic Literature Review ［J］. Tourism：An International Interdisciplinary Journal，2022，70（4）：656－673.

［13］ Milojević S，Pavlovic N. Entrepreneurial Spirit of Rural Tourism of the Pomoravlje Distric，Central Serbia ［J］. Ekonomika，2017，63（1）：63－72.

［14］ Sharifi－Tehrani M. Corporate Social Entrepreneurial Orientation in the Hospitality and Tourism Industry：A Religiosity Perspective ［J］. International Journal of Contemporary Hospitality Management，2023，35（8）：2890－2915.

# 案例三 Case 3

# 深耕国内，布局全球
## ——锦江酒店的品牌组合战略

**案例摘要：**锦江酒店作为中国酒店业的佼佼者，在品牌组合战略的实施过程中，基于市场环境和自身资源优势的考量，形成了其独特的战略逻辑。本案例旨在深入解析锦江模式的品牌组合战略，揭示其实施原因、特点、规划，以及品牌架构，并探讨其面临的挑战和应对策略。通过理论框架的构建与实践案例的结合，期望为现代酒店集团提供有益的品牌组合战略借鉴。

## 一、教学目的与用途

本案例旨在为酒店管理、市场营销和战略管理等相关课程提供实用的教学材料。

本案例适用于本科和研究生阶段对酒店品牌管理和战略管理感兴趣的学生。通过分析锦江酒店品牌组合战略的实践，学生可以深入了解品牌战略的理论与实践，并学习如何在实际商业环境中应用这些理论。

## 二、案例内容

### （一）引言

随着中国经济的崛起，旅游业蓬勃发展，酒店业作为旅游产业链的重要环节，面临着前所未有的机遇和挑战。“锦江”是具有80多年历史的中国民族品牌，中国驰名商标、上海市著名商标，获中国商标金奖。根据《锦江国际（集团）有限公司履行企业社会责任的情况报告（2022）》，截至2022年底，锦江国际集团投资和管理的酒店规模超过12000家、客房数127万间，分布在世界100多个国家和地区，会员超过1.8亿人，排名全球酒店集团300强第2位。作为中国酒店业的领军企业，锦江酒店发展历程充满了传奇色彩，锦江酒店凭借其敏锐的市场洞察力和卓越的经营管理能力，成功地把握住了市场机遇，其品牌组合战略不仅提升了企业的市场竞争力，还为行业的可持续发展提供了有益探索。通过对锦江模式的深入研究，可以发现其在品牌定位、多元化发展、品牌协同等方面的独特之处，为其他酒店集团提供宝贵的经验，也为中国酒店业的国际化发展提供参考。

## （二）案例背景介绍

### 1. 锦江酒店的发展历程

锦江酒店的历史可以追溯到1935年，当时董竹君女士在上海开设了“锦江川菜馆”和“锦江茶室”。锦江饭店于1951年在上海开业，成为著名的国宾馆。经过多次变革和重组，锦江饭店与其他几家涉外宾馆合并组建了锦江集团。1994年，公司发行境内上市外资股并在上海证券交易所上市。1996年，公司正式发行A股上市。2003年，新亚集团与锦江国际集团重组合并，公司经过资产置换后以酒店经营管理为主业，更名为锦江酒店。

进入21世纪，锦江酒店开始实施品牌组合战略，通过收购、兼并、加盟等方式，整合各类酒店资源，形成了涵盖高端、中端和经济型酒店的完整产业链。锦江酒店的发展历程可分为四个阶段：第一阶段（2003～2010年），锦江酒店聚焦酒店主业，通过资产并购重组，与锦江国际进行资产置换，核心资产包括上海汤臣大饭店和上海扬子江大酒店等星级酒店。第二阶段（2010～2014年），锦江酒店大力发展经济型酒店业务，通过收购金广快捷、时尚之旅等经济型酒店品牌，不断扩大经济型酒店规模。第三阶段（2014～2018年），锦江酒店陆续收购铂涛和维也纳的股权，中高端酒店规模大幅增加。同时，在2014年收购法国卢浮酒店集团，2018年锦江国际集团收购丽笙酒店集团，全球化布局得到推进。第四阶段（2019年至今），锦江酒店进入整合优化、提质增效的阶段。2019年，锦江酒店实施一中心三平台战略，2020年成立锦江酒店（中国区）。经过多年的变革与创新，锦江国际集团已经发展成为中国规模最大的综合性旅游企业集团之一。

### 2. 锦江酒店品牌组合战略实施背景

酒店业市场环境日趋复杂和多变，竞争激烈，客户需求多样化。2023年前三季度，国内旅游总人次达 36.74 亿人次，比上年同期增加 15.80 亿人次，同比增长 75.5%[①]，旅游业对经济的贡献愈加突出。为了在市场中获得竞争优势，锦江酒店需要对市场环境进行深入的分析，对目标客户群体、市场规模、市场增长潜力和竞争态势等方面进行调研，明确市场的发展趋势和潜在机会，为多品牌战略的制定提供依据。

消费者对酒店的需求呈现出多元化、个性化的特点，年轻消费者更加注重酒店的时尚元素和社交功能，而老年消费者则更注重酒店的舒适度和便利性。在线旅行社（OTA）平台成为消费者进行线上旅游预订的主要渠道，酒店通过数据分析更精准掌握消费者的需求和偏好，不断进行服务创新和特色产品打造，满足消费者个性化需求。

面对国内外众多竞争对手的激烈竞争，锦江酒店认识到，要想在市场中脱颖而出，必须采取独特的竞争策略。通过对竞争对手的战略、业务模式、产品线和服务质量等方面的分析，锦江酒店找到了自身的优势和不足之处，明确了多品牌战略的实施目标，以实现差异化竞争优势。为了确保多品牌战略的有效实施，锦江酒店对自身的内部资源能力进行全面评估。通过深入分析，锦江酒店明确了自身的优势和短板，为制定多品牌战略提供了支持，也为后续的品牌架构层级和定位分析提供了依据。

## （三）案例主题内容

### 1. 锦江酒店实施品牌组合战略原因分析

作为中国最大的酒店集团之一，锦江酒店实施品牌组合战略，以期更好地满足不同客户群体的需求，提高市场占有率。品牌组合战略不仅有助于锦江酒店拓展市场份额，提升品牌影响力，也能够降低经营风险，提高企业整体盈利能力。2021 年，锦江酒店（中国区）开始对其旗下的近 40 个品牌进行全面梳理，旨在解决品牌区域分布不均、结构不均等问题。经过梳理，锦江酒店（中国区）形成了覆盖高端、中高端、中端、轻中端和经济型全品类的轨道品牌、赛道品牌，构建起更具竞争力的主力品牌矩阵。

在竞争激烈的市场环境中，锦江酒店采用品牌组合战略，与其所具备的竞争优势密切相关。截至 2023 年底，三大酒店集团旗下酒店数量分别为锦江 12448 家、华住 9394 家、首旅 6263 家。[②] 锦江酒店凭借庞大的规模，为后续的存量升级和提质增

---

① 文化和旅游部．2023 年前三季度国内旅游数据情况［EB/OL］．（2023－10－27）．https://zwgk.mct.gov.cn/zfxxgkml/tjxx/202310/t20231027_949374.html.

② 知酷文旅．酒店集团的 2023：锦江、首旅掉队，华住独大，亚朵爆发［EB/OL］．（2024－04－14）．http://business.sohu.com/a/771600091_121784758.

效提供了坚实基础。锦江酒店的品牌结构稳定，其中铂涛系和维也纳系占据了主导地位，占比超过70%。据盈蝶咨询数据，锦江酒店旗下品牌维也纳、7天酒店、锦江之星、麗枫被纳入2022年国内十大酒店。在中端酒店市场上，酒店规模更具优势，锦江旗下维也纳系列占据了2022年中端品牌市场份额的24.73%，排名第一；麗枫酒店则位居第三位；希岸和喆啡品牌也位居前十之列。锦江酒店的竞争优势为其多品牌战略的发展提供了推动力。凭借规模优势和品牌结构的稳定性，锦江酒店得以在中高端酒店市场取得显著的优势，不仅提升了品牌影响力，也为多品牌战略的实施提供了有力支持，进一步巩固了其在市场中的领先地位。

品牌组合战略有助于锦江酒店建立多元化的品牌形象。消费者在选择酒店时，会根据自己的需求和期望，选择符合其心意的品牌，每个品牌都希望在消费者心中建立一个个性鲜明、独一无二的品牌形象。锦江酒店通过多品牌战略，为每个品牌塑造了独特的形象和定位。有的品牌定位高端奢华，为商务旅客提供一流的服务和设施；有的品牌注重舒适和温馨，为家庭游客提供温馨的住宿体验；还有的品牌致力环保和可持续发展，吸引了对环保有更高要求的消费者。多元化的品牌形象，不仅满足了消费者对于不同品牌形象的期待，更为锦江酒店在激烈的市场竞争中，形成了差异化的竞争优势。

品牌组合战略有助于锦江酒店充分整合资源和分散经营风险。面临复杂的市场环境，单一品牌往往面对较大的经营风险。锦江通过品牌组合战略，将资源分散到不同的品牌中，降低了整体风险。多品牌可以共享集团的营销渠道、顾客资源、采购渠道、供应商资源，分享集团的管理团队和人才培养体系，提高品牌知名度和市场份额，降低采购成本和运营成本，提高管理效率和管理水平。

### 2. 锦江酒店品牌组合战略特点分析

第一，差异化定位。锦江酒店的各个品牌在定位上都有所区别，能够满足不同客户群体的需求。锦江之星以时尚、简约的设计风格和高性价比的服务吸引年轻商务客群和学生群体；锦江都城以豪华、舒适的环境和高品质的服务吸引高端商务客群和旅游客群；维也纳国际则以中高端的价格定位和中档的服务品质吸引中产消费者和商务旅行者。

第二，资源共享。多个品牌之间可以共享采购、渠道、品牌宣传等集团资源，实现资源优化配置，降低成本。锦江酒店可统一采购床品、洗漱用品等物资，降低采购成本；不同品牌之间可以共享销售渠道和客户数据，实现精准营销和个性化服务，提高销售效率；不同品牌可以共享管理经验和优秀团队，提高管理水平和效率，共同打造集团形象。

第三，品牌协同。锦江酒店的旗下品牌可以相互协同，提高市场竞争力。作为集团的旗舰品牌，锦江饭店、锦江都城、锦江之星等锦江系列品牌酒店凭借卓越的服务和良好的信誉，赢得了广大客户的信赖，为集团其他品牌提供了信誉保障。利用锦江品牌系列酒店的品牌影响力，集团内的其他品牌能够迅速获得客户的认可，缩短市场开拓周期，提升自身的市场地位。锦江酒店拥有丰富的经营管理经验，无论是日常运营、人员培训还是市场营销策略，都能够为其他品牌提供经验指导，共同提升管理水平和管理效率，进一步巩固市场地位。

第四，市场覆盖面广。品牌组合战略有助于锦江酒店覆盖更广泛的市场，从一线城市到二三线城市，从高端客户到中低端客户，都可以得到有效的满足。例如，锦江之星、7 天酒店等品牌在二三线城市和经济型酒店市场中具有较强的竞争力，维也纳、麗枫等品牌在中高端酒店市场拥有较高的知名度和美誉度。庞大的酒店网络为锦江酒店集团带来了巨大的竞争优势，使其成为国内外的知名酒店品牌之一。

第五，风险控制。品牌组合战略可以降低对单一品牌的依赖，增强企业抵御市场风险的能力。由于酒店市场竞争激烈，单一品牌容易受到市场波动和竞争对手的影响。锦江酒店实施品牌组合战略，可以在不同品牌间进行资源整合和市场布局的优化，降低对单一品牌的依赖，降低经营风险。

### 3. 锦江酒店品牌组合战略规划和实施过程

品牌组合战略形成过程并非一蹴而就，而是经过了长期的探索与实践。锦江酒店在发展过程中，始终保持着敏锐的市场洞察力，能够及时捕捉并抓住市场机会。在锦江酒店品牌战略的规划阶段，公司首先进行了市场调研，分析了消费者需求、竞争对手情况以及自身优势。锦江酒店了解到市场中存在多个消费群体，每个群体都有其独特的消费需求和特点。通过对国内外酒店市场的深入调研和分析，锦江准确地识别出了不同市场细分中的潜在机会，从而为多品牌组合战略的建立提供了有力的依据。通过对不同消费群体、地域文化和市场需求的研究，明确各品牌的市场定位，以满足不同客户群体的需求。在实施多品牌战略时，锦江注重品牌的差异化定位，确保各品牌在市场中有明确的区分度，从而提升整体的市场竞争力。锦江酒店充分利用集团的资源优势，实现资源的高效整合与共享，提升各品牌的运营效率。面对市场的不断变化，锦江酒店始终保持创新思维，不断优化各品牌的运营策略，以适应市场的变化和满足消费者的需求。通过上述核心因素的考量与实践，锦江酒店成功地建立了品牌组合战略，为其在国内外的扩张与发展奠定了坚实的基础。

在品牌战略实施阶段，锦江酒店要建立和完善各品牌管理体系，包括品牌形象设计、产品和服务质量保障、市场拓展等，确保每个品牌都能够实现良性运作。同时，要协调各品牌之间的关系，防止出现内部竞争和资源浪费的情况。锦江酒店还注重人才的引进和培养，招聘了一批具有多品牌管理经验的人才，并为员工提供了系统的培训和发展计划。

#### 4. 锦江酒店品牌架构分析

锦江酒店通过外延并购卢浮、铂涛、维也纳等品牌形成多元品牌矩阵、实现品牌国际化发展，同时依托集团资源进一步强化高端市场影响力、实现全球品牌矩阵管理。锦江酒店将旗下酒店品牌划分为简约舒适、精品优选、豪华高端等档次，明确各品牌所覆盖细分赛道，强化品牌竞争力。

多品牌战略是锦江酒店实施品牌组合战略的重要组成部分，为了应对全球形势的变化，更好地管理这些品牌，锦江酒店于2020年5月13日成立了锦江酒店（中国区），并设立了上海、深圳双总部。作为锦江酒店“深耕国内、全球布局、跨国经营”的全球品牌战略的重要布局，锦江酒店（中国区）拥有丰富的品牌矩阵，中端及中高端以上品牌数占比已达80%，涵盖商旅、度假、个性化等丰富业态。其中，既有深耕市场多年的经典民族品牌——维也纳国际、锦江都城、麗枫等；也有通过海外收并购及合作运营的国际知名品牌——丽芮、丽亭、丽柏、丽怡，郁锦香、康铂、凯里亚德等；以及近年来基于市场洞察，创新孵化的一系列新锐品牌——暻阁、云居系列、荟语、原拓、舒与、缤跃、欧暇·地中海、陶瑞等，覆盖度假酒店、国潮酒店、生活方式酒店、社交酒店等多个细分赛道。这些品牌致力为消费者提供高品质和多元化的出行体验，满足不同客户的需求。

锦江酒店品牌架构中，包括企业品牌“锦江”和家族品牌“锦江”“维也纳”“丽笙”“卢浮”“铂涛”等，以及每个家族品牌下设的产品品牌，表3－1列举了锦江酒店旗下的四类家族品牌系列的定位。这些品牌根据其定位、服务和价格水平进行细分，以满足不同客户群体的需求。例如，锦江之星定位于经济型酒店市场，主要服务于预算有限的旅客，注重性价比和舒适度，以其高品质的服务和设施，为旅客提供舒适的住宿体验；麗枫定位于中端酒店市场，以自然元素和枫香文化为特色，让旅客感受到温馨与舒适的住宿体验，主要服务于注重舒适和个性化的旅客；维也纳国际定位于中高端酒店市场，融合现代设计和传统元素，为旅客提供优雅、舒适的住宿环境，主要服务于追求欧洲经典风格和优质服务的旅客；锦江定位于高端酒店市场，提供一流的服务、设施和环境，满足旅客的奢华需求，主要服务于追求高品质住宿体验的旅客。这些品牌各有特色，通过差异化的市场定位和品牌形象，满足了不同类型旅客的需求。

**表 3－1　　锦江酒店品牌细分**

| 家族品牌 | 产品品牌 | 品牌定位 | | 品牌口号 |
|---|---|---|---|---|
| 锦江 | 锦江 | 高端 | 从事全服务酒店营运和管理，为高端商旅客户提供中华待客之道，充分体现当地特色文化，致力为客户提供高性价比的酒店服务 | 体验锦江<br>殷勤备至 |
| | 锦江都城（Metropolo Hotels） | 中高端 | 定位于国际四星级的文旅探索型中高端酒店品牌，目标客源为全球中产阶级旅居休闲商务客，凭借品牌国际化团队的管理让全球游客享受一种别致的文旅待客之道 | 点亮<br>心视界 |
| | 锦江之星（Jinjiang Inn） | 经济型 | 经济型连锁酒店品牌，迎合大众化旅居消费的需求；以全系列暖色调给客人温馨舒适的入住体验，提供优质的酒店服务体验；锦江之星作为经济型民族品牌开创者，历时 27 年经过多次产品迭代发展，先后发布细分系列——锦江之星、锦江之星风尚、锦江之星品尚 | 随星所寓，<br>安享舒适 |
| 维也纳 | 维纳斯皇家酒店（Venus Royal Hotel） | 高端 | 维纳斯皇家酒店作为维也纳酒店旗下高端奢华酒店品牌，以“尊享居所、健康美食、皇家礼遇”为核心服务理念，以美食、助眠、典雅、豪华为产品设计理念，按照国际高端品牌标准装修和运营，让宾客享受到超越期望的尊贵体验 | 贵族气质<br>皇家风范 |
| | 维也纳国际酒店（Vienna International Hotel） | 中高端 | 以经典艺术、健康美食、智能化为产品设计理念，致力于为宾客提供集“超值、安全、美食、深眠、艺术、健康、环保”为一体的商旅享受，引领酒店行业“轻五星”时代 | |
| | 维也纳好眠国际酒店（Vienna Best Sleep International Hotel） | 中高端 | 集中华五千年养生助眠文化与西方科学助眠方法于大成，融入道家、禅学智慧等睡眠文化和元素，崇尚天人合一的睡眠境界与养生哲学，锻造出独有的、专业的、健康的“五感深眠空间”——视觉、听觉、嗅觉、味觉、触觉五维一体的睡眠系统，致力为宾客铸就全方位的助眠产品，成就宾客高质量的深度睡眠 | 为深度<br>睡眠而生 |
| | 维也纳酒店（Vienna Hotel） | 中端 | 开创轻奢酒店新品类，致力为宾客提供高品位的产品和亲切的服务，追寻一种能与自身品位高度契合的完美心境——奢华未满，优雅天成 | |
| | 维也纳智好酒店（Vienna Classic Hotel） | 中端 | 秉承优质服务、科技助眠的服务理念，打造“智能科技、舒适睡眠、畅爽淋浴、营养早餐、极速上网”五项品质特征，致力为客户提供高品质、舒适、多元的客房体验与服务 | 智造舒适 |
| | 维也纳 3 好（3 Best Hotel） | 经济型 | 以更高的环保要求和更专业的洁净服务，为宾客提供极致洁净、健康环保的酒店体验；以引领者的姿态和新洁净标准的高度，为酒店行业树立洁净酒店典范形象；从“环境、触感、睡眠”等全方位为用户提供非凡体验 | 好环保<br>好洁净<br>好健康 |

续表

| 家族品牌 | 产品品牌 | 品牌定位 | | 品牌口号 |
|---|---|---|---|---|
| 丽笙 | 丽笙精选（Radisson Collection） | 高端 | 独具特色的生活方式酒店系列，均开设于独一无二的优越地理位置；结合现代设计，荟萃匠心独具的餐饮、健身康体及可持续性的体验，每一家酒店的个性与其所在地真实贴近，为当代生活提供最佳蓝图 | 恣享非凡体验 |
| | 丽笙（Radisson Blu） | 高端 | 超高端品牌，空间布局时尚前卫，服务宾客热情体贴且细致入微。透过个性化服务，结合各地细微差异，为宾客提供真正独具一格的住宿体验 | 细致感受 |
| | 丽筠（Radisson） | 高端 | 高端酒店品牌，为宾客提供斯堪的纳维亚式的待客之道，协助宾客在旅途中寻找到和谐宁静，致力与宾客建立情同一家的密切感情，并贯彻“是，我行！”的服务理念，确保每位宾客称心满意 | 纯粹的愉悦享受 |
| | 丽芮（Radisson Red） | 高端 | 国际高端生活方式酒店品牌，透过轻松自在、无拘无束的服务方式，有别于传统商务型酒店的新颖设计，为旅人带来活力焕发的全新体验 | 趣意盎然 |
| | 丽亭酒店（Park Plaza） | 高端 | 超高端品牌，依据所在位置，捕捉当地风格特色，在设计上别创一格，为商务客人及休闲旅者提供时尚别致的客房、出色卓越的会议空间，并由专业的团队提供真正出色的服务 | 感受纯正 |
| | 丽柏酒店（Park Inn by Radisson） | 中高端 | 中高端精选服务酒店品牌，聚焦“精致主义新中产”为核心的中高端客群，“好享住、好知心、好值得”是丽柏酒店想要传递给每一位宾客的核心价值，提倡赞颂大都会便捷、舒适和人性化的精致生活，秉承少却更好和实用主义的产品设计理念，旨在打造为全球新中产阶级服务的国际中高端精选服务酒店品牌 | 赞享每刻 |
| | 丽怡（Country Inn & Suites） | 中高端 | 中高端酒店品牌，透过温馨动人的设计、产品及服务，让宾客感到热情氛围及备受重视 | 心怡之所 |
| 卢浮 | 皇家金煦（Royal Tulip） | 高端 | 灵感根植于非凡的品位之中，提供优雅奢华的设施和高度个性化的服务，享受高端地段的非凡奢华体验 | 国际精华，本地特色，铸就优雅的非凡体验 |
| | 郁锦香（Golden Tulip） | 高端 | 个性化高端全服务酒店品牌，以“随时趣感受”为品牌核心，倡导将妙趣融入工作和生活，在商务和休闲旅途中感受属地文化，“趣”享受每一刻；以“一店一设计、一店一故事”为核心设计理念，融欧洲风范和本地特色于一体，创造惊喜、愉悦、舒适的入住体验 | 随时趣感受 |

续表

| 家族品牌 | 产品品牌 | 品牌定位 | | 品牌口号 |
|---|---|---|---|---|
| 卢浮 | 金熙（Tulip Inn） | 高端 | 法式格调的文化精品酒店，舒适、好客、物超所值的国际标准，本地风情的法式演绎 | 生活，在于寻找自己的平衡点，在金熙，给你最恰如其分的体验 |
| | 康铂酒店（Campanile） | 中端 | 具有探索人心的品牌追求，将独一无二和舒适愉悦的体验与“法式风格”相结合，并一直努力践行品牌信条“留恋·每一刻，STAY WITH US”，邀请世界各地的客人们一起体验法式生活 | 留恋·每一刻 |
| | 凯里亚德酒店（Kyriad） | 中端 | 以深睡眠和健康态的入住体验为住客充能，鼓励客人探索世界、热爱生活，倡导活在当下、尽享此刻的生活态度；围绕探索精神、旅行文化、世界空间，打造“激发旅行乐趣，激活探索人生”的国际中端商旅酒店品牌 | 活在当下，尽享此刻 |

资料来源：根据锦江酒店官网资料整理。

锦江酒店集团的品牌组合战略不仅在市场定位上实现了互补，还在品牌形象、产品线和目标顾客群体等方面实现了协同效应。例如，锦江之星和7天连锁酒店同属经济型酒店，但它们的品牌形象和市场定位略有不同，实现了市场的全覆盖。同时，各品牌在产品线和服务上也有所区别，使得锦江能够在同一市场中提供多样化的产品和服务，满足了不同顾客的需求。在实现品牌互补与协同的过程中，锦江酒店集团注重各品牌之间的合作与资源共享。在采购、渠道和营销等方面，各品牌可以共享集团资源，降低成本，提高运营效率。在品牌形象和品牌文化上，各品牌也注重相互借鉴和学习，从而形成了统一的集团形象和品牌文化。通过细分市场策略的运用和品牌互补与协同的实现，不仅提高了集团的竞争力和市场占有率，还为顾客提供了更丰富和多样化的产品和服务，锦江酒店集团的品牌组合战略取得了显著的成功。

### 5. 锦江酒店品牌组合战略的挑战与应对策略

（1）面临的挑战。

多品牌的协调管理。采用品牌组合战略，锦江酒店面临的首要挑战是多品牌的协调管理问题。每个品牌都有其独特的定位、目标市场和消费群体，这就要求针对每个品牌制定个性化的市场策略和营销手段。有的部分目标市场的重叠，可能会导致内部资源争夺的矛盾。

品牌间的竞争风险。锦江酒店旗下品牌众多，不同品牌在市场定位、产品特色和服务质量等方面可能存在差异，但也可能存在相似之处。不同品牌为了争夺市场份额，可能会投入大量人力、物力和财力进行竞争，造成资源的浪费，增加了企业的运营成本，降低了整体运营效率。在有限的市场容量下，品牌间的竞争使得市场份额更加分散，难以形成规模效应。如果品牌间的竞争过于激烈，可能会导致消费者对品牌的认知度和信任度下降。

市场变化的适应性。随着时代的发展和消费者群体的更迭，消费者对于酒店的服务、设施、体验等方面的需求也在不断升级，越来越多的酒店投资者进入市场，竞争越来越激烈。竞争对手可能会通过价格战、促销活动、提升服务品质等方式来争夺市场份额，这给锦江酒店带来了巨大的竞争压力。

（2）应对策略。

第一，加强品牌间的协同效应。为了应对多品牌协调管理的挑战，锦江酒店可以加强品牌间的协同效应。酒店集团建立高效的供应链管理体系，进行统一采购、库存管理、物流配送等环节，降低运营成本，提高资源利用效率。锦江酒店可以加强不同品牌员工之间的培训和交流，促进员工对不同品牌的了解和认同，增强员工对多品牌战略的认识，培养具有跨品牌能力的团队，提升品牌间的协同效应。

第二，制定合理的市场策略。为了降低品牌间的竞争风险，锦江酒店需要制定合理的市场策略。开展深入的市场调研有助于企业了解不同品牌的目标市场和消费群体的特点、需求和偏好，明确各品牌的市场定位，以及它们在目标市场中的竞争优势和劣势。基于市场调研的结果，对各品牌进行细分，并制定相应的市场策略。例如，为高端市场提供定制化的服务和设施，吸引高净值客户；对中低端市场提供性价比高的产品和优质的服务，满足大众消费者的需求。为确保资源的有效利用，避免内部竞争，企业需要通过合理的资源配置和市场划分，确保各品牌之间相互支持、共同发展，降低不必要的资源浪费和内部矛盾。企业定期评估市场策略的执行效果，及时调整和优化策略，以适应市场的变化和竞争态势。

第三，提高企业的创新能力。酒店应利用先进的技术手段来提升产品和服务的质量和效率，如引入智能化的酒店管理系统、客户体验优化技术等。新技术可以帮助企业降低成本、提高运营效率，从而增强盈利能力。企业应建立创新文化，鼓励员工积极提出创新意见和建议。通过建立激励机制、提供培训和发展机会，激发员工的创新意识和创造力。企业应积极营造开放、包容的创新氛围，鼓励跨部门、跨领域的合作，促进知识的共享和交流。通过这些措施的落实和执行，企业可以提升自身的核心竞争力，更好地应对市场的变化和挑战。

### （四）结语

自锦江酒店实施品牌组合战略以来，其在市场上的影响力和竞争力得到了显著提升。品牌组合战略使得锦江酒店能够满足不同客户群体的需求，扩大市场份额，提高收益水平，也增强了锦江酒店的品牌知名度和影响力，提升了其在酒店行业的地位。通过多品牌的战略布局，锦江酒店成功覆盖了从高端到经济型、从商务到休闲旅游等各个细分市场，满足了不同客户群体的需求，提高了市场份额。锦江酒店对每个品牌进行了清晰的定位，并赋予了相应的品牌特色，使得每个品牌在市场上都具有较高的辨识度和吸引力。品牌组合战略使得锦江酒店在采购、宣传、人力资源等方面实现了资源共享，降低了运营成本，提升了整体竞争力。然而，在实施品牌战略的过程中，锦江酒店也面临一些问题。多品牌可能引发品牌间的竞争甚至内耗，尤其是当各品牌市场定位相近时。随着品牌的增多，管理复杂性增加，对品牌间的协调和监控提出了更高的要求。在快速扩张过程中，维护各品牌形象的一致性和高品质成为一个挑战。因此，锦江酒店需要不断完善和优化品牌战略，以应对市场的变化和竞争的挑战。

## 三、启发思考题

1. 锦江酒店为什么要实施品牌组合战略？
2. 在实施品牌组合战略过程中，锦江酒店面临了哪些挑战？
3. 品牌组合战略对锦江酒店的市场份额和品牌形象有何影响？
4. 锦江酒店未来应如何优化其品牌战略？
5. 试分析锦江酒店的品牌架构。

## 四、分析思路

介绍锦江酒店的发展历程和主要品牌，了解其品牌组合战略的背景；分析锦江酒店实施品牌组合战略的具体步骤和策略；分析锦江酒店品牌架构的设计及品牌定位，讨论在品牌组合战略实施过程中遇到的问题和挑战；总结品牌组合战略对锦江酒店发展的影响，并提出优化建议。

# 五、理论依据与分析

## （一）相关概念及理论

### 1. 品牌组合

品牌组合战略（brand portfolio strategy）又称品牌系统（brand systems）或品牌架构（brand architecture），是详细说明品牌组合的结构和组合品牌的范围、角色和相互间的关系。企业在拥有多个品牌时，为了实现特定的战略目标，对品牌进行组合、协调和管理，这种战略的核心在于如何将不同的品牌进行有效的整合，从而形成一个强大的品牌体系，提升企业的市场竞争力。品牌组合需要考虑企业管理的各种品牌，如主品牌、副品牌、品牌化的差异点、品牌化的活力以及联合品牌等方面。品牌组合战略的理论模型包括品牌金字塔模型、品牌矩阵模型等，这些模型为企业提供了不同的视角和工具，帮助企业更好地理解和实施品牌组合战略。在酒店业中，品牌组合战略的应用非常广泛。例如，万豪、希尔顿国际酒店集团通过实施品牌组合战略，成功地占领了多个细分市场，提升了企业的整体竞争力。

### 2. 品牌层级

品牌层级（brand hierarchy）从顶端到底部可以有企业品牌、家族品牌、个别品牌、修饰品牌以及产品描述。品牌层级包括两方面：一是品牌架构的层级，二是品牌组合的定位层级。前者是品牌化战略的基本考虑，即在产品上如何使用不同范围层级的品牌名称；后者是在产品上推出不同定位层级的品牌，形成面向不同目标市场的品牌组合（何佳讯，2021）。

### 3. 品牌定位

在市场营销领域，通常认为定位是企业为自己的产品或形象在目标顾客心中占据一定的特殊位置而采取的行动。品牌定位是通过确定本品牌的具体价值，在竞争范畴中赢得本品牌在顾客印象中的最佳位置，帮助实现企业潜在利益的最大化。

### 4. 多品牌战略

多品牌战略（multi-brand）是品牌战略的一种，不同的研究给多品牌战略做出了不同的定义。卢泰宏等（2009）认为多品牌战略是指企业针对细分市场的分类使用不同品牌的品牌发展战略。塞姆等（Cem et al.，2008）认为随着企业发展到一定阶段，企业会选择拓展品牌以适应各个细分市场的不同消费需求，针对不同市场建立两个及以上的品牌去区分不同消费群体，并设计不同的品牌名称与标志，形成品牌差异化，并以此来占领更大的市场份额。罗等（Roh et al.，2010）认为多品牌战略是提供多个品牌以应对不同的客户群体和细分市场，为企业带来更多的商机和收入。李春飈等（2013）认为，多品牌战略与单一品牌战略相对，是为了获得更多的消费族群和细分市场，满足多元化的市场需求而制定的。李佳霖（2020）认为在多品牌战略中，各品牌之间相互联系且又彼此独立，即它们虽然来自同一企业，但在市场定位和营销策略上各自互不干扰。这些研究对于深入理解多品牌战略及其对企业发展的影响提供了不同的视角。通过实施多品牌战略，企业能够更好地满足不同消费者群体的需求，扩大市场份额并提高市场占有率。同时，多品牌战略也有助于企业在不同的市场领域中实现差异化竞争优势，从而应对激烈的市场竞争和变化无常的市场环境。

## （二）案例分析

本案例的理论依据主要包括品牌定位、品牌架构、品牌组合等。通过理论分析，可以对锦江酒店品牌组合战略的制定与实施进行深入探讨。在当今的市场环境下，酒店业的竞争日益激烈，消费者需求多样化，品牌成为吸引和保持客户的关键。为了满足不同客户群体的需求，锦江酒店需要在多个细分市场中进行布局，打造多元化的品牌组合，提高市场占有率。除了市场驱动因素外，锦江酒店实施品牌组合战略还有其内外部动因及战略意图。从内部角度来看，锦江酒店希望通过品牌组合战略实现资源共享、降低成本、提高运营效率。例如，通过共享采购、营销渠道等资源实现规模经济效应，通过集中管理提高运营效率。从外部角度来看，实施品牌组合战略可以帮助锦江酒店应对市场竞争和不确定性因素，通过多元化的品牌布局分散经营风险、提高抗风险能力，通过品牌间的协同效应提高整体竞争力。锦江酒店实施品牌组合战略的战略意图是实现长期可持续发展和价值最大化。合理的品牌组合规划和执行，锦江酒店能够提高市场竞争力，扩大市场份额，获得更多的商业机会和利润空间，还有助于提升锦江酒店的整体形象和市场地位，为未来的发展奠定坚实的基础。

锦江酒店集团在其品牌组合战略中展示了明显的多元化和层次化特点。通过涵盖不同的市场细分，从高端奢华酒店到经济型连锁酒店都有所涵盖，形成了全面的品牌矩阵，满足了不同消费者的需求，更好地抵御市场风险。在层次化方面，锦江酒店集团注重品牌的梯度发展，逐步推进品牌升级和扩展。从低端品牌开始，锦江逐步提升其品牌定位，以此吸引不同层次的消费者，实现了品牌价值的最大化。然而，锦江酒店集团的多元化和层次化战略也带来了管理上的复杂性。锦江采用了集中化的管理模式，确保各品牌在战略、运营和营销方面的一致性。锦江还建立了完善的品牌管理体系和流程，以确保各品牌之间的协同效应最大化，避免内部竞争和资源浪费。为了提高管理效率，锦江酒店集团还采用了先进的信息管理系统和技术，有助于收集和分析市场数据，为决策者提供有价值的洞察，更好地指导品牌的战略规划和运营管理。

锦江酒店集团的品牌层次结构呈现出一种金字塔形状，这种结构有利于清晰地展示品牌的从属关系和各自的定位。在金字塔的顶端是锦江酒店的核心品牌，如锦江之星、锦江都城等，这些品牌具有高度的知名度和市场影响力，是集团的标志性品牌。接下来是各个子品牌，它们在核心品牌的庇护下，各自在市场中占据一定的份额。最底层是单体酒店品牌，它们作为执行层面，具体落实集团的各项战略。

在锦江酒店集团的品牌架构中，各品牌之间形成了良好的互动和互补关系。核心品牌通过其强大的市场影响力，为子品牌和单体酒店品牌提供了市场进入的便利。子品牌则在一定程度上分担了核心品牌的市场风险，增强了集团的抗风险能力。单体酒店品牌作为执行层面，保证了集团的各项战略能够得到有效执行。这种品牌架构不仅有利于提升集团的整体竞争力，也有利于提升各个品牌的竞争力。通过内部的品牌整合，锦江酒店集团形成了强大的品牌合力，使其在激烈的市场竞争中能够立于不败之地。同时，这种架构也有利于集团内部资源的共享，降低了运营成本，提高了运营效率。

尽管锦江酒店集团的品牌组合战略取得了一定的成功，但在实施过程中也面临了不少挑战。第一，锦江酒店集团在扩张过程中，需要确保新品牌或子品牌的定位能够满足不同市场的需求。定位不当可能导致品牌形象模糊，影响消费者选择。第二，多元化的品牌战略可能导致内部品牌之间的竞争，影响整体效率和市场份额。如何合理分配资源，避免内部竞争，是锦江需要解决的问题。第三，层次化的品牌结构使得品牌管理变得更加复杂。如何在保持各品牌独立性的同时，实现整体战略的一致性，是一项艰巨的任务。第四，随着锦江酒店集团的国际化扩张，如何适应不同国家和地区的文化差异，保持品牌的一致性和吸引力，也是需要面对的挑战。第五，酒店业面临快速的技术变革，如何跟上步伐，利用技术提升品牌价值和客户体验，是品牌组合战略需要考虑的重要问题。

针对上述挑战，锦江酒店集团可以采取以下策略和解决方案：加强对目标市场的调研，深入了解客户需求，确保品牌定位与市场需求相匹配。在品牌推出前进行充分的市场测试，及时调整定位策略。制订明确的资源分配计划，确保各品牌之间不会产生过多的内部竞争。同时，加强内部沟通与协调，促进品牌间的合作与互助。优化品牌管理结构，明确各品牌的职责与权限。制定统一的管理标准与流程，确保各品牌在执行层面的一致性。加强员工跨文化培训，提高对不同文化背景的认知与适应能力。在扩张过程中，根据当地文化特点对品牌策略进行适应性调整。加大技术研发与创新投入，关注行业前沿技术动态，及时将新技术引入品牌管理与服务，提升品牌竞争力。

## 六、教学要点

（1）理解酒店如何发现目标客户群体进行品牌定位。

（2）理解酒店建立品牌管理体系的要点和步骤。

（3）理解酒店品牌组合战略中各品牌层级的关系。

（4）理解酒店在实施品牌组合战略的挑战和对策。

## 七、课堂设计

课程时间安排90分钟（2学时）。课前要求学生阅读案例，教师提出思考题。课中进行案例回顾，为了使学生更深入地理解品牌组合战略的实质和实施过程，可以采用角色扮演和模拟的方式。教师可以将学生分组，学生分别扮演酒店管理层、市场营销团队等角色，针对不同的市场环境，制定并实施品牌组合战略，学生可以亲身体验品牌组合战略的制定和执行过程，提高其分析和解决问题的能力。教师组织学生对锦江酒店集团的品牌组合战略进行讨论，探讨其成功的原因、实施的难点和挑战，以及应对策略。课后，教师可以布置实践项目，学生可以以小组为单位，选择一家酒店集团，进行品牌组合战略的分析和研究。通过收集资料、分析数据、制订方案等方式，学生可以深入了解品牌组合战略的实际操作，提高其解决实际问题的能力。

### 参考文献

［1］何佳讯．战略品牌管理：企业与顾客协同战略［M］．北京：中国人民大学出版社，2021.

［2］李春飚，赵强，薛晓萌．浅谈市场细分及多品牌战略的应用［J］．中国市场，2013（45）：27－28，37.

［3］李佳霖．多品牌战略管理体系提升企业竞争力之路径分析［J］．品牌研究，2020（6）：69－70.

［4］刘筱筠．安踏公司多品牌战略的财务绩效研究［D］．上海：东华大学，2021.

［5］卢泰宏，吴水龙，朱辉煌，等．品牌理论里程碑探析［J］．外国经济与管理，2009，31（1）：32－42.

［6］叶垭钦．安踏公司海外并购的多品牌战略研究［D］．南宁：广西民族大学，2023.

［7］祝合良．战略品牌管理［M］．北京：首都经济贸易大学出版社，2013.

［8］Cem S B，et al. Financial Value of Brands in Mergers and Acquisitions：Is Value in the Eye of the Beholder?［J］．Journal of Marketing，2008，72（6）：49－64.

［9］Roh Y E，Choi K. Efficiency Comparison of Multiple Brands within the Same Franchise：Data Envelopment Analysis Approach［J］．International Journal of Hospitality Management，2009，29（1）：92－98.

# 从“最自己”到社交属性常态化
## ——社交型酒店品牌设计策略

**案例摘要：**随着消费者需求的多样化，酒店业正在经历一场深度的变革，社交型酒店成为酒店业新的增长点。社交型酒店强调的是一种互动、体验和共享的文化，不仅为旅客提供住宿，更是一种全新的旅行体验。品牌设计对于酒店的成功至关重要，案例选取IU酒店和我的地盘主题酒店作为研究对象，分析比较二者在品牌定位、品牌形象塑造、品牌传播等方面的异同，以期为社交型酒店的品牌设计提供借鉴和启示。

## 一、教学目的与用途

本案例主要适用于酒店管理、品牌管理等课程相关内容的教学与实践。

本案例适用对象为酒店管理专业的学生和教师、酒店行业的管理者和设计师。

本案例旨在通过案例分析和实践经验的分享，帮助学生或行业管理者更好地理解和掌握社交型酒店品牌设计的基本原理和方法，促进酒店行业之间的交流和合作，对其他服务行业的品牌设计提供一定的借鉴和参考。

## 二、案例内容

### （一）引言

随着消费者需求的多样化，社交型酒店以其独特的社交属性和共享体验受到了广大年轻人的喜爱。社交型酒店将旅游和社交融为一体，为旅客创造一种全新的旅行体验。品牌设计是酒店市场定位和形象塑造的关键环节，涉及到品牌定位、品牌形象塑造、品牌传播等多个方面。通过品牌设计，酒店能够有效地传递品牌核心价值和服务理念，与目标消费者建立深度的情感连接，从而在激烈的市场竞争中获得优势。成功的品牌设计不仅能够提升酒店的知名度，促进口碑传播，还能增加顾客忠诚度。本案例选取了两个具有代表性的社交型酒店品牌作为研究对象，通过对其品牌设计的实践过程和效果的比较分析，总结出社交型酒店品牌设计的实践策略和建议。

## （二）案例背景介绍

在当今的酒店市场中，社交型酒店已经逐渐成为一个新兴的细分领域。这类酒店品牌强调的是社交互动与共享，提供与传统酒店不同的体验，旨在满足现代消费者对于交流、互动和个性化体验的需求。在众多社交型酒店品牌中，本案例选择了IU 酒店、我的地盘主题酒店作为案例研究对象。

### 1. IU 酒店发展历程

IU 酒店的发展历程可以追溯到 2014 年作为一家新型互联网概念酒店创立。在短短一年内，IU 酒店签约数量突破 100 家，展示了其强大的市场潜力。在发展的过程中，IU 酒店紧跟市场变化和消费者需求，不断进行品牌升级和创新。例如，IU 酒店提出了“最自己 No Out”的价值主张，为追求极致自我、渴望与周围发生各种链接的“年轻”族群提供颠覆酒店传统的创新产品。同时，IU 酒店还注重用互联网思维打造“线上酒店空间”，开创了微信互动平台、多屏交互系统和专属定制服务，让酒店不再陌生，让客户紧跟潮流、彰显个性。IU 酒店推出观影房、游戏 IP 主题房、电竞房等多类房型，满足年轻人的不同需求，还注重提供优质的服务和体验，如极速 Wi-Fi、智能互动电视等，提升客户满意度和忠诚度。IU 酒店通过精准的市场定位和特色化的服务，成功吸引了年轻消费者。位于阳新县的 IU 酒店 · 阳新城东人民医院店自开业以来，连续 4 个月平均 OCC 稳定在 90% 以上，最高平均每间可供出租客房收入（RevPAR）277 元，IU 酒店 · 上海复旦大学五角场地铁站店连续满房一个月，其中连续 11 天 RevPAR 超 250 元，最高 RevPAR 达 301 元。[①] 这些业绩证明了 IU 酒店在市场上的竞争力和可持续性。

作为锦江酒店（中国区）旗下唯一一个社交品类轻中端新锐酒店，IU 酒店秉承

① 财报网 . IU 酒店荣获“2020 年度社交酒店 MBI 影响力品牌奖”［EB/OL］.（2021 - 06 - 28）. https：// finance. ifeng. com/c/87Rj5WzBynR.

“玩即正义”创意理念，用互联网思维建设以酷玩文化为基因的娱乐社交酒店，为同样爱玩、会玩的人提供集社交性、娱乐性为一体的年轻态生活方式。截至2021年6月，IU全国在营门店375家，总规模突破640家，覆盖全国180个城市。① 在迈点研究院公布的2019～2022年社交酒店品牌MBI排行榜中，IU酒店位居第一。

### 2. 我的地盘主题酒店发展历程

我的地盘主题酒店是中国社交主题酒店领军品牌，开创了主题酒店的新纪元。我的地盘主题酒店是都市酒店集团旗下的品牌，致力为都市慢活优享一族打造理想住宿体验的文化空间。国内第一家我的地盘主题酒店于2014年3月18日开始试营业，位于美丽的滨海城市青岛。我的地盘主题酒店开创了二次元文化产业链，推出了“智慧酒店”“私人定制”“咖啡大堂吧”等标志性服务。在当前的个性化定制潮流中，定制服务成为一种新的消费方式。2015年我的地盘主题酒店超越7天、汉庭，率先升级智慧化精品主题酒店。消费者通过手机微信即可自助选房入住酒店，只需轻轻松松点几下，客房智能钥匙即可到手。在我的地盘主题酒店，客人可以体验到智能的新奇感，还可以体验专属定制，生日房、婚房、派对房等，让消费者体验多种不同的酒店新奇服务。2014～2015年我的地盘主题酒店成功把握中国酒店发展的大势，创造一二线城市精品酒店独特的经营之术，通过清晰成功的战略，开创了精品酒店加盟发展新道路。

“社交属性”在国内酒店业态中已经进入常态化阶段，尽管IU酒店和我的地盘主题酒店在市场中取得了一定的成功，但也面临市场竞争日益激烈、消费者需求多变、技术更新迅速等诸多挑战，如何做好“社交差异化”迅速抓住当下年轻消费主力用户是社交型酒店当下亟待解决的问题。

## （三）案例主题内容

### 1. IU酒店品牌设计

品牌定位。IU酒店是一个以酷玩文化为内核的娱乐社交酒店，以追求极致自我、提供高品质、时尚、舒适的服务和体验为核心价值。IU酒店的品牌定位非常清晰，主要聚焦于年轻消费市场，致力于提供高品质、时尚、舒适的服务和体验。IU酒店将目标客户定位为18～35岁的年轻一代，这个年龄段的消费者通常追求时尚、

① 财报网.IU酒店荣获“2020年度社交酒店MBI影响力品牌奖”[EB/OL].(2021-06-28). https://finance.ifeng.com/c/87Rj5WzBynR.

潮流和个性化，注重旅行的舒适度和体验感。IU 酒店紧跟时尚潮流，通过引入活力四射的设计元素，让酒店充满现代感和青春气息。无论是酒店大堂还是客房，都流露出独特的风格和个性，吸引着年轻一代的旅客。2015 年 IU 品牌创立，定位是互联网轻精品酒店，并延伸出三款不同产品，占据了轻中端市场的领先地位。IU 轻简版定位体验型娱乐社交酒店，丰富游戏元素，打造轻松社交氛围；IU 商务版定位是时尚商务社交酒店，采用线条感设计、撞色主题风格，简约利落；IU 酷玩版则更加前卫，定位是黑科技游戏社交酒店，以游戏文化为主线，针对热爱游戏的核心受众群的各圈层“玩家”，打造一个充分享受“玩”的乐趣，释放激情、社交互动的旅宿体验空间。IU 酒店的酷玩理念源自目标消费群体的喜好，呈现的是一种属于 Z 世代的青年社交文化。

品牌形象塑造。IU 酒店的标志简洁明了，以字母“I”和“U”为设计元素，构成了两个相互依偎的人物形象，寓意着“I See You”，体现了酒店关注客人需求，提供贴心服务的理念。IU 酒店的标志给人一种温馨、舒适的感觉。IU 酒店色彩和图案的应用，以品牌标志色为主色调，搭配其他辅助色，营造出清新、现代的视觉效果。IU 酒店选用的字体简洁大方，易于辨识和记忆。这种字体不仅符合酒店的年轻化定位，还能够给人一种现代、时尚的感觉（见图 4 - 1）。

**图 4 - 1　IU 酒店品牌标识**

IU 酒店的设计风格鲜明，根据不同的区域和主题，运用不同的色彩搭配，营造出多元化、个性化的空间氛围。在特定的场合和活动中使用一些特殊的字体或手写字体，增加品牌的人文气息和温度。IU 酒店注重品牌形象的统一和辨识度，通过运用独特的色彩搭配和标志设计，成功塑造了其年轻、活力的品牌形象。此外，酒店内部的装潢和布置也充分体现了其品牌定位，为消费者营造了舒适且具有个性化的住宿环境。以新近发布的 IU 酷玩版为例，工业风设计、流线动感，以及充满活力的霓虹灯色系、受游戏启发的深色调，都在彰显品牌理念中“玩酷”的意味。

品牌传播。清晰的品牌定位有助于在消费者心中树立独特的品牌形象。通过官网、社交媒体、印刷媒体等渠道展示 IU 酒店的品牌形象，包括酒店外观、客房设施、餐饮服务等。这些平台为消费者提供了了解酒店品牌和产品的渠道，同时也有助于塑造品牌的形象和价值观。IU 酒店注重品牌与时尚潮流的结合，通过在社交媒体等平台发布时尚、活力四射的品牌形象照片和视频，吸引年轻消费者的关注。同时，酒店还积极参与公益活动和社会事件，提升品牌的社会责任感和影响力。IU 酒店注重员工的培训和形象塑造，要求员工具备良好的服务态度、专业素养和团队协作精神。酒店鼓励员工展现个性、提供发展机会，让他们成为 IU 品牌的忠实拥簇者和积极传播者。IU 酒店通过会员制度，为会员提供积分累计、优惠折扣、专享活动等福利，提高客户忠诚度。让客户感受到持续的价值和服务，同时鼓励满意的客户在网上发表评价和分享体验，利用口碑传播扩大品牌影响力，从而加强品牌传播。

品牌体验。IU 酒店在品牌创立之初便聚焦新青年消费市场，通过改善住客核心关注的服务和设施，以较低的价格为住客提供性价比和舒适度较高的产品和体验。同时，IU 酒店推行强公区、弱客房的设计理念，为住客打造“社交型睡眠空间”。IU 鼓励“U 粉”们打破酒店房间的物理阻隔、走到公共区，根据兴趣分群进行陌生社交。从入住登记时前台奉茶（能量特饮）、欢迎卡，到融汇了社交区、游戏区、文创区、特色 Ubar 的公区，再到客房入住，IU 酒店的体验动线体验始终和社交酷玩风格紧密连接。游戏区不仅可以满足互动投屏的需求，更支持多人参与，轻松打造公共区的玩乐氛围。不仅如此，IU 酒店特设的“IU 带玩官”也会指引住客，并定期组织周末七点趴、团战游戏夜等符合年轻一代娱乐需求的活动。IU 酒店还注重科技赋能，通过智能化设备、自助入住、在线选房等智能化服务，提升客人的入住体验。在 IU 酒店，随处可见的智能黑科技产品，为住客营造了智能化旅居体验。进入智慧客房之后，智能管家“小爱同学”会自动调节灯光、窗帘、电视以欢迎客人入住。顾客语音呼叫小爱同学，除了可以进行客房服务需求的发送外，还可以查询天气、景点、美食等资讯。通过不断优化服务质量和提升品牌形象，IU 酒店已经在市场中树立了良好的口碑，并成为年轻旅行者们住宿的首选品牌之一。

### 2. 我的地盘主题酒店品牌设计

品牌定位。我的地盘主题酒店是都市酒店集团旗下品牌，是一家有故事的精品主题酒店，以独特文化为主题、个性设计为载体，以顾客体验为本质，为中高端商旅人士、都市慢活忧享一族打造理想住宿体验的文化空间。我的地盘主题酒店是一个经济型以风格迥异的主题特色为核心价值的社交型酒店品牌，目标群体主要是年轻人，尤其是追求独特体验和个性的旅客，核心在于提供个性化的住宿体验。每个客人都是独一无二的个体，都应该有独特的体验。因此，致力提供与众不同的设计和服务，让每个客人都能感受到自己的独特性。我的地盘主题酒店从品牌定位层面的思考入手，明确自己的品牌理念和目标客户群体，发现数量日益庞大的客群对舒适自在旅途体验的渴望，因此提出了“多一点自在让生活更好玩、更轻松”的理念，并应用在酒店的每一处细节上。

品牌形象设计。我的地盘主题酒店以主题文化为设计核心，每个酒店都有独特的主题，如音乐、电影、艺术、运动等，使得酒店充满个性化和创意，为客人提供独特的住宿体验。我的地盘主题酒店展现出大胆的创新和个性化的风格，每个酒店从装饰到布局都拥有独特的主题和设计元素，与当地的历史、文化和特色紧密相连，不仅为旅客提供视觉上的享受，同时也加深了他们与目的地的联系。酒店的内部装饰也充分体现了主题特色，房间的设计与主题相呼应，配以相应的装饰品和艺术品，营造出独特的氛围。同时，酒店的公共区域也会根据主题进行独特的设计，为客人提供别致的休闲空间。在标识设计和色彩搭配上，我的地盘主题酒店采用鲜艳、明亮的色彩，以突出年轻、活力的品牌形象。

品牌传播。我的地盘主题酒店非常注重客人的口碑营销，希望通过客人的感受和理解传播品牌。酒店通过了解顾客的生活方式和心中所想所求，来满足顾客需求，从而促进顾客对酒店的正向宣传。此外，我的地盘主题酒店倚仗母品牌都市酒店集团，每年都会通过自己的酒店管理学院输出专业性、服务性都很强的酒店管理人才，为各地的酒店打下牢固的基础。

品牌体验。品牌独创的二次元文化产业链，开创了主题酒店的新纪元，是中国社交主题酒店领军品牌。“智慧酒店”“私人定制”“咖啡大堂吧”更是我的地盘主题酒店所特有的标志性服务。高品质的设施、细致的服务、合理的价格，致力给每个平凡的都市人一个承受得起的“奢华”体验。酒店员工热情友好，乐于助人，始终以客人的需求为首要任务。酒店提供的各种活动和设施都能满足旅客对于深度游的需求。在硬件设施上，酒店保持了高标准，确保了舒适度和便利性。

### 3. 品牌设计策略比较分析

在深入分析 IU 酒店和我的地盘主题酒店的品牌设计过程中，发现了一些共同点和差异点。两酒店在品牌设计上都注重品牌元素的统一性和连贯性，在视觉和感知上形成了强烈的品牌印象，都强调了用户体验和个性化服务，以满足社交型酒店的核心需求。无论是 IU 酒店还是我的地盘主题酒店，都明确他们的目标市场，并通过一致的品牌形象和市场推广策略，强化了品牌认知。成功的社交策略也是两酒店共同的成功要素之一，不仅提供了优质的硬件设施和服务，还通过各种社交活动和互动平台，促进了旅客之间的交流和互动，从而增加了客户的粘性和满意度。

IU 酒店和我的地盘主题酒店在品牌设计上都有其独特之处。IU 酒店的优势在于其明确的品牌定位和一致的设计风格。从品牌元素到设计实践，IU 酒店展现出一种简洁、现代且富有活力的形象，这与其市场定位——年轻、时尚、充满活力的旅客群体——高度匹配。同时，通过有效的市场推广和客户关系管理，确保了品牌形象的一致性和市场反馈的积极。

我的地盘主题酒店的优势在于其独特的主题设计和顾客体验。通过深入了解目标客群的需求和喜好，创造出各种与当地文化和兴趣点紧密结合的主题房间，为旅客提供了独特的住宿体验，这使得我的地盘主题酒店在市场中具有较高的辨识度和吸引力。

然而，IU 酒店存在的不足是品牌形象过于单一，对某些特定旅客群体可能缺乏吸引力。而我的地盘主题酒店可能面临的问题是，由于主题设计需要大量的创意和定制化工作，如果不能持续创新，可能会面临品牌形象老化的问题。

#### 4. 案例总结

通过两个社交型酒店的案例，总结出以下影响社交型酒店品牌设计的关键因素。

第一，明确的品牌定位。社交型酒店应该根据市场需求和竞争态势，明确自己的品牌定位，突出自己的特色和优势，如定位为高端豪华型、时尚潮流型或者亲子度假型等。

第二，独特的品牌形象。为了吸引目标消费者，社交型酒店应该塑造独特的品牌形象，包括视觉形象、文化内涵和服务品质等方面，通过设计独特的 Logo、客房风格和员工制服等来塑造品牌形象。

第三，多渠道的品牌传播。社交型酒店应该充分利用线上线下渠道进行品牌传播，提高品牌知名度和美誉度，通过社交媒体平台、官方网站、广告宣传和公关活动等方式进行品牌传播。

第四，持续的品牌管理。社交型酒店应该建立完善的品牌管理体系，包括品牌监测、危机管理和知识产权保护等方面，定期对市场反馈进行收集和分析，及时调整品牌策略，加强与行业内外的合作与交流，提高品牌的竞争力。

### （四）结语

本案例深入分析了社交型酒店品牌设计的关键要素，比较了两个典型社交型酒店品牌设计的异同，为酒店业及品牌设计领域提供了一定启示。研究发现，成功的社交型酒店品牌设计需注重品牌形象塑造、品牌信息传递和品牌体验设计等方面的要素。成功的社交型酒店品牌往往具备一些共同的特点和价值主张，这些特点不仅有助于提升酒店的竞争力，还有助于提高顾客满意度和忠诚度。

## 三、启发思考题

1. 在社交型酒店品牌设计中，如何平衡品牌形象与市场需求?

2. 不同社交型酒店品牌的信息传递方式有何不同?这些差异对消费者选择有何影响?

3. 如何通过品牌体验设计提升社交型酒店的市场竞争力?

4. 在当前市场环境下，社交型酒店品牌应如何应对挑战并抓住机遇?

## 四、分析思路

首先，分析社交型酒店品牌设计的关键要素，包括品牌定位、品牌形象、品牌传播、品牌体验设计等；其次，通过比较不同社交型酒店品牌的案例，总结其成功的原因；最后，结合市场环境、消费者行为和竞争态势等因素，提出社交型酒店品牌设计的建议和策略。

## 五、理论依据与分析

### （一）相关概念及理论

#### 1. 社交型酒店

社交型酒店是一种以社交互动为核心的酒店服务模式，其设计理念注重为客人提供与当地文化和社区交流的机会，满足客人对多元化体验的需求。与传统的酒店不同，社交型酒店不仅提供住宿服务，还提供各种娱乐和社交活动，使客人在旅途中能够结识新朋友、分享经历、共同体验当地文化和风情，通过参加酒店组织的活动来扩大社交圈。社交型酒店的概念在全球范围内越来越受欢迎，主要源于人们对旅行体验的期待发生变化。社交酒店致力于打造一个自在、随性的第三空间，为客人提供一种更加个性化和深度的旅行体验，通过社交互动让客人更好地了解当地风土人情。

社交型酒店应提供个性化的服务、设施和活动，满足客人对于独特性和定制化服务的需求。社交酒店期望客人能够从品牌理念中找到自己的文化认同感和归属感，感受到酒店独特的社交氛围。同时社交酒店秉持着独特的品牌设计理念，注重在共享空间内提供多样化的主题活动，以满足不同兴趣爱好的客人的需求。良好的社交氛围能够激发客人的社交意愿，让他们更容易结识新朋友、分享彼此的故事。

### 2. 品牌设计

品牌设计是一种系统的方法，用于创建和维护品牌的形象和识别，包括品牌定位、品牌视觉识别系统、品牌体验设计等多个方面。每一个品牌都有自己的特殊性，要结合市场和客户的需求来做设计，如何满足年轻族群中的雅痞族这一细分市场是目前需要解决的主要设计问题。王曼（2019）从中端酒店品牌建设的角度出发，认为品牌设计应以品牌差异化为出发点，结合我国发展现状，从品牌定位、品牌营销、品牌维护三个层面，设计具体的品牌策略。酒店在品牌设计阶段，设计师应具备先进的项目理念，充分考虑市场条件和区域发展状况。随着社会和消费者的变迁，品牌设计需要不断创新和完善，以满足消费者对品牌形象和价值的需求。品牌设计应当清晰明确，易于理解和记忆，保持一致性，从而在消费者心中建立稳定的品牌形象。同时，要突出品牌的独特性，与目标市场的需求和期望相关联。

（1）品牌定位。艾·里斯和杰克·特劳特在1969年首次提出“定位”一词。他们认为，虽然定位通常始于一个产品，但其核心并非针对产品本身进行操作，而是针对预期客户采取行动。定位的目标是在潜在客户的认知中为产品确立一个独特的位置。通过突显与众不同的特色，品牌可以确立其自身与竞争对手的比较优势，实现差异化。这种差异化使品牌在市场上独树一帜，进而在竞争激烈的市场中获得成功。郭兆珑（2022）认为，品牌定位是定位理论中的一个重要分支，它涉及企业如何根据消费者对自身品牌的认知和理解，在市场中塑造独特的形象。品牌定位的目的是满足消费者的期望。众多学者从不同的角度对品牌定位进行了深入的探讨和总结。其中，广告传播角度、营销战略角度以及品牌资产角度受到了广泛的认可。在实施品牌定位时，需要明确目标顾客、主要竞争对手，以及本品牌与竞争品牌之间的相似性和差异性。为品牌树立一个独特且符合消费者需求的形象，使其在消费者心中占据有利地位，并与竞争对手形成鲜明对比。

（2）品牌形象。品牌形象是消费者对品牌的认知和态度，是决定品牌成功的关键因素。大卫·奥美（David Ogilvy）在20世纪60年代中期提出了品牌形象论，他认为品牌形象并非产品本身所固有，而是消费者在考虑产品的质量、价格、历史等因素后形成的认知。这一观点强调每一则广告都应对整个品牌的构建进行长期投资。每个品牌和产品都应塑造和传达独特的形象，通过各种推广手段传达给消费者和潜在顾客。消费者购买的不仅是产品本身，还包括产品所承诺的物质和心理利益。品牌形象理论运用广告投射出一个形象，使受众在其心中将该形象与品牌及自身联系，从而达到品牌形象传播的目的。周卉（2023）认为品牌形象建设的目标是迅速直接地反映消费者的实际需求。通过强化消费者对品牌所提供的产品及服务的体验感，可以进一步深化消费者与品牌之间的关系。品牌形象理论广泛应用于各个行业中，为提升品牌价值做出了重要贡献。

品牌形象塑造是品牌设计的核心要素。品牌形象塑造主要通过品牌标识、视觉形象和品牌口碑等方面来实现。一个具有辨识度和记忆点的品牌标识，能够让消费者在众多酒店中快速识别并记住该品牌。视觉形象则涉及酒店内外装修风格、员工制服等方面，这些元素需要与品牌定位和价值主张相符合，以营造出独特的品牌氛围。此外，品牌口碑也是塑造品牌形象的重要途径，优质的服务和良好的顾客体验能够让消费者对酒店产生信任和忠诚度。

为了创建一个强大的品牌，首先需要进行精准的品牌定位，明确目标市场和消费者群体。然后，需要通过形象设计、标志设计、视觉识别系统等手段塑造独特的品牌形象。在实际操作中，品牌设计的方法包括市场调研、竞争分析、目标受众分析等。

## （二）案例分析

品牌设计在社交型酒店中起着至关重要的作用。品牌设计通过视觉形象、品牌理念和品牌体验等多方面传递酒店的独特价值，使顾客产生情感共鸣，提升酒店的市场竞争力。

在深入探讨 IU 酒店和我的地盘主题酒店的品牌设计策略之前，首先需要明确两者实践与理论之间的关联。随着消费者对个性化体验需求的增长，品牌设计成为酒店业者吸引顾客、提升竞争力的重要手段。通过对品牌名称、标志、视觉形象等元素的精心设计，酒店能够传达其独特的价值观、服务理念，并与顾客建立深度的情感联系。在社交型酒店中，品牌设计要素对于促进顾客互动及体验具有显著的影响。首先，视觉形象是品牌设计的重要组成部分，包括标志、色彩、字体和图形等元素。视觉元素通过第一印象吸引顾客的注意力，引导他们与酒店建立联系。独特的标志和鲜明的色彩能够增强品牌的辨识度，和谐的字体和图形能提升品牌的品质感。其次，品牌理念是品牌设计的核心要素，传递独特的价值观和使命来吸引目标顾客。在社交型酒店中，品牌理念应该与顾客的需求和价值观相契合，使他们在互动和体验中感受到归属感和认同感。一些社交型酒店倡导环保、公益等理念，这些理念能够吸引具有相同价值观的顾客，促进他们之间的交流和互动。最后，品牌体验是品牌设计的重要环节，涉及顾客在酒店中的全方位感受。从进入酒店的大堂到离开的那一刻，酒店的设施、服务、活动和员工的表现等每一个细节都应该与品牌形象相符合，为顾客创造难忘的体验。良好的品牌体验能够增强顾客的满意度和忠诚度，顾客愿意主动进行口碑传播。

基于品牌设计、品牌定位及品牌形象等相关理论，对IU酒店和我的地盘主题酒店的实践进行系统分析。从品牌设计的角度来看，IU酒店和我的地盘主题酒店都具备了强烈的视觉识别度。通过深入的市场调研和精准的目标客群定位，两家酒店都成功地塑造了与众不同的品牌形象。其中，IU酒店以其简约、时尚的设计风格吸引了年轻一代的消费者，而我的地盘主题酒店则通过丰富的主题设计和创意元素，满足了消费者对于多元化体验的需求。在品牌定位方面，两家酒店也表现出了高度的一致性。它们都以提供优质的服务和独特的体验为核心竞争力，致力满足消费者对于个性化、社交化需求的追求。通过差异化的市场定位，它们也避免了与竞争对手的直接冲突，实现了自身的快速发展。通过对比分析发现，成功的品牌设计不仅局限于视觉元素的创新，更重要的是要与市场定位、消费者需求等因素相契合。只有真正做到了这一点，酒店才能在激烈的市场竞争中脱颖而出，实现可持续发展。

## 六、教学要点

（1）理解酒店品牌设计的关键要素。

（2）理解酒店品牌定位的要点。

（3）理解酒店品牌形象塑造要点。

（4）理解酒店品牌设计策略。

## 七、课堂设计

课程时间安排90分钟（2学时）。

课前，要求学生阅读案例，教师提出思考题。

课中，进行案例回顾，进行分组讨论，深入探讨案例酒店在品牌设计方面的经验做法及启示，让学生分享自己的见解，通过互动交流加深对品牌设计策略的理解。在教学中强调理论与实践的相互影响，引导学生理解品牌设计策略在实际运营中的重要性和作用。模拟一个新创社交型酒店品牌，让学生参与品牌设计的全过程，包括品牌定位、设计要素的选择和应用等，使学生亲身体验品牌设计的实际操作，鼓励学生发挥创新思维，在品牌设计策略中提出新的想法和解决方案，培养其创新能力和独立思考能力。最后教师进行点评及归纳总结。

课后，教师可以选取一些其他社交型酒店品牌，让学生运用所学理论进行品牌设计策略的分析。通过学生的反馈、教学效果评估等方式，及时发现教学中存在的问题和不足，不断改进教学方法和内容，提高教学质量。

## 参考文献

[1] 郭兆珑．当今时代的品牌定位理论［J］．现代营销（下旬刊），2022（12）：29－31.

[2] 林楠，CitiGO. 轻奢·社交酒店引领年轻族群生活方式［J］．设计，2019，32（6）：24－27.

[3] 唐伯骏．酒店设计与品牌管理关系的思考探究［J］．居业，2020（12）：35－36.

[4] 王曼．中端酒店品牌建设策略研究［J］．今日财富（中国知识产权），2019（11）：42.

[5] 许炯炀．几何图形在品牌设计中的应用研究［D］．上海：华东师范大学，2023.

[6] 赵晓明．品牌理论演变的本质区别及发展前沿猜想［J］．合作经济与科技，2014（13）：92－93.

[7] 周卉．服务设计下付费自习室品牌形象设计与应用研究［D］．济南：山东工艺美术学院，2023.

[8] 周姬文希．基于品牌定位理论对星巴克在中美市场品牌定位策略的分析［J］．现代商业，2020（13）：35－37.

# 案例五
Case 5

# 冰雪亚冬梦，双翼共飞翔
## ——哈尔滨机场国内离港旅客服务质量评价与提升策略

**案例摘要：** 机场作为交通运输的重要场所，对目的地旅游业发展贡献日益明显。哈尔滨太平国际机场（以下简称 HRB 机场）位于美丽的冰雪旅游之城哈尔滨，在促进黑龙江省旅游高质量发展中发挥着重要的作用。本案例以服务接触理论为支撑，在梳理国内外对机场服务研究的相关文献基础上，结合 SERVQUAL 量表模型设计了针对 HRB 机场国内离港旅客服务质量研究的框架与技术路线，运用层次分析法计算出评价指标的权重，并依托问卷调查数据，根据重要性—满意度 IPA 四象限图找出影响该机场国内离港旅客服务质量的问题，并提出改进 HRB 机场国内离港服务质量的具体对策。

## 一、教学目的与用途

本案例主要适用于旅游企业管理、服务管理等课程相关内容的教学。

本案例适用对象为 MTA 专业硕士及旅游管理类专业的本科生、研究生。

本案例的教学目的是通过案例分析，深化服务质量管理理论。机场作为旅游服务链中的重要一环，其服务质量评价案例可以丰富旅游服务管理的案例库。学生通过分析 HRB 机场的服务质量，可以更深入地理解服务质量管理的核心理念、原则和方法，将理论与实际案例相结合，形成更全面的服务质量管理知识体系，提升解决实际问题的能力。

# 二、案例内容

## （一）引言

交通运输是推动旅游业高速发展的动力，是旅游目的地和客源地沟通的桥梁，是解决游客出行问题和提升旅游可进入性的重要途径。随着我国经济水平和人民生活水平的提高，人们对长距离旅游出行时的舒适性和快捷性需求加大，乘坐飞机出行旅游的方式越来越受青睐。机场作为连接旅客和旅游目的地的重要交通运输场所，对旅游客源地与旅游目的地的旅游发展的贡献越来越显著。便捷的航空旅游运输带来了大量的游客，助力旅游资源的充分开发，以高质量的航空运输服务降低了旅游通达性的阻碍，促使更多的游客在旅游目的地完成最终消费，对当地的旅游经济发展起到了重要的“催化剂”作用。旅游业的发展也为机场带来了巨大的旅客流量，使机场的运输量大量增加，为机场的发展提供了机遇，这就需要机场加强基础设施建设，提高服务质量，进一步完善民航服务的品质，来满足旅游发展的需求。

新冠疫情对民航产业造成了严重的冲击。2022 年我国民用运输机场完成旅客吞吐量 52027 万人次，是 2021 年的 57.3%、2019 年的 35.8%。[①] 航空公司为了扭亏为盈纷纷推出“机票盲盒”“随心飞”“任意飞”“无限飞”等套餐产品，来激发国内游客乘机出行意愿。自在游、家庭游、康养游等散客游的“航空 + 旅游”模式在新冠疫情时期成为主要的国内旅游模式，国内旅游散客航空出行需求多元化，旅客的出行习惯和行为也发生着改变，航空产品出现多元化和旅游模式上也出现了微妙的转变，机场需要根据旅客需求和航空市场供给的变化来提高服务质量，带给旅客美好的乘机体验。

自 2023 年入冬以来，“尔滨”火爆“出圈”，冰雪旅游成为现象级顶流，中外游客纷至沓来，感受冰雪旅游独特魅力，同时叠加春节返乡需求，旅客的出行意愿空前高涨，HRB 机场迎来史上最“火”春运，进出港航班客座率超过 90%，单日旅客量先后 9 次打破纪录。2024 年 2 月 7 日旅客量达 87482 人次，创单日历史新高。截至 2024 年 3 月 5 日，为期 40 天的春运落下帷幕，HRB 机场共保障航班起降 2.02 万架次，完成旅客吞吐量 319.3 万人次，较 2023 年分别增长 19.6%、36.7%，较 2019 年分别增长 18.1%、24.9%，创历史新高。[②] 为确保旅客安全顺利出行，HRB

① 中国民用航空局. 2022 年民航行业发展统计公报［R］. 2023.

② 中新网. 哈尔滨机场春运运送旅客 319.3 万人次［EB/OL］.（2024 - 03 - 05）. https://www.chinanews.com.cn/cj/2024/03-05/10174682.shtml.

机场加强安全工作，强化服务保障，推广使用无纸化、自助值机、易安检等智慧化服务，不断提升旅客出行效率；增加了"红马甲"志愿者，为旅客提供问询、引导和帮助等服务；发挥首乘旅客、无人陪伴等特殊旅客服务站作用，开设特殊旅客值机专柜与安检通道，及时解答旅客疑问，提供"一站式"陪护服务。设置晚到旅客值机专柜与安检通道，提升晚到、急转机旅客服务保障能力。同时，在高峰时期，增加保障人员力量，提高保障标准，通过增开值机柜台、安检通道，缩短旅客排队等候时间，为旅客提供安全便捷愉悦的出行体验。

## （二）HRB 机场基本概况

### 1. HRB 机场简介

HRB 机场是全国省会城市重要的枢纽机场，同时也是黑龙江唯一的干线机场。该机场前身是哈尔滨阎家岗机场，1998 年 7 月正式更名为哈尔滨太平国际机场。2018 年 4 月 30 日哈尔滨太平国际机场正式启用 T2 航站楼。HRB 机场地处东北亚中心位置，随着机场的逐步扩建，现为中国东北地区旅客吞吐量四大的国际航空港之一，对哈尔滨的旅游业起着重要的作用。

HRB 机场等级为 4E 级，距哈尔滨市中心 33 公里，有 3 座航站楼，占地总面积约为 20. 3 万平方米。其中跑道全长 3200 米、宽 45 米，可满足机型为 747 – 400 或以下机型起降。截至 2019 年底，有 51 家国内外航空公司在黑龙江机场集团投入运营，开通国内、国际航线 367 条，与国内 30 个省会城市实现通航。形成了以哈尔滨太平国际机场为中心，以 12 个支线机场为依托，辐射国内重要城市，连接俄罗斯、日本、韩国等周边国家的空中交通网络。根据黑龙江省发展改革委《哈尔滨国际航空枢纽战略规划》，预计到 2035 年该机场年旅客吞吐量达到 8000 万人次，年货物邮件吞吐量达到 120 万吨，全年保障航班起降 60 万架次。机场将建成第四条跑道、T3 卫星厅，建设南航站区，完善货运等配套设施。国际及地区航线通航城市 110 个左右，增加与东南亚等地区的联系，构建连通美欧枢纽机场的通畅网络。交通系统更加完善，以高速公路、高速铁路、轨道交通为骨干的地面集疏运网络，构建高效运行的空地联运系统，实现地面交通 2 小时服务哈尔滨周边主要城市群、4 小时通达东北主要城镇。公共交通集疏比重超过 40%。

（1）HRB 机场吞吐量情况。

HRB 机场 1979 年通航，其旅客吞吐量在 40 多年的发展历程中取得了飞跃式发展。1993 年机场的吞吐量突破 100 万人次，20 年后的 2013 年机场旅客吞吐量达 1025. 99 万人次，跃进机场吞吐量千万级机场级别，成为中国东北地区对俄罗斯、日本、韩国和中国东北部的重要航空枢纽，2013～2019年机场旅客吞吐量飞速增长，2018年机场吞吐量增长至2043.14万人次，突破两千万人次，成为中国东北地区首家跨入2000万人次的机场。实现了黑龙江省民航史上具有里程碑意义的重大跨越。为打造哈尔滨国际航空枢纽奠定了良好的基础。由于2020年和2021年受新冠疫情影响，HRB机场运营遭受重创，机场吞吐量严重下滑，分别达到1351.86万人次和1350.21万人次，倒退至2015年前水平。2022年吞吐量为949.12万人次，跌至千万级以下（见图5－1）。

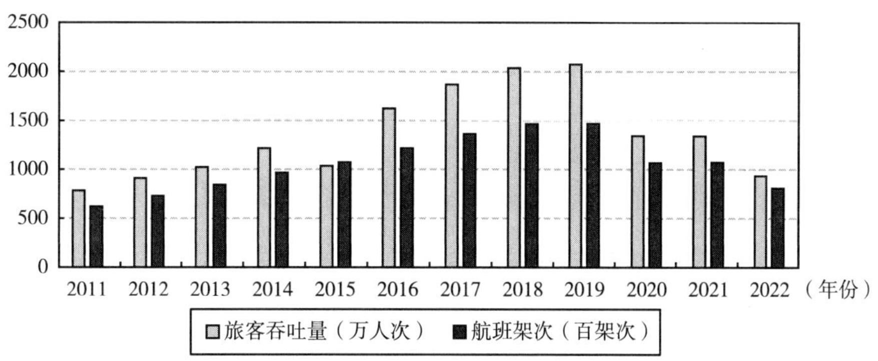


**图5－1　HRB机场2011～2022年吞吐量统计**

资料来源：根据中国民用航空局官网数据整理。

（2）HRB机场国内离港服务设施情况。

HRB机场现有三个航站楼，分别为TO国际航站楼、T1国内航站楼和T2国内航站楼。各航站楼服务设施情况如表5－1所示。

**表5－1　HRB机场各航站楼服务设施情况**

| 服务设施 | T1国内航站楼 | T2国内航站楼 |
|---|---|---|
| 建筑面积（平方米） | 67953.29 | 135200 |
| 层数（层） | 3 | 3 |
| 值机柜台（个） | 50 | 100 |
| 安检通道（个） | 15 | 26 |
| 登机检票口（个） | 18 | 25 |
| 超规行李交运处（个） | 0 | 1 |
| 头等舱VIP候机室（个） | 5 | 6 |
| 垂直升降电梯（个） | 8 | 19 |
| 自动扶梯（个） | 11 | 15 |
| 自动步道（条） | 3 | 8 |
| 公共卫生间（平方米） | 2200 | 3165 |

资料来源：根据HRB机场相关资料整理。

### 2. HRB 机场国内离港服务流程与主要内容

（1）HRB 机场国内离港服务流程。

HRB 机场国内离港旅客服务流程包括问询、值机、安检、候机、登机等环节。具体服务流程如图 5－2 所示。HRB 机场国内离港服务是完整的服务体验，如果在某一个服务接触环节上导致旅客不满意，就会影响旅客的出行体验，服务质量整体同样会受到影响。所以对于 HRB 机场离港运营来说，提高服务质量就是要保证在所有环节中避免服务过失引起旅客的不良体验。综上所述，分析离港服务流程中的关键内容对于提高服务质量有着重要的意义。

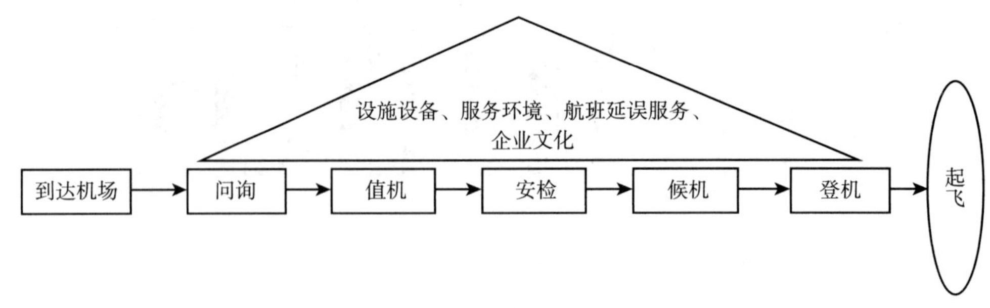


**图 5－2　HRB 国内机场离港流程**

（2）HRB 机场国内离港服务主要内容。

为了更清晰地分析 HRB 机场国内离港服务内容，根据 HRB 机场国内离港服务流程把服务内容划分为六类。

① 问询服务。问询服务是 HRB 机场离港服务的核心，对旅客的准确答复、服务态度等工作状态的好坏直接影响 HRB 机场的形象和服务质量，因此问询服务对工作人员的业务水平要求极高。HRB 机场离港服务中问询服务不仅有准确答复旅客的问题，还包括轮椅、无人陪伴儿童、首次乘机旅客等全程一站式服务。

② 值机服务。值机服务的评价标准主要包含办理乘机手续时间、行李托运效率、值机工作人员服务态度、自助值机设备及服务。近年来随着科技的发展，自助值机所占比重逐年上升，但是传统人工值机柜台仍然占主要部分。在 HRB 机场的 T2 航站楼离港大厅中，人工值机柜台设立在 B、C、E 岛，A 岛为南方航空公司的专用柜台，F 岛为自助值机柜台，每个岛均有 20 个值机柜台，旅客在办理乘机手续过程中，需要找到对应航空公司的专属柜台进行办理值机手续，航班起飞前 45 分钟内停止办理乘机手续。

③ 安全检查服务。机场的安全检查服务是保障飞机飞行和空中防卫安全的重要板块。安全检查服务的工作的主要内容是对旅客进行登机前的人身检查和行李检查。

衡量旅客对安全检查服务满意度的要素主要有安检排队时间、安检人员服务态度和安检过检效率等。HRB 机场 1 号和 2 号安检通道为绿色安检通道，主要为公务舱、军人、老幼病残等特殊人群提供安全检查服务；3 号、4 号和 5 号通道为急客通道；6～21 号通道为经济舱旅客安检通道；22 号通道为员工安检通道；23～26 号为“易安检”服务通道，主要为熟悉安检流程、自觉遵守安检规则的旅客提供快速过检通道。

④ 候机服务。候机服务是旅客在通过安全检查后、登机前所享受的公共服务，主要包括：头等舱休息室服务，特殊旅客的候机服务。HRB 机场国内候机厅目前有三个半岛，开放两个头等舱休息室。

⑤ 登机服务。登机服务是指旅客在进入飞机客舱前，工作人员对旅客的登机牌进行核验、旅客信息的核查和录入工作，另外还包括登机广播和登机口对旅客秩序维持的工作，主要避免旅客的错乘和漏乘。在航班正常情况下，HRB 机场登机口于航班起飞前 15 分钟关闭。

⑥ 航班延误服务。航班延误服务是指飞机因天气、流量控制、机械故障等因素不能按时起飞时，机场为旅客提供的服务，包括为旅客提供休息区、及时发布航班动态信息、安抚旅客情绪、协助旅客进行退票改签等服务。

## （三）HRB 机场国内离港旅客服务质量评价指标体系的构建

### 1. 评价指标的框架结构

通过对服务接触理论的研究，考虑到研究的全面性和系统性，为了更好地了解 HRB 机场国内离港旅客运输服务质量，将参考服务接触系统模型中的服务前台与旅客发生的直接接触，结合 SERVQUAL 量表模型对 HRB 机场国内离港旅客运输服务质量评价结构重新构建，来更加清晰的研究服务评价指标维度，如图 5－3 所示。

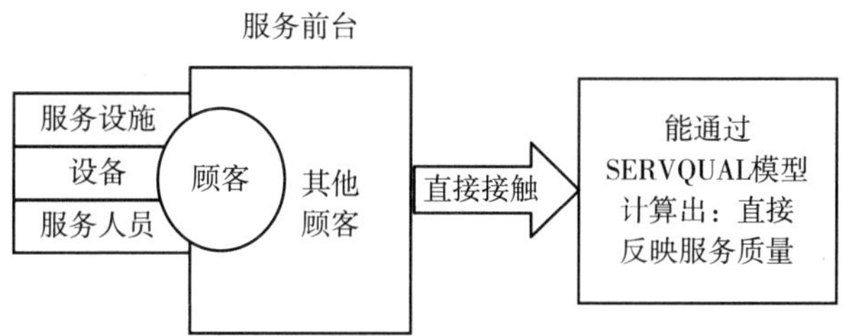


**图 5－3　服务接触系统前台评价指标的框架结构**

根据 HRB 机场国内离港服务主要内容，结合服务接触系统模型中服务前台人员、设施设备、环境、服务效果等要素，对 SERVQUAL 量表模型的有形性、可靠性、响应性、保证性、移情性进行划分。

（1）有形性。HRB 机场离港服务与旅客直接接触的离港大厅环境整洁性、航班动态显示屏、充电设施设备、电梯代步设施、自助值机、座椅等设施设备等，通过实体与旅客发生的接触。

（2）可靠性。机场承诺提供安全的候机环境、承诺航班延误时准确向旅客告知、承诺指示标识指示位置准确、有偿为旅客的行李打包明码实价、机场内的商场、餐饮货真价实、机场换乘服务便捷等。

（3）响应性。主要体现机场服务的主动、迅速、准确和服务秩序的状态。例如：工作人员服务主动、值机办理乘机手续的快捷、安全检查的快捷、广播清晰准确、问询答复准确和乘机秩序状态。

（4）保证性。机场员工所具有的知识、专业技能与服务素养。例如：工作人员认真完成首问责任制度、工作人员业务熟练、工作人员服务热情、工作人员行为得体等。

（5）移情性。机场工作人员能设身处地为旅客着想，为旅客提供个性化的服务。例如：工作人员能考虑旅客的利益、满足旅客的服务需求、为特殊旅客提供差异化服务、关注旅客的身体健康。

### 2. 评价指标选取原则

因为民航服务具有无形性、异质性、不可分割性等特点，迄今还没有一个普遍接受的维度测量标准。评价指标必须满足符合实际情况、清晰准确以及表达合理的要求，能够切实反映评价的标准，避免测评指标过于宽泛与笼统，否则测评服务质量的结果客观性以及准确性无法保证。因此，选取相应的评价指标必须坚持科学与合理的原则，依据上述要求坚持用全面性、可测性、相关性、易懂性等原则进行指标的选取。

（1）全面性。在研究服务接触理论全面梳理和评估 HRB 机场国内离港旅客服务环节基础上，充分利用《中国民用机场服务质量评价指标体系》，进一步选取 HRB 机场国内离港旅客运输服务质量评价指标，加入对机场相关领导、专家和一线员工征求意见，将 HRB 机场国内离港旅客服务方面的问题全面覆盖，从而确保了该指标体系的全面性。

（2）可测性。在服务接触理论研究中，服务接触系统模型中前台评价指标不仅可以通过实际的调查或者测量，而且还能获得明确的结论得出衡量的数值。本案例的评价指标体系数值以期用于为提升 HRB 机场国内离港旅客运输服务质量提供参考依据，在对指标进行测量时，广泛查阅文献资料，进行对专家和旅客进行问卷调查，使得获得的资料具备研究意义，在此基础上确立指标体系，使得该评价体系可以得到广泛的操作和运用。

(3) 相关性。一方面，基于服务接触理论的基础内容，对服务接触相关的重点环节进行研究。另一方面，针对 HRB 机场国内离港旅客运输服务质量的指标必须与旅客的需求密切相关，站在旅客的角度，根据权重选取旅客的重要需求。由于所处的时期不同，旅客的特点及机场所处的市场需求的环境是不同的，评价指标应该随着时间和所处的市场环境不断调整。

(4) 易懂性。由于机场离港运输服务质量测评是需要旅客互动参与的测评指标，而广大旅客因为经济条件、年龄上的不同，对机场离港调查项目的认知有所差异，所以在离港服务指标建立时，要使用简洁明确的语言，方便用于研究。

### 3. 评价指标的初步确立

结合 HRB 机场国内离港服务的实际情况，以服务接触理论为基础，参考服务接触系统模型中的前台（直接与旅客）接触要素，初步拟定将 HRB 机场国内离港旅客运输服务质量为目标层，服务前台人员、设施设备、环境、服务效果等四要素所涉及的服务质量 SERVQUAL 中五个维度作为准则层。《中国民用机场服务质量指标评价体系》和《CAPSE 民航旅客满意度测评报告》中旅客满意度指标涵盖了各个角度的一系列指标，对服务接触中所涉及的接触点设立 28 个题项为方案层，如表 5－2 所示。

**表 5－2　HRB 机场国内离港旅客运输服务质量评价指标体系**

| 目标层 | 准则层 | 方案层 | 编号 |
|---|---|---|---|
| HRB 机场国内离港旅客运输服务质量 | 有形性 | 出发层中环境整洁、空气清新、温度适宜 | A1 |
| | | 机场航班动态显示屏清晰、明确 | A2 |
| | | 出发层手机充电设施设备充足 | A3 |
| | | 出发层电梯数量充足、代步设施完善 | A4 |
| | | 登机口座椅舒适、数量充足 | A5 |
| | | 机场自助值机设施能满足旅客的需求 | A6 |
| | 可靠性 | 能够感受到机场离港乘机环境安全 | B1 |
| | | 航班延误或取消时信息告知旅客及时准确 | B2 |
| | | 指示标识指示准确 | B3 |
| | | 有偿行李打包明码实价 | B4 |
| | | 机场购物店口碑好、物价亲民 | B5 |
| | | 餐饮物美价廉 | B6 |
| | | 机场中转换乘服务便捷 | B7 |

续表

| 目标层 | 准则层 | 方案层 | 编号 |
|---|---|---|---|
| HRB 机场国内离港旅客运输服务质量 | 响应性 | 办值机手续方便快捷 | C1 |
| | | 登机广播清晰、准确 | C2 |
| | | 工作人员积极主动为旅客服务 | C3 |
| | | 机场登机秩序良好 | C4 |
| | | 机场问询答复及时准确 | C5 |
| | | 机场能高效处理出发旅客的投诉、及时反馈 | C6 |
| | | 安全检查过检顺畅 | C7 |
| | 保证性 | 工作人员认真执行首问负责制度 | D1 |
| | | 工作人员的业务熟练、工作能力强 | D2 |
| | | 工作人员服务态度热情、礼貌耐心 | D3 |
| | | 工作人员言行得体、举止大方值得信赖 | D4 |
| | 移情性 | 机场能最大化考虑旅客的利益 | E1 |
| | | 工作人员能换位思考、满足旅客的需求 | E2 |
| | | 机场能够为特殊旅客提供差异化服务 | E3 |
| | | 工作人员能密切关注旅客乘机时的身体状况 | E4 |

## （四）HRB 机场国内离港旅客服务质量的调查与评价分析

### 1. 调查问卷设计与实施

（1）调查问卷的设计。

在确定指标体系与权重后，对 HRB 机场国内离港旅客运输服务质量进行问卷设计与调查，通过随机抽样的方式发放给旅客进行问卷调研。问卷有 24 个选择题项和一个开放性的题项，长度适中，易于对后续研究的数据进行处理、汇总和分析。

问卷内容主要有四个部分。第一部分为问卷的前言及指导语，对问卷的填写方法和意图进行说明。第二部分为问卷调查对象的基本个人资料，如调查对象的性别、年龄、出行目的、年均收入、年出行频次、到达机场的时间等。第三部分采用里克特五点量表，根据服务接触理论对旅客离港出行的服务质量中的有形性、可靠性、保障性、移情性、响应性等进行调查，根据满意程度由高到低进行打分，5 分表示非常满意，4 分表示满意，3 分表示一般，2 分表示不满意，1 分表示非常不满意。第四部分为开放性题目，对 HRB 机场离港服务环节给出的宝贵意见。

（2）初始调查问卷的实施。

① 确立调查对象与问卷发放。调查对象应该是至少有过一次 HRB 机场国内离

港经历的旅客，同时能够享受到HRB机场提供的国内离港服务并有可能做出评价的人。由于受到新冠疫情的影响和配合防控工作的需要，本次问卷发放的形式均为电子问卷，确保与旅客安全接触距离情况下进行现场填写与网络填写两种方法收集数据。调查问卷分为初始问卷和正式问卷两个时间段。初始调查问卷的发放时间为2022年7月1日—8月20日，发放问卷153份。

利用SPSS 26.0软件对初始调查问卷进行信度和效度的检验，初始问卷的Cronbach'a值为0.898，KMO的值为0.8138，Bartlett检验的sig值为0.000均通过信度和效度检验。

② 问卷的回收与初始调查问卷的检验。问卷回收阶段对无效问卷进行剔除，判断依据为：一是是否出现未答题项；二是是否出现所答题项答案均相同情况；三是是否出现答题时间小于30秒的情况。如有符合上述情况之一的，就判定为无效问卷。初始问卷剔除12份无效问卷后，最终得到141份有效问卷，问卷有效率为92.16%。通过对初始调查问卷的信效度进行检验，各项数值均为理想，无须对初始问卷进行更改，为了使调查更为精准、科学，对初始问卷的样本进行了扩大调查。

### 2. 问卷统计分析

继续调查时间选取2022年8月1日至10月20日，同初始调查采取一样的流程与方法对数据进行收集，因为初始问卷有效，为了调查结果更为准确，所以初始问卷调查扩大调查样本的数据，继续发放问卷至372份，最终得到有效问卷305份，有效问卷率为81.99%。

（1）问卷人口统计分析。

问卷继续调查的基本个人情况进行分析，如个人的性别、年龄、出行目的、年均收入、出行频次、到达机场的时间等，如表5-3所示。

**表5-3　　正式问卷基本个人情况**

| 变量 | 类别 | 人数 | 百分比（%） |
|---|---|---|---|
| 性别 | 男 | 143 | 46.9 |
| | 女 | 162 | 53.1 |
| 年龄 | 25岁及以下 | 81 | 26.6 |
| | 26~40岁 | 107 | 35.1 |
| | 41~60岁 | 103 | 33.8 |
| | 60岁以上 | 14 | 4.6 |

续表

| 变量 | 类别 | 人数 | 百分比（%） |
|---|---|---|---|
| 出行目的 | 旅游度假 | 142 | 46.6 |
| | 工作学习 | 88 | 28.9 |
| | 探访亲友 | 36 | 11.8 |
| | 其他 | 39 | 12.8 |
| 年均收入（万元） | 低于10 | 84 | 27.5 |
| | 10～20 | 196 | 64.3 |
| | 21～30 | 13 | 4.3 |
| | 超过30 | 12 | 3.9 |
| 出行频次（次/年） | 1～2 | 188 | 61.6 |
| | 3～5 | 93 | 30.5 |
| | 6～10 | 14 | 4.6 |
| | 11～20 | 5 | 1.6 |
| | 超过20 | 5 | 1.6 |

由于旅客的个体差异有着不同的认知，在一定程度上会影响到他们对HRB机场离港服务中的体验。通过表5－3可以发现：

在性别构成方面，男性旅游和女性旅客的比例分别为46.9%和53.1%，其中女性旅客调查的占比略多，因此在硬件设施方面，比如母婴室、女性安检通道、卫生间的人性化设置等方面的需求，应多加关注。

在年龄构成方面，26～40岁的旅客占比最高，达到35.1%，其次为41～60岁的旅客，这个年龄区间的人群大多数为有家庭且有社会劳动收入的人群，对航空出行的需求相对较大，因此要重视人群的需求。

从出行目的上来看，旅游度假出行的旅客占比为46.6%，虽然受到了新冠疫情的影响，但是该类人群的比重仍然是居于首位。

从年均收入所占的比重来看，年收入达到10万～20万元的旅客占比最高，达到64.3%，超过一半，年中等收入的人群对乘机出行的需求较大。

在出行频次方面，年均一两次出行的旅客占比最高，为61.6%。该类人群主要是学生和打工者，工作和学习的时间有限，不经常出行，对机场的乘机环境比较陌生，所以要在服务中重点关注这些群体的出行需求。

在到达机场时间方面，提前来到机场1.5～2小时的旅客和提前来到机场2小时以上的旅客占比超过了45分钟～1.5小时的旅客，受新冠疫情影响人们的出行行为发生了改变，人们更倾向于早到机场等候出发。

（2）问卷描述性统计分析。

运用 SPSS 26.0 软件，计算问卷的平均结果及标准差，其中，标准差表示问卷其中某一项数据与其均值之间的差异程度，是旅客对某项服务质量的一致性，标准差与一致性成反比关系，标准差越大，则一致性越小。从标准差数值，可以看出数据结果波幅较小，其标准差为 0 ~ 1，说明旅客满意度的一致性较高。

### 3. IPA 重要性—满意度分析

根据 IPA 分析进行重要性—满意度进行统计，即为 HRB 机场离港旅客服务接触维度的重要性—满意度评价，反映了各个服务接触维度指标的旅客满意度与旅客感受的关系，如图 5 -4 所示。

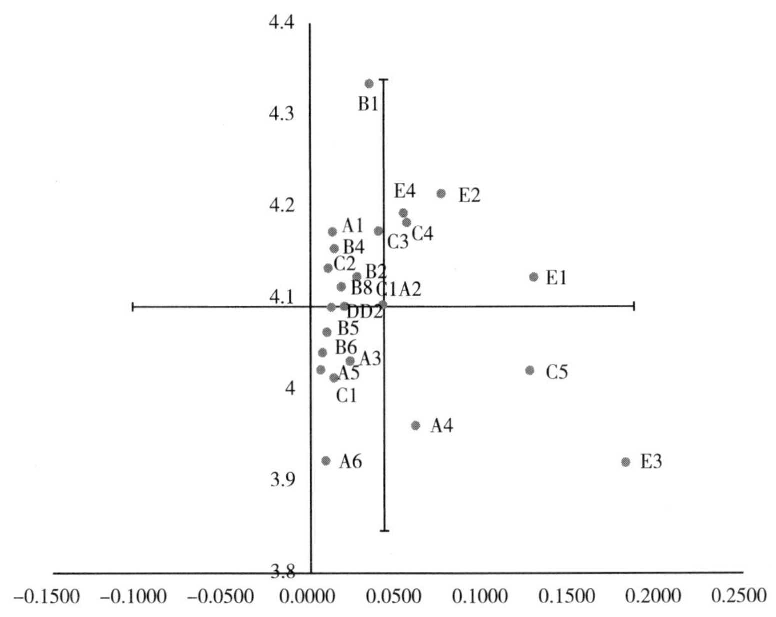


**图 5 -4 IPA 权重—满意度象限图**

在图 5 -4 中，横轴代表重要性，纵轴代表满意度，分为四个象限，其中第一象限为表现优势区，是重要性和满意度表现都高的区域；第二象限为表现保持区是重要度低，满意度表现高的区域，需要继续保持；第三象限为改进区，是重要性和满意度表现都低的区域，优先级别最低；第四象限为重点改进区，是重要性高，满意度表现低的区域，需要重点改进。

HRB 机场在服务中对旅客满意度的优势是：C4（机场登机秩序良好）、E1（机场能最大化考虑旅客的利益）、E2（工作人员能够换位思考、满足旅客的需求）、E4（工作人员能给予离港旅客人文关怀）。需要保持的服务项目是：A1（出发层环境整洁、空气清新、温度适宜）、A2（机场航班动态显示屏清晰、明确）、B1（能够感受到机场离港乘机环境安全）、B2（航班延误或取消时信息告知旅客及时准确）、B3（指示标识指示准确）B4（机场行李打包明码实价）、C2（登机广播清晰、准确）、C3（工作人员积极主动为旅客服务）、D1（工作人员认真执行首问负责制度）、D3（工作人员服务热情，言行得体）。需要改进的服务项目是：A3（出发层手机充电设施设备充足）、A5（登机口座椅舒适、数量充足）、A6（机场自助值机设施使用方便、易操作）、B5（机场购物店口碑好、物价亲民）、B6（餐饮物美价廉）、C1（人工值机柜台办理乘机手续快捷）、D2（工作人员的业务熟练、工作能力强）。需要重点改进亟须提升的服务项目是：A4（出发层电梯数量充足、代步设施完善）、C5（安全检查过检顺畅）、E3（机场能够为特殊旅客提供差异化服务）。

### 4. HRB 机场国内离港旅客服务质量问题分析

（1）有形性问题分析。

从各项指标上看，HRB 机场国内离港服务接触有形性维度中，亟须提升的是机场的电梯数量和代步设施。在出港大厅内电动直梯数量较少，旅客往往带着沉重的行李，从一楼的电梯间到达二楼，需要等待很长的时间，而且在春运和暑运客流量高峰时，电梯往往比较拥挤。在安检的隔离区内，安检与登机口距离较长，自动步道长度较短，老人或行动不便的旅客走到登机口需要很长的时间。有形性提升还应该注意“手机充电设施设备”“登机口座椅舒适度及数量”“机场自助值机设施”等方面。机场手机充电设备较少，尤其是在安检隔离区外的出发大厅，充电设施只有 F 值机柜台的前台区域和 B 岛 10 号值机柜台的附近有充电设备，而且周围没有座椅，旅客为手机充电极不方便。登机口的座椅过硬，遇到航班延误时无法满足旅客的休息需求；机场的自助值机设施设备不够完善，儿童旅客无法自助值机，造成了旅客在人工柜台排队办理乘机手续的时间成本。

（2）可靠性问题分析。

从对旅客调研的可靠性数据反映，该机场的购物和餐饮环境需要改善。购物环境中，HRB 机场购物店的口碑应更加亲民，地方特色的品牌商品并未完全进入机场购物店内，购物店内一些商品的品牌小众化，无法满足不同档次消费者的需求。在新冠疫情期间，客流量小，一些商家亏损严重，停业撤资，导致购物店减少。机场离港的餐厅为旅客提供餐食的分量不足，价格昂贵。一些常见的餐饮连锁店，比如麦当劳、星巴克、喜家德水饺，售出的餐食会比市区内同类餐食分量小一些，而且在价格上往往要贵几元钱，无法使用优惠券。

（3）响应性问题分析。

根据调查的结果，从服务接触的响应性维度上看，该机场的“值机人工柜台办理乘机手续顺畅”这项服务需要加强，“安全检查过检顺畅”这项服务亟须加强。在这个维度中，这两项的环节能直接影响到旅客乘机过程中的整体体验。HRB 机场的人工值机柜台目前有 80 个，相对于其他吞吐量千万级别的机场，人工服务柜台的资源相对紧张，除 A 区南方航空公司值机柜台外，B、C、E 区域的人工值机柜台代理的航空公司数量众多，对于不断增加的客流量和有限的人力和物力服务资源提出了新的挑战，值机工作人员数量不足，尤其是在运输高峰期超负荷工作，疲惫的上班状态影响了服务的效率，导致服务问题频发。该机场离港大厅现可用 26 条安检通道，在航班高峰期，旅客排队的队伍较长，因为机场安检是涉及机场安全最为核心的部门，工作中有非常高的标准，对每一位旅客的安全检查非常细致，安全检查的服务时间相对于其他服务环节所需要的时间较长，而部分旅客对于检查流程和规定不太清楚，往往二次过检，造成时间成本上的浪费和工作任务加重。此外，安检的绿色通道设置只有两条，航班高峰时，头等舱、军人、老人、带儿童的旅客往往会在绿色通道排长队，服务质量问题频发，造成旅客投诉，影响了机场的服务形象。

（4）保证性问题分析。

从评价结果可以看到，人员的业务熟练程度、工作能力仍有较大的提升空间。目前 HRB 机场主要与 40 余家航空公司进行旅客运输业务上的合作，在旅客服务运输中，需要工作人员掌握不同航空公司的运输服务要求，面对庞大的业务量和旅客出行量对工作人员的服务工作熟练程度提出了巨大的挑战。在服务中应进一步激励员工的工作潜能，调动员工工作积极性来提高服务质量。

（5）移情性问题分析。

在服务接触移情性维度上来分析，该机场“能够为特殊旅客提供差异化服务”是权重占比最高而旅客评价该项的服务质量得分最低，应该得到机场管理者的足够重视。由于该机场的航站楼正在扩建，许多设施设备不完善，带给这类群体离港出行诸多不便，影响了他们在该机场的离港服务体验。例如，在学校假期和老年人前往南方旅行的时期，儿童无人陪伴和老年人的轮椅服务需求加大，机场的人力物力资源有限，该类旅客的累、慌、急问题凸显。冰雪旅游季滑雪的游客增加，滑雪板等大件行李托运不便，影响了滑雪爱好者们的乘机体验。

## （五）HRB 机场国内离港旅客服务质量提升策略

### 1. 完善设施设备建设

（1）增加机场代步设施。

机场应该加大资金投入，增加机场代步设施建设，设置更多的电梯和调整电梯经停层数，以缓解旅客乘坐直行电梯拥挤的现象。应该增加代步电梯的长度和代步车等设施设备，解决旅客乘机出行慌乱、疲劳的难题。应注重旅客出行的体验，在机场代步设施建设中，不仅要注意代步设施的人性化、美观化，更应注意代步设施设置的安全化。设计中应该加入人工智能监控功能，对乘客行为变化的感知，分析出潜在的危险，一旦出现乘客逆行、滞留、拥挤或跌倒时，智能平台将与代步设施控制系统联动，发出警报，并启动代步设施的安全运行模式。

（2）完善机场公共区域座椅及充电设备。

HRB 机场应增加座椅和手机充电设施设备的数量，满足旅客的需求。HRB 机场部分登机口候机区在每一排会有几个固定的充电接口供旅客使用，但是同一排的座椅仅有 2 ~4 个插头，多数旅客的手机及电子产品充电需求无法得到较好的满足，充电桩占用面积大，充电覆盖率不高，百位旅客充电设施占用量仅为 5%。HRB 机场应在此项服务中借鉴首都机场的经验，将充电面板设置在每个座椅靠背的中间位置，每排座椅配套的电源模块箱均设置电能采集模块，将充电设备数据信息传输至航站楼智慧管理平台，通过充电设备的用能情况及运行时间分析旅客的充电需求，实现能源高效管控和节能减排。同时对充电设备运行状态进行实时监控，及时发现设备故障，强化设施维护智慧化管理。

（3）提升自助设备技术的运用效果。

HRB 机场国内离港服务中，应该进一步加强自助设备的运用，不断完善自助服务功能。例如，值机环节中，应加大线上自助值机功能，与航空公司协调全面开通儿童值机的自助服务，以适应“家庭型”乘机旅客出行的需求，解决儿童与家长来机场办理乘机手续无法坐在一起的困难。在安检环节中大力开展“易安检”服务设置专用通道，通过运用身份核验闸机、自助验证闸机、人脸识别系统、行李自动传送装置、毫米波安检门等一系列安检新技术、新设备，实现全流程自助安检，大幅缩减旅客过检时间，提升旅客出行体验。

### 2. 改善购物及餐饮消费环境

（1）提升机场购物口碑。

HRB 机场地理位置离市区较远，机场场地有限，店铺多样化能够给旅客提供美好的出行、购物体验。HRB 机场应从市场调研、客群细分、行为习惯、行业发展趋势等多维度研究分析，精心规划打造离港新商业模式，来提高购物口碑。在机场离港候机服务中，机场内的商区应结合“城市文化、商业概念和航空特点”的主题定位来满足旅客对消费口碑的需求。在商业复苏期内应该继续设计主题特产，继续引入秋林里道斯、马迭尔、老鼎丰、五常大米、哈肉联等地方品牌店，满足旅客对特产类、便利类商品的需求。对于地方特色企业品牌入驻机场应给予商户减免租金的优惠计划，通过政策来扶持地方特色产品的发展，来提升机场内的购物口碑。

（2）确保餐饮“同城同质同价”。

机场应设立“同城同质同价”专柜，将饮料、方便面、火腿肠、面包等旅客需求量较大的便民商品纳入专柜陈列，并在显眼的位置张贴“同城同质同价”标识方便旅客购买。HRB 机场应与物价局携手，对商户进行明察暗访，不定期开展航站楼商区价格专项检查。对于麦当劳、星巴克、喜家德水饺等餐饮连锁品牌，政府物价局应鼓励这些商户在机场实行“同城同质同价”，给予商户们一定金额的租金补助，同时入驻机场的这些连锁餐饮应“薄利多销”促进旅客消费使用餐饮优惠券。

### 3. 提升人工值机和安检服务效率

（1）提升人工柜台值机效率。

首先，人工值机柜台应与行李检查部门联动，加速行李检查通过效率，在高峰期间，值机员为旅客办理托运行李，行李的过检速度下降，造成旅客排队等候的时间增加，影响旅客的乘机体验。其次，应增加值机工作人员的数量，由于值机人员是服务与技术相结合的工种，培训一个成熟的值机员往往需要 2～3 个月的时间，培训期长，而机场的客流量不断增加，这就造成值机工作人员的数量和旅客增加的服务资源紧张矛盾，在春运和暑运期间值机员往往加班加点疲劳工作，容易引起旅客托运行李的错运事件发生。最后，提高值机工作人员的整体队伍的业务水平，在值机业务中，涉及众多航空公司的差异内容，值机员应熟练掌握这些业务内容，减少旅客在人工柜台值机等待的时间。

（2）减少安检重复过检和等待时间。

机场相对于高铁交通工具来说安全检查更加严格。HRB 机场应大力宣传安全防控政策，提高旅客的过检效率。在线上应该通过短视频媒体的形式进行安全检查宣传，让广大出行的旅客了解乘机安检过检要求。此外要大力开通“易安检”通道，通过运用身份核验闸机、自助验证闸机、人脸识别系统、行李自动传送装置、毫米波安检门等一系列安检新技术、新设备，增加全流程自助安检通道，在确保空防安全前提下大幅缩减旅客通过安检时间，提升旅客出行体验。

### 4. 增强人员服务能力和激励机制

（1）提高人员服务工作水平。

针对“工作人员的业务熟练、工作能力强”和“工作人员服务热情，言行得体”两个方面提出策略。首先，有效推进培训任务，加强员工业务水平。组织员工积极参加机场集团学习园地 App 平台相关培训内容。培养员工的业务学习热情，不能在业务水平上依赖于管理人员、业务骨干。将业务的熟练度纳入绩效考评指标，充分调动员工学习工作业务的主观能动性，完善服务岗位培训考核机制，保证员工的服务水平在要求的范围内。其次，规范员工能够的言行举止、仪容仪表，在工作细节上养成良好的习惯，树立“人人是机场的形象，个个是机场的窗口”的主人翁意识。最后，树立热情服务、微笑服务意识，为旅客提供精细化服务和主动周到的服务。

（2）健全服务激励机制。

HRB 机场在旅客满意度提升服务管理上，需要完善服务人员激励机制，加强工作人员主动服务的意识，完善服务人员激励机制，可以从绩效薪酬激励、成就激励、选拔激励三方面进行。第一，HRB 机场应该建立完善合理的绩效薪酬激励体系，根据岗位工作的劳动强度、技术要求客观评价岗位绩效，同时根据员工的工作贡献与评价进行考核，确保绩效薪酬奖励的公平性。第二，HRB 机场应加强开展“服务明星”评选活动，奖励工作中表现突出的集体和个人，以实现员工成就的期望，增强员工的成就感。第三，HRB 机场应该注重旅客服务人员内部选拔，从内部对优秀的员工进行提拔，拓宽员工的晋升渠道，调动员工工作的积极性，提升整体服务人才队伍的服务质量。

### 5. 关注特殊旅客服务

（1）持续改善 VIP 旅客乘机服务体验。

首先，值机柜台设置中，头等舱、航空公司 VIP 柜台应该设置单独的值机区域，而不是与晚到旅客、老、幼、病、残、孕、军人柜台混合在一个区域内，遇到航班高峰时，特殊旅客人群增加，排队等待时间过长，影响头等舱 VIP 客人的离港满意度。其次，应开通 VIP 旅客易安检通道服务，这类人群经常乘坐飞机出行，对于安全检查的规定比较熟悉，减少这类旅客通过安检的时间。最后，均衡分配头等舱候机室的位置。由于航站楼的改造，登机口 16 ~ 19 半岛远机位候机区域没有设头等舱休息室，头等舱 VIP 旅客只能去 30 ~ 32 号登机口一侧半岛候机厅头等舱休息室，往返一般需要步行 15 分钟，严重影响了该类旅客的候机体验，应该在登机口 16 ~ 19 号远机位候机区域建立临时头等舱休息区域，方便头等舱 VIP 客人的休息。

（2）开通首次乘机旅客贴心服务。

我国尚有绝大多数人从未乘坐过飞机出行，而人民群众日益增长的航空出行需求使得“首次乘机旅客”越来越多。而对机场乘机流程的不了解，也使很多旅客出行时或多或少会产生一些焦虑感。为帮助首次乘机旅客顺畅出行，应在 HRB 机场航站楼增设首乘旅客服务岗，安排专人为首乘旅客提供航班查询、乘机咨询等服务。工作人员也会为首乘旅客发放“首乘有我”专属贴，享受全程分段式引导、优先选定心仪座位、安检爱心服务通道等服务，在登机口将视情况安排首乘旅客优先登机，提示并协助带好随身行李。同时，如遇航班延误，机场将提供首乘旅客贴心服务，协助首乘旅客妥善安排客票退改签、餐饮、交通、住宿等服务。

（3）加大对老年人及无人陪伴儿童顺畅出行的服务力度。

尊老爱幼是中华民族的传统美德，因气候的原因，每年冬季前往南方如三亚、海口的“候鸟”老年轮椅旅客增多，寒假期间无人陪伴儿童旅客同时增加，老年人、无人陪伴儿童出行的服务工作量增大，服务人员紧缺，机场应该为各大中专院校的学生提供实习岗位，提前培训，缓解季节性带来的机场服务工作人员紧缺问题。在候机大厅应该增加流动问询岗位，遇到这类特殊的人群应主动进行引导，提高服务的保障效率。

（4）开通冰雪旅游爱好者“绿色”服务通道。

哈尔滨因地理位置深受滑雪爱好者的青睐，雪季到来时，滑雪爱好者增多，旅客在办理乘机手续时，滑雪板超大行李无法正常通过普通的值机柜台，工作人员通常为携带此类特种行李的旅客拴挂行李牌后带领旅客走特殊行李检查通道，旅客在办理完手续后需要等待工作人员的引导在特殊行李检查通道进行交接十分不便，HRB 机场应该在特殊行李检查通道处增加电脑、打印机设备，为该类旅客进行值机，方便其乘行。此外机场的商务中心部门应该对这类人群的衣物寄存服务进行品质升级，开通雪具行李邮寄到家门服务，来增加 HRB 机场冰雪旅游旅客的乘机体验。

### 6. 以企业文化建设为支撑打造服务品牌

打造具有 HRB 机场具有文化特色的服务品牌，彰显“勇担重任、敢于创新、协同奋进”的内涵，推动服务品牌化发展，赋能服务高质量发展。服务品牌建设是系统性的工程，机场要打造卓越的服务品牌，首先在夯实品牌基础阶段，要结合企业文化建设提炼服务品牌核心理念体系、提高旅客离港出行的乘机体验。其次，在服务品牌全面建设阶段，要进一步完善服务品牌理念体系，并专业化地以企业文化为支撑推进品牌标识的视觉化设计，有意识地建立机场服务品牌形象。深化品牌管理文化，建立服务品牌评价体系，并启动系统性的服务品牌传播与维护工作，将服务品牌管理作为独立的管理模块进行运营。最后，在形成品牌竞争力阶段，要形成服务品牌特色的竞争力，在同类机场服务品牌口碑竞争中取得优势，结合服务文化、人文机场的建设等工作，进一步提升服务品牌竞争力。机场企业文化形成于机场发展的实践，并随着民航事业的发展而发展，从源远流长、积淀丰富的发展历史中可以挖掘机场文化的价值理念元素，以“天地之道，大国之门”企业文化为主旨，聚焦服务品牌塑造。

## 三、启发思考题

1. HRB 机场的国内离港服务流程是否高效、便捷？有哪些环节可以优化以提高旅客满意度？

2. 如何评估机场员工的服务质量，并确保他们能够提供一致的高水平服务？

3. 从服务管理的角度，分析 HRB 机场在提升旅客离港体验方面采取了哪些有效措施？

4. 如何利用服务营销理论来增强机场的品牌吸引力和旅客忠诚度？

5. HRB 机场的国内离港服务流程目前还存在哪些问题？请提供应对策略建议。

## 四、分析思路

案例分析的逻辑路径如图 5 - 5 所示。

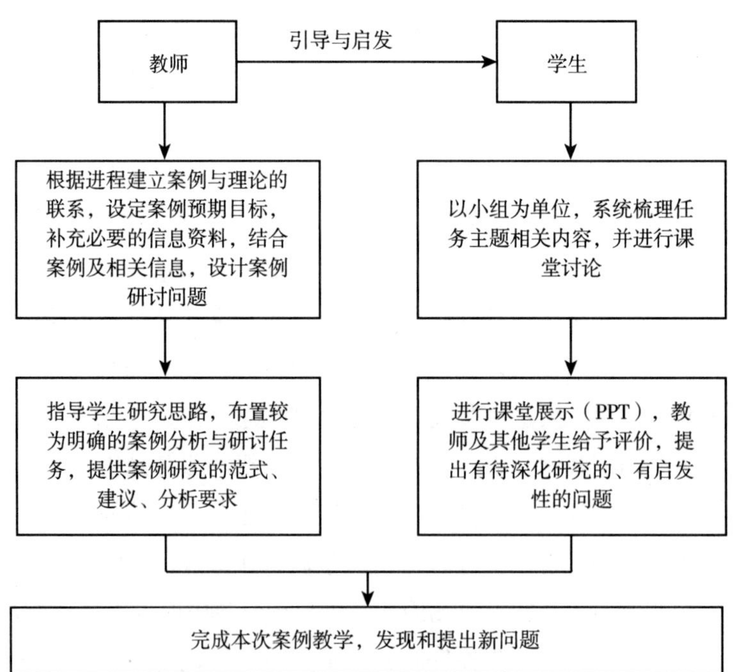


图 5 - 5　案例五分析思路

# 五、理论依据与分析

## （一）相关概念

### 1. 民航旅客运输

国外学者伯卡特（Burkart）和梅德利克（Medlic）指出，交通运输或旅游交通既是旅游者抵达旅游目的地的手段，同时也是在旅游目的地之内进行活动往来的手段。民航旅客运输是指在国内和国际航线上使用民用航空器以营利为目的的从事定期和不定期飞行运送旅客和行李的运输。民航旅客运输习惯上简称为民航客运，是旅游交通的重要组成部分。民航旅客运输在旅游领域中发挥了重要的作用，与其他旅游交通方式相比，主要体现在远程旅游方面，其优点是速度快、舒适、便捷，在旅途中所耗时间短，深受广大旅客青睐。民航旅客运输作为旅游交通的分支，是旅游者得以完成旅游活动的主要旅行方式和重要技术条件。

### 2. 机场离港服务

机场离港服务，是指在旅客到达机场后，为旅客办理相关手续，并使其乘坐飞机离开机场所感受到的标准化的服务，机场离港服务分为国内机场离港服务和国际机场离港服务。刘浩（2016）认为，航站楼为旅客离港业务流程提供的服务包括：值机、行李托运、安检等业务，此外，航站楼还需确保旅客行李安全，在旅客进行交通转换时为旅客提供信息支持，同时可以作为旅客临时休息场所。每一个机场的离港服务，工作内容有候机楼问询、广播、航班信息发布、值机服务、安检服务、联检服务、引导服务以及候机楼商务服务等。

## （二）理论依据

### 1. 服务接触理论

自 20 世纪 80 年代起，学者们开始对服务接触理论进行研究，服务接触理论的概念随着科技和社会的发展经过了不断改进和扩展，分为狭义上的接触理论和广义上的服务接触理论。

狭义上的服务接触理论：早期代表性的学者所罗门等（Solomon et al.，1985）认为，服务接触理论是服务情境中，商业中人际之间交往贯穿于整个的互动过程。

比特纳等（Bitner et al.，1990）认为，服务接触理论是顾客在不同时间和不同员工发生的交互过程。格罗夫等（Grove et al.，1992）提出服务接触剧场理论，剧场中的演员对应服务提供者、观众对应顾客、场景对应服务环境，剧场演出的整体效果取决于演员、观众和演出场景互动的结果。安德森等（Anderson et al.，1994）认为服务接触理论是员工与顾客面对面接触的交互过程。这些学者们指出服务接触理论是从狭义上的概念去研究顾客与服务人员之间的接触。

广义上的服务接触理论：随着服务接触理论的发展，其研究范围已超越单纯的人与人之间的接触，扩展到非人为因素、无形接触如公司网站，以及顾客与环境、系统等的交互。比特纳等（Bitner et al.，1990）强调服务接触不仅涵盖顾客与服务提供者的互动，还包括影响顾客感知的其他非人为因素。阿米尔顿（Amilton，2001）则提出，除了实体接触外，服务接触还包括如公司网站等的无形接触。比特纳（Bitner，2011）进一步指出，服务接触包含抽象接触，如顾客与服务提供者及顾客与环境系统等的接触。巴雷罗（Batero，2013）认为服务接触涉及顾客与员工、有形环境及无形氛围的互动。广义服务接触理论则囊括了有形的人员、设施设备接触和无形的企业文化接触。简言之，服务接触理论已从单一的人际交互扩展到多维度的接触体验。

服务接触模型：服务接触系统模型由格朗鲁斯（Grönroos，1984）提出，它详细描述了服务接触过程，包括服务传递、运营和其他接触点。服务传递系统以顾客为中心，涉及顾客间及顾客与前台元素（如设施、人员、设备）的直接接触。服务运营系统则涵盖间接影响顾客的后台因素，如企业使命、理念和技术。其他接触点涉及广告、口碑、企业形象等品牌效应。此模型全面分析了企业如何通过各种接触点影响消费者。简言之，服务接触系统模型细致描绘了企业与顾客互动的全过程，如图5－6所示。

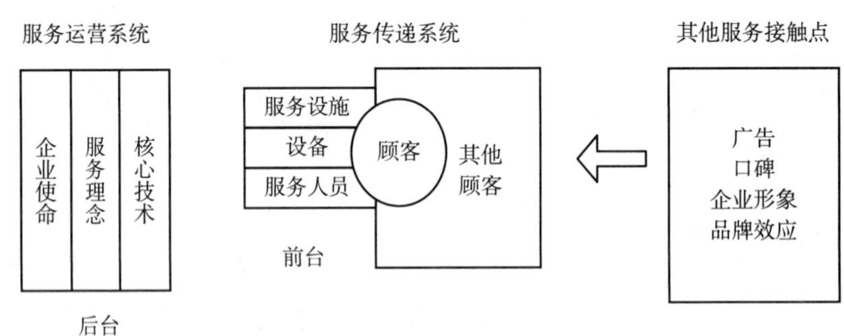


**图5－6　服务接触系统模型**

### 2. 顾客满意度理论

顾客满意度理论起源于20世纪后期。游客满意度取决于其期望与实际体验的比较：若体验超越期望，则满意；若体验未达期望，则不满意。这一理论强调，服务感知与期望的匹配度决定满意度。当感知接近或超越期望时，顾客满意；反之，则不满意。购买服务时，顾客会比较体验与期望，体验优于期望则满意度高，反之则低。顾客预期受个人购买经验、他人评论及工作人员态度等因素影响。因此，提升顾客满意度需关注并优化这些因素。

### 3. SERVQUAL 服务质量模型

SERVQUAL 服务质量量表模型由帕拉苏拉玛、泽塔马尔和伯里（Parasurama，Zeithamal & Bery，PZB，1985）三位学者创建，包括 5 个服务质量的评价维度，分别为有形性、可靠性、响应性、保证性、移情性。其中有形性包括实际设施，设备以及服务人员的列表等；可靠性是指可靠、准确地履行服务承诺；响应性即反应性，是指帮助顾客并迅速提高服务水平的意愿；保证性是指员工所具有的知识、礼节以及表达出自信与可信的能力；移情性是指关心并为顾客提供个性服务。SREVQUAL 服务质量模型如图 5－7 所示。

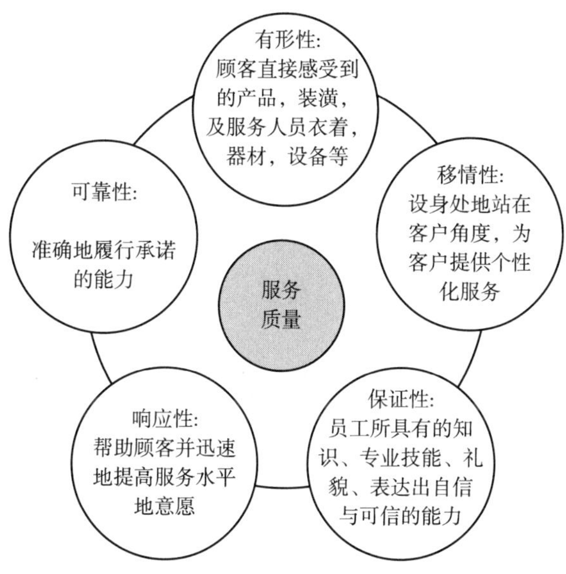


**图 5－7 SERVQUAL 服务质量模型**

## 六、教学要点

（1）通过实际案例，引导学生深入探讨和分析，帮助学生更深刻地理解理论知识，激发学生的学习兴趣，提高学生运用理论知识解决实际问题的能力，使学生能够将理论知识与实际情境相结合，更好地理解和掌握服务接触理论的核心要点。

（2）讨论如何将 SERVQUAL 量表模型和层次分析法等工具有效应用于解决实际问题。指导学生如何将这些工具应用于企业具体问题的解决过程，帮助他们掌握这些工具的使用方法和技巧。

（3）引导学生分析调查问卷的设计原则和数据收集方法。调查问卷是获取第一手数据的重要工具，教师应向学生讲解如何设计科学、合理的调查问卷，包括如何确定调查目的、选择合适的调查对象、设计问题和选项等。指导学生掌握各种数据收集方法，了解各种方法的优缺点，以便在实际操作中灵活运用。

（4）探讨如何利用 IPA 四象限图进行服务质量问题的诊断和对策的制定。向学生讲解如何根据调查数据绘制 IPA 四象限图，分析各服务属性在图中的位置，从而找出需要优先改进的服务属性。在此基础上，教师还应指导学生如何制定有效的改进对策，以提高整体服务质量。

（5）案例研究是一种以实际问题为基础的教学方法，通过对具体案例的深入分析和讨论，引导学生从不同角度进行分析和讨论，鼓励他们提出创新的解决方案，从而培养他们的批判性思维和创新能力。通过案例研究，学生不仅能够更好地理解和掌握理论知识，还能在实际操作中灵活运用，提高解决实际问题的能力。

## 七、课堂设计

### （一）课前准备

学生需要提前阅读案例与相关文献，了解服务接触理论和 SERVQUAL 量表模型的基本概念，并对 HRB 机场的基本情况有所了解。同时，学生应熟悉层次分析法和 IPA 四象限图的原理和应用。

### （二）课中计划

首先，教师介绍案例背景和研究框架，然后引导学生分组讨论调查问卷的设计和数据收集方法。其次，教师展示调查问卷结果，并引导学生使用 IPA 四象限图进行服务质量问题的诊断。最后，教师组织学生讨论改进 HRB 机场国内离港服务质量的具体对策。

## （三）课后任务

学生需要根据课堂讨论的内容，撰写一份关于如何提升 HRB 机场国内离港服务质量的报告，并提出创新的解决方案。教师可以根据报告的质量和创新性给予评价和反馈。

## 参考文献

[1] 白钊，崔梦雅，郭允涛．基于 Kano 模型的通航机场服务质量提升研究［J］．科技和产业，2021，21（11）：63－66.

[2] 冯正霖．推动民航高质量发展开启新时代民航强国建设新征程［J］．人民论坛，2018（5）：6－8.

[3] 江红，周夕钰．基于结构方程模型的民航旅客出行行为特征影响因素分析——以天津机场出港旅客为例［J］．综合运输，2017，39（3）：47－52.

[4] 刘浩．基于 Anylogic 的航站楼旅客离港业务流程仿真研究［D］．广汉：中国民用航空飞行学院，2016.

[5] 马芳芳，陈秋萍．双因素理论视角下的航空服务质量旅客满意度研究：以厦门航空为例［J］．西南交通大学学报（社会科学版），2020，21（6）：101－110.

[6] 任旺兵．中国服务业发展现状、问题、思路［M］．北京：中国计划出版社，2007.

[7] 童茜．SZ 机场旅客服务质量提升策略研究［D］．南宁：广西师范大学，2021.

[8] 尹秀珍．突发公共卫生事件下广州白云机场公共服务模式的优化路径［J］．中国航班，2021（21）：4－6.

[9] Adediran J. An Assessment of Service Quality and Airport Elements Influential to Travellers' Experience at Ilorin International Airport［J］. Journal of Tourism Management Research，2020（7）：40－43.

[10] Amilton B. Effects of Service Mechanisms and Modes on Customers' Attributions about Service Delivery［J］. Journal of Quality Management，2001（2）：331－348.

[11] Anderson E W，Fornell C，Lehmann D R. Customer Satisfaction Market Profitability Findings from Sweden［J］. Journal of Marketing，1994，8（58）：53－66.

[12] Batero A J. Using Service Incidents to Identify Quality Improvement Points［J］. International Journal of Contemporary Hospitality Management，2013，10（2）：99－106.

[13] Bezerra G，Souza E M D，Correia A R. Passenger Expectations and Airport Service Quality：Exploring Customer Segmentation［J］. Transportation Research Record，2021，2675（10）：604－615.

[14] Bitner M J，Booms B H，Tetreault M S. The Service Encounter：Diagnosing Favorable and Un-

favorable Incidents [J]. Journal of Marketing, 1990, 54 (7): 71 - 84.

[15] Bitner M J. Evaluating Service Encounters: The Effects of Physical Surroundings and Employee Responses [J]. Journal of Marketing, 1990, 54 (2): 133 - 136.

[16] Grove S J, Fisk R P, Bitner M J. Dramatizing the Service Experience: A Managerial Approach [M]. Advances in Services Marketing and Management: Research and Practice, 1992.

[17] Grönroos C. A Service Quality Model and Its Marketing Implications [J]. European Journal of Marketing, 1984, 18 (4): 36 - 44.

[18] Kim S Y, Kim T H, Kim Y S, et al. A Study on Airport Service Improvement Using Service Design Process [M]. Springer, Cham, 2022.

[19] Lee K, Yu C. Monitoring Airport Service Quality: A Complementary Approachto Measure Perceived Service Quality using Online Reviews [C]. Americas Conference on Information Systems, 2017.

[20] Moon H, Yoon H J, Han H. The Effect of Airport Atmospherics on Satisfaction and Behavioral Intentions: Testing the Moderating Role of Perceived Safety [J]. Journal of Travel & Tourism Marketing, 2016: 1 - 15.

[21] Parasuraman A, Zeithaml V A, Berry LL. A Conceptual Model of Service Quality and Its Implication for Future Research (SERVQUAL) [J]. Journal of Marketing, 1985, 49: 41 - 50.

[22] Solomon M R, Surprenant C, Czepiel J A, et al. A Role Theory Perspective on Dyadic Interactions: The Service Encounter [J]. Journal of Marketing, 1985, 49 (1): 99 - 111.

# 案例六
Case 6

# 厚积薄发，开拓创新
## ——哈尔滨冰雪大世界“出圈”引起的思考

**案例摘要：**北京冬奥会的成功举办点燃了我国民众参与冰雪运动的激情，助力我国冰雪产业超常规发展，也为全球冰雪运动开启了新时代。黑龙江省依托得天独厚的地理优势和丰富的冰雪资源，多年来力推冰雪运动、冰雪文化、冰雪装备、冰雪旅游全产业链发展，成为“冰天雪地也是金山银山”的实践地。哈尔滨冰雪大世界作为世界上规模最大的集冰雕艺术、雪雕艺术、冰灯艺术以及冰雪娱乐项目于一体的冰雪主题游乐园，在2023～2024年冰雪季火爆“出圈”，继而带动了哈尔滨乃至黑龙江省冰雪旅游市场的持续升温。哈尔滨冰雪大世界的火爆并非偶然，而是多种因素共同作用的结果。高度重视冰雪景观的顶层设计，不断提升冰雪艺术价值，打造冰雪景观创意，创新娱乐互动项目，丰富节庆和演艺体验，优化细化服务和管理，强化品牌营销等因素共同推动了冰雪大世界的成功，使其成为哈尔滨乃至全国的一道亮丽风景线。

## 一、教学目的与用途

本案例主要适用于MTA学生的旅游产业经济分析、旅游目的地管理、旅游规划与开发、旅游市场营销等相关内容的教学。

本案例适用对象为MTA专业硕士及旅游管理类专业的本科生、研究生。

本案例的教学目的是通过案例分析，帮助学生了解旅游景区（点）的主题创意、经营理念、创新意识、经营特点和发展举措，树立品牌创新争优意识，掌握旅游景区的经营理念与创新策略，增强理论应用和产业实践相结合的能力。

# 二、案例内容

## （一）引言

2023 年 12 月 18 日，第二十五届哈尔滨冰雪大世界拉开帷幕，开园当天就人气爆棚，不到 3 个小时预约游客突破 4 万人次。由于人数过多，大滑梯、摩天轮、冰秀等热门免费项目供不应求，加上天寒地冻，部分游客在室外排队时间过长而产生不满情绪，现场出现游客聚集高喊“退票”，引发景区秩序混乱，相关视频在网络迅速流传。事发后，哈尔滨市文化广电和旅游局领导第一时间赶赴现场督导，景区立即作出回应，为保证体验质量，决定暂停销售当日门票，并为部分游客办理退票。2023 年 12 月 19 日，哈尔滨冰雪大世界官方微信发布了《致广大游客的一封信》，对部分游客的游玩需求没有得到充分满足深表歉意，表示“对服务不周进行深刻反思并连夜整改”，并列出了优化细化的整改措施。

“退票”事件引发舆论关注后，冰雪大世界“真诚”“厚道”的态度和及时妥善的整改举措得到了众多主流媒体肯定和大量网友的力挺，成功翻转舆论风向并圈粉无数。自 2023 年 12 月 18 日正式开园，截至 2024 年 1 月 2 日运营的 17 天，入园游客约 62 万人次，日均接待量 3. 65 万人次，其中省外游客占比约为 79% 。在同程旅游公布的 2024 年元旦假期热门景区前十榜单中，哈尔滨冰雪大世界排名居首。

哈尔滨冰雪大世界从 1999 年至 2024 年历经了 25 届，为什么突然一夜爆火“出圈”？是舆论发酵导致的偶然事件，还是厚积薄发产生的必然结果？深层次的原因有哪些？冰雪大世界的成功经验是什么？对其他地区发展冰雪旅游有什么借鉴或启示？哈尔滨冰雪大世界作为黑龙江冰雪旅游景区“头牌”对哈尔滨打造冰雪旅游文化之都和黑龙江省冰雪旅游强省建设会产生哪些重要影响？一系列问题等待我们去思索和寻找答案。

## （二）案例背景

2016 年 3 月，习近平总书记提出“冰天雪地也是金山银山”，强调要把发展冰雪经济作为新增长点，推动冰雪运动、冰雪文化、冰雪装备、冰雪旅游全产业链发展，这极大地提升了全社会对冰雪作为特殊生态资源的认识，开启了我国冰雪旅游的新篇章。冰雪旅游因为综合带动作用强、关联产业多，正在起到推动“冰雪＋文化”“冰雪＋运动”“冰雪＋装备制造业”“冰雪＋房地产”“冰雪＋农业”等融合发展的重要作用。2022 年北京冬奥会的成功举办点燃了我国 3 亿民众参与冰雪运动的激情，助力我国冰雪产业超常规发展，也为全球冰雪运动开启了新时代。我国冰雪运动“南展西扩东进”的深入实施掀起了全国冰雪经济的建设热潮。在中央政策引领、地方供给创新和游客消费升级多重因素影响下，冰雪旅游开始升温，京冀奥运冰雪旅游、东北大众冰雪观光度假旅游、新疆和内蒙古冰雪民族风情旅游、大城市周边冰雪休闲旅游、南方室内冰雪商务休闲旅游等多样化、高品质产品供给正在成为冬季旅游的热点。

黑龙江省位于北纬 43°26′～53°33′，属于世界公认的“白金冰雪旅游带”，与世界冰雪经济发达地区处于相同纬度带。独特的地理环境决定了黑龙江省发展冰雪旅游的气候资源比国内其他地区更具优越性，是中国冰雪文化和自然资源最丰富的省份之一。作为现代冰雪产业的肇兴之地，黑龙江省享有“冰雪之冠”的美名，创办了我国第一个国际冰雪节、第一个国际滑雪节、第一个“全民冰雪活动日”，也是我国冰灯冰雕艺术和雪雕艺术的发源地。黑龙江省也是群众性冰雪运动开展最早、历史最长的省份，是我国现代冰雪运动的摇篮。冰雪旅游一直是黑龙江省冬季旅游的主打项目，来黑龙江“赏冰乐雪”成为全国游客冬季旅游的首选。“哈尔滨—亚布力滑雪旅游度假区—中国雪乡”等精品路线已发展成为国内外知名的黄金旅游路线。

作为冰雪资源、冰雪文化、冰雪旅游大省以及冰雪运动强省，黑龙江省为抢抓“后冬奥”时代发展契机，编制了《黑龙江省冰雪旅游产业发展规划（2020—2030 年）》《黑龙江省冰雪经济发展规划》（2022—2030 年），提出了到 2030 年建成国际冰雪旅游度假胜地和力争冰雪旅游总收入达到 2000 亿元的战略目标，为冰雪旅游产业和冰雪经济发展擘画蓝图。依托得天独厚的地理优势和丰富的冰雪资源，黑龙江省多年来力推冰雪运动、冰雪文化、冰雪装备、冰雪旅游全产业链发展，成为“绿水青山就是金山银山，冰天雪地也是金山银山”的实践地，将“北国好风光，美在黑龙江”的口号叫响大江南北。

哈尔滨市是我国冰雪文化的发源地，是中国冰雪体育运动的领头雁，是中国最早开发冰雪、运营冰雪的城市，从 1953 年新中国举行的第一届全国冰上运动会和 1963 年哈尔滨第一届冰灯游园会起，经过几十年的发展，打造了中国·哈尔滨国际冰雪节、冰雪经济经贸洽谈会、哈尔滨冰雪大世界、太阳岛雪博会、亚布力滑雪旅游度假区，举办了第 3 届亚洲冬季运动会、第 24 届世界大学生冬季运动会，斩获了中国首枚冬奥金牌，创造了许多个冰雪第一和唯一。特别是近年来，哈尔滨全面贯彻“两山”理论，冰雪旅游、冰雪文化、冰雪体育、冰雪装备得到较快发展，为哈尔滨冰雪经济发展、冰雪文化之都建设奠定了坚实的基础。

哈尔滨作为全国冰雪运动的“领跑者”，被中国奥组委授予“奥运冠军之城”的美誉。在冰雪运动的普及、宣传、推广、运动员的培养、输送方面作出了很大的贡献。坐拥得天独厚的冰雪资源，哈尔滨深入挖掘冰天雪地蕴含的巨大经济价值，在2023～2024年冰雪季充分展示了冰雪文化的独特魅力，带动冰雪经济整体提质增效，构建了冰雪节庆、冰雪文化、冰雪艺术、冰雪体育等七大板块系列活动，通过做好“冰雪+”“+冰雪”大文章，助力推动冰雪经济全产业链发展，打造最具特色的冰雪旗舰产品、冰雪精品路线和品牌节庆活动，不断提升旅游服务质量，充分释放冰雪旅游消费潜力。

继1996年成功举办第三届亚洲冬季运动会后，哈尔滨再次成功获得2025年第九届亚洲冬季运动会举办权，哈尔滨冰雪旅游将迎来高质量发展的新时代。从北京冬奥会的顺利举办到哈尔滨2025年第九届亚洲冬季运动会的成功申办，中国冰雪旅游实现了从0到1、从北到南、从小运动到大产业、从冬季到四季、从规模到品质、从小众竞技运动到大众时尚生活方式、从冷资源到热经济的历史性跨越，冰雪旅游发展有了“3亿人参与冰雪运动”的庞大群众基础。冰雪旅游的快速发展，跃动着经济社会发展的脉搏，向世界描绘着美丽中国的好风景。冰雪旅游让寒冷成为一种产业资源，让千里冰封、万里雪飘的天寒地冻成为一种旅游场景，让美丽风景转换成为美好生活。

哈尔滨冰雪大世界坐落于世界著名冰雪旅游城市——哈尔滨市，是世界上规模最大的集冰雕艺术、雪雕艺术、冰灯艺术以及冰雪娱乐项目于一体的冰雪主题游乐园。哈尔滨冰雪大世界创始于1999年，至2024年已连续举办25届，平均每届接待国内外游客超100万人次以上。经过多年的发展，哈尔滨冰雪大世界在冰雪建筑、冰雪体育、冰雪演艺、冰雪艺术等方面独树一帜，为游客呈现了丰富多彩的冰雪文化盛宴和全方位的冰雪体验，已成为冰雪旅游领域第一品牌，是国内最大的冰雪主题乐园，也是“冰城”哈尔滨重要的冰雪旅游名片，极大地提升了哈尔滨的国际影响力。哈尔滨冰雪大世界自创建以来，创下了占地面积、冰雪展览件数、文化活动数量、单体冰建筑等多项世界之最，不断刷新冰雪界的吉尼斯世界纪录。哈尔滨冰雪大世界先后获得最有影响力冰雪旅游目的地、全球旅行者之选杰出景区、全国最佳旅游景区、年度最佳主题公园、青少年最喜爱的龙江冰雪景区、龙江最佳旅游目的地、中国旅游产业投资百强企业、黑龙江文化产业十大品牌、首届黑龙江省政府质量奖等诸多荣誉。

## （三）案例主题内容

### 1. 哈尔滨冰雪大世界火爆出圈

2023～2024年冰雪季，第二十五届哈尔滨冰雪大世界作为游客必去的打卡地，成为哈尔滨的“新晋顶流”。自2023年12月17日试营业到2024年1月1日晚，哈尔滨冰雪大世界共接待54.55万人，总收入1.6432亿元。2024元旦期间，哈尔滨冰雪大世界共接待16.32万人次，同比增长435%；收入4618万元，同比增长494%，其中12月31日单日入园4.6886万人次，超过历史极值10.54%，创造了2024年第一个火热出圈旅游目的地。自2023年12月18日试营业至2024年1月10日，冰雪大世界接待游客90多万人次，销售额2.72亿元。2024年2月10日至14日春节期间，根据哈尔滨市文旅局测算，全市累计接待游客629.8万人次，同比增长82.9%，其中冰雪大世界到访32.9万人次，同比增长115%。这些数字不仅证明了哈尔滨冰雪大世界受游客喜欢的程度，也显示了中国冰雪旅游的巨大潜力。

第二十五届哈尔滨冰雪大世界共计运营61天，累计接待游客271万人次，尽情为海内外游客展示着独属于这个冰雪童话世界的魅力与风情。2023～2024年冰雪季，凭借超高的人气和绝美的景色，哈尔滨冰雪大世界广受各大媒体关注和报道，截至闭园，中央广播电视总台多角度、多形式宣传报道87次，登上微博、抖音、快手等新媒体平台热搜榜46次，通过镜头向全球观众展示了独特的冰雪景观和浓厚的节日氛围，成为名副其实的冰雪旅游行业领跑者。

凭借创新的思维、真诚的服务、实干的担当，这个冰雪季，哈尔滨冰雪大世界收获了诸多荣耀：成功吉尼斯世界纪录，成为官方认证的“世界最大的冰雪主题乐园”，荣膺《中国冰雪旅游发展报告（2024）》“2024年冰雪文化十佳案例”，成功入选2024年度国家级服务业标准化试点项目，斩获2023年度微博最受关注国内景区、携程口碑榜2023年度亲子乐园景点奖、美团门票2023年度标杆合作伙伴、大众点评必玩榜2023年哈尔滨上榜必玩地、飞猪旅行2023年度明星合作伙伴等多个实力奖项。

随着哈尔滨冰雪大世界的火爆出圈，哈尔滨在国内外的人气、热度、好评持续上升。外省游客的哈尔滨旅游攻略已经从冰雪大世界延展到哈尔滨的饭店、民宿、洗浴中心、早市、路边摊等，马迭尔冰棍三天销售量10万支，洗浴中心专门为游客设置一个房间存放行李箱，东北“铁锅炖”很难订到单间，中央大街、太阳岛雪博会、伏尔加庄园、御马汇、中华巴洛克都喜迎网红“大V”莅临，与哈尔滨冰雪大世界相映成趣，展现了哈尔滨冰雪旅游的多点、多样、多业态，哈尔滨冰雪旅游收入将再创新高。

2024 年元旦假期，哈尔滨文旅市场持续火爆。据哈尔滨市文化广电和旅游局测算，截至 2024 年元旦假日第 3 天，哈尔滨市累计接待游客 304. 79 万人次，实现旅游总收入 59. 14 亿元，旅游热度环比上涨 240%。游客接待量与旅游总收入达到历史峰值。这些数字不仅刷新了哈尔滨的历史纪录，更是“冰天雪地也是金山银山”理念的生动诠释。

中国铁路哈尔滨局集团有限公司相关数据显示，2023 年 12 月 29 日至 2024 年 1 月 2 日，中国铁路哈尔滨局总计发送旅客 133 万人次，日均 26. 6 万人次。根据哈尔滨太平国际机场公布的数据，元旦假期机场共保障航班 1413 架次，运送旅客 20. 5 万人次，同比增长分别为 66%、93%，比 2019 年同期分别增长了 22%、27%，创下历史同期新高。同程旅行相关数据显示，2024 年 2 月 10 日至 14 日，春节假期前五天，哈尔滨位居冰雪旅游目的地首位。2024 年 2 月，携程发布的《2024 龙年春节旅行报告》显示，春节期间，冰雪游是不少游客选择的热门出游选项，冰雪游热门城市包括哈尔滨、长春、北京、沈阳等。其中，哈尔滨春节假期旅游订单同比增长 119%，门票订单量同比增长 155%，热门景区前 5 名为哈尔滨冰雪大世界、东北虎林园、伏尔加庄园、哈尔滨极地公园・极地馆、太阳岛雪博会，客源地前 5 名为北京、上海、杭州、广州、深圳。哈尔滨不仅被国内游客喜爱，也受到了国外游客的关注。在入境游方面，春节假期入境游景区门票较 2019 年增长超 10 倍，主要客源国为日本、美国、韩国、澳大利亚、英国、马来西亚、越南、加拿大、泰国、德国。哈尔滨是入境游主要目的地之一，受到外国友人欢迎。

黑龙江省文化和旅游厅数据显示，2024 年元旦期间，黑龙江旅游市场人气火爆，热度屡创新高，多项数据突破历史。全省累计接待游客 661. 9 万人次，同比增长 173. 7%，高出全国增幅 18. 4%；旅游收入 69. 20 亿元，同比增长 364. 7%，高出全国增幅 164%。元旦期间，黑龙江省重点景区景点共接待游客 36. 63 万人次，同比增长 426. 16%，实现旅游收入 1. 27 亿元，同比增长 455. 08%。

#### 2. 哈尔滨冰雪大世界火爆的原因

（1）建设重视顶层设计，冰雪景观美不胜收。

第 25 届哈尔滨冰雪大世界于 2023 年 12 月 18 日开园，以“龙腾冰雪　逐梦亚冬”为主题，将 2025 年哈尔滨亚冬会与龙江地域文化、冰雪文化结合起来进行创作，为世界各地游客打造一座集冰雪艺术、冰雪文化、冰雪演艺、冰雪建筑、冰雪活动、冰雪体育于一体的冰雪乐园。园区耗资 35 亿元，占地面积 81. 66 万平方米，东西轴线 780 米，南北轴线 940 米，总用冰和雪量为 25 万立方米，为历史最大规模。第二十五届哈尔滨冰雪大世界的存冰量为10万立方米，为历届最大纪录。

在冰雪景观建设方面，哈尔滨冰雪大世界重视顶层设计，以形式多样的冰雪景观形成强大的引客功能，打造了六大设计创新、七大景观亮点、八大网红爆点、九大主题分区，是历届以来规模最大的。2024年1月5日，在2024中国冰雪旅游发展论坛上，哈尔滨冰雪大世界被认定为世界最大冰雪主题乐园，荣获吉尼斯世界纪录称号。

哈尔滨冰雪大世界注重特色和亮点的打造，如独特的冰雪景观、丰富的冰雪文化展示等，在硬件设施的建设上不断推陈出新，景区的规划和布局充分考虑了游客的需求和体验，使得游客在景区内能够得到更好的游览体验。

在景观设计建设方面，哈尔滨冰雪大世界以其独具匠心的设计和精湛的施工技艺，打造了一座座令人叹为观止的冰雪景观。这些景观不仅展现了冰雪艺术的魅力，更融入了地方文化和时代特色，为游客带来别具一格的旅游体验。冰雪大世界注重地方特色与现代元素的结合，既保留了冰雪景区的传统特色，又不断引入创新元素和科技元素，如灯光秀、音效等，增强了游客的沉浸感。哈尔滨冰雪大世界以冰雪景观为主，紧扣时代主题，前后层叠呼应，设计建造冰雪之冠、冰心筑梦、童话王国等大型冰雪景观，将底蕴深厚的中国文化与国际化的现代风格相融合，极具艺术观赏性与游玩娱乐性。哈尔滨冰雪大世界以冰为体，以光为魂，运用科技力量，展现冰雪与艺术交融的独特魅力：姿态各异的冰雪景观，尽显创意之美；真冰真雪，彰显出自然之美；线条精巧的构造，展示艺术之美。无论是气势恢宏的主塔冰雪之冠、典雅大气的冰心筑梦，还是浪漫梦幻的穿越城堡、绮丽缤纷的数字冰林……近千个景观美不胜收，再次向世界展示了黑龙江得天独厚的冰雪资源、冰雪文化与冰雪魅力。

（2）娱冰玩雪项目繁多，四季项目亲子乐享。

第25届哈尔滨冰雪大世界园区的娱冰玩雪项目多达20余种，包括雪圈、雪地转转、冰上自行车等冰雪娱乐项目；升级打造的冰雪欢乐汇互动娱乐区，引进冰上卡丁车、雪地摩托、雪圈漂移、雪地四驱车和雪地悠悠球等冰雪娱乐体验项目，能满足游客不同的游玩需求。

在热点事件中，历届最火的体验项目也是本届哈尔滨冰雪大世界网红项目超级冰滑梯全面提档升级，滑道由8条增加到14条，最长的滑道长达521米，满足了游客的游玩热情，减少了游客的排队时间。华润雪花啤酒冠名的雪花摩天轮承载游客在120米高空鸟瞰冰雪天际线，从高空俯瞰整个冰雪大世界美景，饱览松花江两岸风光，成为今冬最火爆的“网红”打卡项目。同时，冰雪秀场上演的“哈冰秀”和“龙江冰秀”演出，大气、洋气、独具魅力，得到了国内外游客的高度赞赏；梦想大舞台万人雪地蹦迪在全国火出圈，又燃又感动的万人合唱红歌场面红遍全网，让无数人泪目；文创雪糕、定制冰箱贴、黑科技保暖装备、宠粉玩偶等有颜值、有特色、有内涵、有温度的文创产品销售火爆，成为最受游客欢迎的旅游纪念品；房车营地焕新升级，23 间臻享房车休息室不仅日日预订爆满，还成为热门网红打卡地，频频火爆社交平台；与腾讯、优酷、网易、完美世界等多个知名 IP 深度合作，打造一个又一个爆点事件；冰雪美食馆环境有品位、服务有品质，马迭尔、肯德基、必胜客、沪上阿姨、缤圣源等 30 余个餐饮品牌入驻，满足游客对“暖空间”“热餐饮”的需求；新增滑雪体验区域，滑雪爱好者和想要尝试滑雪的游客，可以在这里与雪亲密接触，尽情体验滑雪的快乐。此外，四季游乐馆正式营业，打造了黑龙江最大的室内亲子互动主题乐园，市民和游客可以带着孩子前来体验室内冰滑道以及旋转木马、天旋地转、时空穿梭等多种游乐设施，尽情享受亲子欢乐时光。

（3）冰雪节庆体验丰富，舞台演艺精彩纷呈。

在沉浸式主题乐园的探索旅程中，哈尔滨冰雪大世界以其引领潮流的“冰雪＋”主题创意模式，为游客带来了前所未有的冰雪奇妙体验。注重在冰雪景区、街区创新打造个性化、多样化的冰雪新业态新场景，通过“演艺＋旅游”“节庆＋旅游”等新的业态形式，推出了一系列冰雪主题活动和节日庆典，丰富了游客的体验。本届哈尔滨冰雪大世界运营期间，举办了冰雪跨年夜晚会、第 35 届中国・哈尔滨国际冰雕比赛、冰雕大师邀请赛、第 40 届中国・哈尔滨国际冰雪节暨法中文化旅游年开幕式、2024・哈尔滨龙年冰雪晚会、欢天喜地过大年等缤纷活动，为游客献上一场场冰雪欢乐盛宴。

本届园区设计了梦想大舞台、冰雪汽车芭蕾秀、暖心玩偶剧等精彩演出，通过发展网红经济、夜间经济、创意经济、体验经济等，如哈尔滨冰雪大世界的驻地冰秀表演、餐饮休闲区的舞台表演、“万人”跨年夜现场演出、烟花秀、明星空降、人偶巡游等活动，打造一场氛围感拉满的冰雪跨年夜；营造了冰雪旅游的沉浸式体验氛围和欢乐场景，提高了游客体验感、仪式感和满意度。

最火爆的室外演出活动“万人羽绒服雪地派对”，每晚在梦想大舞台准时上演，“网红”形象“左右哥”和“兔子宝贝”在“绚墨舞台”上带领数万游客共舞，走进“嗨世界”，点燃激情、燃爆冬夜。“绚墨舞台”将现代与传统的展现形式有机结合设计建造，欢聚跨年夜、欢歌冰雪节等多场大型活动将在“绚墨舞台”举行。园区内还设置多点位小型互动演艺，提升游客的参与感，丰富游客的游玩体验。“冰雪汽车芭蕾秀”开创冰雪汽车特技秀场先河，国内顶级车手驾驶高性能赛车和特种车辆，在冰天雪地里上演摩托车与汽车的极限舞蹈，每一项表演都引发现场观众的掌声和喝彩。万众瞩目的哈冰秀演出强势回归，全新演绎的冰雪盛宴以哈尔滨冰雪文化及地域特色为创作题材，快速而直观地帮助游客“深读”哈尔滨特色风情。来自俄罗斯、美国、白俄罗斯、英国等 15 个国家的 50 位优秀演员倾情演绎花样滑冰、马戏、杂技、舞蹈等剧目，为游客献上国际顶尖水准的冰雪演艺大秀。

（4）“宠粉”至上细致入微，优质服务全民动员。

本届哈尔滨冰雪大世界在游客服务、游玩感受和游园保障方面不断提升，“宠粉”成为冰雪大世界今冬又一个热搜“关键词”。服务优化方面，哈尔滨冰雪大世界始终秉持“游客至上”的服务理念，不断提升服务质量。从购票、入园到游览、餐饮、购物等各个环节，都体现出细致入微的人文关怀。通过建立有效的反馈机制和投诉处理体系，及时了解游客需求和意见，不断优化服务流程和提升游客满意度。

门票预售，景区限流，入园预约。本届冰雪大世界为了提高游客的体验感，首次实行限流预约制售票。2023 年 12 月 18 日，冰雪大世界开园第一天，不到 3 小时便涌入了 4 万名游客，在这种情景下，部分游客的游玩需求没有得到充分满足，冰雪大世界景区进行了现场退票，市政府发出《致哈尔滨全市人民的一封信》，再一次拉高冰城的“温度”。

注重细节服务，提升景区旅游接待服务质量。“细节决定成败”，景区在设施方面进行了提档升级，冰雪大世界增建了温暖的餐饮休闲区，方便南方游客取暖；关注冰雪景区内外所有火爆的冰雪体验项目的游客排队管理，增加了免费送热的红糖水、热贴等诸多暖心的细节服务；对于游客的批评、意见和建议，及时跟进、解决和改进，让游客玩得安心和舒心，这些服务细节不仅让游客感到舒适和被尊重，也成为在互联网上被不断传播的素材，最终让冰雪大世界变成“网红”景观，提升了品牌影响力。

提高员工服务水平。冰雪大世界对员工进行了全面的培训，包括服务态度、沟通技巧、紧急情况处理等方面。通过培训，员工的服务水平得到了显著提高，本年度尤其关注细节，提供真诚的暖心服务成为本年度冰雪大世界的服务内核。面对满怀期待和热情奔赴而来的游客，哈尔滨冰雪大世界全体工作人员用真心和坚守，用贴心和周到送上暖心服务。60 天里，累计进行失物招领 4820 余次，员工拾到贵重物品返还游客 190 余次，帮助失主找回身份证、房卡等累计 4600 余次。“约会哈尔滨，冰雪暖世界”，一张张笑脸、一面面锦旗、一封封感谢信，是游客和哈尔滨冰雪大世界共同缔结的最暖、最美感情线。

合理定价。冰雪大世界在制定门票价格时充分考虑了游客的利益，提供了合理的定价策略。门票价格包含摩天轮、大滑梯、冰秀等以往收费项目，这种让利于客的票价策略吸引了更多年轻人，口碑传播效应也进一步扩大了景区的影响力。

建立信息反馈机制，游客分流管理。冰雪大世界高度重视游客的安全管理，制定了完善的安全管理制度和应急预案。建立游客信息反馈平台，及时收集和处理游客的意见和建议，改进服务质量。在游客高峰期，采取有效的分流措施，保持景区内人流的秩序和安全。在景区内设置了安全警示标识，加强了巡逻和安保力量，确保游客的人身安全。

此外，相关部门和哈尔滨市民也积极参与和支持。哈尔滨地铁集团推出了“太阳岛—冰雪大世界”免费往返“地铁摆渡票”；调整公交运营时间，动态调度 140 辆公交车，300 台出租车运力，保障冰雪大世界旅客出行需求；“尔滨们”还自发组织爱心车队，免费接送游客；哈尔滨医大一院开通冰雪旅游救治“绿色通道”“先诊疗、后付费”，为前往冰雪大世界景区的外地游客健康保驾护航。

（5）构建立体营销体系，多元渠道强化品牌。

哈尔滨冰雪大世界一直以来都是冬季最受游客欢迎的景点之一，每年都吸引着数以百万计的游客。自创办以来，一直致力对外宣传和推广。历年的宣传手段和策略不断演变，以适应市场的变化和游客的需求。从早期的报纸、电视广告，到互联网时代的网站、社交媒体，再到移动端的 App、小程序，哈尔滨冰雪大世界的宣传策略始终与时俱进，不断创新。第二十五届哈尔滨冰雪大世界的投资和造型都是历年之最，拥有不可替代的冰雪旅游产品。2023 年 11 月 20 日，哈尔滨冰雪大世界官宣提前开园，消息一经发出，立即成为全网热点。

哈尔滨冰雪大世界采用了多元化、多层次、全方位的宣传推广策略，构建符合市场化取向的立体营销体系。

一是发挥头部流量拉动作用，抢先抓早，预热效果显著。黑龙江省文旅厅提前一年开展冰雪季预热宣传，谋划冬季冰雪旅游线路、打卡地、攻略，全力做好客源地热销宣传工作和全媒体宣推工作。与国际、国内主流媒体合作，梳理冰雪热点活动事件，主动策划重点选题，加大深度报道力度，增强宣传报道的冲击力、影响力。通过广角覆盖、深度报道、高频宣推，持续放大冰雪季声势，抢占冬季旅游宣传制高点。

二是拓展多元化宣传渠道，强化新媒体营销力度。充分利用多渠道的宣传手段，线上与线下相结合，提高了传播的广度和深度。社交媒体作为现代信息传播的重要渠道，对哈尔滨冰雪大世界的宣传起到了关键作用。针对目标受众的特点，利用微信、抖音、微博、小红书、B 站等社交媒体、短视频平台等新媒体手段提升品牌知名度和美誉度，吸引用户关注和转发。与哈尔滨知名 IP 进行联动营销，如逃学企鹅、凛冬之城等，扩大品牌的影响力和知名度。举办互动性强、参与度高的线下活动，吸引游客参与并增强游客的体验感。

三是注重优质内容创作，传播有趣有料有个性的视频内容。定期发布高质量的冰雪主题内容，如图片、视频、文章等，引起用户的共鸣和关注。通过制作冰雪景观的航拍视频、游客体验的 Vlog 等形式展示冰雪大世界的魅力。结合时下热门的短视频平台，进行创意内容的传播，吸引了大量网友的关注。通过线上互动活动，提高用户的参与度，增强用户黏性。采冰节、《冰建王国》纪录片等，让游客更加深入地了解冰雪大世界的文化和历史。在流量时代的推波助澜下，网络平台“造梗”是哈尔滨此轮哈尔滨冰雪大世界出圈的一个重要因素，“我不是小孩”“185 哈体院学生陪滑”“志愿者为游客倒热水”等短视频刷上热门。

此外，哈尔滨冰雪大世界还有效利用危机营销，转危为机，形成“爆点”。通过冰雪大世界的全员退票、公开道歉和承诺加强内部整治等举措，不仅消除负面影响，而且用真诚赢得了游客的支持和信任。

## （四）哈尔滨冰雪大世界对黑龙江省冰雪旅游发展的启示

### 1. 强化政府主导和政策扶持，健全冰雪旅游市场管理机制

目前，黑龙江省已经出台了一系列与冰雪旅游产业相关的规划和政策措施，如何将这些“规划”和“措施”落到实处、落到细节应该作为接下来的工作重点。为吸引更多的投资机构和市场主体参与黑龙江省冰雪旅游项目，建议遵循政府牵头、政策推进的原则，在财税、金融、招商、品牌、技术攻关等方面加大政策扶持力度，全面打造“流程更简、效率更高、服务更优”的营商环境，提供“硬件完善、软件配套、服务优质、群众满意”的公共服务，全力构筑国际化、法治化、便利化的良性冰雪经济发展平台。

良好的冰雪旅游市场管理机制是冰雪旅游产业正常运行的基础和高质量发展的保障。因此，应健全和创新黑龙江省冰雪旅游市场管理机制，共同发挥政府、企业、社会组织、民众等多元管理主体的作用，营造放心、舒心、安心的旅游环境。持续加大执法监督检查力度，强化文旅、交通、市场、公安、城管等执法专班作用，形成全线联动、快速反应、妥善处治的执法监管态势。通过严格把控各类生产许可证、经营许可证和资质认定等市场准入标准，完善冰雪文旅市场信用监管体系。

### 2. 深挖冰雪文化地域特色，增强冰雪项目的互动性

地域文化是各地区发展冰雪产业的基础和支撑，也是冰雪旅游形成特色化和差异化的核心所在。调研表明，旅游者对凸显地域文化特色的冰雪活动尤为青睐。为讲好龙江冰雪故事，建议以“区域性文化差异”为切入点，将黑龙江省独具特色的

黑土风韵、欧陆风情、少数民族文化和艺术活动与冰雪自然资源禀赋相结合。同时，应不断丰富和优化黑龙江省的冰雪旅游产品体系，将文创、动漫、时尚、乡村、科技、康养、体育等元素与冰雪资源深度融合，持续为冰雪旅游赋能。

为提高游客的体验性和参与性，应创新冰雪旅游游乐项目，通过表演、巡游、烟花秀、展览等丰富多彩的形式在冰雪旅游主要景区和街区打造多种新业态、新场景，营造新颖而独特的游乐氛围，增强冰雪活动项目的互动性和娱乐性。

### 3. 延伸冰雪旅游产业链条，优化冰雪旅游服务体系

应做强“冰雪＋”，把冰雪旅游之外更多的资源带入旅游消费循环和产业链条，构建和完善现代冰雪旅游产业体系。在产业上游，扩大冰雪装备器材制造商规模，提高冰雪场所设计规划和建设服务水平以及IP服务的能力；在产业中游，开发更加丰富的冰雪旅游产品种类，增强冰雪节事、冰雪观光、冰雪体育、冰雪度假等多样化产品的投资和运营；在产业下游，进一步拓宽营销渠道，充分发挥以在线旅行社（OTA）等为代表的分销渠道和以短视频平台、用户生产内容（UGC）平台等为代表的新媒体的营销作用。为进一步促进黑龙江省冰雪资源优势转化为产业竞争优势，还应该不断丰富冰雪旅游经营业态，全面推动冰雪旅游与相关产业的深度融合，形成以冰雪旅游为主导的集冰雪渔业、冰雪建筑、冰雪装备、冰雪赛事、冰雪民俗、冰雪会展、冰雪康体、冰雪经贸、冰雪教育等多样化业态为一体的集聚形态。

在社交媒体时代，人们更加看重旅游过程中的体验感，而游客体验是由一个个细节来支撑的。因此，应不断优化和创新黑龙江省的冰雪旅游服务体系，无论是通达便捷的交通、满意舒心的住宿环境、美味特色的地方饮食，还是全面细致的游客指南、温暖舒适的休息驿站、热情好客的商铺店主等，都会提升游客的舒适度和满意度，从而进一步增强游客的黏性和回头率。

### 4. 以需求为导向提供优质服务，释放冰雪市场的消费潜能

黑龙江省冬季来访游客主要表现为“年轻化”“品质化”“主题游”等特征。要保持冰雪大省的领先地位，黑龙江省唯有瞄准消费端，既要加大省内外存量市场的拓展力度，又要提高以青少年为主的增量市场的转化效率，调动年轻群体参与冰雪活动的热情和激情；既要重视客源的“流量”，通过多种渠道和方法扩大客源市场规模，更要重视客源的“留量”，通过优质的产品和服务，提升游客体验和品牌美誉度。为实现冰雪旅游消费提质升级，黑龙江省应细分冰雪客源市场，根据体验游客、冰雪“发烧友”及冰雪专业培训等不同层次游客的多样化需求提供个性化的优质服务。

如何将冰雪消费扩展到大众消费层面是冰雪经济发展面临的核心问题，为此需要将冰雪消费活动朝着大众化、全民性、生活化等方面积极推进。为保持群众的参与热情，应降低冰雪旅游的“消费门槛”，鼓励和带动更多民众零距离接触冰雪活动，通过与相关企业商家跨界联动等方式，针对不同地区和不同群体推出系列消费优惠活动，从而持续释放黑龙江省冰雪市场的消费潜能。

#### 5. 巩固冰雪旅游优势品牌，强化全方位整合营销

哈尔滨冰雪大世界、太阳岛雪博会、亚布力滑雪场、雪乡等是黑龙江省冰雪旅游知名品牌的代表，也是黑龙江省冰雪旅游产业的典范。为进一步巩固和提升黑龙江省冰雪旅游优势品牌的建设成效，这些冰雪旅游知名景区在完善管理体制、提高管理和服务水平、丰富产品供给体系的基础上，还要充分利用数字化、智能化等手段提高品牌的传播效能，扩大品牌的知名度和美誉度，并积极探索与其他省份的合作共赢，打造区域联合品牌。例如，黑龙江省与广东省共同策划推出的“寒来暑往、南来北往”旅游促进工程，在以品牌效应带动跨省域旅游产业合作方面起到了示范和引领作用。

为强化黑龙江省冰雪旅游营销传播工程，文旅厅和相关部门应精准洞察游客心理，顺应社交媒体的传播规律，打好“热卖冰雪”组合拳，除了运用好抖音、快手、哔哩哔哩等新媒体传播矩阵外，还可以通过设立冰雪旅游电视频道、开发冰雪娱乐节目、设置冰雪网红打卡地、派遣冰雪旅游品牌形象大使等方式丰富黑龙江省的冰雪旅游品牌宣传推广形式，大力推介龙江冰雪资源，传播龙江冰雪文化，引领龙江冰雪产业发展。

此外，还应深挖冰雪节事的营销价值。如今冰雪节事已然成为经济效益和社会效益双赢的冰雪消费季，不仅能够营造浓厚的冰雪运动氛围，带动更多民众参与冰雪运动，还能扩大地方冰雪旅游形象的影响力，促进当地冰雪经济的发展。因此，黑龙江省应遵循政府引导、市场主导、社会参与的思路，支持创办大型冰雪节庆活动，举办区域性或国际性的冰雪赛事、冰雪论坛，承办区域性或国际性的冰雪旅游用品或冰雪装备展览会等。面对日益多样化、差异化、个性化的旅游需求，冰雪节庆和赛事活动还需要探索如何与电竞、街舞、滑板、音乐、影视等多元潮流元素的融合创新，形成破圈效应，推动“冰雪＋”成为节事营销的创新突破点。

### （五）结语

2024 年 2 月 15 日，第二十五届哈尔滨冰雪大世界正式闭园。哈尔滨冰雪大世

界的成功并非偶然，而是多种因素共同作用的结果。哈尔滨冰雪文化历史悠久，从1953年第一届全国冰上运动会到1963年举办第一届冰灯游园会，在1985年创办首届哈尔滨冰雪节，1999年成为世界“四大冰雪盛事”，不断深挖哈尔滨独特的冰雪资源优势和冰雪文化内涵，以此为依托开展了一系列具有龙江地域特色的冰雪活动。哈尔滨冰雪大世界通过不断提升冰雪艺术价值、打造冰雪景观创意、创新娱乐互动项目、完善基础设施，满足游客对冰雪娱乐活动的各种需求；通过全方位多渠道的宣传和推广，提升了自身的知名度和影响力，从而吸引了更多的游客前来游览体验。这些因素共同推动了冰雪大世界的成功，使其成为哈尔滨市乃至全国的一道亮丽的风景线，也使哈尔滨成为爆红全国。

哈尔滨作为冬奥冠军之城，也是我国首个“双亚冬”之城。着眼于2025年哈尔滨亚洲冬季运动会，哈尔滨正加快推进中国—上海合作组织冰雪体育示范区建设，全力打造“冰天雪地也是金山银山”先行区、冰雪经济高质量发展实践区、后冬奥国际冰雪合作示范区。中国旅游研究院院长戴斌在中国冰雪旅游发展论坛开幕式上说：“一座能够看见文化的遗产，也能够看到文明的未来的城市，一座科技创新、人才聚集、工商业繁荣的城市，更容易成为近悦远来、主客共享的世界级目的地。”以深厚的冰雪文化底蕴为基础，哈尔滨冰雪旅游必将迎来高质量发展的新时代。

## 三、启发思考题

1. 如何构建和不断完善哈尔滨冰雪大世界的冰雪旅游产业链？
2. 哈尔滨冰雪大世界如何通过景观建设和项目创新提高游客的参与度和满意度？
3. 哈尔滨冰雪大世界火爆出圈的深层次原因有哪些？
4. 哈尔滨冰雪大世界火爆出圈对哈尔滨市及其他省份的影响或启示有哪些？
5. 哈尔滨冰雪大世界如何利用其品牌效应实现冰雪旅游的可持续发展？

## 四、分析思路

（1）从冰雪产业发展背景看：了解“冰天雪地也是金山银山”发展理念的提出和北京冬奥会的成功举办给我国冰雪产业发展带来的深远影响。

（2）从景区主题定位视角看：通过分析黑龙江省和哈尔滨市在冰雪资源和冰雪

文化方面的优势，明确打造哈尔滨冰雪大世界的重要意义和景区主题的定位依据。

（3）从旅游者体验视角看：分析哈尔滨冰雪大世界在景观建设和娱乐项目等方面的设计和创新思路。

（4）从旅游优质服务视角看：通过剖析哈尔滨冰雪大世界的“宠粉”行为，归纳影响景区旅游服务质量的主要因素。

（5）从旅游市场营销分析视角看：以哈尔滨冰雪大世界为例，思考如何构建立体营销体系和强化品牌形象。

（6）从冰雪旅游产业链视角看：结合哈尔滨冰雪大世界的发展实践和经验，探讨如何打造冰雪旅游产业链和完善冰雪旅游产业体系。

# 五、理论依据与分析

### 1. 冰雪旅游产业链理论

全产业链模式是一种以消费者需求为导向，集生产制造、宣传推介、营销服务等于一体的全新模式。旅游全产业链基本结构主要包括上游、中游与下游三部分（见图6－1）。其中，上游结构主要负责旅游资源的开发与产品的设计，属于顶层结构；中游结构则主要负责旅游产品的宣传与推介，为产品的营销宣传造势；下游结构则负责对产品营销，通过旅游公司、旅游景点为游客提供旅游服务来达成目的。因此，全产业链的设计实现了旅游产品“产供销”的有序衔接，实现了对旅游资源开发与利用的最优化。

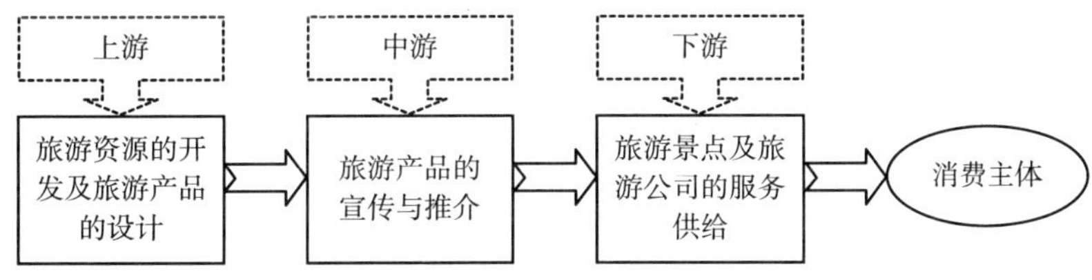


**图6－1 旅游全产业链基本结构**

我国的冰雪产业主要是由冰雪器材设施、冰雪服装装备、冰雪旅游、冰雪运动培训、冰雪赛事和冰雪营销五大板块组成，其中，冰雪旅游的主要模式是冰雪度假、冰雪赛事、冰雪节庆和冰雪主题乐园。

冰雪旅游产业链是以冰雪旅游产品或服务为对象，以游客流动为纽带，以价值增值为导向，以满足游客的需求或价值增值为目标，由从上游冰雪产业资源开发到下游冰雪旅游产品消费全过程的物质和信息投入和产出关系，以及此过程中涉及的相关企业部门所共同构成的链条体系。

目前，我国的冰雪旅游产业链主要包含冰雪旅游资源规划与开发、冰雪旅游产品生产、冰雪旅游产品销售以及冰雪旅游产品消费四个部分（见图6-2）。其中，冰雪旅游资源规范与开发环节打造冰雪旅游产业链的上游资源基础，为冰雪旅游产品生产提供了宝贵的资源。冰雪旅游产品生产作为产业链的中游，需根据当地的资源特征、环境来进行产品的设计和生产，包括直接提供衣、食、住、行、游、购、娱产品与服务的企业，可按照游客的需求和意愿进行随意组合。冰雪旅游产品销售以及冰雪旅游产品消费则处于产业链的下游，而在冰雪旅游产品生产企业和旅游者之间起连接作用的销售环节，可依据旅游者的需求对产品进行组合设计，再销售给旅游者们，最终通过销售环节将冰雪旅游产品提供给旅游者进行消费或体验。冰雪旅游产业链从上游到下游实现了有形资源开发—无形产品生产—体验式消费的过渡，这正是我国冰雪旅游产业链独特性的体现。

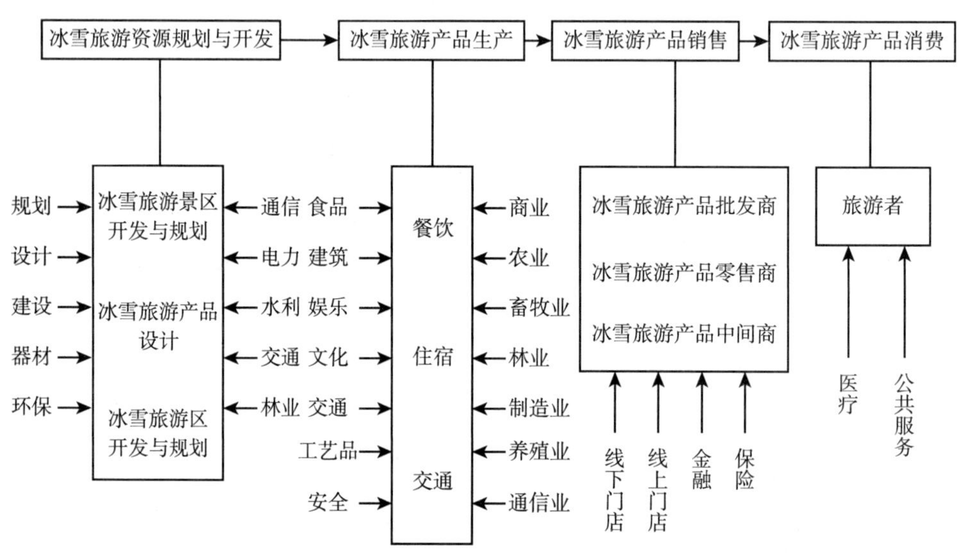


**图6-2 我国冰雪旅游产业链基本结构**

### 2. 体验经济理论

随着经济的发展和消费者教育程度的提高，消费者的需求从单纯的物质满足逐渐转向对精神层面的追求。消费者开始注重消费过程中的情感满足和自我表达。面临激烈的市场竞争，企业为了吸引消费者，尝试提供独特的体验式服务，以满足消费者的个性化需求。现代科技的发展，如互联网、大数据、人工智能等，也为体验经济的提出和发展提供了更多的可能性。

“体验经济”相关思想的首次出现是在1970年美国学者阿尔文·托夫勒的代表作《未来的冲击》中，虽然他没有明确提出“体验经济”这一概念，但从其他角度展现了未来经济形态发展的趋势，强调了体验在未来经济社会中的巨大作用。1998年，美国学者派恩（Pine）和吉尔摩（Gilmore）在《体验经济》一书中正式提出体验经济这一概念，将其定义为一种以服务为舞台，以商品为道具，以消费者为中心，创造能够使消费者参与、值得消费者回忆的活动的经济形态。他们明确指出，体验经济是继农业经济、工业经济与服务经济之后的第四经济发展阶段，是进化之后更高、更新的经济形态，在未来的经济活动中将成为新的价值源泉。

体验经济从服务经济中分离之后，更加注重消费者的个性化消费需求，关注消费者在消费过程中的自我体验。在市场需求的引导下，无论是有形的产品还是无形的服务，都更精于体验环节的个性设置，用以吸引消费者的关注，尝试其消费行为，在享受感官体验的同时，满足文化层次需求，并通过消费者的主动或被动参与，形成一种感官、情感、思维、行为上的关联经历，最终达到满足消费者体验价值需求的目的。在实际应用中，体验经济已经渗透多个领域，如互联网购物、主题餐厅、电影院、旅游、咖啡店、游乐园、演唱会、瑜伽馆和美容院等。这些领域通过提供独特的体验式服务，满足了消费者的个性化需求，并取得了显著的经济效益。

总之，体验经济的提出和发展是经济发展和消费观念转变的必然结果。它强调以消费者为中心，通过提供独特的体验式服务满足消费者的个性化需求，为企业提供了新的发展机遇。

### 3. 旅游体验理论

旅游体验是指旅游者在旅行过程中所获得的综合感受和经历，包括对旅游目的地的认知、情感反应、审美体验、文化理解以及参与旅游活动的经历等。它是一个多维度的概念，涉及旅游者的感知、情感、认知和行为等多个方面。

旅游体验在20世纪后半叶开始受到学者们的广泛关注。随着旅游业的快速发展和人们对旅游体验需求的不断增加，越来越多的学者开始关注旅游体验的本质、特征、影响因素及其对游客满意度和忠诚度的影响。在学术界，一些重要的理论框架和研究模型被提出，以解释和描述旅游体验。布尔斯汀（Boorstin）1964年首次提出了“伪事件”（pseudo-events）的概念，指出旅游体验往往是由商业化和舞台化的活动所构成的。麦康奈尔（MacCannell）1973年进一步探讨了旅游体验的真实性（authenticity）问题，认为游客追求的是一种真实的文化体验。随后，更多学者从不同的角度和层面对旅游体验进行了深入研究。

20世纪70年代以后，我国学者对于旅游体验的研究进行深入挖掘和多元化研究阶段。学者们开始从心理学、社会学、人类学等多个学科角度挖掘旅游体验的本质和影响机制。研究主题也更加丰富，包括旅游动机、旅游满意度、旅游期望等。这些研究为旅游体验理论的发展提供了重要的理论支撑。进入21世纪后，随着体验经济的兴起和消费者对旅游体验需求的不断提升，旅游体验研究进入整合创新和全面发展阶段。学者们开始对旅游体验进行跨学科、跨领域的整合研究，创新性地提出了许多新的理论和模型。同时，研究方法和技术也得到了极大的发展，为旅游体验研究提供了更广阔的发展空间。

旅游体验理论在旅游规划与设计、旅游产品开发、旅游市场营销等方面具有广泛的应用价值。它强调以游客体验为核心，注重地方特色的挖掘和保护，同时提升旅游设施和服务质量，以满足游客的多元化需求。例如，在旅游规划与设计方面，应充分考虑游客的旅游动机、兴趣偏好、文化背景等因素，设计出具有吸引力和独特性的旅游产品；在旅游市场营销方面，应深入了解游客的需求和期望，制定有效的营销策略和方案，提高游客的满意度和忠诚度。

总之，旅游体验理论是一个复杂且不断发展的理论体系，它强调旅游者在旅行过程中所获得的综合感受和经历的重要性。了解和应用旅游体验理论有助于提升旅游业的竞争力和可持续发展能力。

### 4. 主客共享理论

主客共享理论是一种涉及不同主体之间相互交流、彼此分享的理论。在旅游目的地的研究中，主客共享指的是主人（居民）与客人（游客）共享旅游目的地的生产、生活场景，双方在经济、社会和文化三方面利益均衡、合作共赢。这种理论强调在旅游活动中，主人和客人之间不再是简单的服务和被服务的关系，而是共同参与、共同分享的关系。具体来说，主客共享旅游目的地的生产、生活场景，意味着游客可以更加深入地体验当地的文化、风俗和生活方式，而居民则可以通过参与旅游业获得经济收益，同时保持自己的生活方式和文化传统。

在旅游研究中，人类学家最早强调了对主客关系进行研究的必要性。美国人类学家瓦伦·L. 史密斯（Valene L. Smith）指出主客关系一直是旅游人类学的核心主题，也是研究热点。早期的研究认为在旅游发展过程中存在“本地居民—游客”的二元空间，即旅游空间的设计和开发主要面向旅游者，与当地居民的生活空间存在着明显的界限，外来游客和本地居民消费市场的二元分割限制了旅游业的发展空间。对本地居民出行需求的忽视，将导致因游客减少引起的公共服务设施闲置或浪费的现象。旅游公共服务及设施所服务的对象应该包含游客和居民，才能有效抵消游客减少造成的闲置。

多克西（Doxey）于1975年提出游客—居民“愤怒指数”（Visitor-resident Irritants），根据该理论，随着旅游开发的逐步深入，旅游地居民对旅游发展的态度通常会经历“融洽—冷漠—厌烦—对抗”等阶段。皮尔斯（Pearce）对游客与居民之间的互动关系进行了案例研究，认为旅游活动对当地居民的影响不可忽视。埃文斯·普里查德（Evans Pritchard）的研究表明，当地居民和游客短暂的旅游交往会加剧民族中心主义倾向，使主客双方更加坚持自己的价值观。东道主和游客之间的主客交往会给主客双方各自文化带来影响，这些影响可能是积极的，也可能是消极的，可能是暂时的，也可能是永久和不可逆的。旅游活动促使游客与居民两个群体相遇、互动、产生不同程度的主客交往，这种交往在旅游的初级阶段更多表现为主客之间在文化上的冲突和行为方式上的差异。

随着旅游目的地治理的优化，传统的“居民—游客”二元空间边界日渐模糊，基于“主客共享”的新旅游目的地治理理念得到广泛关注。旅游中的主客交往已经从最初的主客对立、主客分异，发展到如今的主客共享，产业条块不断打破并相互融合，旅游休闲成为主客共同追求的生活方式。当下的旅游规划需要格外注重当地居民与外来游客二者之间的协调关系，兼具主人和客人的双重需求，促进各种旅游资源的共享和共用，使双方都满意，从而实现旅游的可持续发展。

在实践中，主客共享理论可以通过多种方式实现。例如，可以推动博物馆、美术馆、图书馆等公共文化服务空间成为主客共享的新空间，同时加强这些空间的旅游功能，以满足游客和居民的需求。此外，还可以打造差异化的公共活动服务空间，如服务区、休闲驿站、商业节点等，以依托旅游地定位，结合周边生态空间自然资源禀赋，推动公共服务空间向价值高地转变。总之，主客共享理论强调在旅游活动中，主人和客人之间的平等参与和共同分享，旨在实现双方在经济、社会和文化三方面的共赢。这种理论有助于推动旅游业的可持续发展，促进当地经济社会的繁荣。

### 5. 4Cs 营销理论

4Cs 营销理论是由美国学者罗伯特·劳特朋（Robert Lauterborn）提出的，作为对传统的4Ps 营销理论的一种补充和发展。该理论以消费者需求为导向，重新设定了市场营销组合的四个基本要素，即顾客（customer）、成本（cost）、便利（convenience）和沟通（communication）。

（1）顾客（customer）。

强调以消费者需求为导向，深入了解消费者的需求、期望和购买行为，从而更准确地预测市场需求，并据此调整产品、定价和宣传策略。企业不仅提供产品和服务，更重要的是提供满足消费者需求的解决方案，即创造客户价值（customer value）。与传统4Ps理论中的产品（product）相比，4Cs理论更加关注消费者的实际需求和价值感知。

（2）成本（cost）。

这里的成本不仅指关注企业的生产成本，还考虑消费者的购买成本，包括货币支出、时间、体力和精力消耗以及购买风险等。通过有效的成本控制，使产品定价既低于消费者的心理价格，提高消费者满意度和忠诚度，又能让企业盈利。与传统4Ps理论中的价格（price）相比，4Cs理论更加关注消费者对于成本的全面感知。

（3）便利（convenience）。

强调企业在提供产品和服务时，应该考虑消费者的便利性，通过提供方便的购买途径、良好的售后服务等，减少消费者的购物和使用障碍。便利性是客户价值不可或缺的一部分，能够提高消费者的满意度和忠诚度。与传统4Ps理论中的地点（place）相比，4Cs理论更加注重消费者的购买和使用便利性。

（4）沟通（communication）。

强调企业与消费者之间的双向沟通，建立基于共同利益的新型企业与消费者关系。通过有效的沟通，企业可以了解消费者的需求和期望，及时调整产品和服务策略。同时，消费者也可以通过沟通向企业反馈意见和建议，促进企业的持续改进和创新。与传统4Ps理论中的促销（promotion）相比，4C理论更加注重与消费者的互动沟通和关系建立。

在实施4C精准营销时，企业需要进行以下几个步骤：

① 明确目标顾客群体，并深入了解他们的需求、期望和购买行为。

② 根据目标顾客群体的需求，进行产品定位和市场定位的规划。

③ 制定有针对性的营销策略，包括产品定价、宣传方式、销售渠道等。

④ 与消费者进行互动沟通，倾听他们的反馈和意见，不断优化产品和服务。

⑤ 关注客户价值，通过提升产品和服务质量，建立长期稳定的客户关系。

总体来说，4Cs营销理论是一种以消费者需求为导向的营销理论，强调对消费者需求的理解和满足、降低消费者的购买成本、提供购买和使用的便利性以及与消费者进行有效的沟通。通过这四个方面的努力，企业可以建立与消费者之间的紧密关系，提高消费者满意度和忠诚度，从而实现可持续发展。

## 六、教学要点

（1）通过对案例主题定位的分析，深入研究哈尔滨冰雪大世界如何体现哈尔滨的冰雪文化和地域文化，并与政治、经济和社会发展有机结合。

（2）通过对案例景观建设的分析，深入分析哈尔滨冰雪大世界如何将冰雪艺术、冰雪文化与时尚、运动等有机结合。

（3）通过对哈尔滨冰雪大世界退票事件应对措施的评述，深入思考如何进行危机营销和强化品牌营销。

（4）通过小组调研及有组织的讨论，深入了解哈尔滨冰雪大世界如何在设施建设和项目策划上不断推陈出新，充分考虑游客的需求和喜好，优化娱乐项目设置，增加互动性、趣味性强的活动项目，确保游客每次来访都能获得新的惊喜和体验，提高游客的参与度和满意度。

（5）通过对哈尔滨冰雪大世界创新发展的实践总结，探讨如何打造冰雪旅游产业链和完善冰雪旅游产业体系。

# 七、课堂设计

（1）案例课时间：90 分钟。

（2）课前准备：学生课前对案例正文进行独立阅读、思考。

（3）案例回顾：对案例内容进行简单概括，明确讨论主题，不超过 5 分钟。

（4）讨论：将学生分成若干小组，布置讨论主题，进行分组讨论，讨论时间不超过 25 分钟。

（5）发言：各小组推选一名学生作为代表发言，每组 5 分钟，发言时间总体不超过 30 分钟。

（6）讨论：引导全班进一步讨论，不超过 20 分钟。

（7）教师总结：老师进行归纳总结，不超过 10 分钟。

（8）课后安排：请学员以调查报告的形式，对案例目的地进行实地调研并提出新的问题。

## 参考文献

［1］B. 约瑟夫·派恩，詹姆斯·H. 吉尔摩. 体验经济［M］. 夏业良，等译. 北京：机械工业出版社，2002.

［2］阿尔文·托夫勒. 未来的冲击［M］. 蔡伸章，译. 北京：中信出版社，2006.

［3］陈丽丹，汪星星. 国内旅游体验研究综述［J］. 旅游纵览（下半月），2018（4）：1－2.

［4］郭斯琪，史春云，钱月祥，等. 旅游发展视角下乡村主客共享公共空间的演变与案例分

析［J］. 现代城市研究，2024（2）：30.

［5］哈尔滨市人民政府办公厅 . 哈尔滨冰雪文化之都（冰雪经济）发展规划（2022—2030 年）［EB/OL］.（2022 - 05 - 31）. https：//www. harbin. gov. cn/haerbin/c104535/202206/c01_64932. shtml.

［6］李明子 . 顶流 "尔滨"，还能火多久？［N/OL］.（2024 - 02 - 01）. http：//www. zgxwzk. chinanews. com. cn/finance/2024 - 02 - 01/21178. shtml.

［7］明庆忠，史鹏飞，韩剑磊 . 旅游全产业链：内涵、逻辑与构建［J］. 学术探索，2023（1）：84 - 86.

［8］孙鹏，席翼 . "大数据" 背景下我国冰雪旅游产业链的整合方式及对策［J］. 冰雪运动，2020，42（3）：64.

［9］唐承财，肖小月，秦珊 . 中国冰雪旅游研究：内涵辨析、脉络梳理与体系构建［J］. 地理研究，2023 ，42（2）：337 - 341.

［10］瓦伦 · L. 史密斯 . 东道主与游客：旅游人类学研究［M］. 张晓萍，等译 . 昆明：云南大学出版社，2007.

［11］吴海鸥，薛宏莉 . 元旦哈尔滨上演 "冰雪热恋"［N］. 生活报，2024 - 01 - 02（3）.

［12］张文静，潘书波 . 后冬奥时期辽宁省特色冰雪旅游全产业链的设计研究［J］. 当代体育科技，2023，13（3）：118.

［13］中国网 . 哈尔滨冰雪旅游一线观察："火爆并非偶然"［EB/OL］.（2024 - 01 - 25）. https：//baijiahao. baidu. com/s?id = 1787210744384242697&wfr = spider&for = pc.

［14］中国新闻网 . 哈尔滨马迭尔文旅投资集团挂牌成立：打造百亿级文旅产业龙头［EB/OL］. https：//author. baidu. com/home?from = bjh_article&app_id = 1600695032132903.

［15］Boorstin D J. The Image：A Guide to Pseudo - events in America［M］. Library of Congress Cataloging - in - Publication Data，1964.

［16］Doxey G. A Causation Theory of Visitor - Resident Irritants：Methodology and Research Inferences［J］. Travel Research Association，1975（9）：195 - 198.

［17］Evans - Pritchard E E. Social Anthropology and Other Essays［M］. Faber and Faber Limited，1964.

［18］Lauterborn B. New Marketing Litany：Four Ps Passé；C - Words Take Over［J］. Advertising Age，1990，41（10）：26.

［19］MacCannell D. Staged Authenticity：Arrangements of Social Space in Tourist Settings［J］. American Journal of Sociology，1973，79（3）：589 - 603.

# 案例七
Case 7

## 天地有大美而不言
## ——中国本土亲子微度假乐园大美儿童世界的创新之路

**案例摘要：**大美儿童世界是一个集自然、文化、创意为一体的儿童成长空间，其发展与研究具有重要的理论价值和实践意义。本案例旨在深入探讨大美儿童世界的发展与创新，为同类景区的发展提供有益的参考。大美儿童世界的成功表明旅游项目不仅需要关注硬件设施的建设，更需要深入挖掘文化内涵，注重游客体验。同时，在旅游开发中应充分考虑环境可持续性和社区参与，实现经济、社会和环境效益的和谐统一。

## 一、教学目的与用途

本案例主要适用于旅游企业经营管理、服务管理、旅游景区管理等课程相关内容的教学。

本案例适用对象为MTA专业硕士及旅游管理类专业的本科生、研究生。

本案例的教学目的是帮助学生了解旅游景区价值的生产过程，把握景区可持续发展的关键所在，了解景区经营管理中需要重点关注的问题，掌握文化旅游景区经营理念与管理策略，领会如何通过精准细致的市场需求分析定位产品、打造品牌，真正通过文旅融合满足人民美好生活需要，力求将思政教育融入知识体系，形成知识传递、科学研究和思政教育的课堂教学过程。

## 二、案例内容

### （一）案例背景

大美儿童世界面向 3～12 岁儿童家庭，以场地原址实景为建造基础，结合中国传统文化元素，打造集游玩、学习、交友于一体的儿童主题乐园。自成立以来，累计为 3～12 岁亲子家庭提供了 360 万小时/人次的服务，品牌百度搜索量 967 万个，大众点评与美团北京区域两家园区上榜人气第 1 名和第 6 名，已成为国家级高新技术企业，中国亲子旅游目的地十佳品牌。

大美儿童世界创始人肖述涛是一名有理想抱负的“80 后”企业家，2008 年，肖述涛辞去了原本令人羡慕的国企工作，来到北京创办第一家“大美儿童世界”，自此投身于儿童类产品中。从儿童服装到游乐项目，再到教育的一体化，他始终保持着尊重个性、构建文化、崇尚自然，培养品格，注重环保的理念。他认为自己最自豪的事情就是“用 12 年营造了一座中国本土乐园——大美儿童世界”。

创业过程曲折而艰辛，最初的“大美儿童世界”是一家以儿童零售百货业态为主、儿童早教、游乐、儿童职业体验为辅助的一站式儿童类产品特色卖场。在北京开设 4 家儿童主题专业卖场，总营业面积超过 2 万平方米。从儿童商业综合体、以信用担保平台的角色撮合 C 端交易的 O2O 模式，以及后来的美育培训虽也曾有过乐观的市场反馈，但最终都无疾而终。然而，即便经历了“三连败”，大美儿童世界仍然倔强地活着。最终，大美儿童世界的产品落脚点定在亲子关系上，从家庭周末短途出游的场景切入，以亲子度假中心为载体。2015 年是转型的一年，肖述涛带领团队多次探讨如何从传统商业模式转型到新型商业模式，经过深入细致的市场调研，最终与稻香湖景酒店确定了战略合作协议，在稻香湖景建立了全国首家原创不插电、自然主题风格的大型儿童游乐场，所有设施设备均来自肖述涛及其团队的研发及设计，遵从孩子 1.2 米视角来设计产品。同时设计了儿童主题的亲子客房、亲子餐饮、森林幼教中心、亲子文旅商业、剧场等其他儿童类衍生品。

“大美儿童世界”聚焦周末短途亲子度假产业。孩子既是园区设计的缪斯，又是乐园的核心使用者。大美儿童世界智慧乐园采用互联网云技术，采用集乐园运营、管理、营销、服务于一体的生态智慧系统，覆盖票务、分销、营销、餐饮、娱乐等综合性业务，帮助乐园景区实现智慧旅游升级，携手共建可持续发展的亲子微度假新生态，有效接入儿童会员 23.25 万人，打通微信端会员 10 万人，短视频会员 100 万人。

目前大美拥有 157 个渠道合作商户，并与猫眼票务开展票务战略合作，手机客户端年点击量过 3 亿次，拥有 20 余家战略合作伙伴，仅稻香湖园区年付费有效客流量就达 41 万人次。

## （二）大美儿童世界创意来源

### 1. 理念创意

“大美”这个词汇源自庄子的哲学思想：“天地有大美而不言，四时有明法而不议，万物有成理而不说。”在这一思想的引导下，大美儿童世界（以下简称“大美”）奉行以下三个核心理念。

首先，主张把玩还给孩子。在传统的教育观念中，孩子们往往被限制在课堂和家庭作业中，缺乏自由玩耍的时间和空间。然而，玩耍是孩子们的天性，也是他们学习和成长的重要方式。通过玩耍，孩子们可以发挥自己的想象力和创造力，培养解决问题的能力，以及与同伴和家长之间的沟通能力。因此，大美认为应该让孩子们有更多的时间和空间去自由玩耍，让他们在玩耍中体验到成长的快乐和挑战。

其次，强调让玩成为孩子与孩子社交的纽带。在当今社会，孩子们面临着越来越多的孤独和社交问题。大美认为，通过组织各种有趣的活动和游戏，可以让孩子们在玩的过程中结交新朋友，培养他们的社交能力和团队合作精神。这样的玩耍不仅可以提高孩子们的社交技能，还可以让他们在玩耍中感受到集体的力量和温暖。

最后，大美提倡让玩成为亲子关系的纽带。在现代家庭中，很多家长往往忙于工作和其他事务，与孩子的沟通和互动越来越少。大美认为，通过与孩子一起玩耍，家长可以更好地了解孩子的兴趣和需求，增进亲子之间的感情。同时，这样的玩耍也可以让家长放松身心，与孩子一起享受美好的时光。

### 2. 文化创意

大美的“大”，并不是一个简单的形容词，而是一种理念和态度的体现。大美所追求的“大”，是善于以小见大，从细节中展现宏大的主题。在设计和建设本土乐园设施时，大美始终坚持从孩子的视角出发，以本土的文化为依托，创造出充满创意和符号感的设施。这些设施不仅是供孩子们玩耍的场所，更是传递文化、教育和价值观的重要载体。

而大美的“美”，则是一种与自然和谐融合之美，是一种尊重地宜、源于自然的美。这种美不刻意追求华丽和奢侈，而是注重与环境的和谐共生。在设计和建设本土乐园设施时，大美始终坚持不破坏现有的环境，充分利用和保护自然资源，让设施与自然环境相得益彰。

更重要的是，大美所追求的美，能够唤醒孩子们内心的善意和敬畏心。通过参与本土乐园设施的玩耍和体验，孩子们可以更加深入地了解本土文化和自然环境，从而培养出对自然和环境的热爱和敬畏之心。这种敬畏之心不仅是对自然的尊重和保护，更是对生命和宇宙的深刻思考和感悟。

此外，大美所追求的美，还能够激发孩子们对美好自然的探索和好奇之心。在本土乐园设施中，大美通过设置各种有趣的任务和挑战，让孩子们在玩耍中不断探索和发现，从而培养他们的好奇心和探索精神。这种精神不仅有助于孩子们的成长和发展，更是他们未来创造力和创新力的源泉。

#### 3. 产品创意

大美的每一件产品有故事、有内容、有教育意义。例如大门处矗立着的红色大鸟笼，其设计灵感来源于陶渊明的“久在樊笼里，始得复自然”的思想，让孩子感受到自然的美丽和自由。此外，园区内还有一些探索性的游戏，如远古发现、迷雾小火车、迷雾森林等，这些游戏可以让孩子探索自然和了解历史文化。在玩中学，在玩中感受，是大美产品创意的核心。这种创意，与传统的乐园中孩子们被动玩耍、追求感官刺激（大部分都是在安全带上度过的）有很大的不同，孩子们可以自由、无边界地玩耍。

创始人肖述涛认为，乐园的存在真理是主张用手触摸自然，用脚接触大地，用心感受呼吸。乐园与孩子之间，应该有更多的肌肤之亲，而不是隔绝。玩与自然一样，赋予孩子与家长的，不仅是光脚走路的踏实感，更是一种亲手触摸的真实感，是一种疗愈。

### （三）大美儿童世界的主要客群

#### 1. 市场定位选择

（1）基于市场特征分析。

情感角度，城市扩展与父母工作时间延长导致亲子共处时间减少，与此同时现代家长越来越重视亲子关系。而高效率的陪伴是亲子关系中重要的趋势。目前，中国城市家庭每周与孩子的亲子时间为 3.5 小时，远落后于美国的 11.3 小时。新冠疫情过后，亲子周末陪伴关系的报复式增长趋势明显。

政策角度，二孩、三孩政策放开，2016～2018 年，年均出生人口在 1500 万～1900 万，二胎出生比例大于 45%。2018 年我国 0～14 岁人口 2.35 亿，市场继续扩容。第七次全国人口普查结果显示，我国 0～14 岁人口为 25338 万人，占比为 17.95%。以人口出生率 10‰为计算标准，平均每个 100 万人口城市可开设 1 家大美儿童世界。

教育角度，中共中央、国务院发布《关于全面加强新时代大中小学劳动教育的意见》，劳动教育正式作为学科进入学校体系，大美儿童世界寓教于乐，在产品设计上凸显体适能特色，并结合非认知教育领域、社交活动圈层，与政策无缝对接。

出行角度，根据驴妈妈数据，2018 年上半年有将近 40% 的亲子家庭用户出游超过 3 次，周末外出度假已经成为亲子家庭的日常生活。

（2）基于消费特征分析①。

从亲子游产品信息途径看，亲友口碑营销、在线旅游预订平台与旅游攻略网站分别位列前三；此外由母婴亲子、教育培训、餐饮美食等社区构成的社群影响力也在逐步上升。用户资讯入口的变化为社群带来更多运营空间，社群环境中，以微信生态为例，朋友圈、公众号、小程序形成三大支点，提供了内容分享和工具使用，用户黏性逐渐增强。

项目特色：①IP 化。亲子游乐以关注孩子需求为出发点，因此亲子游乐产品需添加孩子们喜欢的 IP 元素。②娱教化。旅游的教育属性正越来越得到重视，目前游学产品逐渐受到欢迎。③主题化。未来亲子游产品将根据孩子特别的兴趣设定主题，比如接触自然、锻炼勇气、促体能等。④科技化。科技发展日新月异，参观科学馆、技术展等可以让孩子们亲身体验互动展品。

### 2. 目标客群

从家长的角度来看，他们希望在闲暇之余能够带着孩子们到有山有水的地方去感受大自然的魅力。这样的旅行不仅可以让孩子们开阔眼界，增长见识，更能够提供一个自由的空间，让家长和孩子们都能放松身心，远离日常的喧嚣和压力。在自然的环境中，家长可以和孩子们一起欣赏美景，呼吸新鲜空气，感受大自然的宁静与和谐。这样的体验有助于增进亲子关系，加强家庭成员之间的沟通和互动。同时，这样的旅行也是一种生活乐趣的体验，让家长和孩子们共同度过一段难忘的时光。

而对于孩子们来说，他们正处于身心发展的关键时期，需要一个适合他们玩耍

① 根据途牛《2019 在线亲子游消费分析》相关数据整理，未考虑新冠疫情后亲子游本土化、本地化趋势影响。

和锻炼体能的地方。然而，在繁重的学业和各种补习班、培训班的压力下，孩子们往往缺乏足够的玩耍时间和空间。在这样的背景下，一个自由且充满乐趣的户外玩耍场所变得尤为重要。这个场所可以提供各种有趣的游戏和活动，让孩子们在玩耍中锻炼体能，提高身体素质。同时，这个场所也是一个让孩子们接触除了学校和培训班以外的世界的窗口，让他们了解自然、认识社会，培养他们的观察力和思考能力。

大美亲子度假中心市场定位为2～9岁儿童的城市新中产阶层家庭，按照5%的市场占有率目标，大美到园年付费客流量有望达到1000万人次以上，年收入有望突破100亿元。同时，在北京这种特大型城市，9岁以后的孩子学业压力非常大，很少有外出度假或旅行的机会，因此，“大美”把这一群体作为实际上的客户群体，有的区域会扩大至12岁。

## （四）大美儿童世界的产品元素

大美向自己的目标客群提供“新度假、新零售、新教育”的产品及服务。其产品设计理念源自中国传统文化。大美将辛弃疾的《清平乐》迭代，根据孩子的各种年龄段的敏感性和环境的互动，形成一个系统，那就是中国版本乐园的必需元素。

### 1. 自然友好的森林

森林的四季友好性，既有冷热的气候特点，还有颜色的变化特点，绿色是春天，红色是夏天，黄色是秋天，白色是冬天。与自然的友好，既表现在孩子0～3岁听到的自然界四季的声音，又表现在自然向上生长的力量与6～10岁孩子攀爬之间的关联。再比如，小孩子能听到30000～40000赫兹的声波，50岁以上的人只能听到13000赫兹的声波。小孩子听到的舒适度听力分贝值是60～80分贝，而成人的听力舒适度区间是80～120分贝。在自然界与自然环境中，432赫兹在数学上与宇宙的模式最吻合，如果把音乐调为432赫兹，跟宇宙的黄金比例PHI一样，统一了光、时间、空间、物质、引力、磁力、DNA编码与意识。在自然界里，不论是竹海的呼啸，还是松涛的低吟，或是一把古琴弹奏，都能带给孩子们更自然的频率共鸣，这是对孩子们的感官最好的提升。

### 2. 具备装置属性的游乐设施

游乐设施既是可以随着时间变化而生长改变的艺术品，更是能让顾客和孩子参与的作品，能够表达人与自然的关联。而这样的乐园设施，不仅覆盖了适龄儿童的游戏、游乐行为，更与孩子的听觉、好奇心、表演欲望有机衔接在了一起。

### 3. 有符号性的中心广场

中心广场不仅涉及儿童及家长的休息，还包括儿童的触觉类设施、沙池类收集游乐项目和攀爬设施。一般中心广场的标高是下沉式的，满足了家长看护孩子的俯视角度，能缓解其对安全的焦虑性问题，还能起到中心广场与各游乐设施的集中及分流。

### 4. 生态多元的湿地

湿地与森林一样，与孩子的听觉有关联性，也与孩子的收集和科普性认知有关联性，更涉及儿童的嗅觉等方面。国内外出版的绘本故事里，除了海洋以外，几乎所有的场景都会有湿地，湿地里那些萤火虫、蜻蜓、青蛙、菖蒲、荷花等动物、植物，有写不完的人间童话和美好故事。

### 5. 具有边界属性的海滩

海滩，是一个边界的代名词，比如水和陆地的边界是沙子，天和地的空间是大树或者彩虹，地表面和地底下的边界是洞穴，一旦找到了这些边界，游乐设施便生动、鲜活起来了。强化孩子的五感，即听觉、触觉、味觉、视觉、嗅觉，乐园才能真正符合孩子们的玩性。大美根据这五感，结合孩子游玩的特点，比如身体和操作性的游戏、移动游戏、打闹游戏、探索性游戏、构建类游戏、表演及假装性游戏，根据具体环境对设施进行干湿分离，打造有血有肉的游乐园。

大美产品设计的基调是崇尚自然。在大美儿童世界，所有游乐设施都不靠电力驱动：将竹管挖了几个孔插在地里，起风时就可以让孩子听见风吹响笛子的声音；2万多个废弃的轮胎被做成了看台座椅；缓坡下方顺势挖出一个人造洞穴，以满足孩子钻山洞的好奇。

## （五）大美儿童世界建设成效

### 1. 北京市海淀区苏家坨稻香湖路 28 号

第一家大美儿童世界开业于北京稻香湖景区内，是全国首家原创、不插电、自然主题风格的大型儿童游乐场与微度假乐园，所有设施设备均来自乐园创始人肖述涛及其团队的研发及设计，被称为无动力亲子乐园研学营。同时设计了儿童主题的亲子客房、亲子餐饮、森林幼教中心、亲子文旅商业、剧场等其他儿童类衍生品。

稻香湖景酒店占地面积53公顷，其中水面面积4公顷，绿地面积23公顷；拥有标准客房513间（套）、12个特色风味餐厅，2015年总营收1.3亿元；2016年4月引入大美儿童世界，全年营收1.6亿元，门票收入500万元，门票提升比1∶6；2017年大美欢乐岛等亲子度假业态开园，营收净增3000万元；2018年海淀美术馆等周边亲子补充业态开园，全年营收2.2亿元。大美儿童世界稻香湖景园区成为业界资产更新、内循环经济的典范。

### 2. 北京韩建翠溪谷大美儿童世界乐园

该乐园坐落于燕山脚下，占地350余亩，是韩建集团携手大美亲子投资集团联合打造的原创亲子文旅度假品牌。年均游客量25万人，包含主题乐园、亲子酒店、亲子餐厅、儿童剧场、商业集市、幼教中心、文创及衍生品售卖中心。

### 3. 莱芜大美儿童世界

莱芜大美儿童世界是一座超过30000平方米的大型无动力户外亲子乐园，是国内首家以“中国梦”为主题的综合性儿童乐园，也是国内首家集营地公园、红色教育、亲子度假于一体的现代化无动力游乐设备主题乐园。园内规划建设了亲子乐园、田园花海、工业博物馆、营地教育、美食街区、民宿酒店等多个片区。目前开放的主要是亲子乐园和花海片区，内有28组游乐设施让孩子放飞身心，全长400米空中廊桥穿越花海让孩子获得一场勇气和美景的丰收，缤纷幻彩屋里光影斑驳的老汽车带领大家回望三线历史。下一步，还将陆续开放化石博物馆、科普馆、中西餐厅、5D影院等。计划建设汽车文旅大本营、GT卡丁车运动公园、汽车展示体验馆、汽车实验基地、越野休闲度假基地、越野赛道等。

### 4. 大美儿童世界宁波特色亲子小镇

大美儿童世界宁波特色亲子小镇占地面积约640亩，总投资额为2.69亿元，形成了辐射长三角地区、在全国范围内具有标杆性及影响力的亲子特色小镇，带动洪塘成为长三角区域亲子旅游消费的知名目的地，将洪塘打造成宁波城市旅游的新名片。预计每年客流量达到30万~40万人，带动区域消费近2亿元，园区固定年收入近1亿元，十年预计累计纳税近7000万元，同时每年还能解决就业人口300余人。

宁波作为江浙区域制造业密度最大及儿童生产型产业和服务型产业密集型城市，谋划新产业聚集、老产业转型升级，政府和企业通过亲子产业聚集，走上了一条青山绿水的低碳经济之路。大美儿童世界扎根洪塘建设亲子特色小镇，以江北的各类围绕亲子产业的企业为切入点，以家庭亲子游、家庭休闲度假、家庭教育为着力点，将本地外贸生产型企业转型升级，加入原创、文创亲子内容和教育内涵，实现以亲子产业为集群、以文旅特色消费为引擎的经济发展新势能。

#### 5. 山东省淄博市文昌湖区萌水镇大美儿童世界

文昌湖省级旅游度假区位于淄博市中心城区西南部，成立于2011年1月29日，辖萌水镇和商家镇，总面积90.5平方公里，人口约5.5万人。文昌湖总库容9993万立方米，湖面面积约8平方公里，森林覆盖率61%，空气湿度常年保持在60%左右，生态良好，环境宜居。建成投用多米渔乐岛、大美儿童世界、智慧体育运动示范区等不同主题的旅游娱乐项目，文昌书院精品酒店投入运营，节假日期间文昌湖区日接待游客近万人次，彰显了淄博城市“后花园”和生态优美“绿宝石”的城市魅力。

#### 6. 北京市顺义区大美儿童世界

大美儿童世界·奥林匹克水上公园园区和大美儿童世界（奇葩乐园）均位于北京市顺义区，主要以轻资产形式原址重塑，保留原址自然特点和人文精神，结合中国传统文化元素进行二次创作，打造主题各异的以攀爬、滑行、钻筒为主要游乐设施的不插电的无动力儿童乐园。

### （六）大美儿童世界的服务与管理

传统的景区或者旅游度假产品，品类划分很细，但融合度不高，很难形成一个度假型的“一价全包”或一站式服务。大美打破传统管理模式的规则是以“服务驱动运营，以运营驱动产品，以产品验证服务”的闭环模式，并将管理过程分为事前、事中和事后三个部分。

事前指的是在服务上，大美定位精准一个客群，然后确定服务导向，大美的服务核心是“把玩还给孩子”，并按照“个性化服务”方向来引导园区服务流程，用“有点意思”来评价服务；大美的服务原则是解放妈妈，通过儿童社交，将儿童成长体能数据提供给家长。

事中是指在运营中，不断用开园筹备期的价值输出、开园营业中的“线下服务+仪式感服务+氛围服务”、离园之后的线上线下互动式服务来规范园区的管理。在这些服务中，有大美经典的服务种类，例如打气球、魔术表演、泡泡秀、小丑及性价比高的一票通、卡通玩偶服对设施的串联等。另外，还有标识性的头饰、射频识别（RFID）手环、贵宾服务等，增加客户归属感。

事后指产品与服务的勾稽关系，每种产品都是一个巨大无比的教具，或者隐形教室，大美通过物联网系统，客观有效地评估每一个“设施老师”的教学效果（孩子们的逗留时间）以及单位面积上孩子的数量等，来评估设施设备的合理性，以指导“投资→策划→设计→建造→运营”的全生命周期。

此外，大美的衍生服务还包括以下几个方面。

第一，建立儿童成长数据库。基于儿童安全手环和RFID技术，以及与园区乐园设施算法系统相对应的软硬件数据库，搜集体能维度、认知维度、情绪维度相关的成长数据，并与家庭会员建立更紧密高效率的亲子关系。

第二，自营售票渠道。游客可在景区官方微信公众号实现随时随地购票体验，可在线下购买、查询订单、验证入园等，还可将电子票分享给好友使用。

第三，全面支持一价全包。智慧系统友好支持乐园各类业务场景：摩天轮和小火车等车船票、园中园、招待票、套票、免票、优惠票、计时项目票等，还可与其他业务、其他二销业态系统互通互融。

第四，开启移动化办公新时代。大美自主研发的移动乐园运营手持客户端，包含移动票务管理、移动售检票、餐饮业务、游乐卡业务、一卡通业务、计时租赁业务办理，营业日结，运营统计等，全方面满足乐园前端运营工作。

## （七）大美儿童世界的商业特征

### 1. 革新的商业模式

经过近十年的精心耕耘和不断创新，北京大美亲子投资集团有限公司已经发展成为亲子服务领域的佼佼者。该公司不仅在服务上实现了“一价全包”的便捷模式，让顾客能够享受无忧的亲子时光，而且在产品层面也进行了深入的研发和创新（见表7－1），提出了“寓教于乐”的理念，让孩子们在欢乐的氛围中学习和成长。这种独特的产品理念不仅赢得了市场的广泛认可，也为亲子服务行业树立了新的标杆。

**表7－1　大美儿童世界商业模式与传统商业模式对比**

| 业态分类 | 大美儿童世界商业模式 | 传统商业模式 | 特点 |
| --- | --- | --- | --- |
| 主题乐园 | 每一处环境、每一件设施都有教育内容，省去传统教练（老师）成本 | 动力设备设施，能耗大，运营成本高 | 传统模式配备教练或多个运营人员 |
| 亲子酒店 | 酒店类陈列儿童家具及文创衍生品，陈列全部可售卖 | 仅收取房费 | 鼓励家庭自带布草 |
| 亲子餐厅 | 食材陈列展示及售卖，体验课程类收费 | 仅收取餐费 | |

续表

| 业态分类 | 大美儿童世界商业模式 | 传统商业模式 | 特点 |
|---|---|---|---|
| 亲子剧场 | 培训亲子剧目课程，家长自带基础流量 | 销售演出票 | 家长及儿童高度参与 |
| 博物馆及展示中心 | 除展示空间外，增加互动空间及课程，并由亲子品牌冠名，收取冠名费 | 展示空间 | 目标客群聚焦、有效，客户广告投放精准 |
| 艺术中心 | 除展示空间外，增加互动空间及课程，并由亲子品牌冠名，收取冠名费 | 展示空间 | |
| 营地认知课程类 | 大美研发课程体系，提供平台服务，与营地机构开展课程合作，收取课程流水抽成 | 研发课程，提供师资，租赁场地 | 为合作伙伴节约大量获客成本，培训机构获客单次成本约180元/人次，大美的获客成本约20元/人次（到园） |
| 营地康体课程类 | 大美研发课程体系，提供平台服务，与营地机构开展课程合作，收取课程流水抽成 | 研发课程，提供师资，租赁场地 | |
| 营地体验课程类 | 大美研发课程体系，提供平台服务，与营地机构开展课程合作，收取课程流水抽成 | 研发课程，提供师资，租赁场地 | |
| 艺术体验课程类 | 大美提供空间服务，与各类艺术类培训机构开展合作，收取课程流水抽成 | 研发课程，提供师资，租赁场地 | 为合作伙伴提高耗卡频次及加快消耗沉淀会员卡储值资金 |
| 衍生商品 | 大美提供内容及定型包装 | 从种植到深加工到包装到销售市场的长产业链条 | 直接从田间到餐桌的服务 |

资料来源：根据大美儿童世界官网相关资料整理。

在产业层面，北京大美亲子投资集团有限公司更是前瞻性地布局了“社群经济”，通过打造亲子社群，将家长、孩子和相关产业链紧密连接在一起，形成了一个充满活力的生态圈。这种社群经济的模式不仅增强了品牌的影响力和凝聚力，也为公司带来了更多的商业机会和增长动力。

作为一家拥有多个知名注册商标品牌的企业，北京大美亲子投资集团有限公司的品牌影响力不容小觑。其旗下的“大美儿童世界”“童乐城堡”“COOGEE”“妙趣唐”“BRIGHTHOPES 企望”等品牌，都已经成为亲子服务领域的代名词。同时，公司还荣获了“SMART 全域旅游最佳亲子产品大众点评 & 美团最佳人气商户”等荣誉称号，进一步证明了其在市场上的领先地位和卓越品质。

值得一提的是，北京大美亲子投资集团有限公司在即时搜索点击量上也取得了骄人的成绩，这足以说明其在消费者心中的知名度和关注度。这种高曝光度不仅为公司带来了更多的潜在客户和市场份额，也为其商业模式的革新提供了有力的支撑和保障。

未来，北京大美亲子投资集团有限公司将继续秉承“寓教于乐”的理念，不断创新产品和服务满足消费者日益多样化的需求。同时，公司还将继续深化社群经济的布局，通过打造更加紧密的亲子社群，为消费者提供更加贴心、专业的服务。此外，公司还将积极拓展线上渠道，利用大数据、人工智能等先进技术，提升用户体验和服务效率。

总之，北京大美亲子投资集团有限公司通过不断革新商业模式、优化产品和服务、深化产业布局等方式，已经在亲子服务领域取得了显著的成果。未来，随着市场的不断变化和消费者需求的不断升级，大美将继续保持创新精神和敏锐的市场洞察力，为亲子服务行业的发展贡献更多的力量。

### 2. 无边界商业

大美儿童世界无边界商业是一个致力提供高质量、无商业利益导向的儿童教育和服务项目的机构。该机构关注儿童的全面发展，通过丰富多彩的活动和课程，为孩子们创造一个快乐、安全，富有创造力的成长环境。

在这个机构中，孩子们可以接触各种各样的教育活动，如艺术、音乐、体育、科学等，这些活动旨在激发他们的创造力和想象力，提升他们的综合素质。此外，大美儿童世界无边界商业还注重培养孩子们的社交能力和团队合作精神，通过各种互动游戏和活动，让孩子们在玩乐中学会与他人相处和协作。

与传统的以营利为目的的教育机构不同，大美儿童世界无边界商业以公益为导向，所有的服务和活动都以孩子们的成长和发展为核心。这使得该机构在教育领域中独树一帜，赢得了广大家长和孩子们的喜爱和认可（见表7－2）。

表7－2 大美儿童世界细分项目

| 产品分类 | 细分项目 | 备注 |
|---|---|---|
| 主题乐园 | 依照地域不同，提供不同类型不插电主题乐园 | 面积约40～120亩 |
| 亲子酒店 | 按照规模匹配，提供亲子酒店住宿 | 15套以上客房 |
| 亲子餐厅 | 按照规模匹配，提供亲子餐饮服务 | 100个以上餐位 |
| 亲子剧场 | 按照规模匹配，提供亲子剧场服务 | 200个以上座位 |
| 博物馆及展示中心 | 按照规模匹配，提供亲子博物馆及展示中心 | 1000平方米以上室内空间 |
| 艺术中心 | 按照规模匹配，提供亲子文创、品牌孵化中心 | 300平方米以上空间 |
| 营地认知课程类 | 自然认知类，冬令营、夏令营课程，节假日课程 | 3～9岁家庭 |
| 营地康体课程类 | 水上运动、陆上运动、休闲康体运动（基于主题乐园的各类运动课程） | 2～12岁家庭 |
| 营地体验课程类 | 中国非遗体验类课程 | 3～12岁家庭 |
| 艺术体验课程类 | 手工类、语言类、书画类、表演类等艺术课程体系培训课程 | 3～12岁家庭 |
| 衍生商品 | 亲子健康定型包装食品、儿童家具 | 2～12岁家庭 |

资料来源：根据北京大美亲子投资集团有限公司企业资料整理。

### （八）结语

大美经过多年的持续探索，秉承绿色环保的生态共生系统建设理念，始终坚持两个原则。一是原址重塑，选择适合的度假村、酒店、景区等场地，因地制宜，保留原址的自然特点和人文精神，结合中国传统文化元素进行二次创作，打造主题各异的以攀爬、滑行、钻筒为主要游乐设施的不插电无动力儿童乐园。二是引流多元，线上线下同步售票，通过亲子社群裂变、第三方平台合作、直播、公众号新媒体平台运营等新零售引流方式，多渠道为园区导流，保证客户流量。

目前，以团客为生的景区或者度假村项目经营时常面临巨大困难，而亲子短途游、近郊游仍是旅游市场中机会较多的领域。面对市场的不断变化，大美创新思维模式，通过文化创意驱动内容，原创乐园驱动客流，亲子营地驱动客单，通过运营服务深耕客群，改变原有的标准化服务为精细化服务，提升服务价值，维护客户忠诚度。大美不断实践和创新，开发不同主题的创意内容，今后会将文化融合与亲子主题结合起来衍生新内容，创造多元化的休闲度假产品。

大美未来的发展还有需要思考的问题，包括如何能够带来大量客流；如何在吸引乐园流量的同时，做好外围的商业促进，如亲子餐厅、亲子剧场、亲子商业全产业链的业态；如何做好留客经济，将亲子家庭逗留时间变长以后在这里进行夜经济消费。大美的未来会更美。

## 三、启发思考题

1. 大美儿童世界成功的原因是什么？

2. 结合相关理论，分析大美儿童世界为儿童提供寓教于乐的“无界玩乐成长娱教一体化课程体系”产品的亮点在哪里？大美儿童世界是如何细分市场和细化需求的？

3. 大美儿童世界商业模式与传统乐园商业模式有哪些区别？

4. 国内传统景区或主题公园面临的挑战主要体现在哪些方面？大美儿童世界是否成功解决了这些问题？是如何解决的？

5. 大美儿童世界目前的运营与管理上还存在哪些问题？请提供应对策略建议。

# 四、分析思路

本案例分析的逻辑路径如图 7－1 所示。

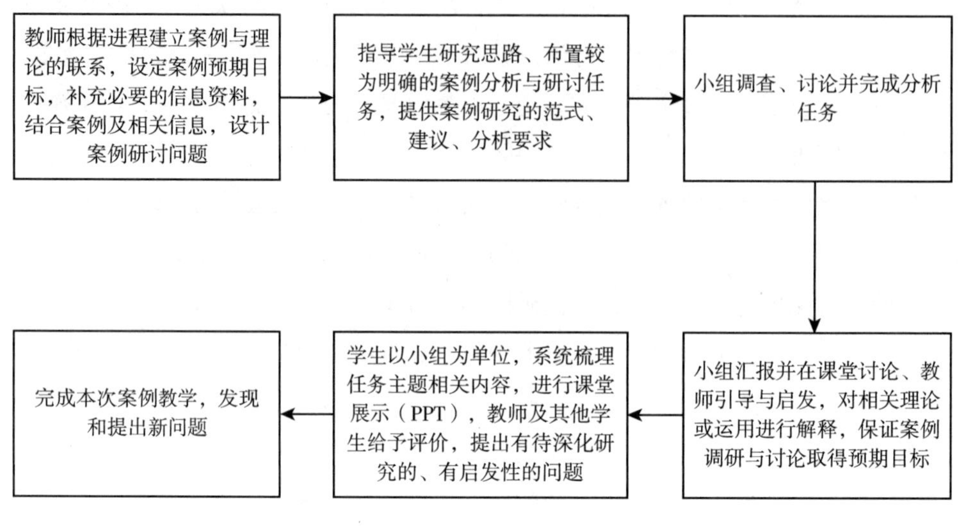


**图 7－1　案例七分析思路**

# 五、理论依据与分析

## （一）相关概念与理论

### 1. 竞争优势理论

企业竞争优势理论主要是回答“为什么有些企业相对于其他企业能够获得更好的业绩”这个问题，即解释造成企业之间业绩差异的主要原因。竞争优势的概念最早可以追溯到张伯伦（E. Chamberlin）1939 年的《垄断竞争理论》，1978 年霍弗和申德尔（Hofer & Schendel）把这个概念引入战略管理。而真正对竞争优势进行分析却始于波特 20 世纪 80 年代的贡献，1980 年他正式提出竞争优势的概念。企业竞争优势是指企业在有效的“可竞争市场”上向消费者提供具有某种价值的产品或服务的过程中表现出来的超越或胜过其他竞争对手，并且能够在一定时期之内创造市场主导权和超额利润或高于所在产业平均水平盈利率的属性或能力。

核心竞争力是指能够为企业带来具有比较竞争优势的资源，以及资源的配置与整合方式。随着企业资源的变化以及配置与整合效率的提高，企业的核心竞争力也会随之发生变化。凭借着核心竞争力产生的动力，一个企业就有可能在激烈的市场竞争中脱颖而出，使产品和服务的价值在一定时期内得到提升。核心竞争力是一个企业（人才、国家或者参与竞争的个体）能够长期获得竞争优势的能力，是企业所特有的、能够经得起时间考验的、具有延展性，并且是竞争对手难以模仿的技术或能力。

### 2. 体验经济理论

体验经济是服务经济的延伸，是农业经济、工业经济和服务经济之后的第四类经济类型，强调顾客的感受性满足，重视消费行为发生时顾客的心理体验。

所谓体验，就是企业以服务为舞台、以商品为道具，环绕着消费者，创造出值得消费者回忆的活动。其中的商品是有形的，服务是无形的，而创造出的体验是令人难忘的。与过去不同的是，商品、服务对消费者来说是外在的，但是体验是内在的，存在于个人心中，是个人在形体、情绪、知识上参与的所得。体验的创造有着广阔的空间，企业要考虑的是它能够提供何种特殊的体验，找出的特殊的体验，就是企业应该设计的方向。体验与商品和服务一样，需要经过一段设计过程，需要经过发掘、设计、编导，才能呈现出来。

### 3. 儿童心理学

儿童心理学是研究儿童心理发生、发展的特点，及其规律的发展心理学分支。一般以个体从出生到青年初期（14～15 岁）心理的发生和发展为研究对象。

法国儿童心理学家瓦龙·亨利将儿童心理的发展水平分为四个时期，即动作的发展时期（出生到 3 岁）、主观或个性时期（3～6 岁）、客观性时期（6～12 岁）和青少年时期（12～14 岁以后）。动作发展时期，也可称为感觉—运动阶段。在这一时期，儿童总是通过不断反馈来达到发展的目的。例如，眼睛感知手的运动，觉得有趣，反馈到大脑中，手就继续运动，以便继续感知。由于儿童逐渐学会了走路和说话，他们对外界事物的认识加深了。在主观或个性时期，为了从难以认识自己的境况中脱离出来，儿童表现出了“时相”。在客观性时期，儿童的主要兴趣又从自我转向外界事物，这主要是缘于儿童交往的扩大、学校教育的影响和智力的发展。随着年龄的增长，儿童对外界事物的看法不再是主观、片面、孤立的，而是形成了客观的、联系的认识体系。在青少年时期，瓦龙·亨利认为这时儿童的心理倾向又从外界事物转到内心世界，从对外在世界的认识转变到对自我人格的体会，而且与主观或个性时期相比，在主观的改变这一特点上有了新的发展。

#### 4. 轻资产模式

轻资产模式，也被称为轻资产运营或轻资产营销，是一种企业运营模式，其特点在于企业投入资本较低，周转速度较快，同时资本收益较高。

轻资产模式的特点主要有：投入小产出大，产品具有高附加值，品牌价值高。具体来说，企业能够以较小的投入获得较大的产出，产品因高附加值而具有市场竞争力，同时，品牌价值作为企业的灵魂，也是轻资产模式中不可或缺的一部分。

在实践中，轻资产模式的企业通过联盟、协作、加盟、连锁、收购等方式将其非核心资产外包出去，和公司核心资产形成有机整体，或者充分利用公司的品牌、渠道、网络、资源等无形资产，在现有产品的基础上开发出一系列的“增值服务”，以实现利润最大化。轻资产模式的成功案例包括耐克、阿迪达斯、可口可乐、维森置业等。这些企业通过有效的轻资产运营，实现了高收益和快速成长。

需要注意的是，轻资产模式并非适用于所有企业，不同的产业、不同的企业具有不同的核心价值，因此轻资产模式的具体应用形式也会有所不同。同时，在运用轻资产模式时，企业也需要注意风险控制和资源整合，确保模式的顺利实施和企业的稳健发展。

### （二）大美未来发展探析

#### 1. 讲好中国故事，打造沉浸式中国文化亲子乐园

讲好中国故事，打造沉浸式中国文化亲子乐园，是传承和弘扬中华优秀传统文化的重要举措。这个乐园不仅是一个供孩子们玩耍的场所，更是一个让孩子们在游玩中了解和学习中国文化的窗口。而主题公园叙事的沉浸感是一个多层次、递进的过程，通常可以划分为四个阶段：时空沉浸、感官沉浸、概念—想象沉浸和情感沉浸。这四个阶段相互交织，共同构建了一个深度而丰富的沉浸式体验。这种体验不仅让游客在游玩过程中获得了极大的乐趣和满足感，也让他们对主题故事和主题公园产生了更强烈的情感认同和归属感。

通过一系列具有代表性的中国故事，构造生动的场景再现和互动体验，可以让孩子们仿佛置身于故事之中。他们可以穿越时空，与古代的英雄人物对话，亲身感受他们的智慧和勇气；可以参观传统工艺的制作过程，亲手体验剪纸、泥塑等民间艺术的魅力；还可以参与传统节庆活动，了解中国传统节日的习俗和意义。

此外，乐园还注重亲子互动和家庭教育。设计一系列亲子活动，让家长和孩子

一起参与其中，共同体验中国文化的魅力。通过这些活动，家长们不仅可以陪伴孩子度过一个愉快的周末，还可以在互动中增进亲子关系，加深对中国文化的理解和认同。

讲好中国故事，打造沉浸式中国文化亲子乐园，不仅有助于孩子们了解和热爱自己的传统文化，更能培养他们的文化自信和民族自豪感。孩子们将能够感受到中华文化的博大精深，为他们的成长和发展注入强大的精神力量。

### 2. 提升场景体验感，打造多元亲子活动空间

主题公园不仅是休闲娱乐场所，更是独特的空间叙事和详细故事世界的迷人文本的载体。在这些充满魔力的空间里，世界建设和次级创作不仅是字面上的展现，同样承载着深厚的象征性体验。中国作为全球主题公园产业的重要一员，其主题公园设计理念和呈现方式更是丰富多彩，充满魅力。

在中国，许多主题公园的设计理念都是代表现实世界的幻想版本或描绘文化信仰。例如，锦绣中华公园通过微缩景观的方式，将中国的名胜古迹浓缩于一园之中，游客仿佛置身于一个迷你的中国，感受着深厚的文化底蕴。这种模拟的地方或文化的展现方式，不仅让游客领略中华文明的博大精深，也让他们对这片土地有了更加深厚的情感认同。宋城公园则是以浪漫化的历史时期为主题，将宋朝的繁华盛景重现于游客眼前。游客们在这里可以穿越时空，感受那个时代的风土人情，仿佛置身于一个梦幻般的古代世界。这种对历史时期的再现，不仅让游客对历史有了更加直观的认识，也让他们对传统文化有了更加深厚的感情。此外，还有一些主题公园以当地故事或国家文化故事为主题。融创乐园以当地的传说故事为灵感，打造出一个充满奇幻色彩的游乐世界。而方特东方神话则是以国家文化故事为主题，通过艺术化的手法，将中国的神话传说、历史故事等元素融入其中，让游客在游玩的同时，也能感受到中国文化的博大精深。

这些主题公园不仅是游乐场所，更是叙事和沉浸式环境的展现。虽然大美的设计理念与游乐设施的打造与这些现代感十足的主题公园不同，强调自然和谐的游乐环境，所有设施均采用非常材料的二次利用，但是仍然以科技赋能传统文化的方式，探寻现代科技与传统文化契合路径，从环境、活动内容、设施设备方面入手。运用色彩、光影、声音等多种元素，创造出富有层次感和趣味性的空间，设计一系列丰富多彩的亲子活动，同时，注重细节和人性化设计，让家长和孩子在使用过程中感受到贴心与便利。通过精心设计和打造，提升场景体验感，为亲子活动创造一个既有趣又富有教育意义的空间，提升亲子活动的体验感，打造多元化的亲子活动空间。这不仅有助于增进亲子关系，还能促进孩子们的全面发展，让他们在快乐的氛围中

茁壮成长。

# 六、教学要点

（1）分析大美儿童世界如何通过创新的亲子活动和互动体验，增强游客的参与感和满意度。

（2）分析乐园在设计和规划中如何融入本土文化元素，打造具有中国传统文化特色的旅游产品。

（3）分析乐园在运营过程中如何平衡商业利益与社会责任，促进当地社区的和谐发展。

（4）探讨乐园如何通过科学管理和市场营销策略，实现可持续发展和品牌建设。

（5）探讨乐园在面对市场变化和游客需求时，如何灵活调整经营策略，保持竞争力。

# 七、课堂设计

## （一）课前准备

教师引导学生通过仔细阅读案例材料、观看与主题相关的视频资料和参与小组讨论，全面了解大美儿童世界的背景知识、运营模式以及成功的关键要素。教师应确保相关材料和视频内容丰富、信息量大，能够激发学生的学习兴趣，并为他们提供足够的信息来构建对大美儿童世界的认识。

## （二）课中计划

教师安排学生进行分组合作，每组学生针对不同的教学要点进行深入的案例分析。鼓励学生运用批判性思维和分析技巧，从多个角度探讨大美儿童世界的运营策略、管理方法及其在市场中的竞争优势。此外，每组学生还需要准备展示各自的观点和见解，包括对案例的深入分析，应做到能够清晰地表达自己的观点，并能够针对其他小组的观点进行有效的交流和讨论。

## （三）课后任务

学生结合课堂案例的教学要点，依托课堂讨论的结果，撰写一份详尽的案例分析报告。在这份报告中，学生需要总结大美儿童世界案例中的关键点，包括其成功的策略、面临的挑战以及应对措施等。同时，学生还需要在此基础上，运用所学知识进行实际分析，提出对于旅游景区管理与服务领域未来发展的具有前瞻性和实用性的建议，展示对行业的深入理解和创新思维。

## 参考文献

［1］陈珊珊. A 儿童智慧乐园初创期新媒体营销策略研究［D］. 上海：上海外国语大学，2023.

［2］冯甜. 基于儿童活动特征的森林体验基地规划设计研究［D］. 北京：北京林业大学，2020.

［3］傅剑波，刁娇，林映敏，等. 我国亲子旅游度假需求特征、趋势及对策［J］. 旅游纵览（下半月），2019（22）：20－21.

［4］戈艺莲. 对我国主题公园的商业模式比较分析［J］. 新经济，2016（33）：21.

［5］耿松涛，刘玥. 系统论视角下的文旅融合动态演进逻辑与发展路径探索［J］. 学习与探索，2023（3）：105－112.

［6］李旭娇，丛一，董宇博，等. 家庭亲子游的需求特征、行为取向与引导机制研究［J］. 石家庄学院学报，2023，25（6）：73－79.

［7］李竹贤，张骁鸣. “乖小孩”与“好父母”——基于儿童教育视角的亲子旅游互动研究［J］. 旅游学刊，2023，38（9）：118－131.

［8］刘海玲，王彩彩. 乡村亲子游产品开发实现路径——基于文旅融合的分析［J］. 社会科学家，2021（8）：75－80.

［9］王诺斯，冯娇娇. 冰峪沟景区旅游规划的创新思考［J］. 旅游纵览（下半月），2015（20）：101－102.

［10］王一璇. 旅游业发展对学校旅游人才培养模式的启示［J］. 陕西教育（综合版），2023（11）：48－49.

［11］魏艳妍，李军. 童心与旅游：亲子旅游研究进展与展望［J］. 旅游纵览，2021（14）：107－109.

［12］武英凤. 基于研学旅行需求下的儿童友好型景区建设［J］. 少年儿童研究，2019（1）：22－31.

［13］夏阳阳. 基于服务设计的旅游景区创新模式研究［J］. 当代旅游，2021，19（30）：22－24.

[14] 赵娟. 主题公园产品创新对游客感知价值的影响研究 [D]. 广州：广州大学，2023.

[15] 朱明远，刘红. 中国亲子旅游研究综述 [J]. 旅游纵览（下半月），2019（8）：57-59.

[16] Baker C. Creating Cultural and Historical Imaginaries in Physical Space：Worldbuilding in Chinese Theme Parks [J]. SARE：Southeast Asian Review of English，2021，58（1）：88-108.

[17] Deng T. Design and Exploration of Creative Agricultural Parent-child Tourism Project：Taking the Planning and Design of Baisheng Homestay as An Example [J]. The Veterinary Nurse，2020，3（1）：54-57

[18] Fu X，Baker C，Zhang W，et al. Theme Park Storytelling：Deconstructing Immersion in Chinese Theme Parks [J]. Journal of Travel Research，2023，62（4）：893-906.

[19] Liao S，Chen C，Hu D. The Role of Knowledge Sharing and LMX to Enhance Employee Creativity in Theme Park Work Team：A case Study of Taiwan [J]. International Journal of Contemporary Hospitality Management，2018，30（5）：2343-2359.

[20] Liang L，Li X. What is a Theme Park? A Synthesis and Research Framework [J]. Journal of Hospitality Tourism Research，2021，47（8）：1343-1370.

[21] Mei S，Tianjiao N，Linna W，et al. The Validity of Marketing Strategy of Tourist Attractions based on Experiential Marketing [J]. Security and Communication Networks，2022.

[22] Ren Q，Xu F，Ji X. Use of the Pathfinder Network Scaling to Measure Online Customer Reviews：A Theme Park Study [J]. Strategic Change，2019，28（5）：333-344.

[23] Tihonova M，Simankina T，Kormishova A. Environmental Aspects of the Theme Park Development in the Russian Federation [J]. E3S Web of Conferences，2021，24410040-.

[24] Zhang T，Li B，Hua N. Chinese Cultural Theme Parks：Text Mining and Sentiment Analysis [J]. Journal of Tourism and Cultural Change，2022，20（1-2）：37-57.

# 案例八 Case 8

# 文化致远，品质致胜

## ——哈尔滨伏尔加庄园的文旅融合之路

**案例摘要：**哈尔滨伏尔加庄园由哈尔滨东建集团于2006年开始投资建设，是中国最大的俄罗斯主题公园。哈尔滨伏尔加庄园倡导“有文化才能长远，有品位才有价值”的经营理念，是以哈尔滨历史为依托、俄罗斯文化为主题的国家4A级文化旅游景区，是集旅游观光、休闲度假、展览展示、商务会议、婚礼庆典、文化沙龙、户外运动、研学旅行等功能于一体的文化旅游休闲目的地，被称为“哈尔滨的后花园”。经过多年的建设完善和创新发展，伏尔加庄园不断践行文旅融合，设计和建造了30多座独具俄式风格的景观建筑，并组织了丰富多彩、生动活泼的各类艺术文化和旅游活动，已成为黑龙江省文化产业示范园区、国家中俄文化交流基地及俄罗斯美术家协会创作基地、莫斯科大学国际交流中心，也是国家级水生态修复与保护示范基地、黑龙江省环保示范宣教基地以及多家高等院校的实习基地，是打造黑龙江省、哈尔滨市冰雪旅游和湿地旅游的重点项目之一。

## 一、教学目的与用途

本案例主要适用于旅游产业经济分析、旅游目的地管理、旅游规划与开发、旅游市场营销等课程。

本案例适用对象为MTA专业硕士及旅游管理类专业的本科生、研究生。

本案例的教学目的是帮助学生了解如何将异域特色文化与旅游景观和活动项目有机融合，掌握践行文旅融合的具体路径和打造文旅综合体的具体举措。

# 二、案例内容

## （一）引言

在经济转型、消费升级以及产业结构调整等宏观背景下，人们对旅游的需求动机、内容、意图以及价值诉求正在发生新的变化。联合国世界旅游组织统计数据显示，全世界旅游活动中约有37%涉及文化因素，文化旅游者以每年15%的幅度增长。文化成为旅游最大的原动力。文化和旅游深度融合发展不仅呈现出前所未有的活跃态势，而且成为未来影响中国旅游业发展的重要变量。

哈尔滨伏尔加庄园是以哈尔滨历史为依托、俄罗斯文化为主题的国家4A级文化旅游度假区。自2006年至今，伏尔加庄园陆续建设了30多座俄式经典建筑和数百座古希腊艺术雕塑，开发出四季旅游产品，常年举办具有俄罗斯风情的驻场演出、历史文化展和油画作品展等活动，提升了哈尔滨市的城市形象和影响力，成为黑龙江省文化产业示范园区和国家中俄文化交流基地。同时，伏尔加庄园本着修复湿地和保护生态并重发展的原则，坚守环保底线，成为国家级水生态修复与保护示范基地、黑龙江省环保示范宣教基地。近年来，哈尔滨伏尔加庄园积极打造集旅游观光、休闲度假、展览展示、商务会议、婚礼庆典、文化沙龙、户外运动、研学旅行等多功能于一体的文化旅游休闲目的地。

哈尔滨伏尔加庄园如何借势哈尔滨对俄中心城市建设，在注重释放建筑艺术的审美潜能与生态整理修复的同时，积极响应黑龙江省旅游业高质量发展和大力发展特色文化旅游的新要求，持续发力于文化的内涵式拓展，全力打造中俄文化旅游新地标，将哈尔滨伏尔加庄园从单一的旅游景区发展为以中俄文化艺术交流为鲜明特色的文旅综合体，已成为推进哈尔滨伏尔加庄园文旅深度融合面临的重要课题。

## （二）案例背景

2003年，哈尔滨东建集团开始投资建设伏尔加庄园（原俄罗斯风情园）项目。庄园坐落在哈尔滨香坊区城郊23公里处的成高子镇阿什河畔，占地面积60万平方米，项目总投资近10亿元。庄园是一片被弯弯小河环绕起来的湿地，而这条被称为阿什河的源头正是800多年前一个北方游牧民族的龙兴之地。这条流着满族祖先女真人历史的小河，跨越几个世纪的梦想，连通了另一个游牧民族的母亲河——伏尔加河，成为心灵相通的两个民族的人文感怀之地。“伏尔加庄园”的意义正在于此。伏尔加庄园整体设计是以哈尔滨历史为依托，以俄罗斯风情和文化为主题，以尼古拉艺术馆为标志性建筑，集会议培训、休闲娱乐、文化活动等功能于一体的文化旅游度假区。

伏尔加庄园从2006年开始动工，经过十几年的“内外兼修”，当年阿什河畔蒿草丛生的滩涂湿地变成了充满诗情画意的异域风景，30多座造型灵动的经典俄式建筑拔地而起，形成了世界上独一无二的俄罗斯建筑艺术博物馆，将城市历史与文脉、湿地美景与经典建筑、环境保护与旅游发展完美地融合在了一起。

伏尔加庄园是世界最大的俄罗斯主题公园，可同时容纳2000人用餐、800人住宿、1000人举行会议，提供主题式、定制化服务及设施设备，是集旅游观光、休闲度假、展览展示、商务会议、婚礼庆典、文化沙龙、户外运动、研学旅行等功能为一体的文化旅游休闲目的地，被称为“哈尔滨的后花园”。

伏尔加庄园倡导“有文化才能长远，有品位才有价值”的经营理念，在阿什河畔的原生态湿地环境中复建的圣尼古拉教堂、原太阳岛上著名的老建筑米尼阿久尔餐厅，承载着老哈尔滨人的记忆；巴甫洛夫城堡、彼得洛夫艺术宫等俄罗斯经典建筑艺术在庄园中得以重现；油画、民俗、歌舞、餐饮等俄罗斯传统文化在这里交相辉映。如今，伏尔加庄园已经是中俄文化交流基地、俄罗斯美术家协会创作基地和黑龙江省文化产业示范园区，曾荣获亚洲旅游业“金旅奖”。

伏尔加庄园以独特的魅力向国人和世界展示了哈尔滨独有的文化历史和国际化氛围，成为哈尔滨国际大都市的又一旅游名片，在省内外享有一定的知名度，得到了黑龙江省各级政府的高度重视和大力支持以及社会各界的普遍认可，并开始走向全国、迈向世界，取得了一定的社会效益和经济效益，具有广阔的发展前景。

## （三）伏尔加庄园的特色景观和服务设施

### 1. 园区的整体布局

在旅游资源方面，伏尔加庄园内阿什河蜿蜒而流淌，贯穿整个景区，加上优雅的人工湖，原始的湿地景观，为庄园内形成纵横的水系和开展活动提供了野趣的原生态环境。庄园内风景宜人，气候舒适，冰雪资源得天独厚，动植物资源丰富，绿色田园风情浓郁，未经开发的原始生态环境和基本无污染的河流，为人们提供了一个理想的栖息地。

伏尔加庄园以尼古拉大教堂为核心景观，建造于园内中心，其他景观均由中心向外扩散，并且沿着水体或者道路布置。园区主要景观集中于水域附近，服务设施均匀遍布全园。全园整体布局丰富，形成了处处有景可看的效果。

伏尔加庄园在阿什河畔周围布置了许多水边娱乐设施，并设置了特色景观“黑瞎子岛”，除此之外还有一片圆形水域，上面人工建造四个岛屿，形成连环的“四季岛”景观。园区体现了俄罗斯异国风情，不仅有陆地景观，更有特色的湿地景观，景观类型丰富。

在道路划分上，该园区主次干道明显，整体呈网状，主干道分内外两环，分别嵌于园内，两主干道中间用次干道互相连接，还有一条主干道直接连接大门与主景。在个别景点内则穿插着小步道。园内道路规划合理，分级明确，能够到达各个景点。水路和陆路结合，不仅能够达到通行的目的，而且结合陆路和水路都安插了相应的景点，增加了其景观功能。

从园区整体看，伏尔加庄园在设计上有着多种功能，服务设施齐全，园内提供交通、餐饮、住宿、游览、娱乐、购物等各项服务，既可以满足哈尔滨市本地居民在节假日短期休闲的需求，也可以作为特色景区吸引外地游客进行休闲度假。

在园区建设上，庄园秉持“品质第一，注重细节”的理念。董事长黄祖祥每天最重要的工作就是开车巡视园区，细到每一个角落。在具体施工中，董事长也像一位现场施工员，亲自监督甚至自己上手，做到“精益求精”。在庄园项目建设中，只要不理想就推倒重来，不管损失多大，绝不勉强应付，坚决不留遗憾。自庄园建设以来，因为不满意、不理想推倒重来的例子不计其数，直接经济损失上百万元。

多年来，伏尔加庄园在生态和环境上也下足了功夫。这里每一平方米的土地都翻动过几遍，每一棵树木都经过精心的修剪，每一段水域都经过清淤优化，最终呈现在游客面前的是原生态的优美湿地环境。庄园的所有建筑的建设体量都不大，而且相距较远，最大限度地保证了对环境的零影响，设计上，大多都是倒映在水中，游客形容是“一步一景、一步一画”；同时，从国内著名石雕、木雕、根雕艺术名家手里采购近千座雕塑，分布在园内，增强了庄园内的文化艺术氛围和景观效果。

### 2. 园区的特色建筑和景观

从最初复建哈尔滨消失的历史老建筑开始，到现在30座造型灵动的古典风格建筑交相辉映，伏尔加庄园让建筑成为凝固的音乐、立体的诗篇，让游客与历史的细节触手可及。伏尔加庄园这片曾经荒芜的土地，因为有了俄式建筑和园林艺术，被赋予了不同以往的新生和性格。

伏尔加庄园始终注重人文环境与湿地生态景观相生相融，不仅增植松树、桦树、柳树等数万棵，还坚持生物多样性保护与修复，引种酸梨、杏树、椴树、五角枫等10余种景观类树种、10多万株花草。伏尔加庄园保留着大自然最原始的生态环境，成为人们休闲度假的好去处。

在原有良好生态环境的基础上，庄园的建造者们又缔造了最经典的建筑艺术和异域风情，勾起了每一个哈尔滨人的记忆和外地游客的向往。抢救性复建古典建筑，原创式复原经典建筑设计，是伏尔加庄园对世界文化遗产保护作出的一份贡献。与此同时，在其中植入俄式艺术生活场景，则是伏尔加庄园为游人倾力打造的独特旅游体验。伏尔加庄园呈现的不仅是建筑之美，还有真正的俄式艺术生活。教堂、酒堡、雕塑园在柳绿花红中尽情展现俄罗斯风情，演艺、艺术展览、俄式艺术品手绘、面包作坊，更为这风情增添了一抹灵动底色，让这里成为国内不可复制的俄式艺术生活体验目的地，让游人来了就“一见钟情”。

（1）圣·尼古拉大教堂。

圣·尼古拉大教堂曾经是哈尔滨的地标性建筑，建于1900年，见证了百年的城市变迁，原址位于南岗中心广场，采用木构架井干式结构，内部围成巨大的穹顶，外部采用俄罗斯民间木结构帐篷顶的传统形式和希腊十字的八角形布局。圣尼古拉教堂不仅在平面布局，而且在立体空间方面都表现出不可替代的核心地位，充分体现出宗教建筑的形象的象征性意义。教堂主体为八面体圆形建筑，四周被回廊和几处突出的半圆形祭坛环绕，主入口上方建有高耸的钟楼，南北两侧均略凸，成为次要入口。这座教堂的建筑比例匀称，布局错落有致，造型和谐优雅。教堂顶部覆盖陡峭的四坡顶，正中穿插坡度稍缓的双坡屋顶，然后略有一段过渡结构，各部分逐渐向核心的塔尖靠拢，从而衬托出高耸入云的圆形穹顶和上面闪闪发光的十字架。

伏尔加庄园建设者于2006年7月开始在俄罗斯功勋建筑设计师柯拉金博士的指导下，根据在圣彼得堡一家博物馆里找到的21张原始结构设计图纸，经过无数次研讨会，测绘设计了近3000张图纸，最终按1∶1比例和原工艺复建了圣·尼古拉大教堂。教堂历经3年时间建成，建筑主体全部采用榫卯结构。教堂的内部陈设也都是按原比例制作的，邀请俄罗斯圣像画家绘画圣像。教堂久远的历史使这座教堂成为哈尔滨城市的记忆和“东方莫斯科”的象征。

（2）彼得洛夫艺术宫。

伏尔加庄园里最“文艺范儿”的存在，莫过于彼得洛夫艺术宫。亚历山大·彼得洛夫是全球独一无二将油画绘于玻璃制作动画的创作者，其作品多以文学名著为题材，包括屠格涅夫、海明威、陀思妥耶夫斯基等的作品，他也是首位获奥斯卡奖的俄罗斯动画家。彼得洛夫艺术宫就是以他的名字命名的。

彼得洛夫艺术宫以莫斯科彼得洛夫宫新圣女修道院为模板。原型的新圣女修道院（又称为新圣母修道院）是1524年瓦西里三世为纪念莫斯科古城合并斯摩棱斯克并摆脱立陶宛统治、供奉斯摩棱斯克圣母像而修建的一座女子修道院，历史上曾是接收沙皇遗孀及贵族女性的女子修道院，位于离克里姆林宫西南约4公里的莫斯科河弯道处。那里有一个漂亮的天鹅湖，新圣女修道院依天鹅湖而建。据说柴可夫斯基在创作芭蕾舞剧《天鹅湖》的时候，就是在这里一边散步一边构想故事的情节。了解一个建筑的前世，不仅会让游客对历史有一个回顾，更重要的是，当游客走近它，就像见一位仰慕已久的老朋友，心中充满了敬意，人们穿越几百年的时间长河与它不期而遇。

彼得洛夫艺术宫是俄罗斯美术家协会首个中国创作基地，增添了伏尔加庄园作为俄罗斯建筑艺术的独一无二、博览胜地的宏大气势。除了外观，它的内在更具有文化和艺术内涵。每当游客走进这座宫殿，便会为金色大厅的金碧辉煌、精致的壁雕、根雕所震撼。一楼金色大厅展示了十幅大型壁画，均为来自俄罗斯列宾美术学院的原创作品，展示了俄罗斯贵族的宫廷生活。壁画周围展示了中俄中学联盟的青少年的绘画作品。此外，还有庄园主人收集来的根雕展厅。二楼的亭廊四周陈列了许多俄罗斯名画，浏览宫殿犹如畅游在艺术画廊中。三楼的伏尔加国际交流中心由哈尔滨伏尔加莫大国际教育交流有限公司与莫斯科国立罗蒙诺索夫大学于2018年合作创办，以美育和创新教育为主题。交流中心不定期举办的“模联课程”，让孩子从全世界的高度关注世界上正在发生的事情和需要他们改变的事情，熟悉国际通行的决议规则；罗蒙诺索夫实验室是一个物理实验室，这里的地球宝藏主题实验课，将带孩子走进微观世界，了解绿松石的产生原因与结构特点，还有牛顿钟摆、钟表组装、电路连接等科学实验；托尔斯泰图书馆里的中英文图书，更是让孩子沉浸在名著的世界里，尽情遨游。

（3）凡塔吉娅俱乐部。

凡塔吉娅俱乐部按照俄罗斯建筑风格建成，是参照莫斯科郊外一座贵族别墅建造。凡塔吉娅的名字源于哈尔滨20世纪最著名的夜总会，俄语意为“梦幻”。走进俱乐部等剧场，随着歌舞的响起，灯光的渲染，仿佛穿越到了20世纪。

凡塔吉娅俱乐部里的伏尔加艺术团邀请了数十位俄罗斯表演艺术家。白天，表演艺术家们为游客呈现两场精彩的俄罗斯民族歌舞演出。演出前，在凡塔吉娅俱乐部的对面，还可以观看喷泉水秀表演和俄罗斯演员游船巡演，演绎了无限美好的俄罗斯风情。夜晚，这里是庄园最热闹的地方，色彩斑斓的霓虹装扮了木质建筑的边缘，欢乐的派对、跳跃的篝火、梦幻般的“伏尔加之夜”，让人流连忘返。俱乐部设有演绎大厅、酒吧、迪吧、KTV、俄罗斯进口商品店等诸多供游客消遣娱乐的场所。

（4）伏特加酒堡。

伏特加酒堡建于2009年，其原型是圣彼得堡25公里外的巴甫洛夫斯克市河岸的“毕普”城堡，是俄罗斯历史上著名的古城堡。伏特加酒堡是中国首个伏特加主题酒堡，以“传承伏特加酒文化”为宗旨，展示了世界著名品牌俄罗斯伏特加酒的历史与变迁、伏特加酒文化和精神内涵以及伏特加酒对俄罗斯民族发展的深远影响，给游客耳目一新的感受。

酒堡的一层通过图片、文字形式介绍了伏特加酒的起源和发展过程，以及伏特加酒具和酒标，特别是伏特加酒在俄罗斯人生活中的地位，还展示了500年伏特加酒的历史。在地下一层，游客们可以品尝各式伏特加，还能喝到纯正的俄式格瓦斯。为了让游客喝到口感最佳的伏特加、格瓦斯，酒堡特意用冰制的酒杯作为容器，非常有特色。

（5）丽丽娅宫。

伏尔加码头旁边的空中花园里有一座红白相间的丽丽娅宫，在鲜花绿树的簇拥下显得格外美丽。丽丽娅宫位于山顶，通向山顶的道路中间铺满了鲜花，游客可以沿着花梯去往丽丽娅宫。夏天，这里可举办盛典婚礼、开幕仪式、服装走秀、团体娱乐等各种活动。

（6）三只熊乐园。

三只熊乐园也称“俄罗斯民俗园”，走进乐园如同穿越到了400多年前最古老的俄罗斯农庄，原生态的院落、古老的风车磨坊、水井秋千向游客讲述着久远的田园生活，就像是童话里的情景，而俄罗斯农家主人此时还会用歌舞欢迎到来的朋友们。三只熊乐园让游客了解到来伏尔加庄园不仅要游览风景，还需慢慢体验。为了让游客更加深入了解俄罗斯文化，俄罗斯农家的主人会邀请游客一起学习手绘套娃、酿造格瓦斯、制作面包，品味现场制作的原味“格瓦斯”饮料，别有一番情趣。这里还是亲子游的好去处，不仅有农舍、树屋、马棚、羊圈、滑梯、木马、秋千，还有童话里的白雪公主和小矮人。

（7）普希金沙龙。

普希金沙龙是按照19世纪末俄罗斯建筑风格建成的，独特的砖结构墙面、对比强烈的配色向人们展示着它别具一格的魅力。土红色的砖石垒砌成美丽的十字花形遍布建筑外观，砖结构镂空工艺也在这座建筑得以体现。在沙龙门口伫立着俄罗斯著名诗人普希金的铜雕，每天都有很多游客来这里瞻仰雕塑、敬献鲜花、朗诵他的诗歌，以表达对这位文学巨匠的敬仰之情。这里不定期举办各类文化艺术展览，是专为文化界提供的活动场所；同时沙龙也是中俄民间文化交流、增进友谊的新平台。

（8）俄式城堡。

哈尔滨伏尔加庄园里复建了三座俄式城堡。其中，察里津诺城堡仿效莫斯科的察里津诺庄园，以红砖为主体，镶嵌白石作为装饰，是欧洲中世纪的哥特式建筑风格。察里津诺是俄语“女皇”的音译。在俄罗斯，察里津诺庄园是俄罗斯女皇叶卡捷琳娜二世的私人庄园，契诃夫、柴可夫斯基等都在该城堡居住过。2008 年，为迎接莫斯科建市 860 周年，莫斯科市政府投资在原皇宫废墟上复建察里津诺庄园。有趣的是，伏尔加庄园的察里津诺城堡修建于 2007 年，比俄罗斯复建的察里津诺城堡还早 1 年。

阿穆尔城堡原址位于白俄罗斯首都明斯克，建于 15 世纪，在长达将近一个世纪的荒废及拿破仑时期战火的严重破坏下成为废墟。伏尔加庄园里复建的阿穆尔城堡又叫王子堡，它像女王的一个幼子，忠诚地守护着女王堡（察里津诺堡）。

巴普洛夫城堡位于伏尔加庄园的东南角，原型的巴普洛夫城堡在莫斯科郊外的巴普洛夫斯克小镇，伫立于伏尔加河畔，由俄罗斯著名设计师布列恩于 1795 ~ 1797 年设计。

察里津诺城堡、阿穆尔城堡、巴普洛夫城堡，三座城堡交相呼应，彼此衬托各自的艺术美感。在让游客饱览不同历史时期俄罗斯风貌的同时，三座俄式城堡作为庄园的健身活动中心，夏季是森林高尔夫球场，冬季是独具特色的城堡滑雪的雪具大厅和服务中心，尤其适合儿童和初级滑雪者，是游客必到的娱雪场所，设有初、中级雪道，滑雪者在三座城堡中穿行，体验独特的环形滑雪方式。

此外，伏尔加庄园大门的古城堡，其建筑样式精选于被称为贝加尔湖明珠的伊尔库斯科，是俄罗斯远东地区木制建筑的典范，展示了俄罗斯远东地区精湛的建筑艺术和深厚的文化底蕴。

（9）玛利亚婚礼教堂。

在伏尔加庄园里阿什河畔的一座小山上，还有一座红白相间的玛丽亚婚礼教堂，是庄园专门为新人建造的举行西式婚礼的地方。这个教堂是哈尔滨首个以空中花园为背景的婚礼场地。在这里，新人们走过 200 米铺满鲜花的基石，踏上红毯，许下爱的誓言。这里还是庄园观赏景区风光的高处观景台，非常适合远眺和拍摄。

### 3. 园区的特色服务设施

除了在建筑艺术上让游客能够充分体验俄罗斯文化，伏尔加庄园还建设和配置了各种独具异域特色的服务设施，包括俄式的宾馆和别墅、餐厅、雕塑、各种娱乐设施，甚至园区的指示牌都别具异国风情。

（1）宾馆和别墅。

伏尔加宾馆是按照1896年下诺夫哥罗德全俄展览会上农业区展厅的方案建成的，哥特式的建筑别具一格，让人眼前一亮，仿佛来到了异国他乡。宾馆高举架的大厅、镶嵌在开阔墙壁上的铜雕、古色古香的摇摆时钟等，带给游人一种时空穿越的错觉，仿佛走入了中世纪的俄罗斯。

乡村别墅尽显田园风情与异域之感。这里有娜塔莎的家、守林人的家、猎人的小屋和库兹米奇的家等原木结构的俄罗斯乡村别墅。别墅周围环境优美、绿树成荫，身处阿什河原生态湿地，令人心旷神怡。游客还可以到娜塔莎大婶家做客，品尝最地道的乡村式俄式大餐，了解关于俄罗斯的饮食文化和用餐顺序。每一道菜都是俄罗斯主人亲手秘制。

（2）美食餐厅。

① 米尼阿久尔餐厅。

米尼阿久尔的俄文意思是“精美的艺术品”。1927年，犹太人卡茨在松花江北岸的太阳岛上建了一座全木结构的俄罗斯二层小楼，这座建筑的独特之处在于地处松花江边，从远处望去就像一艘巨轮。太阳岛上的米尼阿久尔餐厅成了哈尔滨的地标之一，更成为当时富商、外侨、官员的“网红打卡地”。1949年后，米尼阿久尔餐厅改名为“太阳岛餐厅”，谁也没想到，1997年2月4日是米尼阿久尔餐厅厄运到来的一天，一把大火把它烧为灰烬。

2008年，伏尔加庄园按1∶1的比例重建了米尼阿久尔餐厅。它好似一艘漂泊在伏尔加河上的大船，远远望去仿佛一条变色龙，一会变幻呈橘红色，一会呈宝蓝色，一会又变成了藕荷色……以绚丽多姿的光色辉映着天地，吸引着游人。俄罗斯啤酒、俄罗斯大串、俄罗斯酸黄瓜、俄罗斯冰激凌、俄罗斯面包、俄罗斯红肠，俄罗斯厨师、俄罗斯服务员……仿佛走进一家地地道道的俄罗斯餐馆。

② 金环西餐厅。

伏尔加庄园内还有一个品尝俄式大餐的地方就是金环西餐厅。金环西餐厅在伏尔加庄园的西南角，它的名字取自俄罗斯的“金环”黄金文化旅游线。“金环”是俄罗斯最著名、最受欢迎的旅游路线之一，是记者尤里·贝奇科夫早在20世纪60年代提出的。路线以莫斯科为起点，至东北方向的伏尔加河一带，由10多座中世纪古老的城镇组成。金环西餐厅的建筑取自1913年哈巴罗夫斯克国际博览会中最大的一个展览馆，庄园的建造者根据俄罗斯专家提供的3张建筑照片，经过几年的筹备，将这座精美绝伦的建筑艺术品完美地呈现出来。

金环西餐厅与伏特加酒堡一河之隔，屋顶像镶着一个五角形皇冠，透空两层，拥有以俄罗斯古镇风格为蓝本的7间风格各异的包间、2间赏心悦目的彩绘就餐大厅，可同时容纳300多人用餐。金与白交叉的帐篷式屋顶充满浓郁的异域风情，餐厅内部布置精致，情调高雅又富有艺术表现力，令游人仿佛置身艺术殿堂。这里不仅有着优美浪漫的环境，还可以品尝俄罗斯厨师烹制的传统俄餐，感受浓郁的俄罗斯餐饮文化。

③ 小白桦餐厅。

小白桦餐厅出自俄罗斯著名建筑设计师一件在巴黎获奖的设计作品，未曾实际建设，依据教科书图样，植入建造者原创基因。小白桦餐厅风姿绰约地挺立在伏尔加庄园，建筑从四个方向看都是正面，且各具特色，堪称世界经典木质建筑之一。

④ 水畔餐厅。

水畔餐厅的银白色棚顶好似花瓣一样盛开在河岸，而在夜晚它仿佛阿什河上飘浮的一朵朵白莲，在夜色的灯光中泛着清香。背靠米尼阿久尔餐厅，对面教堂钟声阵阵，是个静静赏风景的好地方。夏季的夜晚，游客来到水畔餐厅，在俄式烧烤大串、啤酒熏酱等特色美食的陪伴下，喷泉水秀表演将梦幻般的伏尔加之夜展示得淋漓尽致；周末的伏尔加之夜水上俄罗斯歌舞演出更是精彩不断。

（3）娱乐设施。

①“东方独角兽”森林马场。

2022年国庆节，一座巨大的中国红“东方独角兽”在伏尔加庄园横空出世，它巍然屹立在森林马场间，镂空通透的钢筋铁骨，飘逸俊美，优雅洒脱，又充满了自信和力量，成为伏尔加庄园新的亮点。“东方独角兽”是伏尔加庄园按照哈尔滨市“着力打造创意设计之都”的要求创新思维，利用高科技装备和新工艺自行设计和加工制造的大型钢塑，其创意来源于特洛伊木马和西方独角兽的灵感。东方独角兽采用镂空设计，高16米，长25米，消耗钢材60余吨。游人可以跨马背，在马腹中打滑梯；还可以登马首凭栏远眺，将异国风情尽收眼底。与其配套的有骑士广场、骑乘训练场、独角兽游乐场、小骑士快餐、森林别墅、乡村酒店等，游人可以尽享骑士的快乐。

② 海神湾古帆船。

“海神湾”这个有着神秘名字的新项目，是在彼得洛夫宫城堡群和水域之间建设的。“海神湾”不但有灯塔、沙滩、小船，最耀眼的是水面上还有一艘投入数百万元，经过一年多建造而成的古航船。古帆船长40米、宽7.8米、高30多米，自重88吨，能承载200多人，船上设有休闲甲板、聚会船舱、文化展厅等内容。游人可以乘古航船穿过“开启桥”在园中阿什河上游览。想象一下，聆听着城堡间贝壳广场上传来的音乐晚会的歌声，仰望着航标塔上闪烁的灯光，远望着圣尼古拉教堂的身影，这感觉是多么浪漫梦幻。古帆船还是黑龙江省内首个古帆船研学营地。孩子们在古帆船之旅中，不仅可以观赏阿什河两岸风光，穿越城堡要塞和开启桥，还有机会了解古帆船的历史，体验当船长的自豪感。

③ 森林高尔夫球场。

伏尔加庄园高尔夫球场及俱乐部占地 10 公顷，田园牧歌般的高尔夫球场就依偎在阿什河畔，是中国首创的森林高尔夫 18 洞球场，游客可以躲开炎炎烈日的直射，与朋友和家人们在森林氧吧中轻松悠然地感受高尔夫的优雅与浪漫。这里也很适合团队培训与研学活动，是一处不可多得的休闲度假、培训研学胜地。

④ 雪花钓鱼台。

通向河中心酷似雪花瓣形状的钓鱼台是伏尔加庄园又一亮丽的新景观，空中遥看，仿佛一朵白莲花在阿什河上盛开。廊桥连接的钓鱼饭店，是以俄罗斯圣彼得堡西部“十字岛景区”里的钓鱼饭店为原型建造的。游人坐在雪花钓鱼台上垂钓，既可以寻找垂钓的悠然，还可以将自己的成果进行加工，这里的口号是“最美味的鱼是自己捕获的”。

## （四）伏尔加庄园的文旅合作和交流

伏尔加庄园从诞生的那一天起，就与俄罗斯文化结下了不解之缘。多年来，伏尔加庄园致力中俄文化交流，积极挖掘合作潜力，开展务实合作交流，与俄罗斯地方间的文化、教育相通往来亮点频现，不断结出新成果。伏尔加庄园通过对产品及文化的持续打造，获得了社会各界的广泛赞誉与认可，也因此成为哈尔滨文化与旅游融合、中俄文化交融的典范和哈尔滨城市文化旅游的一张新名片。近年来，伏尔加庄园借势哈尔滨对俄中心城市建设，开启了“文化 + 教育 + 旅游”的发展模式。

### 1. 荣获“中俄文化交流基地”称号

伏尔加庄园开园以来，曾积极组织纪念世界反法西斯战争胜利 70 周年“中俄友好长青 共建纪念林”“伏尔加论坛”“中俄青年伙伴联谊赛”“俄罗斯二战老兵见面会”“高莽中俄文化名人肖像画展”“百年俄侨音乐文化展”“哈尔滨人眼中的俄罗斯摄影作品展”等各项中俄文化交流活动。先后为《东方》《闯关东Ⅱ》《爱在哈尔滨》《东北往事》《萧红》等剧组提供影视剧拍摄场地；特别是通过与湖南卫视《全员加速中》、黑龙江电视台《冰雪总动员》等知名综艺栏目的合作，学习和积累了一些经验，提升了庄园在国内外的知名度。2011 年 7 月 27 日，在哈尔滨召开的中国俄罗斯友好协会第五届理事会第一次常务理事会上，哈尔滨伏尔加庄园获得

“中俄文化交流基地”荣誉证书。

### 2. 打造中国首个“俄罗斯美协创作基地”

2016 年，俄罗斯圣彼得堡列宾美术学院院长邱文来到伏尔加庄园，惊叹于建筑艺术之美。独特审美氛围激发了俄罗斯艺术家的创作灵感，此后一年间，他们为彼得洛夫艺术宫千米大厅“量身定制”十幅大型原创壁画，成就了艺术宫常年向游客开放的俄罗斯宫廷壁画展，与艺术宫内不间断开展的各类中外绘画艺术展相互映衬，吸引旅行者慢下脚步，浸润心灵。以此为契机，伏尔加庄园深度拓宽双方艺术交流领域，俄罗斯美协创作基地重磅落地，筑起中俄国家级艺术交流新地标。俄罗斯美术家协会的艺术家、列宾美术学院师生定期来此创作，常态化进行艺术交流。

2016 年 10 月 21 日，哈尔滨市政府联合俄罗斯美术家协会在哈尔滨打造的首个中国“俄罗斯美协创作基地”落户哈尔滨伏尔加庄园，俄罗斯美协主席、书记处书记、艺术科学院院士及人民画家 20 多人前来伏尔加庄园参加了揭牌仪式。本次创作基地会址彼得洛夫艺术宫是伏尔加庄园投巨资、历时两年精心打造的以察里津诺堡、阿穆尔堡、彼得洛夫宫三大城堡为核心的艺术宫殿群落。伏尔加庄园着力将彼得艺术宫建成中俄近现代经典艺术传播展示交流中心，成为公众享受中俄经典艺术、提升艺术美育的高雅殿堂。其间，中俄艺术家齐聚一堂，举行了“中俄艺术家高峰论坛”，就中俄文化产业未来发展和合作，广开思路，进行了友好的交流。中国对外友好协会及俄罗斯列宾美术学院艺术院也纷纷发来贺信，赞誉创作基地的落户代表了哈尔滨对俄文化艺术交流活动的重大突破，是增进中俄人民相互了解与友好情感的大喜事，相信伏尔加庄园将以此为契机，为哈尔滨对俄文化合作及中俄文化交流作出更大的贡献。

为促进中俄文化艺术交流丰富内容、创新形式，推动中俄人文交流提升层次、引向深入，2020 年 12 月 7 日，在中国俄罗斯友好协会、俄罗斯中国友好协会支持下，由黑龙江省文化和旅游厅、俄罗斯美术家协会共同主办，伙伴杂志社协办，哈尔滨伏尔加庄园承办的“缤纷多彩的生活”薇拉·拉古金科娃油画作品线上展览开幕式在伏尔加庄园彼得洛夫艺术宫举行。伏尔加庄园依托“俄罗斯美协创作基地”，举办两次由俄罗斯人民画家和功勋画家参加的层次高、规模大的创作采风活动，常年常态化举办精品油画展、历史徽章展和中俄青少年系列文化艺术交流研讨活动，为中俄文化艺术交流提供了别具风格的物态载体和形式多样的合作平台，得到社会各界广泛赞誉。

### 3. 创建“影像与阅读”书馆

对于一座城市来说，图书馆是人们精神的寄托，是不可或缺的生活场所，更是照亮人们心灵旅程的灯火。自古以来，书墨与艺术似乎就是不可分割的聚合体。而文旅融合下的图书馆，更是诗与远方的化身，成为当下旅游阅读新风尚。

2017 年 7 月 26 日，中国摄影出版社“影像与阅读”书馆揭牌仪式在哈尔滨伏尔加庄园举行。该书馆由中国摄影出版社、黑龙江省摄影家协会、伏尔加庄园共同创建，是东北三省首个摄影专业书馆，旨在给广大摄影爱好者打造创作基地、学习空间、展示平台，搭建沟通桥梁。当日，还举行了“四季风光”摄影大赛颁奖活动。“四季风光”摄影大赛由伏尔加国际摄影俱乐部主办，近年来，伏尔加国际摄影俱乐部整合庄园多业态资源，充分利用互联网、影赛影展等线上线下优势，为全国摄影机构、群众性组织及广大影友提供全方位服务。同时，通过组织摄影创作等各类摄影实践活动，鼓励会员、影友创作出更多更好的作品，宣传大美龙江。活动期间，中国摄影出版社以“道之摄影——摄影创作提升的必由之路”为题开展摄影专题讲座，与网友分享了摄影应该如何穿过表象的空间赋予摄影精神层面的意义，如何打破常规，重构现实，重构摄影意识。此外，伏尔加国际摄影俱乐部还与中国摄影出版社等诸多专业摄影机构合作，邀请众多国际国内知名摄影大师，与广大影友分享创作故事。

“影像与阅读”书馆是摄影人之家、摄影师的加油站。书馆内藏有 2000 余册摄影图书，内容涉及国内外摄影史论著作、技术技法专业教程、美国国家地理系列图书、国际摄影大师经典典藏、影像生活系列图书等。馆内设有影友休息大厅、摄影工作室、影友作品展和世界摄影大师作品展。伏尔加庄园优越的地理位置结合优美的旅游环境，吸引了大批来自国内外的游客和摄影爱好者。人们来到这里，不仅可以在书馆内阅读，了解摄影知识，还可以畅聊摄影，走到馆外，结合庄园优美的景色创作自己的摄影作品，全方位体验摄影创作的快乐，走进摄影艺术的殿堂。“影像与阅读”书馆举办的各类摄影讲座、培训和创作活动，更是令人流连忘返，回味无穷。书馆还充分利用互联网、影赛影展等线上线下优势，为广大游客、摄影人、全国摄影机构及群众性组织开展全方位服务。

#### 4. 启动“中俄国际文化交流中心”

2018 年 6 月，伏尔加莫大创新学院、中俄国际文化交流中心、伏尔加阅读庄园在哈尔滨伏尔加庄园隆重揭牌，中俄文化界、教育界、艺术界、出版界 300 余人参加仪式。中俄国际文化交流中心的开启，标志着庄园依托哈尔滨对俄合作中心城市资源向文化旅游模式深度转型。通过与中俄著名院校及文化界、出版界合作，集美景、美育、美读、美食、美宿于一体，开创“文化 + 教育 + 旅游”跨界融合发展的全新模式。通过组织各类教育、科技、艺术、阅读等活动，有望打造黑龙江省崭新的文化名片。中俄文化国际交流中心从美育和创新教育主题切入，将启动世界顶尖音乐艺术、TRIZ 创新理论国际交流与教育研学相结合的课程体系。由此，伏尔加庄园已经超越了旅游本身，打开了艺术教育、精神教育、文化教育之门，由此而产生文艺文化的种子，提升全民文化艺术素质。

2018 年以来，随着中俄国际文化交流中心落地启动，伏尔加庄园在对俄文化艺术交流中的引领作用凸显。与中俄中学联盟成立"文化艺术体验中心"，举办"中俄中学联盟·首届青少年国际艺术节""全国中学俄语教师培训"，高层次交流合作频繁展开；伏尔加庄园罗蒙诺索夫科学实验室，常设课程定位资源与地球科学，成为黑龙江省中小学开展科技研学的重要实验室；"伏尔加国际模拟联合国大会"课程，邀请哈佛模联精英导师授课，打开中学生的国际视野；依托莫斯科国立罗蒙诺索夫大学、北京对外经贸大学、世界图书出版公司，"中国最美阅读庄园"声名远播……文化的内涵式拓展，助推伏尔加庄园华丽蝶变文旅综合体，并成为共建"一带一路"对俄文化交流的重要节点，促进了中俄睦邻友好世代相传。

### 5. 承办文化艺术和交流盛会

伏尔加庄园作为中俄文化交流基地、俄罗斯美协创作基地和中俄国际文化交流中心，近年来已经成为黑龙江省和哈尔滨市举办各类文化艺术和交流盛会的首选之地。

（1）《七十载中俄情》音乐会。

为庆祝中华人民共和国成立 70 周年暨中俄建交 70 周年，2019 年 9 月 28 日，伏尔加庄园举办《七十载中俄情》音乐会，由文旅部老艺术家合唱团、伏尔加庄园艺术团倾情献唱，为新中国送上生日祝福，为中俄 70 年情谊献礼。老艺术家合唱团是文化和旅游部的知名品牌，在社会上具有较高知名度和影响力。该团成立 30 多年来，声名远播国内外，赢得了诸多荣誉。

伏尔加艺术团成立于 2010 年，为了能够更充分地体现俄罗斯文化的本质和庄园文化的特色，演员分别来自俄罗斯、乌克兰、白俄罗斯等国家，为来自全国各地的游客奉献了 3000 余场精彩的俄罗斯民族歌舞。

（2）"中俄体育嘉年华"开幕式。

2022 年 7 月 20 日，"中俄体育嘉年华"开幕式在哈尔滨伏尔加庄园隆重举行。2022 年是"中俄体育交流年"，"中俄体育嘉年华"既是中俄友好、和平与发展委员会成立 25 周年系列庆祝活动之一，也是落实"中俄体育交流年"的具体举措。黑龙江省与俄罗斯体育交流经过多年来双方共同努力，成功打造了中俄界江友谊冰球赛等一系列大众喜爱、参与广泛的品牌和亮点活动。"中俄体育嘉年华"是以体育为媒介、友谊为纽带，共同唱响中俄民心相通、文化共融的主旋律，其开幕式在伏尔加庄园举行有着特殊的意义。伏尔加庄园作为中俄文化交流基地、俄罗斯美术家协会创作基地和俄罗斯莫大国际交流中心，为促进中俄睦邻友好世代相传做出了突出贡献。

（3）黑龙江省首届中俄地方文化艺术季。

2023 年 8 月 30 日晚，随着一簇簇绚烂的烟火在夜空中绽放，由黑龙江省文化和旅游厅主办，哈尔滨伏尔加庄园文化旅游有限公司承办的黑龙江省首届中俄地方文化艺术季闭幕式暨中俄文化嘉年华活动，在哈尔滨伏尔加庄园正式落幕。

本届文化艺术季从 6 月 14 日启幕，期间重磅打造了花车巡游、电音嬉水等六大亮点活动，精心策划推出歌舞赏鉴、街头艺术等八大特色板块 125 项活动，在哈尔滨、佳木斯、鸡西、黑河等城市的多个剧场、城市地标、景区广场等公共空间开展中俄知名艺术院团精彩演出百余场（次），全面展现了黑龙江省各艺术门类、新型业态竞相发展、繁荣活跃的蓬勃面貌。

哈尔滨伏尔加庄园在艺术季期间精心策划推出了焰火表演、非遗展演、俄罗斯文艺表演、马车巡游等丰富多彩的中俄交流展示活动，并通过线上、线下多种服务形式，为黑龙江省首届中俄地方文化艺术季画上了浓墨重彩的一笔。

闭幕式当天，俄罗斯演员们为游客举行了热闹的欢迎仪式，每位入园嘉宾都享受到了“面包蘸盐”的尊贵礼遇。在西餐厅外，古筝表演配合着吹糖人、漆画、陶瓷雕刻、面塑、书法等非遗表演，独具中国传统文化的韵味。贝壳广场上的非洲鼓表演动感十足，与金环西餐厅草坪上的俄罗斯舞蹈相映成趣。当晚，彼得宫宴会大厅内，来自中俄两国的艺术家们为现场嘉宾献上了女声小合唱《哈尔滨郊外的晚上》、歌舞《山楂树》、巴扬合奏《太阳岛上》、舞蹈《卡林卡》等耳熟能详的文艺作品。在哈尔滨市少年宫小雪花艺术团合唱节目《我在黑龙江等你》后，伏尔加艺术团的俄罗斯演员们还为现场嘉宾献上一场优美的宫廷舞会表演。随后，现场嘉宾齐聚彼得宫门外，共同欣赏阿什河畔对岸长达 5 分钟的焰火表演。

黑龙江省首届中俄地方文化艺术季的成功闭幕，也为中俄文化嘉年华活动拉开序幕，在伏尔加庄园，中俄两国的文化交流永不落幕。游客依然可以在庄园中欣赏普希金沙龙的俄罗斯油画展，欣赏俄罗斯风格的建筑群，观看来自伏尔加艺术团俄罗斯籍演员的精彩演出。

### 6. 创新冰雪娱乐和冰雪艺术文化活动

在“冰天雪地也是金山银山”发展理念的引导下，我国冰雪产业蓬勃发展，为抢抓“后冬奥”时代发展契机，实现黑龙江省打造冰雪旅游强省和哈尔滨市建设

“冰雪文化之都”的发展目标，伏尔加庄园利用优越而特色的旅游资源条件，在冰雪娱乐和冰雪艺术文化方面不断创新。

在冰雪季到来之时，伏尔加庄园为游人们设计和提供了各种独具特色的冰雪娱乐项目：

（1）中国首创城堡雪圈：到伏尔加庄园必玩的冰雪项目之一，从彼得洛夫艺术宫五层楼乘雪圈，十几秒飞驰冲向察里津诺城堡，这种快乐让游人备感疯狂。

（2）中国首创城堡越野滑雪：乘着小雪板在欧式城堡中穿行，如同置身于油画中，这是一项安全、便捷、健身的运动，尤其适合儿童和初级滑雪者。

（3）登小克里姆林宫：从克里姆林宫上可以浏览美景、乘坐冰滑梯，插上“翅膀”，奔驰而下。

（4）马拉爬犁：坐上最原始的交通工具马拉爬犁，行走在海神湾的冰面上，路过钟楼、灯塔、开启桥、古帆船，仿佛走着走着就来到了北欧。

（5）雪橇列车：雪橇像一条银色的飘带，飞驰在白雪皑皑的冰面上，充满了惊险和刺激。

2023 年 12 月 22 日，“拓彩冰雪　写意龙江”——“拓彩冰雪画”现场创研展示秀暨首届中国·伏尔加庄园冰雪艺术节盛装开幕。在为期 8 天的艺术节期间，充满俄罗斯风情的伏尔加庄园开展了拓彩冰雪画创研、冰雪艺术研讨、文艺演出、冰雪运动、音乐舞会等丰富多彩的文体活动。

伏尔加庄园·冰雪艺术节分为“艺心守望　共拓盛世”“艺彩飞扬　冰雪舞动”“艺体融合　助力亚冬”“艺美之约　浪漫共舞”四大板块。其中，“艺心守望　共拓盛世”系列活动充分挖掘和发挥龙江冰雪优势，展示研学成果。龙江书画艺术家和文艺志愿者探索创新冰雪艺术创作和展示形式，以龙江丰富的冰雪资源为创作灵感，在龙江冰版画的基础上，创新出拓彩冰雪画的全新冰雪艺术形式。邀请中外艺术家以冰雪为媒现场创作，通过刻刀雕饰色彩拓染，形成冰彩相融、冰融幻化的奇特图画，让人领略冰雪和绘画有机结合的艺术之美。“艺彩飞扬　冰雪舞动”系列活动邀请龙江舞蹈艺术家展示原创舞蹈作品，将冰雪转化为热情洋溢的舞蹈艺术，多角度展示热“雪”沸腾的冰雪文化艺术的独特魅力；邀请俄罗斯艺术家进行俄罗斯民俗舞表演，为观众带来极具视觉冲击力的艺术享受。“艺体融合　助力亚冬”系列活动包括展示由国内知名书画家绘制的“炫彩冰雪　助力亚冬”主题冰雪书画长卷作品；邀请冰雪运动项目冠军和艺术家共同参与书画笔会，通过艺术作品描绘大美龙江，营造喜迎亚冬会的浓厚氛围；在伏尔加庄园开展冰雪舞蹈、花样滑冰、冰雪足球、冰球表演等系列活动，让更多市民游客参与冰雪运动。“艺美之约　浪漫共舞”跨年活动在 2023 年 12 月 29 日举办新年音乐舞会。

#### 7. 推动文化和旅游深度融合

2019 年是文化和旅游深度融合发展元年，为贯彻“宜融则融，能融则融，以文促旅，以旅彰文”的要求，构建现代公共文化和旅游服务体系，推动文化和旅游深度融合，哈尔滨市香坊区图书馆组织了一系列活动大力开展图书阅读进景区。伏尔加庄园根据景区的实际，配送适应群众需求的图书，实现供需有效对接，为游客提供丰富的精神文化食粮，让旅游和阅读碰撞出绚烂的火花，让读者体验别样的图书馆。

为进一步宣传龙江精品旅游资源，促进文化与旅游融合发展，2020 年 7 月 18 日，由黑龙江省博物馆、伏尔加庄园共同举办的“北国好风光　尽在黑龙江”系列展之“东方莫斯科　梦幻伏尔加”图片展在黑龙江省博物馆开展。伏尔加庄园努力发挥自身旅游资源优势，积极与黑龙江省博物馆开展合作，推动优秀传统文化的传承与创新，促进文化与旅游融合发展，为建设文化强省、旅游强省做出了贡献。

2020 年 7 月 30 日，在伏尔加庄园黑龙江省博物馆第三党支部与伏尔加庄园党支部开展了“文旅融合　共建共享”主题党日活动。双方就各自的党建和业务发展进行了介绍，就文旅融合、推动共建共享开展了热烈的交流。通过加强党建工作和业务工作的交流，黑龙江省博物馆与伏尔加庄园以党建为统领，推进“党建 + 业务”，做到“两手抓、两促进”，使各项业务在党建工作的统领下高效运行、快速发展，提升了双方优势互补能力，助推文旅融合发展，发挥“1 + 1 > 2”的作用，对实现文化传承创新和促进旅游业转型升级具有重要意义。

### （五）结语

多年来的运营实践证明，伏尔加庄园旅游和文化融合发展的思路及定位是正确的。一个小小的庄园，至今已经成为哈尔滨旅游的特色名片，成为城市对外的“窗口”，成为国内外游人梦想的旅游目的地，也成为中俄两国文化交流的基地、民间文化促进的大使。伏尔加庄园多次获得国家旅游、文化、经济、产业发展等方面的奖励，可以说伏尔加庄园在旅游和文化融合的道路上迈出了自己坚实的脚步。未来，伏尔加庄园还将继续沿着这条路走下去。

首先，伏尔加庄园将继续讲好城市故事。

一是加快二期规划。二期项目将跨河发展，建设伏尔加艺术小镇，继续用建筑语言和其他文化艺术形式，讲述城市的历史，展示城市的文化，发展城市的旅游。

包括规划设计好演绎城市文化的媒介和舞台。文化品质提升方面，将建设博物馆和艺术馆、图书馆，增加藏品，这是庄园的文化价值，也是未来资本。教育方面，将成立汉俄双语学校、艺术学校，培养语言、艺术、外交人才。环境艺术方面，将强化生态协调，做到天人合一。利用好自然基础精心雕琢，增加槭树、椴树、柞树、丁香、向日葵等俄罗斯本土特点的植物和哈尔滨特有植物，实现园林艺术化、文化指向化。

二是增强现代休闲文化和参与性。伏尔加庄园的休闲文化目前还不充分，未来将考虑艺术品鉴赏、收藏、拍卖会、阅读、摄影、绘画、音乐、舞蹈，包括动漫、现代艺术等学习和制作，建设影视拍摄基地等。

三是增加冬季体验。冬季将进一步丰富冰雪文化内容，增加俄罗斯民族冬季文化节庆活动、民俗活动内容和哈尔滨旧日城市冰雪文化内容，特别增加文化风情体验项目。

四是办好各种文化艺术交流平台和创作基地。举办沙龙、研讨、论坛、学术交流，创作各类艺术作品，成为国际文创基地，并与俄罗斯进行广泛的交流合作。

其次，伏尔加庄园还将继续推进国际化战略和实施旅游文化拓展，从规划设计、产品体系、设施建设、景区功能、市场开发、管理服务等各个方面做到对接国际标准。企业文化建设和管理的精细化都向国际化迈进，包括树立更高的企业形象、企业精神、发展理念、经营方针；处理好新老产品关系，解决环境影响，建立现代企业制度，实施人才战略，加强与国内外企业合作，拓宽融资渠道；建设国际化运营管理平台、国际会议中心、国际文化展览中心等。建立文化景区规划和运营团队，输出管理经验和模式；做好文化促进，组织策划联合拍摄俄罗斯文化影片，出版俄罗斯文化艺术品等。

未来，伏尔加庄园要做的事还很多，庄园的目标是建成国家文化旅游示范区、国家5A级旅游景区、国家休闲度假胜地、国际文化艺术小镇和以中俄文化为主体的国际文化交流基地。未来的伏尔加庄园会像一泓清水，倒映文化和旅游融合后成熟的背影；像打开的门窗，让人们看到一座城市的文化延续，呼吸到她历史的余香；也会把俄罗斯深厚的历史文化和浓郁的风情移植到阿什河畔，把哈尔滨城市的旧影定格在这里，包括许许多多人对家乡文化的执着恋情。当然，伏尔加庄园也愿意和希望吸引国内外所有来访者欣赏的目光，使他们感受到伏尔加庄园文化的价值和分量。

随着中俄两国签署多项旅游合作协议，中国和俄罗斯之间的旅游合作将迎来更加广阔的发展前景，中俄两国之间的文化交流也将不断加强。哈尔滨伏尔加庄园作为黑龙江省文化旅游和冰雪旅游的一张名片，如何以中俄文化交流基地为己任，充分借力各种发展机遇，深入挖掘特色文化，加强基础设施建设，提升服务和管理水平，探索文化和旅游深度融合的有效路径，是伏尔加庄园实现旅游高质量发展的重要课题。

## 三、启发思考题

1. 如何认识伏尔加庄园实现文旅融合的可行性和必要性?
2. 如何理解伏尔加庄园“有文化才能长远，有品位才有价值”的经营理念?
3. 如何评价伏尔加庄园的整体布局和景观建设?
4. 伏尔加庄园如何将特色景观与配套服务设施有机结合?
5. 伏尔加庄园如何践行“文化 + 教育 + 旅游”的发展模式?
6. 伏尔加庄园如何充分发挥“中俄文化交流基地”的作用?

## 四、分析思路

### 1. 从主题定位的视角看

随着文化产业与旅游产业的进一步融合，以及休闲旅游时代精神需求含量的不断加重，主题定位在旅游景区中的地位和作用越来越突出。景区一旦具备了富有市场影响力的主题定位，其景观、产品设计以及产业布局，就有了方向和依托，经过日积月累的沉淀，就会产生底蕴，凝铸为景区的灵魂，并彰显出个性和气质，景区也就有了品牌、效益和可持续发展的原动力。这就是景区特色，这样的景区才有垄断性或唯一性。

### 2. 从特色旅游景观开发的视角看

在进行异域文化特色景观营建时，不仅要注重对生态环境的保护，也要观察人工景观的建设与当地的自然环境和整体景观是否和谐统一。

### 3. 从文旅融合模式的视角看

文旅融合是新时代提升国家文化软实力和文旅产业国际竞争力的战略布局，也是促进多国文化与文明交流的重要途径。文化和旅游的融合经历了从嵌入到融合的逻辑顺序，其融合可以分为资源的挖掘与整合、技术与规划融合、产品与市场融合三个主要环节。可以选择的融合模式主要有“文化 + 旅游”“旅游 + 文化”“文旅 + 其他”三种模式。

## 五、理论依据与分析

### 1. 文旅融合

文化是灵魂，旅游是载体。文旅融合是指文化与旅游的有机结合和相互促进，通过将文化要素融入旅游产品和服务，使旅游活动更具有文化内涵和独特性。二者融合的基本思路是“以文塑旅，以旅彰文”。“以文塑旅”是指通过文化塑造和体现旅游活动的理念和特色，强调在打造旅游目的地的过程中，将文化元素融入其中，使旅游体验更加丰富、有深度，并打造独特的旅游品牌，促进旅游业的优化升级。“以旅彰文”是指通过旅游活动来展示、传承和弘扬文化，旅游活动可以成为一种展示文化传统、历史、艺术等方面的平台，通过旅游体验使人们更加深入了解并感受当地的文化底蕴，从而实现文化的传承和发展，同时将文化转化为文旅产业。文旅融合强调文化的创造、传播和共享，将文化与旅游有机结合，提升旅游体验的深度和广度。文旅融合不仅可以推动旅游业的发展，还可以传承和弘扬文化传统，促进地方经济的繁荣。

从宏观层面而言，文旅融合指的是文化和旅游两个产业在经济发展宏观背景下和产业运转升级过程中，为了满足市场和消费者需求，逐步打破各自产业经营范围、将现有的产业和生产要素进行最大限度的延展和扩充，进而实现两个产业经营范围、产业资源以及各项生产、服务要素的融合、重叠、交汇以及重组过程。这个过程往往意味着两个产业原本的思路、路径产生了相互靠拢的变迁，形成了一个基于产业交叉重叠的新生产业或行业。

从微观层面而言，文旅融合的主要内容是两个产业理念、发展路径、资源优势、技术服务、管理方法、功能定位等多方面的有机交汇，其中不仅包含两个主要市场的交叉，与之高度相关的周边市场也会因此产生变迁和升级，进而融入这个新的产业体系。文化产业和旅游产业融合价值最显性的体现就是经济收益，但从文化和社会的视角实现文旅融合价值的提升也是应该受到关注的。

从社会发展角度看，增强人民的幸福感是文旅融合发展的根本目标。满足人民对美好生活的向往，应厘清文旅融合主体以及主体间的关系。主体不明意味着权责不清、利益分配不均等。因此，应明晰文旅融合的作用主体与作用对象，针对各主体构建融合分类指标体系，有效评估文旅融合发展产生的效应。

从文化发展角度看，文化产业与旅游产业融合发展的基础是二者间的关联性与相融性。目前文旅融合过程中对文化要素与旅游要素关系的把握不够深入。第一，从创新性角度出发，缺乏核心“IP”。文旅“IP”既是产品的呈现形式，也是文旅发展的立足核心。第二，从协调性角度出发，文旅要素机械叠加，导致产品庸俗化、同质化。文旅融合作为一个有机整体，其融合效果应当取决于文化要素与旅游要素协调下产生的综合效应。第三，从适应性角度看，文化内核与旅游形式不配套，导致文化无法发挥最大效用价值。

从生态发展角度看，文旅融合与生态环境间的共存共荣可以为其可持续性发展注入内生力量。目前，文旅融合可持续发展动力不足，可持续发展的机制未完全形成，与其紧密相关的环境问题日益凸显。具体来看，仍有三个方面问题亟待解决：文旅融合发展还未形成绿色的、可持续性的融合理念；生态文明与文旅融合的衔接机制与评估机制有待完善；未形成与产业、经济、社会、生态协调发展的文旅融合创新模式。

### 2. 产业融合理论

1997 年，产业创新研究的权威人物弗里曼提出了一个全新的理念，即产业创新过程。他将这一过程细分为几个阶段，包括技术和技能的创新、产品和流程的创新，以及管理和市场的创新。这意味着，任何一种产业的发展和进步都需要在这几个方面取得突破。陆国庆（2002）在弗里曼的理论基础上，进一步提出了产业融合和创新的阶段性理论。他认为，技术的融合、产品和业务的融合，以及市场的融合在内的产业融合和创新是一个阶段性的过程。这些阶段将最终完成产业融合的全过程。

产业融合的实现方式主要包括三种：新技术的渗透融合、产业间的延伸融合以及产业内部的重组融合。新技术的不断引入与现有产业结合，形成新的产业形态，这是新技术对现有产业的渗透和融合。通过共享资源和技术，不同产业间形成产业链的延伸，这是产业间的延伸融合。而通过优化配置，实现产业内部更高效的运作，则是产业内部的重组融合。这些方式都能够帮助产业融合区域产业结构，使其向多样化、复杂化发展，同时加速资源的流动和重组，打破传统行业的界限，实现产业的跨界融合。产业融合还可以扩大区域中心的极化和扩散效应，有助于改善区域的平衡发展，减少区域发展的不平衡，从而推动区域经济一体化的制度建设。

随着市场经济的发展，旅游产业正在经历一场自我调整和变革。面对消费者需求的多样化和个性化趋势，旅游业的期望值持续上升，因此，必须不断创新和调整以满足新的需求。这种变化催生了一种名为“旅游+”的新型业态，即旅游与其他产业的深度整合，如“农旅”“体旅”“旅游+科技”“文旅”等。为了应对市场需求的变化旅游业正在积极探索与其他产业的融合，通过深度整合，打造出更具吸引力和竞争力的旅游产品和服务。这种“旅游+X”模式不仅丰富了旅游体验，也为相关产业带来了新的发展机遇。同时，随着科技的进步，旅游业也在积极运用新技术，如人工智能大数据等，提升服务质量，优化旅游体验，从而满足消费者不断升级的需求。这不仅有助于提高旅游产业的竞争力，也有利于促进整个经济的可持续发展。这种全新的业态模式推动了旅游业与其他产业的相互支持，创造了更为丰富和多元化的旅游产品和服务。产业融合对旅游业的影响深远，激发了旅游新业态的发展，提供了更广阔、更多元化、更高附加值的发展空间，丰富了旅游产品和供应体系，提高了消费者满意度，形成了“1+1>2”的产业联动效应，有助于提升旅游业的竞争力，推动我国社会经济的整体发展。

## 六、教学要点

（1）通过对案例主题定位的分析，深入研究伏尔加庄园如何体现哈尔滨的历史文化和异域风情。

（2）通过小组调研及有组织的讨论，深入了解伏尔加庄园的特色景观及相应的活动项目，获得文旅融合的直接体验。

（3）通过对伏尔加庄园开展的各项艺术文化和旅游活动的评述，了解文化、教育和旅游如何实现有机融合。

## 七、课堂设计

（1）案例课时间：90分钟。

（2）课前准备：学生课前对案例正文进行独立阅读、思考。

（3）案例回顾：对案例内容进行简单概括，明确讨论主题，不超过5分钟。

（4）讨论：将学生分成若干小组，布置讨论主题，进行分组讨论，讨论时间不超过25分钟。

（5）发言：各小组推选一名学生作为代表发言，每组5分钟，发言时间总体不超过30分钟。

（6）辩论：引导全班进一步讨论，不超过20分钟。

（7）教师总结：老师进行归纳总结，不超过10分钟。

（8）课后安排：请学员以调查报告的形式，对案例目的地进行实地调研并提出新的问题。

## 参考文献

［1］冰城馨子．首个中国“俄罗斯美协创作基地”落户伏尔加庄园［EB/OL］（2016－10－21）．https：//m. sohu. com/a/116825856_103313/.

［2］冰城馨子．夏日伏尔加庄园必到的十个打卡地［EB/OL］．（2023－06－21）．https：//baijiahao. baidu. com/s?id＝1769262922704054849&wfr＝spider&for＝pc.

［3］冰城馨子．中俄体育嘉年华，在美丽的哈尔滨伏尔加庄园开幕［EB/OL］．（2022－07－22）．https：//baijiahao. baidu. com/s?id＝1739004427773081538&wfr＝spider&for＝pc.

［4］冰城馨子．中国红独角兽横空出世，哈尔滨再添新景观［EB/OL］．（2022－10－02）．https：//baijiahao. baidu. com/s?id＝1745526628038137884&wfr＝spider&for＝pc.

［5］陈柳钦，产业融合的发展动因、演进方式及其效应分析［J］．西华大学学报（哲学社会科学版），2007（4）：69－73.

［6］耿松涛，刘玥．系统论视角下的文旅融合动态演进逻辑与发展路径探索［J］．学习与探索，2023（3）：106.

［7］焦阳，张宇飞．伏尔加庄园：“东方莫斯科”的一颗璀璨明珠［EB/OL］．（2023－12－13）．https：//life. zgswcn. com/cms/mobile_h5/wapArticleDetail. do?article_id＝202312131149141061 &contentType＝article#.

［8］荆天旭．伏尔加庄园举行盛大演出《七十载中俄情》音乐会余音绕梁［EB/OL］．（2019－09－30）．https：//baijiahao. baidu. com/s?id＝1646055560680873873&wfr＝spider&for＝pc.

［9］井洋，韩波．伏尔加庄园：新的协奏［N］．黑龙江日报，2018－12－10（1）.

［10］克里斯·弗里曼，卢克·苏特．产业创新经济学［M］．华宏勋，等译．上海：东方出版中心，2022.

［11］雷鹏，旅游新业态类型及其形成驱动机制研究［J］．旅游纵览（下半月），2014（4）：251－252，263.

［12］刘姝媛．首届中国·伏尔加庄园冰雪艺术节开幕［EB/OL］．（2023－12－22）．https：//baijiahao. baidu. com/s?id＝1785987611930424815&wfr＝spider&for＝pc.

［13］陆国庆．论衰退产业创新［J］．中国经济问题，2002（5）：45－51.

［14］马胜清．文化产业与旅游产业融合机理及经济效应［J］．社会科学家，2021（5）：101－106.

［15］那跃娜．伏尔加庄园一天迎来4000名游客［N］．哈尔滨日报，2024－02－28（4）.

［16］王克修．人民日报新论：为旅游注入文化灵魂［N］．人民日报，2017－12－21（5）.

［17］魏建伟．俄罗斯文化主题公园发展对策分析——以伏尔加庄园为例［J］．科技展望，2015，25（9）：205.

［18］于博洋．黑龙江省首届中俄地方文化艺术季收官［EB/OL］．(2023－08－31)．https：//baijiahao. baidu. com/s?id＝1775745822369441882&wfr＝spider&for＝pc.

［19］于秋月．伏尔加庄园的传说［N］．哈尔滨日报，2023－11－09（8）.

［20］张弘．伏尔加庄园发展战略研究［D］．哈尔滨：哈尔滨工业大学，2013.

［21］张建刚，王新华，段治平．产业融合理论研究述评［J］．山东理工大学学报，2010，12（1）：3－6.

［22］赵晋锐．文旅融合视域下的茶文化创意产品设计［J］．福建茶叶，2024，46（5）：86－88.

［23］周秘．东北三省首个摄影专业书馆落户哈尔滨伏尔加庄园［EB/OL］．(2017－07－26)．https：//heilongjiang. dbw. cn/system/2017/07/26/057725462. shtml.

# 案例九
Case 9

# 从传统到多元
## ——业态创新推动太阳岛风景区高质量发展

**案例摘要：**随着消费升级转型和新一代消费者崛起，人们不再仅仅满足于一个封闭式的消费环境或者单一的景点观光旅游，人们的旅游观念也发生转变，因此对旅游产业提出了更高的要求，这使得众多的传统景区遭受不同程度的重创，纷纷开始走上“自救道路”。本案例以哈尔滨太阳岛风景区为例，从旅游目的地规划的角度，探索旅游业态创新升级路径，分析太阳岛如何从传统5A级景区向着开放式城市休闲消费岛转型，为全面理解和掌握旅游目的地规划步骤和产品理论基础提供了鲜活的学习案例。

## 一、教学的目的和用途

本案例主要适用于旅游目的地开发与管理、旅游规划与战略管理等课程相关内容的教学与实践。

本案例适用对象为MTA专业硕士及旅游管理类专业的本科生、研究生。

本案例的教学目的在于让学生了解哈尔滨太阳岛风景区为更好地顺应市场发展和旅游者需求升级采取重新定位、重塑品牌、再造产品、更新营销等一系列措施，进行产品更新和再开发以延长生命周期，实现了从传统景区转变为开放式城市休闲消费岛的华丽蜕变，为传统景区自救和创新发展提供了案例借鉴。通过教、学、做合一，学生在面临类似问题时，可以找到传统型景区的升级突破口，探索业态创新升级路径，帮助传统景区成功转型。

## 二、案例内容

### （一）引言

2018 年惠民政策出台，指出要逐渐降低国有重点景区门票价格，各大景区纷纷降价，进而导致以门票、景区交通等设施为主的景区营收也在逐年下降。随着旅游者对大众化和个性化旅游需求的增加，太阳岛风景区的游客量有所减少。太阳岛景区的现象只是众多传统旅游景区的一个缩影，近年来包括一些传统名胜景区，客流量也面临步入瓶颈的问题，未来单纯依靠门票、缆车收入的红利时代已经逐渐消失，开始倒逼成熟景区二次创业，探索多元业态盈利模式。未来如何开发游客二次消费、增加游客消费时长促进旅游企业转型升级成为旅游业必须要思考的问题。因此市场发展带来的巨大竞争压力倒逼景区从以观光为主、靠门票实现核心营收的产业模式向休闲度假体验的方向转变，使得未来的景区收入渠道不再单一且产业结构也将是多元化，才能紧跟时代的步伐，助力企业高质量发展。

自此，2020 年太阳岛集团国家 5A 级景区“太阳岛风景区东区”与中国旅游集团投资运营有限公司旗下专注于旅游资源开发与管理的全资子公司——中旅风景正式签署《运营管理合作协议》，此次系列签约确认了双方长期、稳定、共赢的合作关系，未来更加积极探索落实多样化的合作模式，共同打造太阳岛风景区成为文旅产业集聚高地，推进哈尔滨文旅产业振兴发展。以建设国际知名旅游度假胜地为目标，致力将太阳岛打造成为本地市民提供休闲旅游的好去处，吸引外省游客入省旅游必到打卡的城市地标，通过丰富消费业态、融合特色文化、做优服务管理，擦亮“国家 5A 级”金字招牌，为太阳岛风景区高质量发展和长远发展奠定基础。

太阳岛景区的蜕变不禁让人深思，一个以依靠景区门票、餐饮娱乐、景区交通等设施为主盈利的传统观光景区，如何通过与企业合作，实现了从传统 5A 级景区向着开放式城市休闲消费岛的转型？带着疑惑，让我们从太阳岛政企合作的历程中去寻找答案。

### （二）案例背景介绍

哈尔滨太阳岛风景区坐落于松花江北岸，总面积为 88 平方公里，因其碧水环抱、花木葱茏、风景秀美、野趣浓郁而著称，其发展历程是一段融合了自然美景、人文历史与现代旅游业发展的壮丽篇章。

早年间，满族人在此渔猎，松花江盛产的鳊花鱼在满语中被称为“太宜安”，与汉语的“太阳”发音相似，因此得名太阳岛。20世纪初，随着中东铁路的修建，许多外国侨民来到哈尔滨，被太阳岛的美丽风光所吸引，纷纷在此修建别墅，并开展狩猎、钓鱼、野餐、野浴等活动。这些充满异国情调的建筑和生活习俗，不仅成为一种时尚，更成为哈尔滨多元文化的一种象征。

然而，太阳岛真正的转折点出现在2003年。当年，当地政府以“重塑太阳岛旅游品牌、打造生态城市”为目标，斥巨资对太阳岛进行了整治改造。改造后的太阳岛集郊野风光、欧陆风情、冰雪艺术、北方民俗于一体，不仅提供了丰富的文化娱乐活动，还增设了儿童游戏区、体育设施、友谊园和青年之家等多元化设施，使其既成为一大避暑胜地，又成为休闲娱乐的理想场所。

正是这一系列的努力和改造，使得太阳岛风景区在2006年被联合国友好理事会授予“联合国生态示范岛屿”的荣誉称号，同年又被中华人民共和国建设部授予“中国人居环境范例奖”。而在2007年，太阳岛更是被评定为国家首批5A级旅游景区。其荣获的“国家旅游名片”称号，更是对其美丽风光和卓越旅游品质的最好证明。随着太阳岛景区的知名度越来越高，旅游者接踵而至，2012年太阳岛收入已达9000万余元，年接待游客约100万人次。

而位于景区东边的太阳岛东区是一处由独特的俄式建筑、冰雪景观、自然湿地等资源构成的综合性风景区，拥有丰富的自然资源和多样的建筑景观（见表9－1）。其中俄罗斯风情街和太阳岛俄罗斯风情小镇以独特的俄罗斯建筑风格吸引了众多游客。这些建筑不仅具有观赏价值，还为游客提供了购物、餐饮等多元化的旅游体验。此外，岛上还有多处历史建筑，如俄侨避暑别墅旧址、青年之家塔楼等，这些建筑见证了太阳岛的历史变迁，为游客提供了深入了解哈尔滨历史文化的机会，深受游客的喜爱。

**表9－1　　太阳岛风景区（东区）内设景点**

| 名称 | 占地面积(万平方米) | 简介 |
|---|---|---|
| 俄罗斯风情小镇 | 10 | 由27座俄式风格的民宅和商店组成的一个特色小镇 |
| 冬雪园 | 1 | 三期改造后建造的小园 |
| 东北抗联纪念园 | 3.6 | 东北地区最大的抗日战争教育和纪念基地 |
| 于志学美术馆 | 0.1 | 主要陈列于志学先生的艺术作品 |
| 韩建民油画收藏馆 | 0.46 | 收藏了中俄著名的油画作品 |
| 夏花园 | 0.9 | 三期改造新建的休闲小园 |
| 巴兰赫啤酒广场 | 1.1 | 以啤酒文化为主题，突出欧式建筑景观 |
| 哈尔滨城史馆 | 0.23 | 陈列哈尔滨历史资料 |

续表

| 名称 | 占地面积(万平方米) | 简介 |
| --- | --- | --- |
| 于志成雕塑园 | 0.2 | 国内第一个以个人名义命名的雕塑园 |
| 俄罗斯艺术馆 | 0.17 | 馆内珍藏有俄罗斯艺术品近4000件，展品近1200件 |
| 俄罗斯金色剧场 | 0.04 | 演绎俄罗斯歌舞 |
| 北方民艺精品馆 | 0.003 | 汇集近千件北方艺术品 |
| 栖凤台 | 0.005 | 两只栩栩如生的凤凰栖息在一个立体花坛上，与坐龙合二为一，为龙凤呈祥之意 |
| 坐龙广场 | 0.006 | 坐龙造型的大型立体五色草花坛 |
| 冰雪文化展馆 | 0.007 | 以艺术作品的方式展示冰雪文化的发展历程 |
| 笨熊乐园 | 2.2 | 儿童基地 |
| 花卉园 | 7 | 中国东北地区最大的花卉观赏基地 |
| 雪雕艺术园 | 0.3 | 用汉白玉等白色材料雕刻而成的艺术品 |
| 午阳广场 | 0.12 | 坐落在通往睡个云天的路口中心 |
| 水阁云天 | 0.15 | 人工湖 |
| 冰雪艺术馆 | 0.5 | 人工建造的室内冰雪艺术馆 |
| 听雨廊 | 0.003 | 欧式风格的白色建筑 |
| 快乐基地 | 2 | 儿童乐园 |
| 太阳山 | 0.3 | 山上景色郁郁葱葱，山上的太阳亭是全岛的制高点 |
| 鹿苑 | 6.2 | 有人工驯养的梅花鹿40余只 |
| 新潟友谊园 | 4.2 | 为纪念日本新潟两市缔结友好城市十周年而建 |
| 丁香园 | 1.2 | 丁香为哈尔滨市市花，园内栽有12个品种上千株丁香 |
| 花季园 | 1 | 栽种夏季花卉 |
| 中心湿地 | 10.6 | 江漫滩型湿地景观 |
| 邓林 | 3 | 一大片落叶阔叶林 |
| 太阳瀑 | 1.5 | 人工瀑布，内设仿真溶洞 |
| 松鼠岛 | 2.4 | 养有3000多只松鼠，是黑龙江省内最大的松鼠养殖、观赏和科普基地 |
| 天鹅湖 | 1.3 | 黑天鹅、大天鹅、小天鹅、飞鸭、灰雁等 |
| 阳光沙滩浴场 | 9 | 引进黄金西沙，夏日最受欢迎 |

随着景区渐渐从发展期到成熟期，景区发展中出现了发展缓慢、经营模式固化、游乐项目同质化严重、缺乏创新等一系列问题，大批游客流失，景区发展开始走向停滞期。而且消费升级转型和新一代消费者崛起，使得太阳岛东区对于游客的吸引力急剧下降。传统旅游景区的危机感加重，市场上不断涌现的新业态加剧了竞争，传统旅游景区对于产品创新、商业模式转变的需求变得更加迫切。因此如何做到景区的突围、如何推进旅游业态的提档升级，是当前面临的重要难题。结合太阳岛东

区实际情况，提出传统景区的转型发展之路，对传统旅游景区应对市场转变得到第二次发展至关重要。

## （三）案例主题内容

太阳岛风景区从传统景区转变为开放式城市休闲消费岛的过程并不是一蹴而就的，是经历了多个过程，逐步向度假消费岛转型。党的二十大报告提出，“加快构建新发展格局，着力推动高质量发展”，“增进民生福祉，提高人民生活品质”。在全域旅游的理念下，跳出传统景点旅游的模式，强调区域旅游资源整合、产业融合发展和社会共建，是旅游业高质量发展的方向。近年来，为了更好地顺应市场需求，太阳岛风景区结合自身特色资源，坚持规划引领，立足市场需求，聚焦数字经济、生物经济、冰雪经济、文化创意等新兴产业进行升级，推动高质量发展，基于“旅游+”多元业态融合创新，依托旅游开放、空间规划、旅游企业，推动景区从“走马观花”走向度假休闲，从景点旅游走向全域旅游。

### 1. 以市场需求为导向，关注顾客需求变化

（1）市场趋势分析。

消费转变：消费形态向发展型、美好型转变，旅游更加注重体验、休闲娱乐和文化艺术等，新中产阶级的崛起正成为推动消费升级变化的核心力量。随着文旅融合、市场细分、科技创新、品牌跨界的不断演变，消费市场出现了新的热点领域，包括以时尚、医美、运动为主的“她经济”，以时尚潮牌、科技体验（VR/AR）为主的“潮经济”，以光影秀、夜游活动、夜间业态为主的“夜经济”，以宠物消费、二次元、动漫（IP）为主的“萌经济”，以亲子娱乐、儿童用品、儿童教育为主的“亲子经济”，以及以明星店、网红店为主的粉丝经济六大消费热点。更加注重情感满足、圈层细分、体验感、休闲舒适为核心驱动。

市场格局：目前太阳岛风景区周边逐步形成了以自然观光、文化休闲为核心，以主题公园、亲子教育娱乐、商业综合休闲等为支撑的多元产品格局，因此未来太阳岛风景区的市场发展趋势可以向更具时尚感、艺术感、潮流感的文化艺术体验、互动娱乐、亲子教育等方向转变，形成差异化定位。

（2）市场调研。

为了更好地贴合以市场导向为主、满足旅游者需求进行产品业态提升转型，笔者在规划升级之前进行了市场调研，共完成问卷共计1035份，其中黑龙江省内（基础市场）投放问卷655份，国内市场投放问卷380份。

① 样本基础状况。

通过地域及太阳岛造访率列联分析，非黑龙江省内城市的到访率高于61%，哈尔滨市内造访率为80%~90%，是非常符合区域性地标景点市场认知特征的，且根据市场需求变化，强化标识印象通常是此类景点二次突破的重要途径。

② 存量标志产品调查。

在本地被访者调查中，俄罗斯风情小镇以267票成为落地产品中最具标志性的产品，其次以自然和人造景观为代表的松鼠岛、水阁云天、天鹅湖、太阳瀑以及品牌节事活动雪博会也都具有一定代表性。

在以本地市场为主的旅游者偏好业态中，亲子类业态（以亲子游乐园、亲子游戏为代表）、文创类业态（以潮玩店、地方特产店、网红店铺和网红餐厅为代表）、展演类业态（以文化展馆、歌舞剧院为代表）、度假业态（以特色民宿、特色主题酒店为代表）和节事类活动受到本地市场青睐。

在本地市场游客偏好上，游客对于时尚、休闲和舒适的微度假、休闲目的地较为感兴趣。结合太阳岛本地资源和产品就具备极强的生态休闲和舒适属性，因而在业态和景区提升表现上对于时尚、艺术和运动调性的加强，成为了针对本地市场的下一个重要突破点。

在省外游客来哈旅游活动偏好类型上，对于美食类、冰雪娱乐类、自然景观观光类、特色住宿类成为重点体验项目。其次，网红点打卡、地方特色纪念品、土特产品店、人文艺术观光也十分喜爱。

在调性偏好上，与本地游客趋同，这也要求景区业态提升规划上，更注意时尚性、艺术性导向，在新体验项目的后期植入和招商中，可以寻找具备一定刺激性的产品。

③ 市场调查关键点总结。

对省内外被访问者来说，时尚、休闲、舒适性项目为主要兴趣点。文化创意、亲子休闲、网红打卡、艺术展览以及民俗度假为代表的体验项目偏好呈现长尾态势，市场需求潜力同样巨大。

除自然风光和冰雪运动外，被访者均对艺术、时尚符号认知度较高。艺术及时尚符号作为次生元素，具备较大的再塑造潜力。

省内外游客的二次消费均仍有巨大的潜力可挖。前期本地游客消费表现不佳更有可能是现有落地产业中没有适合本地居民可转化消费的产品。

### 2. 调研本地业态，对焦景区现有问题

（1）本地业态分析。

太阳岛内可规划建筑共95栋，总建筑面积68392平方米，其中质量好及较好的

仅占 13%，43% 的建筑风貌可利用性普通，另有 43% 亟须改造修缮。景区内商业业态的类型、运营状态、规模等情况如表 9－2 所示。

**表 9－2　　太阳岛风景区商业业态**

| 业态类型 | 现状业态 | 规模（平方米） | 运营状态 | 盈利模式 | 是否保护 |
|---|---|---|---|---|---|
| 文化艺术 | 韩建民中俄油画艺术展览馆 | 3516 | 在用 | 纪念品售卖 | 无 |
| | 刘明秀画家村 | 3516 | 在用 | | 无 |
| | 于志学美术馆 | 2828.02 + 1243 | 在用（免费使用） | | 无 |
| | 哈尔滨城史文物馆 | 1148.28 | 在用 | | 无 |
| | 太阳岛中俄油画基地 | 2343 | 闲置 | | 无 |
| | 北方民艺精品馆 | 1800 | 闲置 | | 无 |
| | 俄罗斯艺术展览馆刘明秀画家村 | 2071 | 闲置 | | 保护性建筑（三类） |
| 餐饮购物 | 会友轩（太阳岛度假酒店） | 9 | 出租 | 餐饮 | |
| | 荷香村 | 62 | 自营 | 餐饮 | |
| | 水阁云天 | — | 自营 | 小商品售卖 + 餐饮 | |
| | 太阳岛国际啤酒城 | — | | — | |
| 酒店住宿 | 会友轩（太阳岛度假酒店） | 1090 | 出租 | 住宿 + 餐饮 | 市级文物 |
| | 太阳岛艺术营宾馆 | 3117 | 自营 | 住宿 + 餐饮 | — |
| | 北龙温泉度假酒店 | 3034 | 出租 | 住宿 + 餐饮 | 无 |
| 休闲娱乐 | 笨熊乐园 | 1549 + 1785 | 自营 | 门票 + 餐饮 + 商品销售 | — |
| | 松鼠岛 | 1336 + 629 + 142 + 631 + 387 | 自营 | 动物粮食售卖 + 餐饮 | |
| | 新潟友谊园 | 495 | — | — | — |
| | 冰雪艺术馆 | 4887 | 出租 | 门票 | — |
| | 东北抗联纪念园俄罗斯风情小镇 | — | — | — | — |
| | 花卉园 | — | — | — | — |
| | 娜妃婚礼堂 | 1070 | 出租 | 一系列婚礼服务 + 餐饮 + 场地费用 | — |
| | 鹿苑 | — | 自营 | 动物粮食售卖 | — |
| | 俄罗斯风情小镇 | 1235 | 出租 | 门票 + 餐饮 + 商品销售 + 演艺 | 省级文物 |
| | 赛车场管理用房 | 244 | 闲置 | — | — |
| | 湖面游船 | — | 自营 | 设施娱乐 | |

根据表9－2，太阳岛风景区内现有文化艺术业态共7家，分散于南部园区各处，基本为公益性展馆出租于私人进行管理，档次中等。文化艺术业态提升了太阳岛调性，但属于小众化经营，并未接入市场，成为大众消费业态。

休闲娱乐类业态共11家，统计在册总建筑规模14302平方米，主要集中在北部核心游玩区域，以传统的生态休闲、静态观赏及设施娱乐为主，多数为出租状态，自营性项目少，且消费点不足，游客缺乏互动体验。因此在项目丰富度、品级和体验性上还有较大提升空间。

餐饮购物类业态共4处主要设施，以及一些小型餐饮点，统计在册的总建筑规模1907平方米。园内餐饮业态基本处于闲置状态，严重缺失，不能满足游客用餐需求同时餐饮类型单一，缺少特色型、让游客种草型餐饮类别，吸引力不足无独立购物设施，均依托餐饮点、展馆、售票处等，且售卖商品无特色，消费点不足。

太阳岛风景区（东区）住宿类业态总建筑规模7241平方米；目前酒店供应偏向于城市酒店、档次较低，度假功能缺失，与太阳岛度假品牌建设存在较大差距，且住宿设施类型单一，缺少主题性、特色性，吸引游客入住的要素不足；除艺术营宾馆为自营外，其余两处均为出租房产，景区自主盈利空间小。

综上，太阳岛现有业态主要围绕景区服务展开，以满足游客休闲娱乐、餐饮住宿为主。其中餐饮业态占比最高，为29%；其次为休闲娱乐与住宿业态，分别占比23%和19%；购物业态仅占7%，较为不足。

（2）存在的问题。

① 景点分布不均衡。

太阳岛内景点季节性问题较为突出，由表9－3可知在可统计的48处景点中，夏季景点共46处，占95.8%，而冬季景点仅2处，全季节景点更是一处也没有。景区内的景点资源类型多以自然观光和文化展示型景点为主，占75%；而休闲娱乐型仅有8处，占17%。

**表9－3　　太阳岛风景区项目分类**　　单位：个

| 资源类型 | 夏季旅游型 | 冬季旅游型 | 全季旅游型 | 小计 |
|---|---|---|---|---|
| 自然观光型 | 20 | 1 | 0 | 21 |
| 文化展示型 | 15 | 0 | 0 | 15 |
| 休闲娱乐型 | 7 | 1 | 0 | 8 |
| 复合资源型 | 4 | 0 | 0 | 4 |
| 合计 | 46 | 2 | 0 | 48 |

② 景区人流不集中。

由表9－4可知，景点热门区域均集中于北部片区的西半部，游客集中度高；反之，南部片区以三四级低热点区域为主，且分布分散。游客聚集于北部观光景点区域，生态观光是核心吸引，而南部文化艺术体验目前热度不够，而造成这一现象的主要原因是热点区域均在主游通道上，且产品面向客群广泛、创意性较强、景观质量较好。

**表 9－4　　　太阳岛风景区景点热点等级**

| 热点等级 | 数量（个） | 景点名称 |
| --- | --- | --- |
| 一级热点 | 3 | 水阁云天、鹿苑、花卉园 |
| 二级热点 | 3 | 笨熊乐园、冰雪艺术馆、松鼠岛 |
| 三级热点 | 4 | 新潟友谊园、赛车场、俄罗斯风情小镇、太阳岛艺术营宾馆 |
| 四级热点 | 8 | 太阳瀑、北方民艺精品馆、娜妃婚礼堂、俄罗斯艺术展览馆、于志学美术馆、韩建民中俄油画艺术展览馆、哈尔滨城史文物馆、刘明秀画家村 |

③ 消费业态产品不足。

太阳岛景区夏季以观光自然风景、动植物和半天然的滩涂以及体验欧亚风俗为主，本地游客为主前来采风野炊；冬季由于地理位置的特殊性，气候极寒，多是依靠雪博会的举办，来吸引外省游客赏雪景、看雪雕，但是通过的太阳岛风景区（东区）冬夏两季游客接待量情况（见图 9－1）和冬夏两季综合收入情况（见图 9－2）可以看出虽然夏季为太阳岛风景区的核心旅游季节，但是客单价与冬季相差悬殊（见图 9－3），存在二次消费业态产品严重不足的问题。

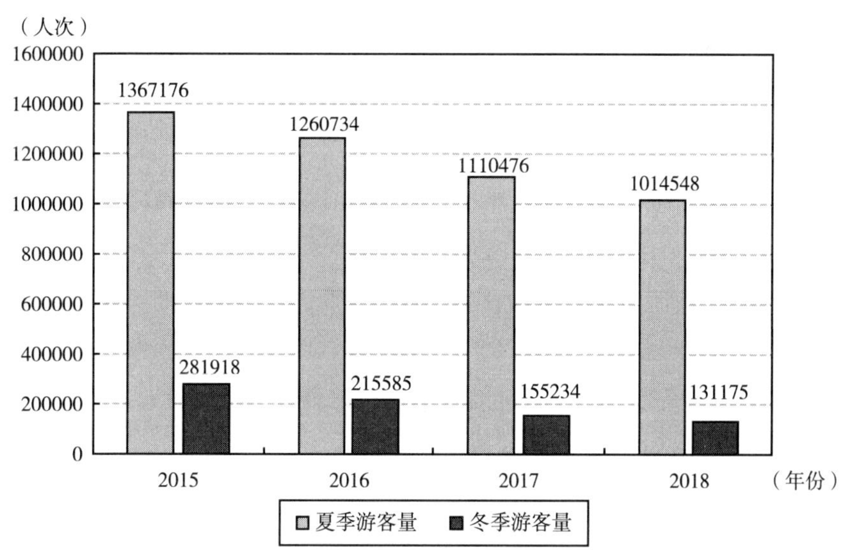


**图 9－1　2015～2018 年太阳岛风景区（东区）冬夏两季游客接待量情况**

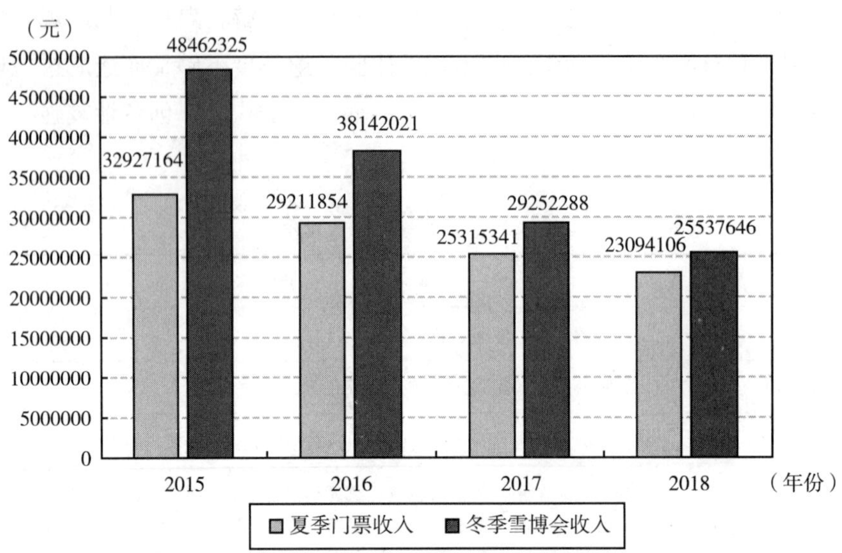


**图 9-2　2015～2018 年太阳岛风景区（东区）冬夏两季综合收入情况**

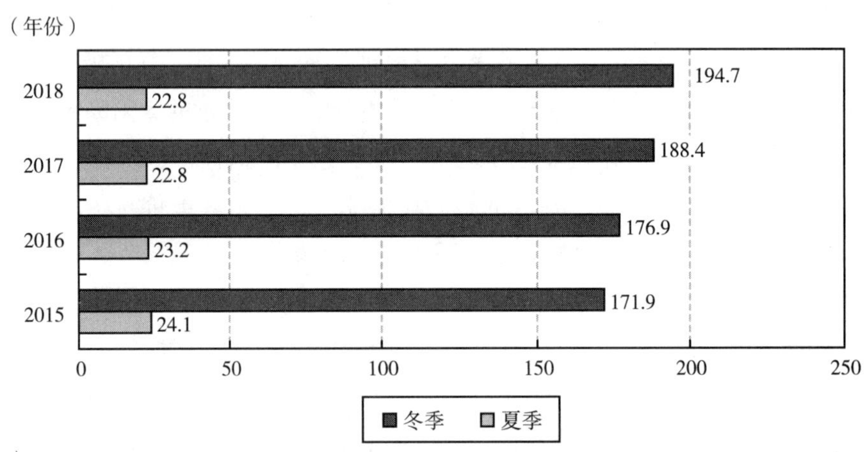


**图 9-3　2015～2018 年太阳岛风景区（东区）客单价情况**

注：因 2019 年 5 月 1 日起，景区实行免门票政策，故 2019 年数据未纳入统计。

2019 年免费开放后，太阳岛风景区（东区）收入占比较高的两项为雪博会收入占 31.05% 和观光车经营收入占 31.65%，其余多以服务性收益为主，可以看出景区内自营业态、消费业态严重不足，这也将成为未来营收提升的重要发力点。

### 3. 分区业态策划，积极进行业态重塑

（1）整体规划。

基于对市场需求的把控、对景区本底业态的充分调研，将太阳岛景区空间进行重新规划与布局，将太阳岛风景区整体划分为以极限酷玩（户外酷玩运动组团）、

青青成长营（主题营地教育组团）、新潟友谊园（传统日艺体验组团）、乐高探索营（亲子趣味游乐组团）、北国风情志（风情文化休闲组团）、冰城天地（冰雪植景游赏组团）为专项的六大组团，其中北国风情志由潮流文化园、啤酒不夜城、文化演艺苑、休闲度假村和风情俄罗斯这五大不同主题的街区组成（见表9－5）。

**表9－5　太阳岛风景区六组团五街区情况**

<table>
<tr><th>六组团</th><th>五区</th></tr>
<tr><td>北国风情志—风情文化休闲组团</td><td rowspan="6">潮流西园—西园街—潮流文化园<br>畅爽平原—平原街—啤酒不夜城<br>古典艺苑—太阳岛街—文化演艺苑<br>休闲东园—游览街—休闲度假村<br>风情临江—临江街—风情俄罗斯</td></tr>
<tr><td>冰城天地—冰雪植景游赏组团</td></tr>
<tr><td>极限酷玩—户外酷玩运动组团</td></tr>
<tr><td>青青成长营—主题营地教育组团</td></tr>
<tr><td>新潟友谊园—传统日艺体验组团</td></tr>
<tr><td>乐高探索营—亲子趣味游乐组团</td></tr>
</table>

（2）分区业态规划。

景区业态是指旅游景区为适应市场需求变化进行要素组合，提供特色旅游产品和服务而形成的景区经营形态。而促进业态创新是推动景区实现高质量发展的重要途径。太阳岛利用创意文化产业活化太阳岛商业及文化产业业态，以让太阳岛接地气、汇人气、聚财气为主题，对哈尔滨太阳岛现有的相关业态情况及开发利用进行了充分调研，将太阳岛作为全市区域提升的核心区，充分利用岛屿、水系、滩涂、冰雪、林草等自然资源、以老房子为代表的历史文化资源、立足哈市特色和独有风情，修复和恢复原有文化生态，完善优化餐饮住宿、文化展示、休闲娱乐、创意产业等景区业态。对原有景区内的老建筑进行了原汁原味保护修缮，完全保留原有建筑肌理和风貌，真正留存时代信息与印记。同时老建筑还“嫁接”了博物馆、潮流馆、音乐室、咖啡吧等新元素，用新业态复活老建筑区，老建筑区精彩蜕变为时尚创意街区，成为很多年轻人到哈尔滨旅游的必打卡点。

① 风情文化休闲组团业态规划。

啤酒不夜城作为风情文化休闲组团中主要街区之一，位于平原街北侧，拥有大面积的草地和品质独栋别墅，项目组利用其开阔空间和分散别墅建筑，以啤酒文化为主题、欧陆风情餐饮为主要业态表现形式，植入潮流音乐娱乐元素，配合文化活动以及不定期文化食品展销，打造独具特色的创意文化餐饮聚集区，突出啤酒文化、风情餐饮以及潮流娱乐分区亮点，打造哈啤国潮概念店和环球啤酒聚落。

首先依据修旧如旧的原则，对景区内的老建筑进行活态赋能，在保留其原有的建筑布局的基础上，引入哈啤品牌，采用品牌商共建的操作模式，利用哈啤太阳岛品牌底蕴，延展国潮文化，做出啤酒国潮周边，设立跨界联名特色品牌，打造集文创购物、文化展示、娱乐休闲于一体的哈啤国潮文化概念店。此外，采用招商联营操作模式，改造平原街别墅聚落区，以万国啤酒文化为主题，音乐为吸引元素引路，各国风情餐饮和创意餐饮为主要载体，打造太阳岛东区主力的风情餐饮街区。以创新融合餐饮＋精酿啤酒为主要业态载体，打造深受年轻人喜爱的精酿啤酒体验餐饮酒馆。将啤酒与创意融合，开发啤酒冰淇淋、啤酒冰棒、啤酒奶茶等特色饮品美食。同时引入俄罗斯啤酒，配套俄式美食，打造特色果味啤酒馆。为了丰富餐饮消费业态，使得业态更加多元化，景区采用招商联营模式引入品牌音乐酒馆，同时吸引流浪歌手作为酒馆驻场歌手，提升消费。引入德国、比利时、丹麦、捷克等国外知名啤酒餐屋品牌，打造各国风情主题的餐饮馆（见表9－6）。

**表9－6　　太阳岛啤酒不夜城街区业态**

| 业态类型 | 业态名称 | 改造房屋 | 业态描述 | 业态表现形式 | 操作模式 |
|---|---|---|---|---|---|
| 核心业态 | 哈啤国潮概念店 | — | 引入哈啤品牌，利用其爆款国潮啤酒，延展国潮文化，做出啤酒国潮周边，设立跨界联名特色商品，打造哈啤国潮文化概念店 | 文化展示＋文创购物 | 品牌商共建 |
| | 环球啤酒聚落 | 平原街别墅群 | 以深受年轻人喜爱的精酿啤酒为特色，融入文创理念，打造太阳岛文化主题精酿啤酒体验街区 | 风情餐饮＋文化展示 | 招商联营 |
| 配套业态 | 青巢主题轰趴馆 | 哈尔滨市警察学校 | 打造现代年轻人偏爱的轰趴馆，设置Xbox360、台球、桌游、迷你高尔夫、特色棋牌室等适合小众聚会的项目 | 潮流娱乐 | 招商联营 |
| | 风情文创集市 | 户外 | 利用西侧草坪不定期开展文创商品售卖、风情小吃集聚的文创集市 | 文创购物＋风情餐饮 | 招商联营 |

风情俄罗斯位于临江街南北两侧，街区以俄式度假别墅和其他历史建筑为主，是太阳岛文化风貌展示的核心区域，哈尔滨城市的标志景点之一。街区整体业态打造，依托风情建筑及太阳岛历史底蕴，融入欧陆及俄罗斯风情美食、音乐、特色等轻文化休闲业态，以创新文化传承历史，打造太阳岛独有的文化轻休闲街区。以异域风情、轻休闲、新文创为分区亮点（见表9－7）。

**表9－7　　太阳岛风情俄罗斯街区业态**

| 业态类型 | 业态名称 | 改造房屋 | 业态描述 | 业态表现形式 | 操作模式 |
|---|---|---|---|---|---|
| 核心业态 | 喀秋莎之家 | 俄式小楼 | 以传统俄式民居装修、生活用品进行主题包装打造带给住宿游客特色的俄式风情住宿体验 | 品质度假酒店 | 自营 |
| | 太阳岛红色历史展馆 | 德式小楼 | 依托太阳岛党组织发展历史和工人运动历史，通过文字、照片、蜡像和雕塑展示太阳岛波澜壮阔的红色文化 | 文创活动（展览） | 自建 |

续表

| 业态类型 | 业态名称 | 改造房屋 | 业态描述 | 业态表现形式 | 操作模式 |
|---|---|---|---|---|---|
| 核心业态 | 米尼阿久尔俄式西餐厅 | 风景街南侧（风景区13号码头） | 复建米尼阿久尔俄式餐厅，同时植入纯正俄式西餐、俄式小型演艺和太阳岛油画展示，打造品质俄式艺术餐厅 | 风情餐饮 | 联营共建 |
| | 俄式咖啡馆 | 原工商行疗养院 | 引入俄罗斯本土咖啡连锁品牌，进行俄式咖啡文化体验 | 文创购物＋文化咖茶休闲复合店 | 自营 |
| | 主题度假酒店 | 原风景区管理处 | 改造原风景区管理处，打造怀旧主题度假酒店 | 特色主题酒店 | 招商联营 |
| | 大众时尚连锁餐饮 | 会友轩 | 与大众时尚连锁快餐品牌合作联营 | 大众餐饮 | 招商联营 |
| | 诺夫哥罗德茶馆 | 俄式小楼 | 引入俄罗斯茶饮文化，打造一处集喝茶休闲、俄式甜品、茶品文创售卖于一体的俄式茶馆 | 小型演艺表演＋文创咖茶＋文创购物 | 招商联营 |
| 配套业态 | 彩蛋屋 | 俄罗斯小镇 | 展示及售卖俄罗斯彩蛋，引入盲盒玩法，让游客随机购买 | 文创购物＋文创活动 | 招商联营 |
| | 俄罗斯方块创意屋 | | 以全球知名的俄罗斯方块游戏为主题，打造实景趣味游戏空间，增设方块饼干、方块手机壳、手袋等文创商品 | 文创购物＋风情餐饮 | 招商联营 |
| | 三套车酒馆 | | 俄罗斯伏特加酒文化、甜品小食体验 | 文创购物＋咖茶＋小食 | 招商联营 |
| | 巴拉莱卡乐器屋 | | 展示俄罗斯民族乐器为主（多姆拉、巴拉莱卡等），增强游客体验的同时，售卖微缩版乐器文创商品（如钥匙扣、卡包、吊坠、冰箱贴等） | 文化活动＋文创购物 | 招商联营 |
| | 德姆卡泥塑玩具屋 | | 德姆卡泥塑玩具是维亚特卡市德姆科沃镇的传统工艺制品，由黏土烧制，涂鲜艳油彩，一般造型为动物、骑士、穿花裙的女士、童话及日常生活中的人物，游客可进行DIY创作 | 文化活动＋文创购物 | 招商联营 |
| | 马达姆列巴房 | | 在原有面包房业态基础上进行提升 | 文创购物 | 招商联营 |
| | 苏联人家 | | 保留原业态 | 文化展示＋文创购物 | — |
| | 国际象棋主题馆 | | 俄罗斯被誉为国际象棋王国，展示俄罗斯国际象棋文化，同时开发象棋蛋糕、冰淇淋等进行售卖 | 文创购物＋文化活动 | 招商联营 |
| | 集体农庄 | | 保留业态 | 文化展示＋文创购物 | 招商联营 |

续表

| 业态类型 | 业态名称 | 改造房屋 | 业态描述 | 业态表现形式 | 操作模式 |
|---|---|---|---|---|---|
| 配套业态 | 百年历程 | 俄罗斯小镇 | 保留业态 | 文化展示＋文创购物 | 招商联营 |
| | 百年文脉 | | 保留业态 | 文化展示＋文创购物 | 招商联营 |
| | 百年留声 | | 在原业态基础上融入俄罗斯音乐，进行唱片、音乐文创商品售卖 | 文化展示＋文创购物 | 招商联营 |
| | 珐琅美学馆 | | 俄罗斯特色工艺品罗斯托夫珐琅展卖 | 文化展示＋文创购物 | 招商联营 |
| | 彩画托盘屋 | | 若斯托沃彩绘是一种古老的俄罗斯民间手工艺风格，以在金属托盘上作画为主，可进行手工艺展示体验及商品售卖 | 文创购物 | 招商联营 |
| | 查哈冰淇淋坊 | | 文创购物，引入俄罗斯本土冰淇淋品牌，打造地道风情冰淇淋工坊 | 文创购物 | 招商联营 |
| | 俄式布林煎饼小食工坊（大众俄式风情小食屋） | | 以俄式布林煎饼和派等饼类小食为特色，打造集俄式小吃、俄式饮料休闲于一体的大众风情小食屋 | 大众餐饮 | 招商联营 |
| | 甜蜜俄罗斯 | | 售卖俄罗斯糖果 | 文创购物 | 招商联营 |
| | 波普画报馆 | | 引入哈尔滨非遗芦苇画进行文创商品售卖 | 文创购物 | 自营 |
| | 诗歌的太阳主题民宿 | 市化工疗养院（凤翔书斋） | 以俄罗斯诗人（如普希金）的诗词文章进行主题包装，打造俄式诗词文学主题民宿 | 特色主题酒店 | 招商联营 |

文化演艺苑位于太阳岛街北侧，原工疗俱乐部区域，由较大体量的三栋主体建筑组成，原功能为艺术展览馆和剧院，与其他街区相对隔绝。根据本地建筑实际和业态基础，将太阳岛街北侧区域改造成为常规艺术展览、演艺业态与大型沉浸演艺结合的艺术高地。街区核心业态项目是百年哈城沉浸演艺，新古典艺术、沉浸演艺成为该区亮点。

百年哈城沉浸演艺作为文化演艺苑核心业态项目之一，凭借区域内演艺和展览业态基底和建筑条件，依托哈尔滨百年开拓、开埠、建设历史，寻求与宋城演艺、又见系列、阳光媒体集团或与知名艺术家合作，进行观光线设计和动线改造，串联工疗俱乐部建筑，打造植入移步易景的大型沉浸式演艺秀（见表9－8）。

**表9-8　太阳岛文化演艺苑街区业态**

| 业态类型 | 业态名称 | 改造房屋 | 业态描述 | 业态表现形式 | 操作模式 |
| --- | --- | --- | --- | --- | --- |
| 核心业态 | 百年哈城 | 工疗俱乐部（现为俄罗斯皇家金色剧院） | 将片区50～52号楼整体考虑，以沉浸式演艺理念，依托哈尔滨百年历史打造成沉浸式体验剧目，以故事主线串联三座建筑，最后利用52号楼建筑进行墙体3D光影秀来作为表演的高潮结尾 | 演艺表演+艺术展览 | 品牌演艺单位共建 |
| 常设业态 | 俄罗斯古典艺术展厅 | 工疗西侧楼 | | | 自建 |
| | 世界现当代艺术展厅 | 工疗东侧楼（俄罗斯艺术展览馆） | | | 自建 |

潮流文化园位于游园街西侧、西江街东侧。该区域是水路、陆路游客进入景区的核心区域，游客流量大，是游客对景区的第一印象。街区业态打造思路是依托现有大流量游客，引入复合品牌业态，形成潮流艺术文化旗舰业态聚集。街区核心业态项目有摩登天空聚能场、跨界潮流餐厅、先锋音乐营、冰屋邮局。分区亮点为时尚、音乐、文创、休闲（见表9-9）。

**表9-9　太阳岛潮流文化园街区业态**

| 业态类型 | 业态名称 | 改造房屋 | 业态描述 | 业态表现形式 | 操作模式 |
| --- | --- | --- | --- | --- | --- |
| 核心业态 | Café & Meal 跨界潮流餐厅 | 工商局在用 | 与MUJ或其他时尚品牌合作，打造集文化快销和大众时尚餐饮于一体，适合大众消费的跨界潮流餐饮品牌店 | 文创购物+大众餐饮 | 招商联营 |
| | 影画艺术生活空间 | 原维纳斯婚纱影楼 | 以摄影和油画艺术为方向，植入艺术画廊、体验活动空间、VIP画廊、咖啡店等，能同时办展览、售作品、卖咖啡 | 文创休闲+潮流娱乐+文创购物复合 | 招商联营 |
| | 岛上文创生活综合体 | 原公安局培训中心、刘明秀画家村、太阳岛公司办公楼 | 将现有画家村改造，用现代设计元素诠释俄式风情，引入国内知名品牌书店，打造涵盖图书、咖啡、文创、酒店等复合型业态 | 文化咖茶+文化活动+文创购物+艺术展览 | 品牌引进合作 |
| | 东欧先锋艺术商品买手店 | 北方民艺精品馆、车库 | 搜集来自东欧及国内的个人设计师品牌商品，打造东西合璧的先锋体验店，呈现兼具潮流与品质的生活方式 | 潮流娱乐 | 招商联营 |
| | 冰屋邮局 | 观光车管理用房 | 房子修旧如旧，引入具有俄罗斯风情的文创邮局业态，设计太阳岛特色明信片信封等 | 文创购物 | 招商联营 |
| 配套业态 | 喜茶、星巴克、花园咖啡店 | 房地产培训中心 | 引入星巴克和喜茶，将两栋建筑及中间空地整体做景观提升，形成花园式饮品体验 | 文化咖茶 | 招商联营 |

续表

| 业态类型 | 业态名称 | 改造房屋 | 业态描述 | 业态表现形式 | 操作模式 |
| --- | --- | --- | --- | --- | --- |
| 配套业态 | 哈尔滨毛织文创工厂 | 原毛织厂疗养院 | 以哈尔滨毛织厂为文化素材，引入台湾文创工厂理念，打造毛织品文创商品售卖 | 艺术展览+文化咖茶+文创购物（旗舰店类） | 招商联营 |
| | 哈尔滨城史馆 | 哈尔滨城史馆 | 保留原有业态 | 艺术展览 | 自建 |
| | 娜妃婚庆 | 娜妃婚庆兰巴赫啤酒城 | 保留原有业态 | 文化活动 | 招商联营 |

休闲度假村位于游览街东侧、临江街北侧，以及迎宾路东侧区域，该区域生态环境极佳，住宿业态已初具规模。因此景区在现有住宿基础上进行提档升级以及引入品牌酒店，形成休闲度假旅游氛围。打造“热雨林”阳岛温泉行馆、油画艺术酒店、漫时光精品轻音酒店作为本区的核心业态，以康养、艺术、度假、休闲为区域亮点（见表9－10）。

**表9－10　太阳岛休闲度假村街区业态汇总**

| 业态类型 | 业态名称 | 改造房屋 | 业态描述 | 业态表现形式 | 操作模式 |
| --- | --- | --- | --- | --- | --- |
| 核心业态 | “热雨林”阳岛温泉行馆 | 北龙温泉酒店 | 将北龙温泉彻底整治，以热带风情植景为特色，引入特色汤池以及养疗餐厅，升级温泉养疗，打造高端温泉康养主题空间 | 康体养疗商业 | 自营 |
| | 漫时光精品轻音酒店 | 原太阳岛风景区资产经营有限公司办公楼 | 太阳岛风景区资产公司楼层较高，建筑较多，建议引入中端城市品牌酒店，通过音乐主题进行整体包装打造 | 特色主题酒店 | 招商联营 |
| 配套业态 | 阳光旅舍 | 工大建工学院 | 与国际青旅合作，以青年旅舍理念改造建工学院，融入中东铁路主题，一层接待处增设文化展示交流空间，打造特色住宿体验 | 特色主题酒店 | 招商联营 |
| | 绿舟生态度假酒店 | 艺术营宾馆 | 按4星级以上标准将现有艺术营宾馆进行改造升级，融入太阳岛渔猎生态文化，增设餐饮会议设施，客房增加影视投屏的功能，形成品质住宿体验 | 品质度假酒店 | 招商联营 |
| | 韩建民中俄油画收藏馆 | 韩建民中俄油画收藏馆 | 中俄文化艺术交流基地，建议在现有基础上增加艺术沙龙，文创购物、酒店等业态 | 艺术展览 | 自建 |
| | 太阳花亲子酒店 | 原市规划局/专顾委 | 针对岛上游乐的亲子家庭，打造一处主题亲子酒店，设置亲子餐厅、儿童活动空间，客房则可设置滑梯客房、帐篷客房，动漫客房等 | 品质度假酒店 | 招商联营 |

② 亲子趣味游乐组团业态规划。

亲子趣味游乐组团利用原笨熊乐园所拥有的亲子游客市场基础和部分亲子游乐设施项目，并对但出现老化和过时的部分游乐设施进行更换及更新。重新面向儿童市场、家庭市场，引入具有超高的人气和品牌知名度的乐高乐园及乐高探索中心项目，以乐高颗粒元素搭建室内外结合的主题游乐王国。通过乐高的彩色世界，营造沉浸式亲子互动拼砌体验，激发想象创意，互动益智，让孩子感受创造力的乐趣，将时尚亲子娱乐打造成为该区亮点（见表9-11）。

表9-11　太阳岛亲子趣味游乐组团业态

| 业态类型 | 业态名称 | 改造房屋 | 业态描述 | 业态表现形式 | 操作模式 |
|---|---|---|---|---|---|
| 核心业态 | 乐高探索中心 | 大粮仓 | 依托大粮仓建筑，引入乐高品牌，植入乐高制作、乐高作品展示、乐高赛车、乐高滑梯等项目，专门为亲子家庭打造乐高超级室内游乐园，形成室内室外结合的游乐设施体系 | 亲子娱乐 | 合作共建 |
| | 乐高欢乐园 | 室外区域 | 引入乐高乐园，包含乐高儿童驾驶学院、乐高飞机场、乐高机械乐园、乐高微缩世界、乐高迷宫和乐高游船港等户外体验项目配合室内的乐高探索营项目，配合室内乐高探索中心，打造主题鲜明的乐高 IP 游乐区 | 亲子娱乐 | 合作共建 |
| 配套业态 | Cinemaxx儿童电影院 | 笨熊乐园办公楼 | 亲子业态餐饮配套，同时增加小型儿童体验影院增加标杆性室内体验项目 | 大众餐饮+亲子娱乐 | 品牌商合作共建 |
| | 乐高积木欢乐餐厅 | 笨熊乐园办公楼 | 依托笨熊乐园原办公楼，打造乐高积木欢乐餐厅，为区块游客提供健康亲子餐饮服务 | 大众餐饮 | 自建 |

③ 冰雪植景游赏组团业态规划。

作为冰雪文化深度游览体验区，其依托原冰雪艺术馆、荷香村、鳄鱼馆所在区域，该区域以现代建筑和仿俄式建筑为主，建筑基础较好，并位于主动线上，易打造为四季型项目。因此景区以冰雪艺术馆为核心，结合鳄鱼表演馆、荷香村房产，形成以冰雪艺术展览、冰雪文化体验、沉浸体验为核心的冰雪游赏组团。打造触电·冰雪奇缘、冰雪艺术馆为主的街区核心业态，突出冰雪、体验、刺激的区域亮点（见表9-12）。

表 9－12　　太阳岛冰雪植景游赏组团业态

| 业态类型 | 业态名称 | 改造房屋 | 业态描述 | 业态表现形式 | 操作模式 |
|---|---|---|---|---|---|
| 核心业态 | 触电·冰雪奇缘 | 原鳄鱼表演馆 | 引入万娱引力，以冰雪奇缘为创作蓝本，打造沉浸式、近距离体验式游乐项目，依托新颖的“触电”沉浸互动形式和冰雪奇缘的 IP 效应，打造触电·冰雪奇缘项目，将线上影视变成线下实景娱乐 | 潮流娱乐 | 合作共建 |
| | 冰雪艺术馆 | 室外区域 | 因建筑为危房，因此景区对冰雪艺术馆进行了重建，一层提升原有冰雪艺术馆室内冰雪业态增加互动体验型、网红型冰雪娱乐互动产品；二层作为休闲餐饮和咖茶娱乐使用 | 艺术展览<br>大众餐饮 | 自营 |
| 配套业态 | 荷香村 | 荷香村 | 中式大众餐饮 | 风情餐饮 | 自建 |
| | 水阁云天轻餐饮休闲服务站 | 水阁云天 | 以湖景为依托，配套大众轻餐、小吃和咖啡休闲项目，作为区域休闲服务的配套项目 | 文化休闲 | 自建 |
| | 快的驿站 | 快的驿站/大木屋 | 游客服务及小食售卖 | 文创购物 | 招商联营 |

④ 极限酷玩运动组团业态规划。

极限酷玩运动组团设置在原北部原赛车场区域，根据场地实际生产利用情况，依托区域内空地条件，以“酷玩”为核心吸引，开发草地和雪地大众娱乐运动类酷玩体验项目，打造区域内的中青年游乐运动体验（见表 9－13）。

表 9－13　　太阳岛极限酷玩运动组团业态

| 业态类型 | 业态名称 | 改造房屋 | 业态描述 | 业态表现形式 | 操作模式 |
|---|---|---|---|---|---|
| 核心业态 | 全地形公园 | 户外 | 利用现有草地丘陵基底，植入四季可用的大型滑道车，以及冬季滑雪、夏季滑草的两用大滑坡、飞碟射击等固定项目，同时，非制雪期打造宿营等野趣项目，打造具有吸引力大众酷游娱乐组团 | 潮流娱乐 | 自建自营 |
| | 酷游运动公园 | 户外 | 设有攀岩、速降、巨型滑坡、冰雪大滑道等户外游乐项目 | 潮流娱乐 | 自建自营 |
| 配套业态 | 酷玩补给站 | 赛车管理房 | 作为区域内旅游服务中心，并导入餐饮、文创购物、休憩娱乐等功能，满足游客旅游基本需求 | 风情餐饮 | 自建 |

⑤ 传统日艺体验组团业态规划。

新潟友谊园作为传统日艺体验组团，位于原新潟友谊园区域。该区域生态环境优良、但部分日式建筑风格并不凸显，景观风貌有待提升。因此景区在重新规划该区域时，选择与地方企业合作，将地方特色美食、文创工艺等引入园区，将地方特色美食、文创工艺等引入园区，同时开展非遗文化展示交流活动，让游客能在园区体验特色文化、品尝特色美食，突出其日式风情、异国体验的分区亮点（见表9－14）。

**表9－14　太阳岛传统日艺体验组团业态**

| 业态类型 | 业态名称 | 改造房屋 | 业态描述 | 业态表现形式 | 操作模式 |
|---|---|---|---|---|---|
| 核心业态 | 日本园纪念馆 | 日本园纪念馆 | 保留原业态，在现有纪念馆基础上，强化展馆内陈展手段，丰富陈展内容，将现有展示内容分为两个部分：一是展示中日友谊，展示哈尔滨以及新潟文化交流等文化内容；二是展示日本文化，包括日本茶道、花艺、建筑、民俗等不同文化方面，打造一个具有纪念意义的中日友好纪念馆 | 文化展示 | 招商联营 |
| 配套业态 | 和服妆艺馆 | 日本园群房 | 与新潟十日町和服之乡合作，引入特色和服，展示日本和服文化，为游客提供服饰租售、整体造型、摄影跟拍等系列服务，让游客感受中日不同的传统文化风情 | 文化活动 | 招商联营 |
| | 村上木刻雕漆 | 日本园群房 | 引入具有600年历史的村上传统工艺品，同时聘请日本工匠人实地制作，展示在木胎上雕刻天然漆技艺，让游客感受日本工匠的匠人精神，同时售卖木梳、茶杯、装饰盒等木工工艺品 | 文创购物＋文化展示 | 招商联营 |
| | 撕织布艺馆 | 日本园群房 | 撕织是将用旧的棉布撕开，织成新的纺织品的佐渡的传统工艺，可用于桌布和提包等 | 文创购物＋文化展示 | 招商联营 |
| | 日式抹茶店 | 日本园群房 | 开设特色的日式抹茶店，进行茶艺和奶茶售卖 | 文创购物 | 招商联营 |
| | 漫画屋 | 日本园群房 | 以日本漫画为特色，引入新潟漫画家高桥留美子的一些元素，以日式漫画的形式为游客提供各种漫画体验，例如为游客提供肖像漫画制作体验 | 文化活动 | 招商联营 |
| | 无名异陶器馆 | 日本园群房 | 引入新潟佐渡市的特色陶器，向游客展示陶器艺术，游客欣赏的同时可参与体验陶器制作，让游客感受陶器设计美学的魅力和精髓，同时也可直接购买特色陶器，增加园区内旅游消费 | 文创购物＋文化展示 | 招商联营 |
| | 青酒文创铺 | 日本园群房 | 引入新潟特产青酒，设计以青酒文创为特色的日本青酒店，游客可在此买到纯正的新潟青酒，也可邀请游客在店内免费试酒品尝，增加店铺吸引力 | 文创购物＋文化展示 | 招商联营 |
| | 果子铺 | 日本园群房 | 以新潟特色大米为原料制作的特色果子店，同时提供其他日本特色糕点，以“店内扫码，日本直发”的形式，形成线上线下一站式购物模式 | 文创购物＋文化展示 | 招商联营 |

续表

| 业态类型 | 业态名称 | 改造房屋 | 业态描述 | 业态表现形式 | 操作模式 |
|---|---|---|---|---|---|
| 配套业态 | 越光寿司店 | 日本园群房 | 以新潟越光大米与日本寿司饮食文化结合，打造顶级寿司体验店，同时引入日本“一兰拉面”品牌，形成多重美食体验，店内装饰以日本式的风物挂件和风格为主 | 文创购物 | 招商联营 |
|  | 竹叶团子小食铺 | 日本园群房 | 新潟特色名产竹叶团子 | 文创购物+文化展示 | 招商联营 |

⑥ 主题营地教育组团业态规划。

青青成长营作为主题营地教育组团，将其设置在松鼠岛及天鹅湖区域。该区域组团内房产包括俄式建筑和现代建筑两种风格，20 世纪 90 年代原为太阳岛青年之家，建设有青少年活动营地，因此具有一定的历史积淀。景区依托青年之家历史上的青少年活动营地功能，引进国内顶级营地教育机构，打造主题式营地冬夏令营活动，为广大中小学生提供国际水准的课外素质教育体验（见表 9－15）。

**表 9－15　太阳岛主题营地教育组团业态**

| 业态类型 | 业态名称 | 改造房屋 | 业态描述 | 业态表现形式 | 操作模式 |
|---|---|---|---|---|---|
| 核心业态 | 青青成长营 | 原青年之家群房 | 依托 67 号建筑打造室内教育空间，根据课程体系设置不同学科主题教室、实验室，并配置活动室、表演室等空间，形成室内教育综合体。例如根据冬夏令营主题定期更新，包括科学启蒙营、心灵成长营、傲雪三项营、中俄文化交流探索实践营等，寓教于乐，保障每位营员的成长体验 | 亲子娱乐 | 品牌商共建 |
| 配套业态 | 青青食堂 | 松鼠岛餐厅 | 利用 71 号房产，依托其原来作为餐厅的基础条件，提升改造为营地食堂，为参加营地教育的青少年学生提供餐食服务 | 大众餐饮 | 招商联营 |
|  | 青年之家 | 青年之家别墅 | 对 68 号、70 号房产原青年之家俄式别墅进行提升改造，在不改变原有建筑风格的基础上对外立面修旧如旧，提升周边景观环境，为参加营地教育的青少年学生提供住宿服务 | 特色主题酒店 | 品牌商共建 |
|  | 青青服务站 | 青年之家塔楼 | 对 69 号房产俄式塔楼进行修缮，做到修旧如旧：一层作为教育营地综合服务点，二层塔楼配备少量休闲座椅，作为特色休闲观景空间 | 游客服务 | 品牌共建 |

（3）服务体系规划。

太阳岛旅游景区作为国内知名的旅游胜地，其服务体系规划不仅关乎游客的直观感受，更与景区的长远发展、资源配置、品牌形象及市场竞争力等多方面息息相关。因此，景区对太阳岛旅游景区服务体系进行全面而系统的规划。

首先，在综合交通规则方面，对道路交通进行人车分流，要求观光车沿环岛路运行，内部以自行车和步行为主，过境交通外移不再穿越景区内部，通过对观光车站点的优化调整，将游客逐步向南区引流；在水路交通方面，景区增加 3 条水上游线，以此缓解内部压力，同时与船厂区域形成水上联动；对于交通配套方面，景区对观光车站进行优化并新增自行车租赁点，形成自行车骑行租赁的全域覆盖。构建了水陆贯通、南北互通、区域联动的综合交通格局。

其次，完善基础配套、构建多元需求的三级服务体系。将太阳石广场区域作为一级旅游服务核心，为游客提供旅游接待、门票酒店预订、旅游咨询与宣传、旅游停车等大型综合性旅游集散服务，辐射太阳岛东区，并联动船厂区域。将栖凤台区域、青青营区域、友谊林区域作为二级旅游服务中心，依托现有建筑及功能，配套旅游咨询、酒店预订、电瓶车接驳等综合性旅游服务。依托现有规划业态，增设旅游咨询、电瓶车接驳的基础性旅游服务 6 处作为三级旅游服务点。在基础设施方面，景区进行一系列厕所改革，将景区内厕所标准改造为 3A 级标准，并对景区垃圾桶等环卫设施进行了一系列主题性、创意性包装。

最后，调整观光车线路，增设环岛观光车线路和联动船厂线路，并将环岛路以及景区内的主要游览道路，打造成专用骑行绿道，满足市民及游客的多体验型观光的需求，打造辐射全域的观光专线。并遵循标识导视系统原则，依托欧式创意元素为基础，结合各个片区的主题特色，并以园区风貌相协调，打造创意、时尚、生态、趣味的标识系统。

### 4. 创新营销范式，开拓新的消费市场

（1）产品营销体系的创新。

① 针对不同类型游客，创造多维度产品体系（见表 9－16）。

**表 9－16　太阳岛营销多维度产品**

| 游客类型 | 业态表现形式 | 针对性代表业态 |
| --- | --- | --- |
| 亲子游客 | 品牌亲子游娱＋拓展教育 | 乐高探索营、青青成长营 |
| 青少年游客 | 潮流娱乐＋时尚休闲 | 摩登天空聚能场、全地形公园、先锋音乐营 |
| 中青年游客 | 文创休闲＋美食体验 | 哈啤国潮概念馆、米尼阿久尔创新餐厅、岛上文创生活综合体 |
| 中老年游客 | 度假养疗＋观光休闲 | “热雨林”温泉疗养馆、绿洲生态度假酒店 |
| 省外游客 | 冰雪观光＋风情体验 | 冰雪艺术馆、生态风光观光、风情小镇观光 |

② 针对不同市场，创造多元化的形象体系。

太阳岛不同于其他单一的景区或城市公园，未来的太阳岛由时尚、文化、艺术、运动、冰雪、营地、亲子、度假等各种业态组成，对应不同的细分客源市场，有不同的客源市场形象（见表9－17）。

表9－17 太阳岛产品营销多元化形象

| 市场分类 | 游客类型 | 形象体系 |
| --- | --- | --- |
| 地域市场 | 本地市民 | 文化休闲新地标、生态休闲胜地 |
| | 省外游客 | 俄国文化风情核心打卡点、哈尔滨历史文化体验高地、冰雪游娱重要目的地 |
| 专项市场 | 艺术爱好者 | 国内知名油画艺术创作基地 |
| | 潮流文化追随者 | 哈尔滨时尚潮流娱乐聚集地 |
| | 科普研学群体 | 哈尔滨自然科普研学示范基地 |
| | 家庭度假客群 | 品牌亲子游娱地 |
| | 商旅客群 | 哈尔滨品质差旅休闲中心 |

③ 针对不同客群，创造多层次的价格体系。

针对本地游客和外地游客的需求的不同，以及季节的不同创造不同层次的价格体系（见表9－18）。

表9－18 太阳岛产品营销多层次价格体系

| 客群类型 | 价格体系 | 业态推荐 |
| --- | --- | --- |
| 本地市民 | 部分项目采用年票＋套票 | 乐高探索营、全地形公园、青青成长营 |
| 外地游客 | 套票 | 度假酒店＋风情餐饮＋观光车＋冰雪艺术馆＋全地形公园 |
| 季节性套票 | 套票 | 冬季：观光车＋冰雪艺术馆；<br>夏季：帐篷节＋全地形公园；<br>非旺季：沉浸演艺＋风情餐饮 |

④ 开通多渠道的销售体系。

构建由直接销售渠道和间接销售渠道组成的旅游营销推广渠道体系、阶段、有重点地开展旅游营销推广（见图9－4和图9－5）。

（2）节事活动营销创新。

2021年是太阳岛战略发展的建设提升期，太阳岛首届国际文化旅游节系列活动启动，持续推出“四季风情、魅力文旅”的主题系列活动、湿地游园节、哈夏音乐节、国际啤酒节、中国美食节、国际冰雪节等国内、国际品牌活动（见表9－19）。

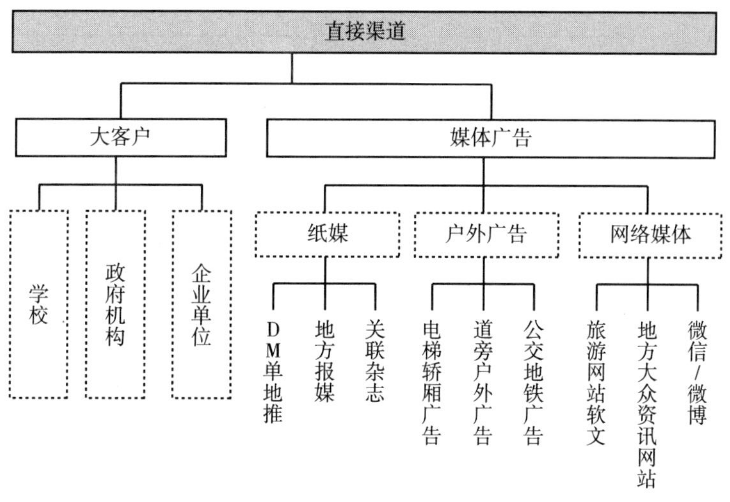


图9-4　太阳岛风景区产品营销直接渠道体系

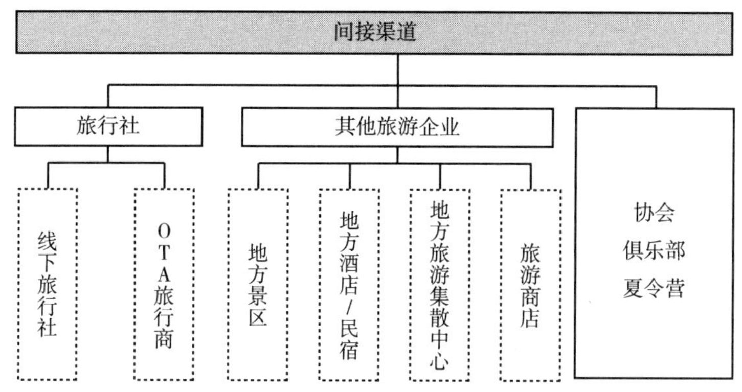


图9-5　太阳岛风景区产品营销间接渠道体系

表9-19　　太阳岛节事活动

| 季节 | 节事活动 | 业态说明 | 业态项目 |
|---|---|---|---|
| 春季 | 俄罗斯风情美食大赏 | 依托俄罗斯餐厅配合创意集市，以俄罗斯小吃和美食为特色，打造春季俄罗斯风情美食大赏 | 俄罗斯零食大赏、俄式西餐大赏、俄式小吃大赏、俄式酒饮大赏 |
| 夏季 | 太阳岛音乐露营节 | 依托极限竞速组团或平原街别墅区域组团开阔草坪空间，引入民谣或摇滚乐队，于夏季开展大型音乐草坪露营节 | 风情帐篷露营、民谣或摇滚音乐节 |
|  | 太阳岛夏夜畅饮季 | 利用平原街风情啤酒餐饮、青年轰趴馆、开阔草坪，以啤酒为主题，融入夜间啤酒大赛、音乐、美食等元素，打造太阳岛品牌的夜游活动季 | 啤酒大赛、歌手驻唱、欧陆啤酒美食 |

续表

| 季节 | 节事活动 | 业态说明 | 业态项目 |
|---|---|---|---|
| 夏/秋 | 中俄绘画艺术交流节 | 托太阳岛现有油画文化以及绘画艺术业态体系，打造以绘画艺术交流为主题的中俄绘画创作艺术交流节，包含古典绘画艺术展示、现代绘画艺术展示，以及中俄艺术家交流大会；力争作为哈尔滨中俄文化艺术交流节分会场进行打造 | 古典油画创作展、当代绘画创作展、中俄艺术家交流沙龙 |
| 冬季 | 太阳岛冰雪狂欢季 | 依托冰雪艺术馆、万娱引力和全地形公园的冰雪大滑坡，开展集冰雕赏艺、雪球大战、户外冰雪娱乐和室内科技游娱于一体的太阳岛冰雪狂欢季 | 冰雕艺术观赏、万人雪球大战、户外雪地大滑坡 |
| | 哈尔滨冬季铁人三项世界杯赛 | 持续举办哈尔滨冬季铁人三项世界杯赛（国际A级赛事），吸引了欧美国家高水平运动员前来参赛，从而进一步提升太阳岛的国际、国内影响力，制造冬季旅游热点和话题 | |

(3) 建立智慧营销平台。

链接商户，与OTA、旅游分享平台共建大数据精准营销中心。通过结算系统对接商户数据，并尝试链接OTA、旅游分享平台数据库，构建自主大数据分析系统。根据市场变化适时进行精准业态调整、产品升级和营销渠道调整（见图9-6）。

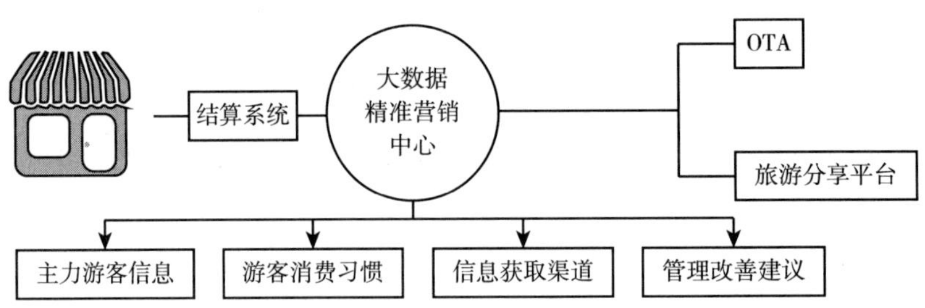


**图9-6 太阳岛智慧营销平台流程**

## （四）结语

太阳岛风景区采用联营、自营为主的招商合作模式，将太阳岛东区规划建设为5A旅游景区和开放式城市休闲消费岛两大主题区域，划分了以文化休闲产品为主的文化岛、以风情品位产品为主的风情岛、以潮流娱乐产品为主的时尚岛、以艺术体验产品为主的艺术岛、以生态游娱产品为主的生态岛和以品质度假产品为主的度假岛这六大业态体系，打造了“文化+旅游”“餐饮+旅游”“艺术+旅游”“生态+旅游”和“度假+旅游”的商业模式，规划了餐饮、零售、休闲游乐、研学教育、展览展示等90个功能项目，并实行全域、全季、全时一流服务，将太阳岛风景区建成春夏秋冬四季特色的文化旅游度假风情岛。根据传统景区产品生命周期理论来看，景区产品进入停滞期甚至衰退期是大多数景区在发展过程中所不可避免遇到的瓶颈，如何突破这一瓶颈也是太阳岛风景区一直在思考的问题。太阳岛东区探索得出的旅游业态创新升级路径，是以改变景区滞长和衰减的现象，与产品再开发 4R 理论高度重合。2024 年元旦假期期间，太阳岛景区接待游客 1.72 万人次，同比增长 638%；收入 198 万元，同比增长 545%。这足以说明此次太阳岛风景区在业态创新升级方面获得成功，虽还存在不足，但对传统景区的开发与规划具有一定的参考作用。

## 三、启发思考题

1. 太阳岛风景区如何进行重新定位？
2. 太阳岛风景区如何进行产品再开发？
3. 太阳岛风景区业态创新的基础和条件是什么？
4. 太阳岛风景区业态提升思路是什么？

## 四、分析思路

本案例以太阳岛风景区在景区转型道路上的实践经验为线索，以启发问题为导向，引导学员通过案例讨论与分析，掌握传统景区在市场变革和消费升级下，面对旅游产品进入滞停期或者衰退期，如何以市场导向型旅游再开发理论为指导，进行业态创新升级。案例的主要分析思路如图 9－7 所示。

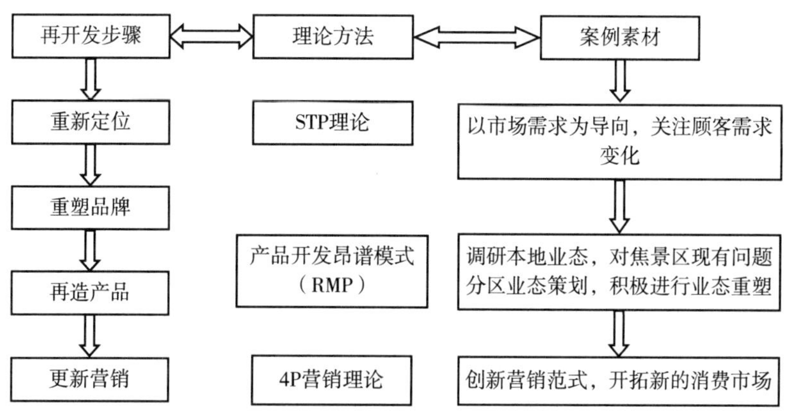


**图 9－7　案例九分析思路**

## 五、理论依据与分析

### 1. 市场导向型旅游再开发理论

根据旅游产品生命周期理论，旅游产品在进入滞长期后，需要采取一定的措施进行产品更新和再开发以延长生命周期。而旅游产品开发的4R模型就是一种市场导向型旅游再开发理论（见图9－8）。该模型以对旅游产品或旅游地旅游业发展的诊断研究（包括生命周期阶段、现存问题及其原因、未来机会与市场走势等）为基础，包括四个连续的再开发步骤，即重新定位（repositioning）、重塑品牌（re-branding）、再造产品（product redeveloping）、更新营销（re-marketing），以图改变旅游业滞长和衰减现象。

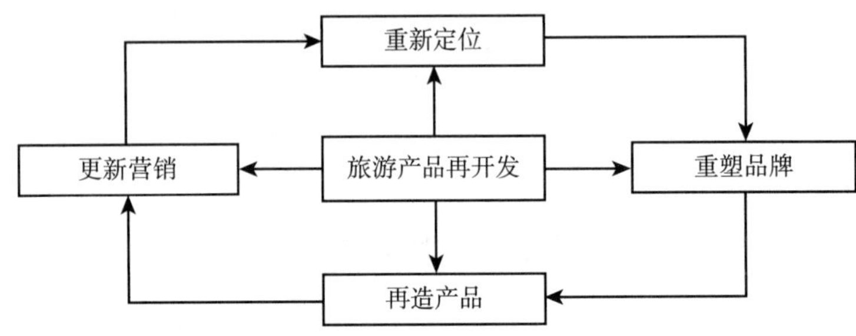


**图9－8 旅游产品再开发的4R模型**

（1）重新定位。定位不仅是指形象确定（Chaeke，1997），更应该回答目的地究竟是什么的问题。这个问题非常重要，涉及市场交流中，如何使自己与其他目的地区别开来，并使消费者能够认识到你这个地方是最具吸引力的。因此，一个好的定位能够使目的地与它的竞争者截然不同，使其具备秘密竞争武器。然而要做到这一点并非易事，需要对目的地特征有很深刻的理解，并对市场的需求了然于心。如何选择一个定位战略并能在消费者心目中树立独特地位是至关重要的（Loveloek，1991），一个最好的定位应建立在对各个细节的深入分析基础之上。

（2）重塑品牌。品牌打造是提高目的地认知水平的最佳途径（Cai，2002）。当旅游者准备外出旅游或参加商务会议时，将会面临多种“品牌”的竞争性选择。一个品牌较强的地方，就会比其他地方具有更多的竞争优势，吸引更多游客前往。在旅游活动中，很多因素都很重要，比如旅行成本、便捷程度、设施质量等，但对游客动机影响最强的还是“形象”（image）。好的形象使其更容易列入旅游者的“购物清单"，对消费者情感上具有吸引力，结果造成该目的地比其他地方更容易成为游客的首选之地。

（3）再造产品：产品是满足游客需求、创造旅游活动的基础。在观光旅游时代向休闲度假时代转变的过程中，产品体系需要进行"再造"。为了延长生命周期，产品的多样化、深度化再开发势在必行。

（4）更新营销。在全球化背景下，旅游营销对于目的地或景区变得十分重要。更新营销的提出，使原有营销方式得到改进。更新营销需要以上述定位、品牌及产品的更新为基础，其目的是提高目的地的市场占有率。营销战略的改变涉及形象、产品、活动、促销、价格等各方面，要针对每个不同的目标市场，提出针对性的营销战略，保证再开发战略的实现。

### 2. STP 理论

科特勒提出的 STP 理论，由市场细分、目标市场和市场定位构成。其中市场定位即企业通过识别消费者需要，把产品或服务确定在目标市场中的一定位置，使消费者对该产品或服务产生优于竞争产品或服务的认知过程。定位过程分为识别竞争优势、选择竞争优势以及传递定位意图，准确的市场定位一方面来自对目标市场需求的准确认识，另一方面来自对竞争对手的了解。

### 3. 产品开发昂谱模式（RMP）

旅游产品开发是规划的中心，要保证旅游业的持续发展，需要对旅游产品进行不断创新开发。在旅游产品开发规划之前，需要对开发项目加以可行性研究。中国旅游产品开发正在经历由资源导向型向市场导向型转化的阶段，即从 R-P 共生向 R-P 提升模式转化，在此背景下，吴必虎（2001）提出了旅游产品开发昂谱模式（RMP），即以旅游产品为中心，进行 R 性分析（资源分析，resources analysis）和 M 分析（市场分析，market analysis），以此为基础进行 P 性分析（产品分析，product analysis），最终提出旅游产品为中心的规划框架（见图 9－9）。

（1）昂谱模式分析。

① 资源（R 性）分析。旅游产品多以资源为基础而开发，因此分析旅游资源对于旅游者的吸引力成为了旅游产品开发的前提。只有具有能够向旅游者提供某种非凡体验的产品的资源才能称得上是一种优良的资源。如果一种资源不能或者仅能提供少数的体验机会，那么这种资源向产品的转化就要付出更大的代价。以资源为基础进行开发的旅游产品，与交通和接待服务一起，其根本的途径在于向旅游者提供某种形象和对于旅游收益的期望。

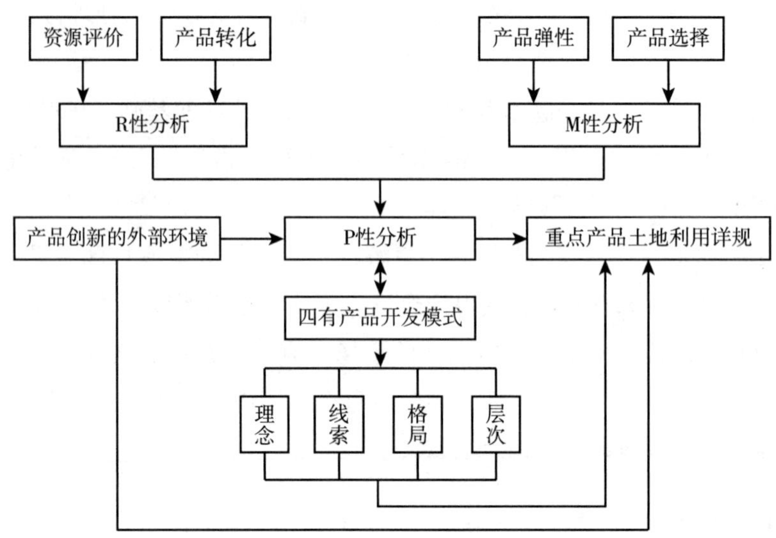


**图9－9 旅游产品昂谱模式（RMP）**

② 市场（M 性）分析。旅游产品本身的特性使得旅游者对产品的需求具有一些特殊的规律。在马斯洛人类需求层次结构中，旅游产品的消费需求属于高层次消费，是一种奢侈品，弹性较大，以较高收入为前提。同时不同的旅游产品之间，也存在着弹性方面的显著差别。此外，旅游产品的消费还存在一种反常现象，即“旅游挥霍消费”现象，它是指购买能显示其地位与身份的豪华产品和服务，其需求规律是当产品或服务价格上升时，被认为是提高质量，其需求量也随之上升，这种现象被称为“范伯伦（Veblen）效应”。在编制旅游发展规划时，应针对旅游者的产品选择偏好，根据不同的产品弹性，设计旅游产品结构。

③ 产品（P 性）分析。众所周知，旅游产品是一种复合概念，是吸引物、交通、住宿、娱乐等的组合，而旅游者购买和消费的是产品组合的收益束（a bundle of benefits）。因此，旅游产品的开发和创新无法独立完成，需要众多部门的通力合作。产品的开发不仅与旅游吸引物本身的开发、建设有关，也与区域经济结构、城市规划、文物博物馆和园林事业等密切相关。对旅游产品创新开发的区域大环境的分析，有助于明确目的地的旅游定位和目标，并围绕目标开发主题产品，配套服务设施，实现各部门的资源整合。

（2）产品开发控制性框架。

在昂谱模式（RMP）分析中，旅游产品创新开发要求遵循一定的操作性框架，即所谓的有理念、有线索、有格局、有层次的“四有”产品开发模式，这一框架模式反映了规划师对目的地形象、文化历史背景、空间结构、开发重点等的系统界定。

① 构建旅游产品理念系统。理念系统是区域旅游发展规划和旅游产品开发的思想基础，它主要建立在地方性研究和受众调查分析的基础之上。一个缺乏产品理念旅游区，其产品开发可能会出现混乱和冲突，不利于参与激烈的市场竞争。

② 揭示深邃历史文化背景。作为任何一种旅游产品，其产品设计和景观规划一方面需要体现一定顺序的历史关系，我们称其为景观系统的时间线索；另一方面需要揭示地方历史文化传统，充分体现与众不同的精神内涵。唯有做到这一点，才能使旅游产品的魅力保持较强的竞争力，产品生命周期才能保持长久不衰的趋势。

③ 组织优化旅游空间结构。根据资源特点、城市格局、市场需求、政府政策等若干要素，综合考虑旅游发展的空间格局问题。旅游空间结构，往往由若干不同层次的景观群落组成：最高层为当地最大的旅游活动中心；其次为主要的重点景区；最下层为散布全境的零星的“无围墙化”景点。这些无围墙化处理的景点，无形中延长了游客的滞留时间，旅游者的总体花费增加，实际上增加了当地的旅游收入。上述不同层次的景观群落通过合理的旅游线路和有效的活动组织加以连接和整合，实现独一无二的旅游者的出游体验。

④ 凸显重点旅游产品层次。考虑到投资能力限制和旅游地的空间层次结构，在构建一个地区的旅游系统时，应集中精力、突出重点，用主要力量去建设关键的主控系统。通过重点产品或项目的建设，来带动整个地区的旅游发展。

概念性土地利用详细规划是保证旅游总体规划能够得以实现的物质保障。为了将上述P性分析中确定的重点产品付诸实际行动计划，需要编制这些地段的概念性土地利用详细规划，以保障当地旅游发展总体规划的实质性施行。至于一个地区需要编制多少个土地利用详细规划，要看具体情况而定，一般选择3~6个地段作为概念性土地利用详细规划的候选地址。

#### 4. 业态创新的基础和条件

（1）资源环境是景区业态创新的基础。

资源环境为景区业态发展提供了场地空间和内容基础，因此业态创新应坚持因地制宜原则。例如，山地型景区自然观光资源突出，但也受到资源保护和场地空间限制。利用景区内部交通叠加娱乐体验活动是山地型景区业态创新的一个重要途径，如河北白石山玻璃栈道、湖南莽山摩天岭电梯，以及风靡短视频的黄山“网红小火车”等。交通工具逐渐演变成集交通、观光、娱乐、体验等多功能于一体的新业态，加之网络营销的助推，从而迅速成为市场“爆款”产品。业态创新要始终围绕景区的核心资源特点进行打造，山地型景区利用交通要素进行业态创新也是为了让游客能够多角度、深层次体验景区自然风光。

（2）市场需求是景区业态发展的方向。

市场需求是景区业态演化发展的决定力量，精准定位，深挖市场需求是景区业态创新前的重要功课。旅游消费市场需求决定了景区要素由单一化向多元化发展的趋势，但也容易受到国家政策、假日制度、疫情等宏观因素的影响。因此，对全国、区域性旅游市场主体的阶段性消费偏好、消费结构、消费潜力等进行科学评估才能找到业态创新的正确方向。当前阶段，周边休闲生态游、微度假等受到游客青睐，“Z 世代”已经成为旅游市场主流客群。

（3）文化主题是业态创新的核心。

文化主题是打造旅游核心竞争力的关键。景区既有承载地域文化和民俗文化的“大故事”，称为景区主题 IP；也有自然景观象形和景区要素构成的“小故事”，一块石头、一棵古树、一座山峰、一池湖水，甚至是一道菜、一条路、一间房，都在诉说着一个个美丽的传说和故事。挖掘文化内容，创新景区文化的表达方式，让游客带走“景区记忆”，就是景区业态创新的核心。例如，创新交通方式寻找景观的最佳观赏点、挖掘景区 IP 为文创产品赋能、利用景区历史故事打造实景演艺产品、将景区特产由“土”变“洋”等，满足不同游客的需求。

（4）企业是景区业态创新的主体力量。

企业是旅游景区业态创新和市场运营的主体，企业的类型、规模，以及吸引资本、人才、技术、信息、文化进行业态创新的能力和潜力都决定了景区业态发展演化的方向和质量。经济实力雄厚、经营管理能力强的企业一般具有先进的经营理念和模式，在引领景区业态创新方面具有较强的行业示范带动效应。

（5）政策制度是业态创新的规范指引。

政策制度是推动景区业态创新的重要因素。景区业态创新离不开宽松、完善、包容的政策制度，政府应在景区业态演化过程中提供政策引领和资金支持。比如国家全方位多角度扶持乡村旅游产业的发展，使得乡村田园类景区迎来良好发展机遇。同时，要避免低俗化业态产品的泛滥，景区业态发展的过程也离不开政策的规范和引导。当前，世界级景区建设的目标为景区业态创新提供了新的方向指引，随着国内旅游景区的转型升级，更多的新要素、新业态将会涌现发展。

## 六、教学要点

（1）理解并掌握市场导向型旅游再开发理论：旅游产品再开发的 4R 模型。

（2）了解业态创新的基础与条件。

（3）了解传统景区业态提升的思路。

## 七、课堂设计

### 1. 课堂时间安排

整个案例课的时间控制在90～100分钟（共2节课）。

### 2. 教学安排

让学员课前充分阅读案例，通过知网、EBSCO等数据库查阅相关文献，提前了解旅游产品再开发的4R模型，明晰案例分析方法，重点了解景区业态创新升级的路径。对学员进行分组，平均5人一组。任课教师根据课程内容重点布置启发思考题以及教材阅读任务，提前1周布置给学员，学员小组进行2次以上讨论，并将成果制成PPT演示文稿。

### 3. 课中计划

（1）教师提出市场导向型旅游再开发理论，并简要介绍本案例（15分钟）。

（2）选取6～7位同学，现场召开圆桌会议，复盘太阳岛风景区业态创新升级的路径，使同学们身临其境（10分钟）。

（3）教师随机选取3～4组进行PPT成果展示，每个小组5分钟；其他小组对演示小组进行提问，然后由教师引导学员对演示中的启发思考题进行讨论（10分钟）。

（4）教师根据学员的讨论内容依次进行点评、补充、总结，然后结合理论进行点评（10分钟）。

（5）教师引导学员运用理论知识或分析工具对剩下的启发思考题讨论（25分钟）。

（6）课堂总结（10分钟）。

### 4. 课外作业

（1）课前作业：请学员通读案例，并对教师布置的启发思考题进行小组讨论，还可以让学员课下模拟微案例中的企业部门，真正站在管理者的角度考虑事件的重要性和进展，并将讨论结果制成PPT；请学员通过网络提前了解传统景区发展现状、经营现状等基本情况。

（2）课后作业：安排学员在课后任意选择一个旅游景区，找出其转型的突破口，并为该景区制订一份业态创新升级的路径书并以小组为单位提交一份可行性报告。

## 参考文献

[1] 安怡丞，王建林．基于 SWOT－PEST 模型的河西走廊会展旅游新业态发展研究［J］．商展经济，2024（3）：1－6.

[2] 李骆．旅游特色小镇成长路径及创新机理研究［D］．天津：天津财经大学，2019.

[3] 李任．“双向奔赴”：文旅发展新趋势下营销创新的理念与模式［J］．理论月刊，2023（12）：106－116.

[4] 李云岫，刘嘉辉，牛子纤，等．城市旅游休闲街区发展模式创新研究——以礨街、合柴 1972 和黎阳映巷为例［J］．旅游纵览，2023（20）：95－97.

[5] 梁淑媚．创意经济视角下龙脊国际旅游特色小镇业态建设研究［D］．桂林：桂林理工大学，2019.

[6] 邱肖雅．基于产业融合视角的开封市旅游新业态发展研究［D］．郑州：河南大学，2014.

[7] 王洋．产业融合视野下旅游新业态的表现类型与产生机理研究［J］．西部旅游，2023（11）：1－4.

[8] 吴林．旅游特色小镇业态创新研究［D］．广州：广州大学，2019.

[9] Ballesteros E R，Ramirez M H. Identity and Community—Reflections on the Development of Mining Heritage Tourism in Southern Spain［J］．Tourism Management，2007，28（3）：677－687.

[10] Gerum E，Jurts I，Stiglitzs N. Industry Convergence and the Transformation of the Mobile Communication System of Innovation［R］．Phillips University Marburg，Department of Business Administration and Economics，2004.

# 案例十
Case 10

# 平安盛世，遥望千年
## ——地方依恋视角下的平遥古城开发与管理

**案例摘要：**平遥古城位于山西省晋中市平遥县，占地面积2.25平方公里，是一个集居民区、商业区、景区于一体的旅游目的地，这一特点决定了平遥古城的开发的难度系数。本案例主要讲述了平遥古城从“刀下留城”到举世闻名的一次次跨越。以地方依恋为视角，阐述其旅游业如何利用圈层文化扩大地方依恋；如何在如此复杂的局面下实现平遥古城的开发与保护并行；如何深挖本地文化从树立文化自信到引爆文化自信，打造平遥属性，最后创造百亿元GDP奇迹。平遥古城的成功开发不仅改变了平遥人民的生活，也为古城开发提供了新的参考案例。

## 一、教学目的与用途

本案例主要适用于旅游目的地开发与管理、旅游规划与开发、文化遗产旅游、旅游市场营销等课程相关内容的教学。

本案例适用对象为MTA专业硕士及旅游管理类专业的本科生、研究生。

本案例的教学目的在于使学生掌握地方依恋理论在旅游目的地开发与管理中的应用，了解如何通过有效的方式提升游客的地方依恋感，从而塑造独特的品牌形象。学生将通过分析平遥古城的案例，学习如何在保护历史文化遗产的同时，进行旅游目的地的开发，以及如何通过文旅融合打造地方属性，增强旅游目的地的吸引力和竞争力。此外，本案例还旨在培养学生的批判性思维能力，使其能够从多个角度评估旅游目的地开发策略的成效，并为其他旅游目的地提供创新的管理方案。

# 二、案例内容

## （一）引言

在人和地的发展过程中，情感起着十分重要的连接作用。1974 年，图安（Tuan）提出了“恋地情结”，即在人们的成长过程中，会对成长的地方产生一种特殊的依恋关系，对周围的事物以及环境由熟悉到依恋。1998 年威廉姆斯（Williams）等学者依据之前的研究，通过分析总结，提出了正式的地方依恋理论，即“地方依恋是人与地方之间感情、认知和实践的一种联系”。从 2000 年后开始陆续有学者进行地方依恋影响因素的研究，2004 年迈克尔·塔兰特（Michael Tarrant）利用结构方程得出健康有利于形成地方依恋，学习、自主性有利于形成地方依恋，2008 年加姆·布朗（Garham Brownl）利用结构方程得出旅行经验有利于形成地方依恋，2013 年 S Veansna 通过结构方程得出“旅游地形象与旅游地信息可靠度影响地方依恋”。本案例基于加姆·布朗（Garham Brownl）的理论对平遥古城地方依恋发展情况进行论述。

平遥古城位于山西省中部，是一座具有 2800 多年历史的文化名城。古城内有国家级文物保护单位 3 处，省级文物保护单位 6 处，县级文物保护单位 90 处。1986 年平遥古城入选为国家级历史文化名城，1997 年 12 月被联合国教科文组织世界遗产委员会列入《世界遗产名录》，这是我国目前唯一以整座古城申报世界文化遗产获得成功的古县城。世界遗产委员会对于平遥古城的评价是：平遥古城是中国境内保存最为完整的一座古代县城，是中国汉民族城市在明清时期的杰出范例，在中国历史的发展中，为人们展示了一幅非同寻常的文化、社会、经济及宗教发展的完整画卷。平遥古城也是山西省旅游资源的重要组成部分。

## （二）平遥古城的“建城”与“留城”

### 1. 晋商崛起——打造不一样的平遥城

平遥古城距今已经有 2800 多年的历史，始建于周宣王时期。明清时期，在平遥城中生活着富甲天下的晋商。在平遥一直流传着“这里的银子永远也拉不完，永远填不满”的传说。清代道光四年（1824 年），中国第一家现代银行的雏形“日升昌”票号在平遥诞生，“日升昌”先后在多个省份设立分支机构。在“日升昌”的带动下，平遥票号业发展迅猛。晋商一些大商号逐渐形成在山西设立总票号、在外地设立分号的跨区经营的商业系统。平遥在近代金融史上占据重要地位，一度是中国的金融业中心。平遥内的建筑群大多也是于这一时期进行修缮。

晋商有一个特点是“发财还家盖房置地养老少”，留够了做生意的钱财后，大笔的银子会运回老家，建造住宅。例如，当时比较有名的晋商马家，以马家的财力想在当时中国任何一个地方建造家宅，都是毫不费力的，但是马家偏偏留在平遥建造祖业，以示落叶归根、光宗耀祖，彰显对故乡的依恋。

正是晋商对于家乡的地方认同感，让山西得以流传下来许多高门大院。以“浑漆斋大院”为例，“浑漆斋大院”又名“冀家大院”，是“日升昌”掌柜冀玉岗的祖业，当时仅建造院落就耗时 16 年，精美的砖雕在大院中随处可见，是整个平遥古城中现存规模最大、历史最长、最完整的古居民建筑群。“五岳归来不看山，山西归来不看院”的旅游目的地形象也根深蒂固地留在旅游者的心中。

#### 2. “刀下留城”——护住一方明清古城

晚清时期经济中心南移，平遥的辉煌渐渐散去，再次恢复了以往的平静。这一平静时光在 1980 年被打破了。1980 年开始，全国一片拆掉旧城建造新城的形势，那时候盛行两句话：“要致富，先修路”；“汽车一响，黄金万两”。这样一来，大部分地区都是拆掉旧城建新城，拓宽原来的旧马路。

早在 1962 年阮仪三教授就跟随董鉴泓老师在平遥做过调查，清楚明白平遥是能够让人感受到中国古代明清时期文化积淀的地方。1980 年阮教授借着带领学生在榆次做总体规划教育实习的空闲时间，再次来到平遥。此时的平遥和其他地方无异，也开始了拆掉旧城建新城的工作。从西门拆起，进去 180 米，这段路已经拆掉了 300 幢明清建筑，见此场景阮教授心痛不已。

阮教授找到了山西省建委主任，提出在不破坏旧城的基础上开发新城的构想，暂缓了平遥古城的拆迁工作。阮教授在有限的时间内，为平遥古城找寻属于它的“护身符”。阮教授发现位于平遥古城内的双林寺、镇国寺是建筑十分精良的古老寺庙，具有极高的文化价值。他立即召集学生，整理材料，申报国家级的文物保护单位。从此之后平遥古城拥有了属于它的“护身符”。这一方明清古城被拆除的命运也得到了豁免。

### （三）平遥古城的保护与开发

#### 1. 古城保护立法先行

1997 年 12 月 3 日，整座平遥古城连同附近的双林寺、镇国寺被联合国教科文组织列入《世界文化遗产名录》。1998 年，山西省人大常委会颁布《平遥古城保护条例》，随后平遥县据此编制了《平遥古城基础设施专项规划》《平遥古城环城地带修建性详细规划》等地方性保护办法，对古城进行全面综合的环境治理工作。当地政府先后投资数亿元，对古城内的 100 余条中小街道进行硬化改造。为了保持古城的原汁原味，当地政府有序地组织具有文物资质的队伍进行逐年修缮。原来一些与古城风貌不相协调的后期建筑和临时搭建的建筑被拆除，古县衙、文庙、城隍庙、清虚观、日升昌票号等一系列具有文物价值的建筑和明清宅院、环城地带相继得到保护，原有的历史风貌得以恢复。

为了有效管理和保护遗产，当地政府于 2004 年成立世界文化遗产平遥古城保护管理委员会，涵盖城建、规划、文物、旅游、房管、公安、执法等职能部门，并与世界遗产基金会、同济大学省市文化局长期合作研究遗产保护和管理，探索平遥古城保护与开发并举的双赢之路。

### 2. 利用圈层文化扩大地方依恋

为了让更多的人了解平遥，在更广泛的人群中形成地方依恋，开发这片古城变得尤为重要。

平遥国际摄影展应运而生，2001 年由山西省文化旅游厅、平遥县人民政府、山西省摄影家协会等 7 家企事业单位发起承办了第一届中国平遥国际摄影大展。以“开放、交流”为主题，邀请来自法国、美国、西班牙等 16 个国家和地区的 165 位摄影家和近 4 万名摄影爱好者参与了这场盛会。这场盛会，群星荟萃、场面宏大，形成了良好的社会效应，让平遥火速出圈。2003 年的平遥摄影展就吸引了 13 万人次观展，实现门票收入 127 万元，同比增长 188.76%。

平遥古城尝到利用圈层开发扩大地方依恋的甜头后，再次着眼于圈层文化的挖掘，平遥古城携手导演贾樟柯一同打造平遥国际电影展。平遥国际电影展是继上海国际电影节、中国长春电影节、北京国际电影节、丝绸之路国际电影节之后，我国第 5 个获得国家审批的国际电影展。每年 10 月，平遥国际电影节都会吸引大量的国内外电影人来此参展。电影的目标市场是大众市场，这一点与平遥古城不谋而合，这无疑会再次将平遥古城的旅游开发推上新的高度，再次扩大了平遥的地方依恋群。

平遥古城圈层文化的开发并不止步于此。平遥古城再次把目光聚集到古城内已有的文化资源，着手打造下一个圈层经济。其内部的双林寺被誉为“东方彩雕艺术宝库”，内部有很多举世闻名的彩雕作品。立足彩雕文化，平遥古城与时任中国美术馆馆长吴为山先生联手打造平遥国际雕塑节。首届平遥国际雕塑节开幕时，来自意大利、美国、德国等 10 多个国家和地区的艺术家、策展人齐聚平遥古城，让平遥古城继国际摄影大展、平遥国际电影节之后，又添加了一张国际文化名片。

#### 3. 分区政策保护地方归属感

平遥古城一次次出圈，推动了旅游业的高速发展，然而，大量游客到来也随之暴露出了平遥古城开发的问题。平遥古城是将商业圈、居民区、景点融为一体的场所，这就导致平遥古城的人口密度过大，难以管理。很多古城内的居民利用沿街民居开设店铺、客栈，甚至私自改变古居的格局、风貌。传统民居是古城文化精髓的主要载体，古建筑一旦被破坏，那么平遥古城的核心特征就将不复存在。

2007 年政府为了改变这一现状，联合全球文化遗产基金会，携手帮助平遥保住其建筑特色。平遥县政府决定采用资金补助的形式对古城内的民居进行修缮，保护修缮基金由县政府、文化遗产基金会、产权人三方共同承担，并且修筑立法以保护古城特色。

《山西省平遥古城保护条例》明确表示将平遥古城分成核心保护区、建设控制地带、环境协调区。核心保护区的要求是各项活动都要进行严格的审批，按照相关法律依法执行。历史建筑应当保持原有的高度、体量、外观及色彩等，修缮活动应按照传统材料、传统工艺、传统做法、传统流程进行。建设控制地带，拆除不协调建筑、改建或者新建的建筑，其形制、体量、高度、色彩及形式应当与古城风貌相一致。环境保护区，根据古城的视线分析确定新建建筑高度，并且建筑要体现当地文化、建筑工艺特色。

平遥古城运用分区治理、资金补助的形式打造当地居民和外来游客和谐共处的场面。同时，平遥县政府也对危害古城的行为加大了惩罚措施。平遥古城通过政府和社会的共同干预，增强地方属性，共同打造一砖一瓦一古城，一楼一阁一平遥。

### （四）平遥文旅融合打造地方属性

#### 1.《又见平遥》树立文化自信

摄影节的成功证明只有差异化、不可代替的东西才能成为平遥的竞争力，才能让平遥可持续发展。2011 年 10 月，山西省政府和《又见平遥》项目正式签约达成合作。2011 年 10 月至 2012 年 3 月，进入改制、拆迁、前期筹备和《又见平遥》的创意策划阶段。面对北方淡旺季旅游反差大、平遥旅游消费低等诸多难题，《又见平遥》团队深入研究，以追求创新、追求卓越的精神，历时半年多，于 2011 年 12 月 25 日完成《又见平遥》的概念创意策划。2013 年 1 月 20 日，《又见平遥》剧场迎来揭幕仪式。2013 年 2 月 18 日正式公演亮相。《又见平遥》以平遥古城票号东家赵易硕抵尽家产，从沙俄保回了分号王掌柜的一条血脉为主线，通过“选妻”“镖师洗浴”“灵魂回家”“面秀”等片段，向旅游者传递平遥的道义精神。这是平遥推出的第一个根植山西本地文化开展的文创项目。《又见平遥》一经上映，就引来无数网友的好评。

### 2. 平遥城中国年引爆文化自信

《又见平遥》的成功，让这座小城迎来了文化自信，也让这座52万人口的小城，创造了GDP破百亿元的奇迹，也给了平遥在文旅融合这条道路上前行的底气。在年味越来越淡的21世纪，平遥县政府从传统文化中寻找突破口，2017年以“大美古城、情暖四海”为主题，开启独具特色的平遥中国年文化活动。其中，包含新春乐平遥、家风传平遥、戏曲唱平遥、社火闹平遥、彩灯靓平遥、爱心暖平遥、民俗喜平遥七大板块，涉及启动仪式、年俗体验、戏曲表演、书画联展、文化下乡、爱心志愿等多项活动，充分展示独具平遥地方特色、晋商韵味的民俗民风和中国北方汉民族传统的年文化。游客不仅可以欣赏到古城各景点，也能深入其中切身感受平遥的年味文化，打造平时看戏、过节看年的场景。2019年的平遥中国年，在13小时内10次登上了央视新闻频道，一跃成为知名品牌。

从南到北，走遍三晋大地，五千年的中华文化留给了山西古城、古堡、古庙、古村和丰富多彩的民俗、年俗，这注定了山西的“年味”从来都是浓郁扑鼻、飘香四海的。从“过年就到山西”到“到山西过年”，平遥中国年不仅是山西人的热情邀请，更是中外游客的主动选择。

### 3. 平遥“非遗”文化打造多面平遥

2020年新冠疫情席卷而来，平遥的旅游业发展被迫按下了暂停键。平遥县是一个十分依赖旅游业的县城，它有六成的收入都来自旅游业，就是这样一座旅游型城市却发生了一个看似不太可能的事情。新冠疫情影响下，平遥古城的游客少了，但是平遥牛肉的销量基本没有受到影响。这和近些年平遥的文旅融合是分不开的。近些年，平遥街面拥有很多属于平遥的特色小吃，如黄酒、平遥碗托、平遥牛肉等，而不再是之前的泰国芒、哈尔滨冰棍、台湾烤肠等，平遥已构建起自己的美食文化。除此之外，平遥推光漆器髹饰技艺、冠云平遥牛肉传统制作工艺、平遥纱阁戏人、平遥道虎壁王氏中医妇科4个项目列入国家级非物质文化遗产名录，平遥弦子书、乾德堂小儿止泻散等19个项目列入省级非物质文化遗产名录，31个项目列入市级非物质文化遗产名录。这些非物质文化遗产为平遥县贡献了自己的经济与文化价值。

2018年，由山西省政府牵头，平遥古城与故宫博物院签署合作框架协议，确定双方将深化古建保护、文物修复、藏品展陈、数字化展示、文博宣传、文化创意产品研发等方面的交流合作，共同推进山西历史文化资源的继承与发展。同年 8 月，全国首家故宫文创研发交流中心落户平遥，晋中市平遥县人民政府与故宫文化服务中心启动战略合作。该中心自 2018 年成立以来，已吸引 35 家全国顶级文创设计团队入驻，并组织力量对平遥整体城市 IP 及文创脉络、产品开展了系统化规划梳理，故宫文创设计团队已为平遥设计了近 300 种、六大系列文创产品。其中故宫文创设计团队利用平遥古城里一段镖师与镖娘的爱情故事为创作灵感研发的“平遥红”彩妆系列，自从问世一直受到人们的追捧。平遥彩妆的推出，是平遥古城在文创中积极探索，也是融入现代人的审美与艺术理念的产物。

平遥除了和故宫合作开发文创产品，还和西堂文化联手推出平遥县衙、日昇昌文创店，将平遥的文化景点进行剖析提炼，用插画的方式进行文化阐释，让游客以轻松亲和的方式游览古迹，祈福平安，并把文化带回家。随着文创的风气在平遥蔓延开来，平遥文创不断注入新鲜血液，越来越多的年轻人关注、投身文创行业，以活态传承、业态融合等多种方式让平遥文化、晋商文化“活起来”，以“敬畏历史、敬畏文化、敬畏生态”之心，在保护与传承中写下了新时代的答卷，让平遥古城“新新”向荣、“潮范儿”十足。

## （五）特色文化产业良性发展

自平遥古城 1997 年申遗成功以来已经有近 30 年的时间，我国的旅游订票业也空前发展，携程这类在线旅游企业得到了飞速发展，也有越来越多的人愿意在这类旅游软件上留下关于旅游目的地的评价。

本案例截取携程旅行网平遥古城景点 2015 ~ 2022 年评价数据 2767 条，利用这 2767 条数据，进行高频词分析、语义网络分析、情感分析，力求找到平遥古城进行文化特色产业开发后，旅游者形成的关于平遥古城的形象感知，判断平遥古城特色文化产业的开发情况。

### 1. 高频词分析

利用 ROST CM 提取出 30 个评论中的高频词，其中名词主要有“古城”“平遥古城”“景点”“县衙”“历史”“地方”“城墙”等，体现的是对平遥古城的客观描述。其中“古城”“平遥”“平遥古城”“历史”等词排名居高，展现了平遥古城的客观属性在旅游者心中的整体感知，反映了平遥古城是一个拥有丰富历史文化底蕴的古城，在游客心中是值得游览的。“票号”“镖局”“县衙”“又见平遥”也在高频词之中，这些词和“古城”相联系，说明旅游者对平遥古城的认知上主要集中在人文景观，也表明了旅游者对于古城文化的认可。

形容词表示人或事物的性质、状态、特征或属性，展现的是旅游者对于平遥古城的主观认知。如“特色”“完好”“完整”等词，是旅游者在浏览古城之后的主观感受，也是影响潜在旅游者浏览动机的关键因素。积极词汇的出现会促使潜在旅游者到访平遥古城。

动词体现了旅游者在浏览过程中的整体体验。如“值得”“建议”等词，这类词是旅游者给平遥古城的肯定性评价，这类的肯定性评价会助推潜在的旅游者到访平遥古城。前人的良好浏览感受，会引发潜在旅游者的向往之情。

总体而言，正面的词汇较多，说明旅游者对于古城的整体评价较好，对于古城的认可度较高（见表 10－1）。

表 10－1 文本高频关键词

| 序号 | 关键词 | 词频 | 序号 | 关键词 | 词频 | 序号 | 关键词 | 词频 |
|---|---|---|---|---|---|---|---|---|
| 1 | 古城 | 1857 | 11 | 景色 | 322 | 21 | 建筑 | 250 |
| 2 | 平遥古城 | 1002 | 12 | 山西 | 321 | 22 | 导游 | 240 |
| 3 | 景点 | 894 | 13 | 城墙 | 307 | 23 | 时间 | 239 |
| 4 | 平遥 | 733 | 14 | 票号 | 304 | 24 | 体验 | 236 |
| 5 | 历史 | 499 | 15 | 特色 | 280 | 25 | 明清 | 223 |
| 6 | 保存 | 408 | 16 | 完整 | 279 | 26 | 完好 | 216 |
| 7 | 文化 | 399 | 17 | 镖局 | 268 | 27 | 又见平遥 | 214 |
| 8 | 值得 | 389 | 18 | 门票 | 260 | 28 | 建议 | 202 |
| 9 | 中国 | 361 | 19 | 县衙 | 260 | 29 | 城里 | 202 |
| 10 | 地方 | 345 | 20 | 值得一去 | 259 | 30 | 景区 | 201 |

### 2. 语义网络分析

通过 ROST CM 进行语义分析，构造语义网络图如图 10－1 所示，线条指向代表的是词汇短语之间的语义关系，线条指向的密集程度反映了该词与其他词之间的关系紧密程度。网络图中包含 38 个关键词，分析发现高频词集中于旅游吸引物、旅游感知等几个方面。在旅游吸引物方面，以古城为核心向外可以辐射到“票号”“县衙”“城墙”“镖局”等景点。旅游感知方面“特色”“值得一去”“完整”等褒义词多与平遥内部的景点相连，表明旅游者对于古城的古建筑群以及文化氛围感知较强。旅游者对于旅游目的地的内部景点评价颇高，再次印证了平遥古城是值得一去的景色。“建议”“值得”等是旅游者在浏览之后的感受，说明旅游者对于平遥古城是肯定的态度。

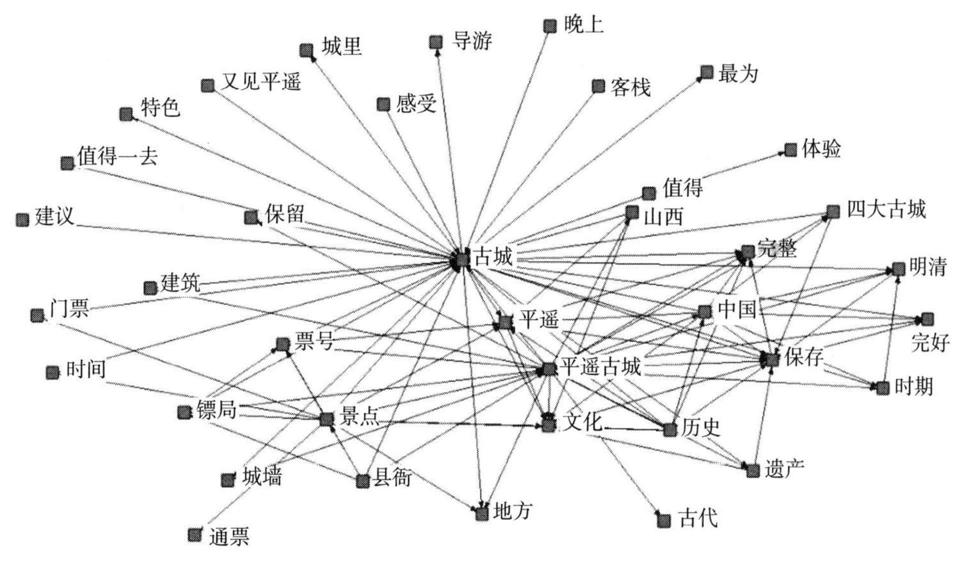


图 10－1　语义网络结构

### 3. 情感分析

为了进一步了解平遥古城的游客感知形象，对 2767 条数据进行情感分析，其中积极情绪占 87.39%，中级情绪 5.78%，消极情绪 6.83%。又将积极情绪分为“一般”“中度”“高度”三个等级，会发现其中有 38.16% 的人是积极情绪中的高度情绪，有 21.29% 是积极情绪中的中度情绪，27.94% 是积极情绪中的一般情绪（见表 10－2）。

表 10－2　　文本情感分析统计

| 情绪类别 | 统计结果 | | 一般 | | 中度 | | 高度 | |
|---|---|---|---|---|---|---|---|---|
| | 数量（条） | 百分比（%） | 数量（条） | 百分比（%） | 数量（条） | 百分比（%） | 数量（条） | 百分比（%） |
| 积极情绪（5，＋∞） | 2418 | 87.39 | 773 | 27.94 | 589 | 21.29 | 1056 | 38.16 |
| 中级情绪［－5，5］ | 160 | 5.78 | | | | | | |
| 消极情绪（－∞，－5） | 189 | 6.83 | 118 | 4.26 | 37 | 1.34 | 34 | 1.23 |

注：积极情绪的分段标准为一般（5～15）、中度（15～25）、高度（25 以上）；消极情绪的分段标准为一般（－15～5）、中度（－25～－15）、高度（－25 以下）；中性情绪不作分段。

常见的积极情绪中，主要体现在对平遥古城规模宏大以及保存完整的肯定，对于古城内浏览活动多是满意之态。《又见平遥》是平遥古城内一个代入感很强的交流式演出。《又见平遥》的评价中多用“演出很震撼”“平遥特色”等评价，表明旅游者对其十分青睐。不仅如此，在一些低分的评价中，也会看到旅游者对于《又见平遥》的喜爱之情。旅游者对于旅游目的地的文化认同，会极大增加旅游者对于旅游目的地的宽容度，即使有不太满意的地方也并不妨碍其在评价中表达对于当地文化的喜爱之情。

通过高频词分析、语义分析、情感分析，不难发现平遥古城近几年的文旅融合是做得十分成功的，不仅能让旅游者深切感知到带有平遥属性的传统文化，也让旅游者对其赞赏有加，给予很多的正面评价。

### （六）结语

平遥古城不断利用圈层文化来扩大地方依恋，从平遥国际摄影大赛到平遥的国际雕塑节，一步步把平遥推向国际视野。平遥古城在扩大地方依恋的过程中也出现过因过于商业化导致地方归属感下降的情况。为解决这一情况，平遥政府设立相关的法律对平遥城内进行分区管理。平遥县政府挖掘晋商文化，打造《又见平遥》这一文旅项目，让晋商文化被更多旅游者所喜欢，进一步扩大了平遥古城的地方属性。平遥县也因能够建立属于平遥的文化自信，让平遥经济可以借助美食文化、文创等文化衍生品得以发展。

2022 年 1 月，习近平总书记到平遥指导工作时指出：“历史文化遗产承载着中华民族的基因和血脉，不仅属于我们这一代人，也属于子孙万代。要敬畏历史、敬畏文化、敬畏生态，全面保护好历史文化遗产，统筹好旅游发展、特色经营、古城保护，筑牢文物安全底线，守护好前人留给我们的宝贵财富。”文化是旅游业发展的灵魂，古城开发时要注意当地文化的挖掘，只有利用好当地的文化才能打造其独特性。古城开发还要保持其独特的地方属性，着力于文旅融合的建设，构建古城开发和保护相协调的场景，对扩大地方依恋具有重要作用和现实意义。

## 三、启发思考题

1. 如何运用地方依恋理论来指导平遥古城的开发？
2. 平遥古城在提升游客地方依恋感方面采取了哪些措施？
3. 地方依恋理论在旅游目的地品牌建设中的作用是什么？
4. 分析平遥古城如何通过地方依恋理论来打造独特的品牌形象？
5. 针对其他旅游目的地，如何借鉴平遥古城的经验来提升游客的地方依恋感？

# 四、分析思路

1. 介绍地方依恋理论及其在旅游目的地开发与管理中的重要性。
2. 分析平遥古城的历史文化背景及其对游客地方依恋的影响。
3. 阐述平遥古城在开发与管理过程中如何运用地方依恋理论来提升游客体验。
4. 探讨平遥古城在品牌建设方面的成功经验及其对其他旅游目的地的启示。
5. 总结地方依恋理论在旅游目的地开发与管理中的关键作用。

# 五、理论依据与分析

## （一）理论依据

地方依恋是指人们对某一地方的认同、喜爱和情感联系。在旅游领域，地方依恋被认为是影响游客满意度和忠诚度的重要因素。多次造访某一或某类旅游目的地会触发旅游者地方依恋的良性反馈环路，这意味着旅游经验的积累可以增强旅游者对特定目的地的依恋感。同时，地方依恋是游客忠诚的有效预测变量，具有地方依恋的旅游者更愿意旧地重游和分享推荐。这表明旅游经验不仅影响个体的情感，还可能影响其行为，如重游和推荐行为。通过提升游客的地方依恋感，可以增强游客的忠诚度和口碑传播，从而促进旅游目的地的可持续发展。

## （二）平遥古城未来发展分析

在平遥古城的案例中，我们将分析其在历史建筑保护、文化活动组织、游客参与度提升等方面的措施，探讨这些措施如何增强游客的地方依恋感，以及如何为塑造独特的品牌形象奠定基础，具体可以从以下角度来分析。

### 1. 保护和修缮历史建筑

平遥古城在保护和修缮历史建筑方面采取了积极措施，以确保这些建筑能够长久保存。通过维护古城的建筑风貌，增强了游客对古城历史和文化的感知和认同。具体而言，平遥古城采取了以下措施。

（1）制定严格的保护规划：平遥古城制定了详细的保护规划，确保古城内的历史建筑得到妥善的保护。规划中明确了建筑的保护范围、修缮标准和开发利用要求，为古城的保护工作提供了依据。

（2）修缮和维护历史建筑：平遥古城定期对历史建筑进行检查和修缮，确保其结构和外观保持原貌。修缮过程中，采用传统的工艺和材料，尽可能保留建筑的历史特征，同时加强建筑的稳固性和安全性。

（3）控制开发建设：为了保护古城的历史风貌，平遥古城对城内的开发建设进行了严格控制。限制在古城内进行大规模的改建和新建，避免对历史建筑造成破坏。

### 2. 开展文化活动和节庆演出

平遥古城通过举办各种文化活动和节庆演出，丰富了游客的旅游体验，并增强了游客对古城的情感联系。

（1）社火节：每年春节期间，平遥古城会举办盛大的社火节活动。游客可以欣赏到丰富多彩的民间表演，如舞龙、舞狮、高跷等，感受到浓厚的节日氛围。

（2）票号文化节：为了展示古城丰富的金融文化历史，平遥古城定期举办票号文化节。游客可以了解票号的经营方式和历史文化，并体验传统的金融服务。

（3）传统手工艺展示：平遥古城邀请当地的手工艺传承人，展示传统的手工艺技能，如剪纸、刺绣、陶艺等。游客可以亲身体验这些手工艺制作过程，加深对传统文化的了解和喜爱。

（4）民俗表演：平遥古城经常组织民俗表演活动，如地方戏曲、民间音乐和舞蹈等。这些表演展示了古城的民俗文化特色，为游客带来了视觉和听觉的盛宴。

### 3. 提高游客参与度

平遥古城通过提高游客的参与度，让游客更加深入地了解古城的文化和历史。

（1）导游讲解：平遥古城提供专业的导游服务，导游通过对古城的建筑风格、历史背景和文化内涵进行深入浅出的讲解，让游客更加全面地了解古城的历史和文化。同时，导游还会讲述一些与古城相关的民间故事和传说，增强了游客对古城的情感联系和认知。

（2）互动展览：为了增强游客的互动体验，平遥古城设计了一些互动展览。通过展览中的互动环节，如问答、拼图游戏等，让游客更加积极地参与到古城的探索中来。

（3）体验式活动：平遥古城推出一些体验式活动，如制作传统手工艺品、学习地方戏曲等。游客可以亲自动手参与，增加对古城的了解和兴趣。

**4. 营造独特的氛围和体验**

为了营造独特的氛围和体验，平遥古城在商业街区保持原汁原味的传统风貌，让游客仿佛置身于古代的街市之中。同时，古城内的商业设施也尽可能与周围环境相协调，避免过度商业化和现代化。这种独特的氛围和体验让游客感受到古城的魅力和独特性，增加了游客的地方依恋感。

**5. 与当地居民建立联系**

平遥古城鼓励游客与当地居民建立联系，了解他们的生活方式和文化传统。通过与当地居民的交流和互动，游客能够更加深入地了解古城的文化内涵，增强对古城的认同感和归属感。例如，古城内的餐馆和商店大多由当地居民经营，他们热情好客，乐于与游客分享当地的风土人情和文化传统。此外，平遥古城还组织一些与当地居民的交流活动，如民间艺术表演、传统手工艺制作等，让游客有机会亲身接触和学习当地的文化艺术。这种与当地居民的互动让游客更加融入古城的日常生活和文化氛围，增加了他们对古城的情感联系和认同感。

## 六、教学要点

（1）重视地方依恋理论在旅游目的地开发与管理中的作用，通过提升游客的地方依恋感来提高游客满意度和忠诚度。

（2）在旅游开发过程中，保护历史建筑、传承当地文化、提高游客参与度等措施有助于增强游客的地方依恋感。

（3）运用地方依恋理论塑造独特的品牌形象，使旅游目的地具有不可替代的价值和吸引力。

（4）借鉴平遥古城的成功经验，结合其他旅游目的地的实际情况，因地制宜地制订提升游客地方依恋感的策略。

（5）在旅游目的地管理中，关注当地居民的参与和利益共享，实现社区与旅游的和谐发展。

## 七、课堂设计

本案例建议安排 2～3 个课时进行课堂教学。首先由教师介绍地方依恋理论和平遥古城的基本情况，然后引导学生分析平遥古城在开发与管理中的实践措施，讨论这些措施对提升游客地方依恋感的作用。建议采用小组讨论的方式进行案例分析，让学生积极参与讨论并发表自己的观点和见解。教师可以根据学生的反馈进行总结和点评，强调关键要点和启示。在课堂结束前，教师可以布置作业或提出进一步思考的问题，引导学生对相关问题进行深入思考和探究。

## 参考文献

[1] 曹李梅，曲颖．热带海岛型目的地情境下旅游者地方依恋：心理归因及其形成机理［J］．人文地理，2019，34（5）：135－141＋158.

[2] 耿娜娜．基于地理学视角的古镇旅游资源开发与利用——以平遥古城为例［J］．中学地理教学参考，2023（14）：78－80.

[3] 胡炜霞．景观生态视角下周边环境与旅游景区协调规划研究——以平遥古城为例［J］．人文地理，2011，26（6）：155－159.

[4] 李曼，李燕燕，厉建梅，等．认知—情感视角下遗产旅游难忘体验的形成与演变研究——基于平遥古城游客追踪数据的多层次分析［J］．干旱区资源与环境，2024，38（2）：165－172.

[5] 刘嘉乐，马慧强，席建超，等．遗产型旅游目的地居民生计韧性测度及影响因素——以山西平遥古城为例［J］．旅游学刊，2023，38（7）：70－83.

[6] 王志峰，吴颖．《又见平遥》创新文化旅游产业模式［J］．经济问题，2016（10）：110－113.

[7] 吴昕阳，赵媛，宋航．游客凝视下平遥古城文化元素的历时性研究［J］．地域研究与开发，2022，41（4）：107－112.

[8] 周彬，宋宋，黄维琴．基于层次熵分析法的文化遗产旅游发展评价——以山西平遥古城为例［J］．干旱区资源与环境，2012，26（9）：190－194.

# 案例十一
Case 11

## 生态为本，低碳续航
### ——云台山世界地质公园的可持续发展之道

**案例摘要：**本案例描述了云台山世界地质公园的低碳可持续发展路径。首先，从地质地貌、自然资源、人文历史资源等方面对该景区低碳旅游资源进行整体评价；其次，详细分析云台山景区发展低碳可持续性旅游的发展现状、机遇与挑战；最后，从加强低碳思政教育、培养低碳意识、建设法律法规、加强社会、景区与游客合作等方面提出践行低碳旅游的可持续发展路径，为国内外相关地质公园景区的低碳发展路径的探索提供借鉴和参考价值。

## 一、教学目的与用途

本案例主要适用于旅游管理、旅游规划与开发、可持续旅游发展等课程相关内容的教学。

本案例适用对象为 MTA 专业硕士及旅游管理类专业的本科生、研究生。

本案例的教学目的是通过案例分析，引导学生把握景区可持续发展的关键所在，了解低碳旅游景区经营管理中需要考虑的各级各类问题，有助于学生掌握生态旅游景区经营理念与管理策略，明晰低碳旅游景区发展模式，树立正确的能源消费观念和环保意识，意识到低碳发展对于可持续发展的重要性。本案例能够提升学生对低碳经济理论、可持续发展理论和计划行为理论等理论的理论认知和实践感知，帮助学生了解低碳旅游景区未来发展中可能遇到的问题，进而对类似情境作出正确判断与决策。

## 二、案例内容

### （一）引言

云台山位于河南省焦作市修武县境内，含红石峡、潭瀑峡、泉瀑峡、茱萸峰、叠彩洞、猕猴谷、子房湖、万善寺八大景点，是一处以太行山岳丰富的水景为特色，以峡谷类地质地貌景观和悠久的历史文化为内涵，集科学价值和美学价值于一身的科普生态旅游精品景区。近年来云台山以世界地质公园及5A级景区闻名于世，珍贵的地质地貌遗存、丰富的动植物景观和众多的人文历史遗存都是云台山景区独特的资源优势。

云台山景区于1983年开始考察，1985年进行开发，1987年被河南省人民政府确立为第一批省级风景名胜区，1999年进行大规模的开发建设。2001年迈入快速发展阶段，先后成立了焦作云台山旅游发展有限公司和云台山旅游股份有限公司，承担景区的经营、管理、开发、门票经营业务和景区内的观光车、索道、游船、电瓶车等非门票业务。

近年来，云台山致力打造低碳景区，总投资近10亿元，对景区进行保护性开发，实施高标准建设。景区道路全部采用低碳环保高性能沥青材料硬化，并进行绿化和美化；所有栏杆均采用木质或仿木材质，达到贴近生态、舒适安全的效果；所有观光步道均以贴近生态、舒适安全为标准铺设，同时所有景点形成观光环线，防止游客走回头路，最大限度方便游客在各景点休息拍照；景区的排水工程、梯级水面贴近自然、仿若天成；在全国率先实施“厕所革命”，改造、修建12座星级型厕所，购买6座环保厕所，设置高标准第三卫生间；景区内“电力、通信、广电”等线路已全部挖埋；景区投资4000万元，购买了70辆符合欧Ⅲ标准的豪华观光巴士，20多辆环保电瓶车，用于景区内往返交通和景区间短途游客运输；景区购买了500多个垃圾桶，合理分布在各景区，便于游客进行垃圾分类；采用最先进的技术建成了可同时容纳2000人就餐的“绿色厨房”——云台山餐饮服务中心，做到了无明火、无污染；景区还建成了拥有5000个停车位的大型绿色生态停车场，在停车场投资400多万元，安装了126套“零电费、零排放”风光互补照明系统；投资21万元在云台山景区设立植物挂牌和保护标志。景区还编制实施了“天然林保护”“云台山生态林建设”等生态保护工程，贯彻“低碳景区绿色旅游”的宗旨。

## （二）焦作云台山景区低碳旅游资源评价

### 1. 地质地貌

云台山地质公园内的独特地质景观形成受多种作用力影响（刘静霞，2005）。这里的地质地貌异常奇特，山峰纵列、流水峡谷组成的岩石景观独具特色，形成了一种新型的地貌类型。这些岩石景观不仅具有深厚的美学价值，更以其独特之处成为令人惊叹的观赏胜地。云台山地质公园不仅是自然景观的集中展示，更是地质地貌科普的理想基地。通过这片神奇的土地，人们可以更好地理解科学与美的交融之美，提升对自然奇观的认知水平。这里不仅是一个令人陶醉的旅游胜地，更是一个激发人们对大自然探索的热情、引发对地球演变历程的思考的精彩之地。云台山地质公园以其独特的地质奇观，为广大游客呈现了一场科学与美的盛宴，将人们引向对自然奥秘的深刻探索。

### 2. 自然资源

云台山不仅以其独特的地质地貌景观而著称，还拥有丰富的自然资源和多样化的自然景观。地处焦作的云台山属于暖温带季风气候，气温温和，降水适中，为游客提供了宜人的气候环境。云台山位于太行山南段，这片土地的植被异常丰富，以山峰的层次分明和水域的优美而令人叹为观止。在云台山的怀抱中，有老潭沟、子房湖、暴瀑峡等卓越的自然景观，每一个都独具魅力。漫步其中，近处可聆听流水潺潺，感受清新的空气；远处可仰望连绵起伏的山峰，尽情领略大自然的美妙景致。老潭沟如诗如画，子房湖宛如明镜般清澈，暴瀑峡磅礴壮观，共同构成了云台山丰富多彩的自然画卷。这里不仅是一处天然的风景胜地，更是人们远离城市喧嚣，沉浸于大自然怀抱的理想去处。云台山以其恢宏的自然景观、宜人的气候和丰富的生态资源，为游客带来一场身心愉悦的美好体验，是自然与人文和谐共融的绝佳胜地。

### 3. 人文历史资源

跨越汉末至今的两千多年间，云台山以其迷人的自然环境和得天独厚的地理位置，成为无数文人雅士和显赫达官的向往之地。随着历史的发展，这片土地留下了丰富的历史文化遗迹，为后人提供了珍贵的历史记忆。其中，汉献帝避暑台和陵墓以及历史上著名的“竹林七贤”等著名历史古迹在云台山留下深刻的印记。汉献帝避暑台见证了古代帝王对这片清凉胜地的喜爱，而“竹林七贤”更是云台山不可多得的文化瑰宝，开创了民间旅游的先河。这七位文人雅士的风采和境地，构成了一幅承载着古老智慧和文化底蕴的画卷。唐代大诗人王维更在云台山留下了传世之作："遥知兄弟登高处，遍插茱萸少一人。"这句千古名句表达了对友谊和归途的思念，使云台山成为文人墨客灵感的源泉和创作的富矿。这些深厚的历史文化遗迹不仅为云台山增添了独特的文化内涵，也为游客提供了一次穿越时光的机会。走进云台山，仿佛能够感受到历史的沉淀和岁月的积淀，每一块石头、每一片竹影都诉说着古老的故事，使云台山成为一个富有故事情节、饱含文化底蕴的历史名山。

2021 年，"碳达峰"和"碳中和"首次被写入《政府工作报告》，标志着中国对气候变化和环境保护的高度重视。在这一背景下，2021 年 5 月 26 日，碳达峰碳中和工作领导小组首次全体会议在北京召开，为推动这一战略决策的贯彻执行奠定了基础。同年 10 月，党中央、国务院进一步加强了对碳达峰碳中和工作的指导，发布了《关于完整准确全面贯彻新发展理念做好碳达峰碳中和工作的意见》和《2030 年前碳达峰行动方案》。实现碳达峰碳中和是以习近平同志为核心的党中央作出的重大战略决策，旨在积极应对全球气候变化，推动可持续发展（孙健慧和张海波，2019；王峥等，2021）。在这一大背景下，世界地质公园的低碳、绿色、可持续发展成为必由之路。地质公园因其独特的自然景观和丰富的生态资源，对于实现碳减排、推动绿色发展具有重要意义。地质公园管理和运营中，可采取各种手段，如加强生态恢复、提高能源利用效率、推动清洁能源应用等，以降低碳足迹，推动地区可持续发展（Wang et al.，2019）。因此，世界地质公园在碳达峰碳中和的战略背景下，应积极响应国家政策，通过可持续的管理和发展方式，为构建低碳绿色的生态文明和实现碳减排目标贡献力量，使地质公园成为生态保护、科普教育和可持续旅游的示范区（孙玉环和杨光春，2020；李姝晓和程占红，2021）。

## （三）焦作云台山景区的低碳可持续发展现状

环境保护是旅游景区可持续发展的根本保证。在云台山景区快速发展的过程中，该景区的生态文明建设不可忽视。云台山人将生态文明建设融入景区发展、旅游项目建设各方面和全过程，走出了一条旅游发展与环境改善的双赢之路。云台山景区因其在生态保护和可持续发展方面的努力，收获了一系列荣誉。首先，云台山景区曾先后获得世界杰出旅游服务品牌、国家生态旅游示范区、全国科普生态旅游知名品牌创建示范区、中国森林氧吧、全国旅游服务质量标杆单位、全国森林康养基地试点建设单位等荣誉称号。这些荣誉不仅是对云台山景区工作的认可，也是对其在可持续发展道路上的引导和鼓励。其次，云台山景区与美国大峡谷国家公园缔结为"姐妹公园"，这种跨国合作为两地景区的交流与合作搭建了桥梁，共同推动了环境保护和可持续发展的目标。再次，云台山景区被列入河南省首批世界旅游组织旅游可持续发展观测点，这意味着云台山的经验将成为全球可持续旅游发展的样本和借鉴。最后，云台山景区作为焦作经济由“黑色印象”向“绿色主题”转型的代表，被纳入中学教材，这将有力地促进环境意识的提升和可持续发展理念的普及。2018年1月27日，“推进绿色发展，建设美丽中国”典范城镇与景区成果发布会上，云台山景区荣获“中国最佳绿色生态景区”称号，这一殊荣再次证明了云台山景区在低碳文明建设方面的优异表现和领先地位。云台山景区的成功经验和荣誉不仅是对其自身努力的肯定，也为其他旅游景区提供了可借鉴的经验和启示。随着人们对环境保护和可持续发展意识的增强，云台山景区的努力将在未来成为更广泛可持续发展的典范。

### 1. 打好低碳旅游根基

首先，云台山景区作为一个集独特地质地貌、丰富水体景观、立体自然生态和深厚人文历史于一体的综合型山水文化旅游精品景区，在我国北方拥有不可多得的山水兼备的旅游资源。这种丰富的旅游资源是云台山景区存在和发展的基础，而低碳旅游则成为实现这一可持续发展目标的重要途径之一。为了打好低碳旅游的根基，云台山景区采取了一系列积极的措施。景区认识到旅游资源的保护至关重要。只有通过科学的手段保护好景区内的珍稀植物种类，才能确保其生态系统的完整性和稳定性。为此，云台山景区邀请了中国科学院植物研究所的专家，通过整理编写《云台山植物志》，对景区内的植物资源进行科学解释，为植物资源的保护提供了可靠的依据。这种系统性的植物志的编写不仅对科学研究有着积极的促进作用，也在一定程度上提高了游客对云台山独特植物群落的认知，从而引导游客更加尊重和爱护自然环境。2013年，《河南省云台山景区保护条例》的顺利通过标志着云台山景区的管理体系正式进入法治化、标准化的轨道。该条例的制定和实施不仅强调了对景区的生态保护，还明确了规划建设和管理服务方面的要求，为云台山景区提供了法律保障。这种法治化的管理模式使得云台山景区在旅游发展中更加有序，有力地推动了低碳旅游的实践。云台山景区在标准化、可持续化方向上的努力，使其成为低碳旅游的典范。通过科学保护植物资源、制定相关法规，云台山不仅在生态层面建立了坚实的基础，也为游客提供了更加可持续、绿色的旅游体验。这一系列的措施不仅让云台山景区的青山绿水披上了“护身符”，更在可持续旅游发展的道路上迈出了坚实的步伐。

### 2. 践行低碳旅游理念

云台山景区从日常工作的细微之处着手，率先提出“感动每一位游客”“人人都是旅游环境”“突出人性化”“注重精细化”的服务理念，并建立“人人都是安全员、服务员、保洁员、救护员、宣传员”的“五员一体”服务体系，进一步强化景区卫生、环保和经营秩序管理等工作。在各景点配备专职环卫人员，实行分段包干、量化考核制和制定优秀环卫工评选奖励等办法，并安排专人负责垃圾的收集与清运工作，做到“日采、日清”，全日保洁。强化环保执法检查。该景区与旅游、交通、安全、工商、卫生等职能部门结合，严查环境违法行为，加大对旅游市场经营秩序管理力度，严厉打击非法捕杀野生动物、滥采乱挖森林植被等违法犯罪行为，杜绝使用不可降解的一次性泡沫和塑料餐具等做法。全面贯彻国家环保法律法规，健全完善环保卫生、生态保护等方面的工作标准、服务标准和管理标准，促使生态保护工作步入标准化运作。云台山景区还在全省率先启动建立“旅游警察大队 + 旅游法庭 + 工商旅游分局”三位一体的旅游综合执法体系。定期对景区内的所有摊点、旅游饭店、宾馆和家庭旅社进行综合治理，对有碍观瞻的违规建筑进行了拆除，对服务区和各景点内的商户摊位进行生态化统一设计改造，完善了服务区的污水排污系统，对景区沿线山体进行喷播绿化。

### 3. 营造低碳旅游氛围

在云台山景区内，环境保护与文明旅游的宣传工作得到了充分的重视与落实。各处可见的环境保护知识、文明旅游引导标语等宣传内容，以及 LED 显示屏上持续播放的文明旅游公约和保护环境等宣传内容，都是景区积极引导游客树立环保意识和社会公德意识的重要举措。首先，景区通过布置环保知识和文明旅游引导标语，将相关理念深入到游客的心中。这些标语和知识点设置，不仅使游客在欣赏自然美景的同时接受到环保教育，也提醒他们在行为举止上要遵守相关规范，从而起到引导和教育作用。其次，LED 显示屏持续播放的文明旅游公约和保护环境等宣传内容，则通过视觉和语言双重方式向游客传递相关信息。这种宣传形式生动直观，能够更好地吸引游客的注意力，增强他们对环保意识和社会责任的认识，从而引导他们在游览景点时更加注重环境保护和文明行为。此外，景区还通过在重要节日如世界水日、地球日、世界环境日等时段向游客发放环境保护法、森林法、野生动物保护法等生态保护宣传资料的方式，进一步加强了游客对环保法律法规的了解和认识。这种针对性的宣传活动，不仅提高了游客的法律素养，也使他们更加自觉地行动起来，积极参与生态保护。最后，景区还定期在百家岩山门广场举行“爱护环境、文明旅游，我承诺、我先行”游客签名活动，并向游客发放《中国公民境内旅游文明行为公约》宣传卡片，号召广大游客共同参与保护生态环境、文明旅游的行动。这种互动式的宣传活动，使游客更加深刻地认识到了自己的责任与义务，激发了他们的参与热情，进而形成了良好的社会共识和行为规范。

云台山景区在推动生态旅游的发展与管理服务的过程中，积极推动生态教育，为此采取了多方面的措施。首先，景区常态化地邀请知名专家和学者，为工作人员举办生态旅游知识专题讲座。通过这种方式，景区不仅提升了员工的生态旅游知识水平，还加深了他们对生态环境保护的认识，为更好地经营和管理景区奠定了理论基础。在职业教育方面，景区通过推行“人人都是旅游环境”的理念，对全体职工进行系统的生态旅游职业教育。无论是领导层还是一般职工，都从细节入手、从小处入手，注重培养每个员工的生态责任心。这种人人参与的理念使得整个景区形成了共同的价值观，将生态旅游理念融入每个人的职业行为，形成了自上而下的自觉行动。景区鼓励员工在工作中积极参与生态环保，提倡见垃圾就捡、见不文明行为及时纠正的行为准则。这种自觉行动不仅能够在日常工作中保持景区环境的整洁，也通过实际行动传递出生态旅游的积极态度。从领导层到一般员工，每个人都成为了生态旅游的宣传员，用实际行动影响和引导游客，使整个景区的生态旅游理念深入人心。总体来说，云台山景区通过将生态教育贯穿生态旅游经营发展和管理服务全过程，建立了全员参与的生态旅游文化。这种文化不仅提高了工作人员的专业素养，更在细节中培养了其生态责任感，为景区的可持续发展和生态旅游的推动奠定了坚实基础。

## （四）焦作云台山景区的低碳可持续发展机遇与挑战

### 1. 发展机遇

（1）景区知名度高。

云台山景区作为世界地质公园、国家5A级旅游景区以及国家级风景名胜区，不仅享有极高的旅游品牌知名度，而且凭借其得天独厚的区位优势和丰富的自然资源，积极实施旅游带动发展战略，迅速崛起为一个备受瞩目的旅游胜地。在政府政策的大力支持下，云台山景区成功打造出具有一定知名度的旅游品牌，吸引了大量游客和投资。随着旅游业的蓬勃发展，云台山景区不仅在白天吸引游客，而且着眼于夜间旅游的发展。夜间旅游作为一种新兴的旅游形式，为景区带来了新的发展机遇。景区通过举办夜间特色活动、灯光秀等吸引人的项目，成功吸引更多游客在夜晚光临，为景区的繁荣发展注入新的活力。

在夜间旅游方面，云台山景区着力提升游客的体验感和参与度。夜间特色活动如夜间登山、星空观赏、篝火晚会等丰富多彩，为游客提供了全新的旅游体验。同时，景区通过灯光秀等技术手段，将景区的自然风光、人文景观进行精心呈现，营造出独具魅力的夜间景观，吸引了众多游客慕名而来。除了提升夜间旅游项目，云台山景区还加强了夜间服务设施建设，增设了夜间停车场、夜间安全巡逻队伍等，保障游客在夜间游览过程中的安全和便利。此外，餐饮、住宿、购物等配套服务也得到了进一步完善，满足了游客在夜间旅游中的各种需求。云台山景区通过夜间旅游的发展，成功拓展了景区的旅游市场，为景区的长期繁荣发展注入了新的动力。随着夜间旅游项目的不断丰富和完善，云台山景区必将成为更具魅力和竞争力的旅游目的地，吸引更多国内外游客前来观光游览，促进当地旅游经济的健康发展。

（2）交通设施完善。

云台山景区在交通和基础设施建设方面的全面发展，为游客提供了便利的旅游条件，进一步增强了景区的吸引力。

首先，云台山景区的可达性相当强大。公路方面，长济高速、晋新高速、郑云高速等主要高速公路直通景区，而河南省省道 S233、S306 更是直达景区，使得自驾游成为游客的方便选择。此外，焦作市区距离新郑机场和洛阳北郊机场均只需一个小时车程，而新郑机场还提供直通云台山景区的班车服务，为乘坐飞机的游客提供了便捷的交通方式。铁路方面，焦作站连接京广线、陇海线、太焦线、焦柳线等多条铁路，游客可从郑州站或郑州东站搭乘郑焦城际铁路，在修武西站或焦作站下车后，可乘坐直达云台山景区的摆渡巴士，确保了铁路交通的便利性。

其次，云台山景区在基础设施建设上也投入了大量资金，确保了游客在景区内的舒适体验。道路建设方面，不仅有便捷的高速公路和省道直通景区，还建设了通达各个景点的道路网络，确保游客可以轻松到达目的地。电力通信设施得到了全面提升，为游客提供了畅通的通信服务，同时有助于景区内各项设施的智能化管理。卫生安全方面，景区与公安、卫生、市场监管等多个部门建立了联动机制，通过实时监控各景点的客流情况，根据实际情况灵活调整交通和游客流向，确保了游客有序、安全地出行。供水排水方面，云台山景区建设了规模宏大、功能齐全的游客服务中心，生态停车场和餐饮服务中心，为游客提供全方位的服务。生态停车场不仅方便游客停车，还考虑到生态环境的保护，使得游客的停车体验更为便捷和环保。餐饮服务中心提供丰富多样的美食选择，满足不同口味的游客需求，同时也注重食品安全和卫生标准，确保游客用餐的舒适感和健康保障。观光车队的便捷运营，为游客在不同景点之间提供了快捷的交通服务，使游览更加流畅和愉快。

总体而言，云台山景区通过强化交通网络和全面提升基础设施水平，为游客创造了便捷、安全、舒适的旅游环境。这不仅提高了游客的满意度，也为景区的可持续发展奠定了坚实基础。通过与相关部门的密切合作和科学管理，云台山景区不仅在自然风光上吸引了游客，更在交通和基础设施方面为其提供了全方位的服务，成为一个旅游业发展的典范。

（3）景区旅游业蓬勃发展。

作为河南省唯一的集国家森林公园、国家5A级风景名胜区、全国文明景区、国家重点风景名胜区、国家猕猴自然保护区于一体的景区，云台山旅游业近年来持续蓬勃发展，旺季游客人数创下历史新高。2017年景区接待游客高达556万人次，门票收入5亿多元。① 2018年“十一”黄金周，共有41.86万人次前往焦作云台山旅游，打破该景区假日旅游接待人数新纪录。② 2019年，该景区接待游客600万余人次。③ 2020年受新冠疫情重创，景区发展速度放缓，推出节假日免门票政策，全年接待游客突破300万人次。④ 2021年国庆假期，云台山接待游客26.57万人次，实现收入7348.95万元，客流以省内为主，占比74.3%，省外游客仅占25.7%。⑤ 近年来，云台山景区旅游人数更是火爆，2023年春节期间，接待游客达25.03万人次，同比增长15.96%，收入2785.82万元。⑥ 2024年国庆期间，云台山接待游客45.06万人次，同比增长24.89%，⑦ 实现了二次消费收入占比和青年群体市场占比“双增长”。

### 2. 面临的挑战

（1）能源结构转型困难。

云台山地区当前的能源结构主要仰赖传统的煤炭资源，然而，这种依赖却伴随着煤炭燃烧所产生的大量碳排放，对环境构成潜在威胁。面对全球气候变化和可持续发展的挑战，云台山地区亟须迎接低碳发展的重大任务，其中之一是实现能源结构的深刻转型。关键问题在于推动清洁能源的广泛利用，以减少对煤炭的过度依赖。太阳能和风能等可再生能源被认为是可持续的、低碳的替代选择。通过引入先进的

---

① 文艺论坛．“在河南买票，到山西看景”的景区，不止一个云台山［EB/OL］．（2021-01-16）．https://www.sohu.com/a/444879193_417336.

② 焦作市人民政府．十一黄金周云台山景区交出完美答卷　7天共接待游客41.86万人次［EB/OL］．（2018-10-08）．https://www.henan.gov.cn/2018/10-08/693608.html.

③ 怪咖行者．它不是十大名山，但年游客600万，超过了黄山泰山华山，就在河南［EB/OL］．（2021-05-24）．https://www.sohu.com/a/468147923_100124597.

④ 崔立勇．旅游业复苏：云台山游客人数不降反升的秘诀［EB/OL］．（2020-11-03）．https://baijiahao.baidu.com/s?id=1682310019542514803&wfr=spider&for=pc.

⑤ 河南省文化和旅游厅．云台山2021年度十一黄金周文旅市场综述［EB/OL］．（2021-10-08）．https://hct.henan.gov.cn/2021/10-08/2323922.html.

⑥ 焦作文旅．焦作：春节假期接待游客308.32万人次［EB/OL］．（2023-01-28）．https://hct.henan.gov.cn/2023/01-28/2679013.html.

⑦ 修武融媒．国庆假期全县接待游客98.05万人次，同比增长14.69%［EB/OL］．（2024-10-08）．http://www.xiuwu.gov.cn/sitesources/xwxrmzf/page_pc/zfxxgk/zfxxgkml/zwdt/zwyw/articleb4b3fa9295c34c0a90a2cfbdd72395fd.html.

太阳能光伏和风力发电技术，云台山地区有望逐步摆脱对传统煤炭的依赖，实现更为环保和可持续的能源结构。这一能源结构的转型不仅有助于减少碳排放，还能够推动当地经济的升级和可持续发展。产业结构的调整和新型能源技术的引入将为云台山地区创造更多就业机会，激发创新潜力，提高整体经济竞争力。政府在这一过程中扮演着关键角色，应通过制定和执行相关政策，激励清洁能源投资，推动技术研发，以确保能源结构转型的顺利进行。此外，公众参与和意识的培养也至关重要，通过加强对清洁能源的宣传教育，促使居民更加理性地对待能源消费，形成全社会共同推动低碳发展的良好氛围（唐明方等，2014）。因此，云台山地区要实现低碳发展，必须致力彻底转变其能源结构，充分发挥清洁能源的潜力，促使社会各界共同参与，共同推动云台山走上可持续、低碳发展的新征程。

（2）产业面临升级和转型。

云台山地区作为一个主要依赖传统工业的地方，其产业结构的主导地位往往伴随着大量的碳排放，这对环境造成潜在威胁。低碳发展所面临的重要挑战之一就是如何引领产业升级和转型，以培育清洁、高效的产业体系，从而有效减少碳排放量。首先，产业升级需要在技术和生产方法上实现创新。引入先进技术，采用绿色生产方式，优化工业流程，降低能耗和废弃物排放，将是实现低碳目标的关键。政府可通过提供激励措施，例如减税、补贴等，鼓励企业投资研发和引入环保技术。其次，清洁能源在产业升级中扮演着至关重要的角色。向可再生能源过渡，如太阳能、风能等，有助于减少对高碳能源的依赖。政府应当制定支持清洁能源发展的政策，推动企业采用可再生能源，从而进一步减缓碳排放的速度。另外，产业升级还需关注人力资源的培训和发展（吴江洲，2020）。为工人提供培训课程，使其适应新的生产技术和工作环境，有助于提高整体产业素质，促使云台山地区实现更为可持续的经济增长。最后，跨部门协同和公私合作是推动产业升级的关键。政府、企业、学术机构和社会各界应共同努力，建立起一个促进可持续发展的合作体系，共同应对低碳发展所带来的种种挑战。在这一转型过程中，云台山地区有望逐渐实现产业结构的转型，培育更为环保、高效的产业模式，从而在低碳发展的道路上取得实质性的进展。这不仅有助于减缓气候变化的速度，还将为云台山地区带来经济、社会和环境的多重利益。

（3）能源消费观念有待转变。

云台山地区的居民在实现低碳发展的过程中扮演着至关重要的角色。他们的能源消费观念和生活习惯的调整对于整体碳减排目标的达成至关重要。因此，推动低碳发展不仅需要产业结构的调整，更需要引导居民改变传统的高能耗、高排放的生活方式（Yang & Wang，2020）。首先，教育和宣传是实现观念转变的有效途径。政府和社会组织可以通过举办宣传活动、开展教育培训，向居民普及低碳理念，使他们认识到个人的能源消费行为与环境负担直接相关。这种意识的提高将为居民的行为转变奠定基础。其次，鼓励居民采取切实可行的节能减排措施是至关重要的。引导居民选择使用能源高效设备，如 LED 灯、高效空调等，不仅有助于降低能耗，还能减少碳排放。同时，通过提供相关的奖励和激励机制，鼓励居民采纳更环保的生活方式。减少用水用电也是关键的方面。居民可以通过合理使用家电、减少不必要的能源浪费，实现在日常生活中的节能减排。政府可以制定政策，推动居民采取更为环保的用水用电方式，并提供相应的补贴或奖励，以促使这一转变成为社会共识。最后，建立社区参与机制也是非常有效的手段。通过社区活动和居民参与决策，可以增强居民对低碳生活的认同感，形成共同推动低碳发展的合力。

（4）技术创新和应用。

云台山地区实现低碳发展的道路上，技术创新与应用成为至关重要的推动力（Zhang & Zhang，2020）。为此，云台山地区需要进一步加大对低碳技术研发和应用的资金、政策支持，培育科技创新的生态环境。首先，科技创新应当聚焦解决云台山地区特有的气候和地理条件。这意味着需要针对该地区的气候、土壤等因素进行深入研究，以便开发出适应当地特点的低碳技术。例如，可以推动研发适应山区地形的清洁能源设备，以提高能源的有效利用率。其次，将科技研发成果广泛应用于生产和生活领域是关键一步。建立起科技创新与产业发展的紧密衔接机制，推动低碳技术在制造、能源、农业等各个领域的落地应用。政府可以通过提供财政和税收政策激励，鼓励企业采用低碳技术，推动其商业化和市场化。同时，建立产学研用协同创新平台，促进科研机构、高校与企业的合作，加速科技成果转化。通过这种合作模式，将先进的低碳技术更迅速地融入云台山地区的生产和生活体系，为整个地区的可持续发展打下坚实基础。因此，加大对云台山地区低碳技术的研发和应用支持，不仅有助于提高地区的生产效益，还能够为实现全面的低碳发展目标奠定坚实的科技基础。这一过程也将为云台山地区在全球可持续发展的浪潮中走在前列提供有力支持。

（5）绿色金融支持。

实现低碳发展的迫切需求使得资金支持成为不可或缺的关键因素（孙玉环和杨光春，2020）。云台山地区在这一挑战面前，亟须建立起健全的绿色金融体系，以促使更多资金投入低碳项目的推进。这一体系的构建应包括多元化的金融工具，如绿色债券、可持续发展基金等，以满足不同领域低碳发展的资金需求。首先，云台山地区可以通过设立绿色信贷机构或引导传统金融机构设立专门的低碳发展业务部门，以确保低碳项目能够获得更加灵活、优惠的融资支持。这将有助于降低低碳产业的融资成本，提高其融资可及性。其次，制定相关的激励政策，例如对投资低碳项目的金融机构给予税收优惠或奖励，以吸引更多的资本涌入低碳领域。同时，建立风险共担机制，减轻投资方的不确定性，从而更好地激发私人资本的参与。最后，推动绿色金融与科技的深度融合，借助数字技术提高金融服务的效率和透明度，为投资者和企业提供更为智能化的绿色金融解决方案。通过这种方式，可以降低投资的风险，增加绿色项目的吸引力。建立健全的绿色金融体系不仅有助于满足云台山地区低碳发展的资金需求，还能够推动金融业向着更加可持续的方向发展，为实现长远的低碳目标提供坚实的财务支持。这将为地区的经济可持续发展奠定基础，促进低碳产业的茁壮成长。

在应对这些挑战的过程中，云台山地区迫切需要形成政府、企业和居民共同参与的合力。政府应制定明确的低碳政策和法规框架，提供经济激励，推动绿色技术创新，并加强监管力度确保执行。企业则应当积极响应低碳发展的号召，采用清洁生产技术，倡导循环经济理念，推动产业结构的绿色升级。居民在能源使用和生活方式上也需更为绿色、环保，通过降低碳足迹的方式积极参与。

综合而言，政府、企业和居民需要紧密合作，通过共同努力制定并实施可持续发展的策略，以推动云台山地区朝着低碳发展目标迈进。只有在全社会的共同奋斗下，才能实现低碳经济的转型，保护环境，促进经济可持续发展，共同推动云台山低碳发展进程。

## （五）焦作云台山景区低碳可持续发展之道

在推动云台山地区低碳发展的进程中，各项措施的全面实施至关重要。低碳发展不仅是一种环境保护和资源利用的理念，更是一种社会转型和可持续发展的路径。在这个过程中，各个方面都需要积极参与和贡献。

首先，思政教育活动是引领社会意识转变的关键一环。通过丰富多样的形式，如讲座、培训和讨论，向政府、企业和居民传达低碳发展的紧迫性和重要性。这些活动不仅要着眼于传递知识，更要引导人们在思想上深刻认识到低碳发展的价值，激发他们积极参与的意愿。

其次，培养低碳意识是实现整个社会转型的基础。通过广泛的教育和宣传，建立居民和企业的低碳意识，使之成为生活和经营的一部分。为此，可以明确低碳发展的价值观和行为准则，鼓励居民在日常生活中采取诸如节约用水、减少用电、选择公共交通等低碳生活方式。同时，推动企业采用低碳技术和清洁能源，以减少碳排放，实现可持续发展。

强化法律法规意识是确保低碳发展政策有效贯彻执行的保障。通过宣传和教育，提高政府、企业和居民对低碳发展法规的了解和遵守，从而确保政策得到全面有效的贯彻和执行。这不仅需要建立健全的法律法规体系，更需要通过各类宣传手段使之深入人心，形成共识。

建立合作机制是促使云台山低碳发展迈出实质性步伐的重要手段。政府、企业和社会组织应该携手合作，形成合力。政府在这一过程中可以提供政策支持和经济激励，为企业和居民提供实质性的支持。企业则应积极参与低碳项目，采用更环保的技术和方式。社会组织则可以发挥监督和推动作用，促使各方更加负责任地履行自身的角色，形成整体的推动机制。

推动科技创新是实现云台山低碳发展的技术支持。通过加强科技创新，开发适应云台山地区特点的低碳技术，可以为该地区提供更为可行和有效的解决方案。鼓励企业加大研发投入，推动科技成果的转化和应用，将先进的科技水平与实际需求相结合，提高云台山低碳发展的整体技术水平。

综上所述，云台山低碳发展需要政府、企业、居民和社会组织的紧密合作。通过教育、宣传、法规意识强化和建立合作机制等多方面手段，全面推动低碳发展战略的实施，形成全社会共同关注和支持低碳发展的氛围，最终推动云台山地区朝着低碳、可持续发展的目标稳步前进。这是一个全社会参与的系统性过程，需要各方通力合作，共同为实现低碳未来而努力。

### （六）结语

“绿水青山就是金山银山”这一理念强调了环境保护与经济发展的密切关系。在建设美丽中国、推动绿色低碳发展的背景下，各级政府、企业和个人都应该积极参与，共同努力实现低碳可持续发展。首先，要想实现“双碳”基础夯实，要求全社会加强经济发展与减污降碳的结合。这包括促进能源生产和消费观念的结合，使得产业低碳化为景区绿色发展提供支撑。投资和采用更清洁的能源技术，改善生产工艺，提高资源利用效率，从而减少碳排放。其次，要推动产业绿色低碳化和绿色低碳产业化。涉及对传统产业的升级和转型，采用更环保、低碳的技术和生产方式。政府可以通过制定政策、提供激励措施，引导企业朝着更可持续的方向发展。此外，生态系统碳汇能力的提升也是一个关键点。通过植树造林、湿地保护、生态修复等措施，增加自然生态系统对碳的吸收和固定能力，有助于缓解气候变化带来的压力。在整个过程中，普及绿色低碳生活观念至关重要。包括提倡绿色出行、低碳食品、节能减排等方面，培养社会各层面的低碳意识，形成广泛的低碳生活方式。

在云台山景区作为地质公园的情境下，其独特的自然风光和丰富的文化遗产为实现低碳可持续发展提供了丰富的资源。政府、企业和个人都有责任加强生态旅游目的地的建设与保护，确保游客的到访不会对环境造成过大的压力。最后，作为大学生群体，要勇于承担责任，积极参与绿色低碳发展的进程。通过科研、创新、实践，为推动可持续发展贡献力量。实现碳达峰碳中和不仅是国家的目标，也是每个人的责任。通过共同努力，可以让“人不负青山，青山定不负人”的理念变成现实，为建设美丽中国、打造健康绿色的生态景区贡献力量。

## 三、启发思考题

1. 云台山景区低碳旅游发展成为代表的原因是什么?

2. 结合相关理论，分析焦作云台山景区低碳旅游发展的亮点在哪里，以及云台山景区该如何打造绿色健康可持续发展景区。

3. 云台山景区的低碳旅游模式与传统生态景区模式的对比分析。

4. 国内传统景区或地质公园面临的挑战主要体现在哪些方面？云台山景区是否成功解决了这些问题？是如何解决的?

5. 云台山景区目前的运营与管理上还存在哪些有待解决的问题？请提供应对策略建议。

## 四、分析思路

基于理论联系实践的根本目标，为学生布置清晰、明确、具体的研讨任务，提升学生实践调查与应用、讨论与逻辑表达技能、团队合作与自主思考水平，完善学生“发现问题—提出问题—思考问题—解决问题”的综合学习能力。本案例分析逻辑路径如图 11 - 1 所示。

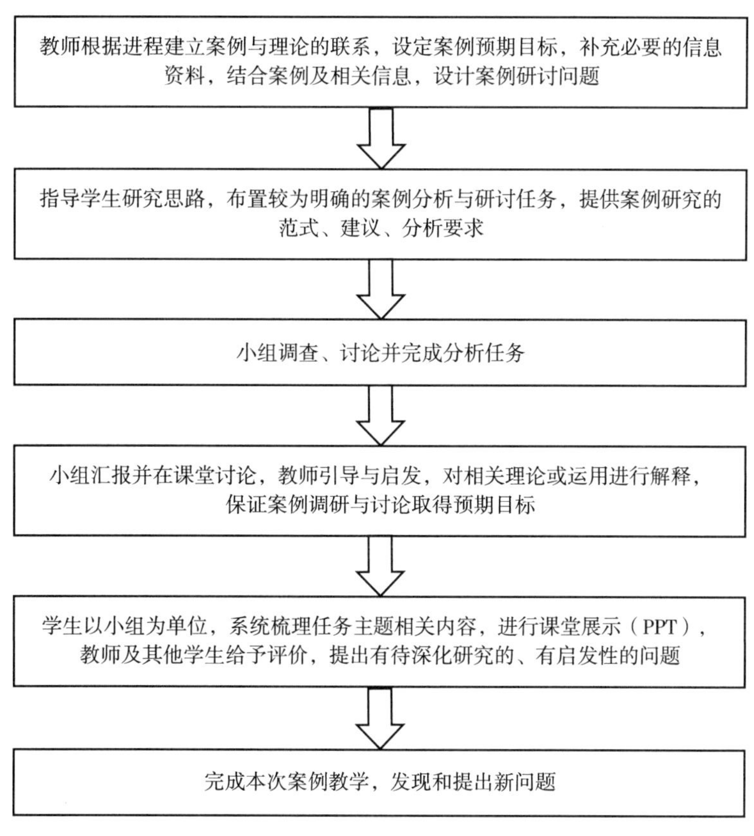


图 11－1　案例十一分析逻辑路径

# 五、理论依据与分析

## （一）低碳经济理论

"低碳经济"一词最早出现在 20 世纪 90 年代后期的文章中，英国政府于 2003 年发表了关于低碳经济建设的能源报告，指出英国要通过提供能源和减少温室气体排放成为真正的低碳经济体，这是"低碳经济"的概念首次被提出。此后，美国、日本、中国等国家也开始关注低碳经济，逐渐认可、接受这一经济体系，并在各行各业中加以推广和实践。国内外学者也对低碳经济进行了深入的讨论，目前我国学术界对低碳经济的研究主要包括两个方面：一是技术手段上，通过节能，减少碳排放，普及低碳技术；二是消费层面上，加快低碳技术创新，提倡低碳、绿色的消费理念。

旅游业作为劳动密集型产业，涉及人口密度较高，流动性较强，旅游者在旅行过程中食宿、交通等旅游活动的碳排放不容小觑。为了控制旅游碳排放，响应低碳经济，低碳旅游应运而生。本案例以低碳经济理论为基础，站在消费者角度分析游客低碳旅游行为的特点和影响因素，引导游客实施低碳旅游行为，减少游客二氧化碳排放，实现旅游业的绿色、健康可持续发展。

## （二）可持续发展理论

可持续发展理论（sustainable development theory）是指既满足当代人的需要，又不对后代人满足其需要的能力构成危害的发展，以公平性、持续性、共同性为三大基本原则。

公平性是指机会选择的平等性。可持续发展的公平性原则包括两个方面：一方面是本代人的公平即代内之间的横向公平；另一方面是指代际公平性，即世代之间的纵向公平性。可持续发展要满足当代所有人的基本需求，给他们机会以满足他们对美好生活的向往。可持续发展不仅要实现当代人之间的公平，而且也要实现当代人与未来各代人之间的公平，因为人类赖以生存与发展的自然资源是有限的。从伦理上讲，未来各代人应与当代人有同样的权力来提出他们对资源与环境的需求。可持续发展要求当代人在考虑自己的需求与消费的同时，也要对未来各代人的需求与消费负起历史的责任，因为同后代人相比，当代人在资源开发和利用方面处于一种无竞争的主宰地位。各代人之间的公平要求任何一代都不能处于支配的地位，即各代人都应有同样选择的机会空间。

持续性是指生态系统受到某种干扰时能保持其生产力的能力。资源环境是人类生存与发展的基础和条件，资源的持续利用和生态系统的可持续性是保持人类社会可持续发展的首要条件。这就要求人们根据可持续性的条件调整自己的生活方式，在生态可能的范围内确定自己的消耗标准，要合理开发、合理利用自然资源，使再生性资源能保持其再生产能力，非再生性资源不至于过度消耗并能得到替代资源的补充，环境自净能力能得以维持。

可持续发展关系到全球的发展。要实现可持续发展的总目标，必须争取全球共同的配合行动，这是由地球整体性和相互依存性所决定的。因此，致力达成既尊重各方的利益，又保护全球环境与发展体系的国际协定至关重要。正如世界环境与发展委员会 1987 年发布的报告《我们共同的未来》中的“今天我们最紧迫的任务也许是要说服各国，认识回到多边主义的必要性”，“进一步发展共同的认识和共同的责任感，是这个分裂的世界十分需要的”。这就是说，实现可持续发展就是人类要共同促进自身之间、自身与自然之间的协调，这是人类共同的道义和责任。

### （三）计划行为理论

计划行为理论（theory of planned behavior，TPB）在理性行为理论（theory of reasoned action，TRA）的基础上发展起来，该理论认为所有能影响个人行为的因素都通过行为意向间接影响行为。行为意向会受行为态度、主观规范、知觉行为控制三个因素的影响。一般来说，个人对某一行为的态度越积极，该行为的意向就越强烈，任何行为的主观规范越积极，个人的行为意向越强，个人的知觉行为控制越强，其行为意向就越强。菲什拜因（Fishbein）和阿岑（Ajzen）根据多属性态度行为理论（theory of multi attribute attitude，TMA）建立了理性行为理论。理性行为理论核心因素在于行动意向，即个体做出特定行动的个人意向，愿意采取特定行动的程度以及努力程度。个人的行为意向越强烈，其相应行为发生的概率就越高。行为态度和主观规范是行为意向的主要影响因素，其中，行为态度展现了个体对某一特定行为的评价是积极的还是消极的，主观规范主要是个体特定行为的实施受外界因素的影响程度，即实施这一特定行为感受到的来自外界的压力，如是否迎合社会的需求，是否符合伦理道德规范，是否满足周围人的期许等。

计划行为理论广泛应用于旅游领域，集中在研究旅游目的地居民、旅游从业者、旅游者等主体的不同旅游意向和旅游行为。近年来，计划行为理论模型越来越多地应用于游客意向以及行为的研究，包括居民参与可持续遗产旅游行为、游客不文明行为、休闲农业旅游行为意向、“90后”群体的旅游行为意向等，实践证明，这一理论能很好地预测和解释行为的意愿和行为。一些学者还对计划行为理论进行了拓展，在已有变量基础上，增加伦理规范、低碳知识、游客对自然和人文环境的认识等变量对游客行为进行研究。

## 六、教学要点

### （一）案例分析的关键

（1）案例内容与理论联系的梳理：在案例分析中，学生需要深刻理解案例内容，并将其与相关理论框架有机结合。这需要对理论知识的深刻理解，以便将其应用于具体情境。

（2）案例问题与目标的设计：有效的案例应包括有挑战性的问题和明确的学习目标。这有助于引导学生的思考，培养问题解决和目标达成的能力。

（3）案例讨论中的管理与启发：案例讨论是促使学生思考的关键环节。管理讨论需要教师引导，确保焦点不偏离核心问题。启发性的讨论可以通过提出激发思考的问题，鼓励学生提出不同的观点。

（4）案例总结与导出理论系统的完整性：在案例学习结束时，总结对案例的思考是必不可少的。学生需要将案例的经验教训整合，从而形成一个完整的理论体系，以便将知识应用于未来的实际问题。

（5）案例内容与思政元素的完美融合：为了培养学生的综合素养，案例分析应该融入思政元素，如伦理、社会责任等。这有助于培养学生的社会责任感和道德观念。

### （二）案例教学中的关键能力点

（1）教师对案例讨论的任务分配及分析思路的启发：教师在案例教学中扮演着关键的角色。教师需要巧妙地分配任务，激发学生思考。启发学生建立问题解决的框架，引导他们寻找解决方案。

（2）学生讨论：学生讨论是案例教学的核心。学生需要积极参与，提出自己的观点，并与同学进行建设性的对话。这有助于培养团队协作和沟通技能。

（3）教师的控制与总结：教师需要适时地控制讨论的方向，确保讨论不偏离主题。在讨论结束时，教师的总结是整个案例教学过程的收尾，有助于概括重要的观点和教训。

案例分析和案例教学是一种融合理论与实践的学习方法，通过培养学生的分析和解决问题的能力，使其更好地适应未来职业和社会需求。这些关键点的深入理解和实践有助于提高教学质量，培养学生的综合素养。

## 七、课堂设计

### （一）教学时间安排

本课程设计为 2 个课时，每课时 45 分钟，共计 90 分钟。

#### 1. 第一课时

（1）导入与背景介绍（10 分钟）；
（2）地质地貌与自然资源评价（15 分钟）；
（3）人文历史资源评价（10 分钟）；
（4）小组讨论与分享（10 分钟）。

#### 2. 第二课时

（1）发展现状、机遇与挑战分析（20 分钟）；
（2）低碳可持续发展路径探讨（20 分钟）；
（3）案例研究与讨论（10 分钟）；
（4）总结与反馈（5 分钟）。

### （二）课前计划

#### 1. 预习资料

提前一周向学生分发云台山景区的相关资料，包括官方网站链接、新闻报道、学术研究文章等，要求学生对云台山的基本情况有一个初步了解。

#### 2. 思考题

布置几个关键问题供学生思考，如“你认为云台山发展低碳旅游的优势和挑战是什么?”“如何通过教育和法律法规促进低碳旅游的发展?”等。

#### 3. 分组准备

将学生分成小组，每组负责收集和整理关于云台山某一方面的信息，如地质地貌、自然资源、人文历史等。

### （三）课中计划

#### 1. 课程导入

通过展示云台山的美丽风光图片或视频，引起学生的兴趣，简要介绍云台山作为世界地质公园的地位及其重要性。

### 2. 知识讲解

（1）地质地貌与自然资源：利用PPT展示云台山的地质构造、地貌特征以及丰富的自然资源，强调这些资源对于发展低碳旅游的重要性。

（2）人文历史资源：介绍云台山的历史背景、文化传承和重要人文景点，讨论这些资源如何与自然景观相结合，共同促进旅游业的发展。

### 3. 小组讨论

让学生分享他们收集的信息，并围绕思考题展开讨论。教师巡回指导，鼓励学生提出自己的见解。

### 4. 发展现状、机遇与挑战

通过案例分析和数据展示，详细讲解云台山景区在低碳旅游方面的现状、面临的机遇与挑战。

### 5. 低碳可持续发展路径

引导学生探讨如何加强低碳思政教育、培养低碳意识、建设法律法规以及加强社会、景区与游客之间的合作。

### 6. 案例研究

选取国内外其他成功的低碳旅游案例进行对比分析，让学生了解不同地区的经验和做法。

### 7. 总结与反馈

总结本节课的重点内容，回答学生的疑问，并鼓励学生在日常生活中实践低碳理念。

## （四）课后计划

### 1. 作业布置

要求学生撰写一篇关于云台山低碳旅游发展的小论文或报告，内容包括现状分析、问题识别和解决方案建议。

2. 拓展阅读

推荐相关书籍和文章，帮助学生更深入地了解低碳旅游的理论和实践。

3. 实践活动

鼓励学生参与学校的环保活动或社区服务，将课堂所学应用到实际行动中。

4. 反馈收集

通过问卷调查或个别访谈的方式收集学生的反馈意见，以便不断改进教学方法和内容。

## 参考文献

[1] 程占红，王峥，马子行．低碳视角下太原市旅游业碳均衡分析［J］．生态学杂志，2020，39（6）：2051-2060.

[2] 李姝晓，程占红．山西省阳泉市旅游业碳均衡分析与低碳发展研究［J］．陕西师范大学学报（自然科学版），2021，49（6）：64-74.

[3] 刘静霞．河南云台山地质公园云台山园区景观资源分析及规划研究［D］．长沙：中南林学院，2005.

[4] 孙健慧，张海波．旅游景区低碳运营过程和影响因素探析［J］．企业经济，2019，38（2）：13-19.

[5] 孙玉环，杨光春．中国旅游业碳排放的影响因素分解及脱钩效应［J］．中国环境科学，2020，40（12）：5531-5539.

[6] 唐明方，曹慧明，沈园，等．游客对低碳旅游的认知和意愿——以丽江市为例［J］．生态学报，2014，34（17）：5096-5102.

[7] 王峥，程锦红，程占红．中国旅游业碳均衡区域差异及其影响因素［J］．生态学报，2021，41（20）：8063-8075.

[8] 吴江洲．低碳旅游示范区评价指标体系的构建［J］．海峡科技与产业，2020，33（11）：97-99.

[9] Vallerand R J, Deshaies P, Cuerrier J P, et al. Ajzen and Fishbein's Theory of Reasoned Action as Applied to Moral Behavior: A Confirmatory Analysis［J］. Journal of Personality and Social Psychology, 1992, 62（1）: 98.

[10] Wang K, Gan C, Ou Y, et al. Low-carbon Behavioral Performance of Scenic Spots and the Driving Mechanism: A Case Study of Zhangjiajie World Heritage Site［J］. Ying Yong Sheng Tai Xue Bao, 2019, 30（1）: 266-276.

[11] Yang X, Wang Z J. Intuitionistic Fuzzy Hierarchical Multi-criteria Decision Making for Evaluating Performances of Low-carbon Tourism Scenic Spots [J]. International Journal of Environmental Research and Public Health, 2020, 17 (17): 6259.

[12] Zhang J, Zhang Y. Assessing the Low-carbon Tourism in the Tourism-based Urban Destinations [J]. Journal of Cleaner Production, 2020 (276): 124303.

# 案例十二
Case 12

## 既要绿水青山，也要金山银山
### ——乡村振兴背景下鹤鸣湖镇乡村旅游高质量发展

**案例摘要：**党的十九大报告提出实施乡村振兴战略，指出“三农”问题是关系国计民生的根本性问题。党的二十大报告中，则进一步提出了全面推进乡村振兴，指出要加快构建新发展格局，着力推动高质量发展。乡村振兴可以巩固提升脱贫攻坚成果，为新时代发展乡村旅游提供思想指引。如今，发展乡村旅游已经成为乡村振兴的重要抓手。客观而言，我国乡村旅游资源并不匮乏，但其发展模式已经无法满足游客日益增长的美好生活需要，乡村旅游产业亟须转型升级，力争实现既要绿水青山也要金山银山的目标。案例地鹤鸣湖镇乡村旅游资源禀赋，但乡村旅游发展水平与东部具有相似资源基础的经济发达地区相比，尚存在一些发展差距。在这一背景下，探索鹤鸣湖镇乡村旅游如何实现高质量发展将具有重要意义。本案例可为东北乡村旅游地高质量发展提供一些思路与启示。

## 一、教学目的与用途

本案例适用于旅游目的地旅游规划与开发的案例教学，旅游管理专业学位研究生教育课程设置中的旅游目的地开发与管理、旅游景区规划与管理等核心课程，也适用于旅游方向选修课程，如旅游发展模式研究、旅游景区管理、旅游景区发展评价与论文写作等。

本案例适用对象为MTA专业硕士及旅游管理类专业的本科生、研究生。

本案例的教学目的是通过国家乡村振兴的政策和黑龙江省旅游发展大会的举办，让学生从中了解并思考如何在乡村振兴的大背景下，促进黑龙江省的旅游目的地和旅游景区高质量发展。并且判断旅游目的地高质量发展的制约因素，如何解决面临发展的瓶颈，为政府决策和企业发展提供参考建议。

# 二、案例内容

## （一）引言

当今世界正在经历百年未有之大变局，全球环境和国际格局发生了深刻变化，我国经济进入新常态，区域经济发展存在不平衡的问题，城乡之间差距依然很大。乡村振兴本质上是乡村转型发展与内力提升的过程，可以巩固提升脱贫成果，为乡村旅游提供思想指引。

乡村旅游已经被视为解决“三农”问题的全新突破口。乡村旅游出现较早，19世纪中期单纯的度假旅游就已发展成为体验乡村自然风光、品味乡村文化遗产等重要的旅游方式。而在我国，据农业农村部统计，2019 年我国休闲农业及乡村旅游人数达到 32 亿人次，占国内旅游人数的 53. 28%；休闲及旅游收入 8500 亿元，占国内旅游收入的 14. 8%。国家统计局数据显示，2019 年我国 GDP 总量为 986515 亿元，稳居世界第二位，人均 GDP 超过了 1 万美元。如今，我国已经成为全球第二大消费市场，中等收入群体人数超过 5 亿，拥有庞大的旅游市场消费群体。实现旅游高质量发展，能够更好满足群众对高品质旅游的需要，持续激发旅游市场消费潜力。

2019 年 12 月中央经济工作会议明确提出要“推动旅游业高质量发展”。2020 年 5 月 14 日，中共中央政治局常务委员会会议上提出要构建以国内大循环为主体，国内国际双循环相互促进的新发展格局。旅游业因为其与生俱来的内外循环特征，在“双循环”新发展格局中，将扮演重要角色。乡村旅游被认为是乡村发展和减贫的关键途径。

2021 年 2 月 25 日，习近平总书记庄严宣告脱贫攻坚战取得全面胜利。截至 2020 年底，我国实际已完成新时代脱贫攻坚任务。总计 9899 万农村贫困人口全部脱贫，832 个贫困县全部摘帽，12. 8 万个贫困村全部出列，消除了绝对贫困。2020 年 2 月，黑龙江省大庆市林甸县摘帽退出贫困县，作为林甸县的一个下辖镇，鹤鸣湖镇脱贫时间还较短，基础较为薄弱，如何实现乡村振兴，更加有效发展乡村旅游，亟待探索高质量发展新路径。

2021 年 11 月 12 日，国务院发布《“十四五”推进农业农村现代化规划》，提出发展乡村新产业新业态，优化乡村休闲旅游业。2022 年《中共中央 国务院关于做好 2022 年全面推进乡村振兴重点工作的意见》提出要有序做好“乡村发展、乡村建设、乡村治理”重点工作，推动乡村振兴取得新进展、农业农村现代化迈出新步伐。要实施乡村休闲旅游提升计划，支持农民乡村民宿、农家乐特色村（点）发展。黑龙江省顺势提出，要以实施乡村振兴战略为总抓手，坚持农业农村优先发展，促进农业高质高效，乡村宜居宜业、农民富裕富足，打造现代化农业之都。

值此背景之下，林甸县（隶属大庆市）乡村旅游发展迎来新契机。大庆市素有“天然百湖”之城、“北国温泉之乡”之美誉。林甸县境内旅游资源丰富：湿地面积广阔，黑龙江扎龙国家级自然保护区是丹顶鹤等珍稀鸟类栖息之地，有一小部分位于林甸；鹤鸣湖湿地空气清新，负氧离子浓度高，被称为天然氧吧；地热资源丰富，被誉为“中国温泉之乡”，是寒地温泉之典型；草原丰茂，草质优良，盛产柴胡、龙胆草等野生中药材，可作为旅游特产。鹤鸣湖镇隶属林甸县，乡村旅游资源禀赋，优势十分明显。以乡村振兴为背景，对鹤鸣湖镇乃至林甸县的乡村旅游发展进行深入研究，深入挖掘当地旅游资源优势，实现乡村旅游更高质量发展，并以此带动当地农业农村优先发展，无疑会更加具有学术价值与现实意义。

## （二）案例背景介绍：鹤鸣湖镇乡村旅游概况

### 1. 鹤鸣湖镇乡村旅游资源概况

鹤鸣湖镇隶属黑龙江省大庆市林甸县，位于林甸县西北部，东面与林甸镇毗邻，南面与红旗镇相连，西面与齐齐哈尔市接壤，北面与四合乡相邻，区域面积 458. 89 平方千米，拥有耕地 31. 59 万亩，林地 3. 15 万亩，草原 6. 52 万亩。下辖三合、南岗、胜利、富饶、建新、建国、建华、东升、红星、庆丰、五星、建设 12 个行政村和 1 个渔场生活区，总计有 58 个自然屯，共 8286 户，总人口达到 2. 9 万人。

作为林甸县的下辖镇之一，鹤鸣湖镇已经成为林甸县旅游资源重要组成部分。当地旅游资源的丰富度，在整个林甸县也属于是名列前茅的。随着乡村旅游规模的不断扩大，鹤鸣湖镇在整个林甸县乡村旅游中逐渐占据重要地位。

整体而言，鹤鸣湖镇属于自然资源禀赋型，以地热资源和湿地资源分布最为典型（见表 12 -1）。其中，地热是当地核心资源，鹤鸣湖镇拥有一处 4A 级湿地温泉风景区，即鹤鸣湖湿地温泉风景区；同时，湿地资源也很丰富，因为它正好位于大庆市与齐齐哈尔交界处，处于扎龙自然保护区的东端。境内的湿地里面同样栖息着珍禽丹顶鹤，丹顶鹤群栖鸣叫，因而得名为鹤鸣湖镇。此外，其境内还广泛分布着其他野生动物，如野鸡、山兔等；药用植物有防风、车前子、蒲公英、桔梗、艾叶等10多种。

**表12－1　　林甸县鹤鸣湖镇旅游资源分类**

| 主类 | 亚类 | 基本类型 | 旅游资源名称 |
|---|---|---|---|
| B水域风光 | BB天然湖泊与池沼 | BBA观光游憩湖区 | 鹤鸣湖湿地温泉风景区 |
| | | BBB沼泽与湿地 | 鹤鸣湖湿地温泉风景区 |
| | BD泉 | BDB地热与温泉 | 鹤鸣湖湿地温泉风景区 |
| | BF冰雪地 | BFB常年积雪地 | 冬天看积雪 |
| C生物景观 | CD野生动物栖息地 | CDC鸟类栖息地 | 丹顶鹤 |
| F建筑与设施 | FA综合人文旅游地 | FAB康体游乐休闲度假地 | 建设村旅游生态园 |
| G旅游商品 | GA地方旅游商品 | GAA菜品饮食 | 黏豆包 |
| | | GAB农林畜产品与制品 | 芦苇、芦苇画 |
| | | GAD中草药材及制品 | 野生中药材 |
| | | GAE传统手工产品与工艺品 | 蛋雕 |
| H人文活动 | HC民间习俗 | HCA地方风俗与民间礼仪 | 满族文化 |
| | | HCE宗教活动 | 萨满祭祀礼仪 |
| | | HCF庙会与民间集会 | 唱神歌 |
| | | HCG饮食习俗 | 满族饮食 |
| | | HGH特色服饰 | 满族服饰、婚礼 |
| | HD现代节庆 | HDA旅游节 | 雪地温泉节 |
| | | HDC商贸农事节 | 看稻浪 |

除了自然资源以外，在人文资源方面，鹤鸣湖镇当地原生态的萨满文化虽然比较小众，但与湿地风情相结合后，显得独具魅力。其主要表现为祭祀和礼仪，是满族特有的文化。此外，还有以芦苇雕刻见长的苇雕文化等。

近年来，鹤鸣湖镇政府把发展乡村旅游业作为促进经济发展的重要手段。通过围绕加快旅游景区提档升级，着手建设精品民宿，提升住宿品质，不断完善住宿接待体系，促进住宿业和旅行社健康发展。例如，作为4A级景区的鹤鸣湖湿地温泉风景区，已经逐渐成长，发展成为鹤鸣湖镇的中坚力量。鹤鸣湖湿地温泉风景区目前已经被认定为省级非物质文化遗产，位于林甸县鹤鸣湖镇南岗村，是鹤鸣湖镇的核心旅游资源，以温泉养生为主，集商务会议、休闲度假、餐饮娱乐于一体，是黑龙江省内大型原生态湿地温泉度假区，极具东北特色。

在旅游脱贫攻坚战中，鹤鸣湖湿地温泉风景区也发挥了重要作用。景区通过把南岗村42户贫困户全部纳入扶贫范围（其中有3户属于整户无劳动能力贫困户），除去无劳动能力者以外，实现了南岗村其他户每个月都能在景区内打工，解决了工作问题，收入增加，顺利实现脱贫。现在，该景区还积极探索农旅融合，发展更多新项目，如养殖梅花鹿与大白鱼、小龙虾、河蟹等，提升景区整体的综合收益。

#### 2. 鹤鸣湖镇乡村旅游发展概况

依托鹤鸣湖的资源禀赋，鹤鸣湖镇的湿地风景与温泉旅游开发，在整个林甸县处于领先的地位。鹤鸣湖是天然氧吧，空气清新。同时，湿地面积辽阔，当地依托鹤鸣湖周边独特自然资源，开发了鹤鸣湖湿地温泉风景区，景区兼具温泉旅游资源与湿地风光，尤其是到了冬季，温泉资源与冰雪资源有机结合，更是形成了富有东北特色的寒地温泉，对游客具有一定的吸引力。

近年来，乡村振兴与东北振兴战略的实施，给鹤鸣湖镇乡村旅游带来了前所未有的发展机会。令人值得欣慰的是，近年来，政府扶持资金和政策力度显著增加，在一定程度上也带动民间资本的进入，但旅游项目规划和新建存在一定的盲目性和随意性，造成了一些投资浪费与重复开发，导致当地乡村旅游复购率不高，很多游客去了一次以后，就很少选择再去第二次，究其原因还是在于缺少旅游品牌与竞争力相对不足。在鹤鸣湖镇境内，缺乏有全国影响力的旅游景点，景区品牌知名度不高，除了鹤鸣湖湿地温泉风景区是4A级景区以外，其他景区知名度非常低。同时，对当地萨满特色文化资源的挖掘不够深入，文旅融合也不紧密、更不够深入，开发层次尚处在简单的模仿阶段；文创类旅游产品开发严重不足，未能形成深厚文化底蕴，其品质也有待提高；更是缺乏面向全国层面的宣传与推广，在这些方面都要加大力度；另外，当地旅游资源配套设施与服务尚不健全，旅游从业者素质不高，有待进行专业培训，提升服务水平。

鹤鸣湖镇是北方的典型乡村，景区受季节性影响比较显著。例如，冬季温泉旅游需求大，但相对旅游产品种类不够丰富，一定程度上也会影响游客重游率。由于周边旅游市场竞争激烈，在游客旅游时间花费有限的前提下，单就周末短途旅游产品而言，游客存在一定概率会选择近郊风景区的旅游产品来代替乡村旅游。例如，黑龙江省会哈尔滨周边郊区的旅游产品整体质量均高于林甸县，就会争夺周末短途游客，从而对鹤鸣湖镇游客持续上涨带来了一定的压力。另外，一些游客对可持续发展认识不足，对旅游资源的保护和生态意识欠缺，不良的旅游行为导致当地旅游环境恶化。

综上所述，鹤鸣湖镇旅游资源优势明显，也存在诸多劣势与不足。面对机遇与挑战，只有持续打造当地乡村旅游品牌，提升旅游竞争力，真正形成与众不同、独具一格的“地格因子”，其旅游吸引力才能有效辐射全国，从而最终实现鹤鸣湖镇乡村旅游高质量发展。

## （三）案例主题内容

高质量发展作为全面建设社会主义现代化国家的核心任务，在党的十九大和二十大报告中均被着重强调。乡村振兴战略在此背景下应运而生，不仅巩固和拓展了脱贫攻坚成果，更为新时代乡村旅游的发展指明了方向。当前，乡村旅游已成为乡村振兴的关键驱动力，但传统发展模式已难以满足游客需求，亟须转型升级。以鹤鸣湖镇为例，尽管该地乡村旅游资源丰富，但与东部经济发达地区相比，乡村旅游发展水平仍有差距。因此，鹤鸣湖镇应抓住机遇，充分利用资源优势，结合市场需求，创新乡村旅游发展模式，提升服务品质，推动乡村旅游产业高质量发展，为乡村振兴贡献力量。

### 1. 鹤鸣湖镇乡村旅游高质量发展评价

笔者通过问卷调查收集案例地鹤鸣湖镇游客满意度相关数据，应用 SPSS 26.0 等软件处理并生成 IPA 四象限图，以此分析游客的满意度与重要性感知。根据评价指标落点分布情况，找出鹤鸣湖镇乡村旅游发展中需要改进和完善的方面，从而为进一步提出契合案例地高质量发展的建议与策略提供依据。

（1）修正 IPA 分析法。

IPA 分析法是由马蒂拉和詹姆斯于 1977 年提出的一种关于重要性满意度的分析方法。通过 IPA 分析法，能够找出服务质量改进的着力点，明确重点改进的区域。通过修正后的 IPA 分析法，以引申重要性替代主观自述，并引入绩效偏向关系数提升精确度，从游客满意度的角度调研鹤鸣湖镇乡村旅游。此法能精准识别服务质量的改进重点，揭示游客偏好与感知期望的差异，及时发现并改进“高重要性低满意度”的方面，助力鹤鸣湖镇乡村旅游高质量发展。IPA 四象限图直观展现问题，为探索发展路径提供依据。

（2）问卷设计与指标选取。

① 问卷设计。

问卷设计围绕鹤鸣湖镇乡村旅游的游客感受，共 29 题，分为 3 个部分：人口统计学（7 题）、李克特 5 级量表（20 题，5 分为很满意，1 分为很不满意）、满意度情况（2 题）。其中，第二部分为核心，参考韩赟倩（2021）的 IPA 满意度模型，结合鹤鸣湖镇实际，聚焦人文景观、就餐环境、住宿条件、纪念品、目的地品牌、智慧化 6 个方面，衍生出 20 个具体题项，并通过调整整体满意度题项次序以甄别胡乱填写情况。

② 问卷评价指标选取。

高质量发展是实现更高质量、更有效率、更加公平、更可持续的发展。本案例参考了戴克清等（2020）的研究，将乡村旅游高质量发展系统分为旅游发展、乡村发展、发展动力三个维度。

乡村旅游发展评价指标的选取，遵循科学性、系统性、准确性和可操作性原则。

③ 评价指标选取依据。

乡村旅游高质量发展其以“乡村性”为核心吸引力。

首先，指标应体现“创新、协调、绿色、开放、共享”高质量发展时代特征，鹤鸣湖镇乡村旅游发展应综合考虑旅游发展、乡村发展、发展动力三个维度，并以此判断当地乡村旅游水平与高质量发展的契合度。

其次，指标选择要可量化。从“旅游发展”“乡村发展”“发展动力”三个维度，选择可量化并且能够体现乡村旅游高质量发展的指标。

最后，根据不同维度归类，一共形成20个题项，作为问卷调查量表核心内容。其中，A代表“旅游发展”维度，对应6个指标（3#～8#）；B代表“乡村发展”维度，对应7个指标（10#～14#以及17#、18#）；C代表“发展动力”维度，对应7个指标（1#、2#、9#、15#、16#、19#、20#）。对于1#、2#等指标，既能体现自然资源禀赋与“地格因子”，又是鹤鸣湖镇乡村旅游实现高质量发展的动力源泉，体现了高质量“发展动力”，因此将其列入“发展动力”维度。

（3）鹤鸣湖镇乡村旅游整体满意度分析。

关于整体满意度，选择问卷最后2个题项，经过频率统计分析可以得出结论。其中，游客对鹤鸣湖镇乡村旅游整体满意度“比较好”的占比最多为47.83%，觉得“非常好”的占比为31.88%；觉得“一般”的占比为19.32%，认为比较差的占比仅为0.97%，觉得“非常差”的没有人选择，为0%。整体而言，游客满意度比较好。另外，“可能会推荐”的占比最高为47.34%；还有40.58%的游客表示“一定会推荐”，有意向推荐的比例占比合计达到87.92%，整体推荐率很高；“不确定”是否会向他人推荐的占比为9.66%；“可能不会推荐”的占比为0.97%，“肯定不推荐”的占比为1.45%。

（4）鹤鸣湖镇乡村旅游发展IPA分析。

以Weijaw提出的修正IPA分析法为基础，利用SPSS 26.0计算各项指标的引申重要性。

第一步，“转换—计算变量”，再选择“函数—算数—LN”，得到满意度数值的自然对数，记作$\ln(s)$，作为自变量。

第二步，统计各项游客满意度的平均值，记作 $OS$，作为因变量。

第三步，计算引申重要性，点击“分析—相关—偏相关”，打开界面，将 $\ln(s)$ 作为自变量，$OS$ 作为因变量，勾选“平均值和标准差”“零阶相关性”，点击确定，得出偏相关系数，如表 12-2 所示，这一系数即引申重要性。以“引申重要性”为 $X$ 轴，游客满意度为 $Y$ 轴，生成鹤鸣湖镇乡村旅游引申重要性—满意度 IPA 分布图，标签编号“1#”指标对应问卷中第 8 个题项，以此类推（见图 12-1）。

**表 12-2　　　　鹤鸣湖镇乡村旅游满意度评价指标**

| 标签编号 | 评价指标 | 引申重要性 | 游客满意度 |
|---|---|---|---|
| 1 | Q8_自然风光（水、空气、植被等） | 0.25083 | 4.25 |
| 2 | Q9_田园风光（果园、菜园、庄园、农田等） | 0.29922 | 4.16 |
| 3 | Q10_风俗节气（乡村民俗、节庆、民间艺术等） | 0.3151 | 4.06 |
| 4 | Q11_历史文化传承、遗迹 | 0.28903 | 4.00 |
| 5 | Q12_食品、美食、特色餐饮 | 0.26999 | 4.09 |
| 6 | Q13_纪念品（伴手礼、土特产等） | 0.33824 | 3.90 |
| 7 | Q14_娱乐节目（烧烤、垂钓、棋牌等） | 0.30773 | 4.00 |
| 8 | Q15_农事体验活动（采摘等） | 0.29346 | 4.00 |
| 9 | Q16_景区品牌影响力和吸引力 | 0.31197 | 3.96 |
| 10 | Q17_居住条件（酒店、民宿等） | 0.28798 | 3.93 |
| 11 | Q18_就餐环境（氛围、卫生情况等） | 0.30304 | 3.96 |
| 12 | Q19_购物价格诚信 | 0.30945 | 3.95 |
| 13 | Q20_基础设施（水电、通信、网络信号等） | 0.25537 | 4.01 |
| 14 | Q21_游览设施（游客中心、导览、公共休息等） | 0.28079 | 4.03 |
| 15 | Q22_互联网售票、Wi-Fi 覆盖 | 0.29517 | 3.96 |
| 16 | Q23_服务从业人员服务意识与态度 | 0.30692 | 3.93 |
| 17 | Q24_景区治安状况 | 0.24678 | 4.10 |
| 18 | Q25_公共环境卫生（景区地面、公共厕所保洁等） | 0.27168 | 4.01 |
| 19 | Q26_交通情况、停车场车位 | 0.2939 | 4.00 |
| 20 | Q27_乡村环境舒适度 | 0.29934 | 4.08 |

参考鹤鸣湖镇乡村旅游引申重要性—满意度 IPA 分布图并结合表 12-2 相关数据，对四个象限展开分析。

第一象限是优势区。有 3 个评价指标分布在这里。该区域重要性和满意度都较高。按对应标签编号统计，分别是“2#田园风光（果园、菜园、庄园、农田等）”“3#风俗节气（乡村民俗、节庆、民间艺术等）”“20#乡村环境舒适度”，这说明鹤

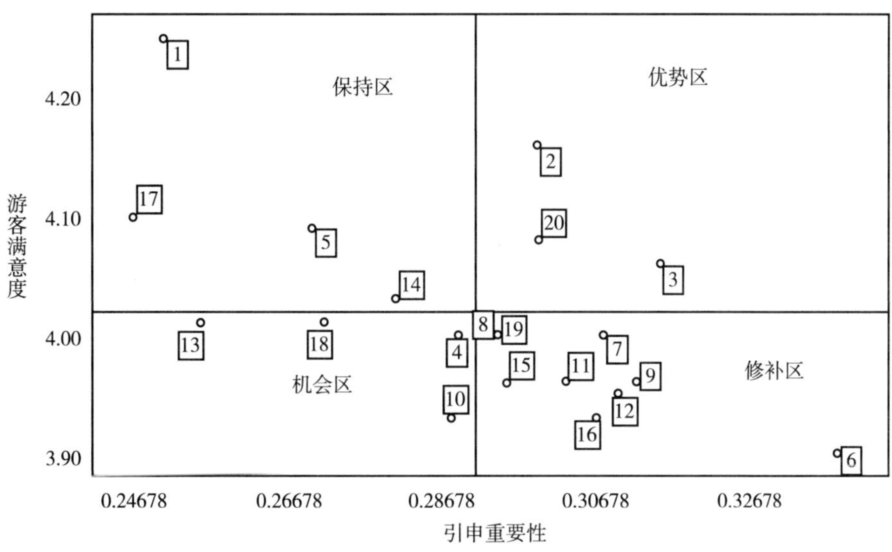


**图 12－1　鹤鸣湖镇乡村旅游引申重要性—满意度 IPA 分布**

鸣湖镇乡村旅游在田园风光、风俗节气、乡村环境舒适度等方面取得了非常不错的成绩，游客在上述方面的需求得到了较好满足，因此满意度较高。同时，考虑到这些指标的重要性较高以及对游客满意度的影响程度较深，对于这 3 个指标所采取的措施是继续关注与重视，保持稳步提升与发展。

第二象限是保持区。该区域虽然重要性较低，但满意度较高。该区域分布了 4 个评价指标，分别是“1#自然风光（水、空气、植被等）”“5#食品、美食、特色餐饮”“14#游览设施（游客中心、导览、公共休息等）”“17#景区治安状况”。表明游客对于鹤鸣湖镇的自然风光、乡村治安、游览设施保障和美食等方面，都较为满意。关于上述 4 个指标的执行策略是持续关注并保持游客满意度，并设法提升指标的重要性，力争转化至第一象限。

第三象限是机会区，该区域重要性和满意度都较低。落在该区域的一共有 4 个评价指标，分别是“4#历史文化传承、遗迹”“10#居住条件（酒店、民宿等）”“13#基础设施”“18#公共环境卫生（景区地面、公共厕所保洁等）”。通常来说，处于第三象限的评价指标不太重要，而且对游客满意度影响也甚微，所以在资源有限的情况下，该区域评价指标往往因为价值较低被放弃，改进与完善的优先级也排列靠后。但对于正处于乡村振兴背景下的案例地鹤鸣湖镇而言，无论是完善公共环境卫生与基础设施建设，打造精品民宿、提升酒店品质，整体改善居住条件，还是继承非物质文化遗产，接续历史文化传承、有效保护历史遗迹等，都是实现当地乡村旅游高质量发展不可或缺的部分。虽然上述 4 个指标的重要性和满意度都相对较低，但都是实现鹤鸣湖镇乡村旅游发展水平提升并迈向高质量发展的突破关键点，也是实现文旅融合的着力点。通过保护当地独特的文旅资源，重视基础设施建设，提高公共环境卫生，保护生态资源，能够更好地提升游客在相应指标上的满意度，塑造口碑并以此形成乡村旅游品牌，实现当地乡村旅游行业迈入高质量发展。对于这些方面，当地政府也要充分关注，给予扶持和发展，绝不能因为处于第三象限就置之不理。

第四象限是修补区。该一区域重要性高且满意度低，需要优化改善的评价指标数量也是最多的，一共有 9 个，分别是“6#纪念品（伴手礼、土特产等）”“7#娱乐节目（烧烤、垂钓、棋牌等）”“8#农事体验活动（采摘等）”“9#景区品牌影响力和吸引力”“11#就餐环境（氛围、卫生情况等）”“12#购物价格诚信”“15#互联网售票、Wi-Fi 覆盖”“16#服务从业人员服务意识、态度”“19#交通情况、停车场车位”。关于上述指标的改进与完善，其优先级是排在第一位的。这些指标反映了鹤鸣湖镇乡村旅游发展中最需要重视与改进的方面，考虑到这些指标的游客满意度较低，并且已经对鹤鸣湖镇乡村旅游的发展产生了负面影响，当地亟须在第一时间制定改进与完善措施，尽快解决当前存在的问题并提高游客满意度，以此助推当地乡村旅游高质量发展。

### 2. 鹤鸣湖镇乡村旅游发展阻碍因素

供给侧和需求侧实现耦合协调，是实现乡村旅游高质量发展的必要前提。基于游客满意度等数据，通过修正后的 IPA 分析法已经发现了不少当地乡村旅游发展过程中的问题，总结并梳理鹤鸣湖镇乡村旅游发展中的问题并着力改进优化，能更好地满足游客需求，是推进当地乡村旅游高质量发展的重要环节。

总体来说，阻碍鹤鸣湖镇高质量发展最突出的因素体现在以下方面。

第一，开发层次不高，乡村旅游产业缺乏特色，旅游产品重复开发、与周边景区同质化竞争，人均消费的客单价偏低；第二，乡村旅游产业基础薄弱，当地经济发展水平不高导致基础设施落后；产业融合度不高，缺乏文旅深度融合；第三，缺乏行业人才，有待提升专业水平；第四，宣传推广力度不够，对南方省份潜在客源尚未有效触达，品牌影响力不足；地理位置较为偏远。

① 旅游开发层次不高。

鹤鸣湖镇是典型的东北乡村，整体而言，乡村旅游规模较小，与林甸县其他镇相比较，存在旅游产品同质化现象。鹤鸣湖镇周边景区冬季都有北方雪景，夏季都在主推避暑旅游产品，导致游客认为缺少个性化特色，对景区印象都差不多，从而降低了重游率。例如，“6#纪念品（伴手礼、土特产等）”这一指标，游客满意度较低，说明其旅游产品缺少吸引力，缺乏文创元素，急需创意产品凸显文旅融合。旅游纪念品要避免只是简单模仿，可以考虑开发文创产品，充分发挥鹤鸣湖镇乡村旅游资源特色，提升纪念品的附加值，丰富旅游体验的形式，带给游客美好的精神享受，传播传统文化。

另外，从样本数据的统计结果得出，鹤鸣湖镇乡村旅游以本地游客短期出行为主，游客停留时间短、重游率低。这表明当地乡村旅游产业开发深度不够，要进一步挖掘潜在游客并拉动其消费水平。通过采取更科学精准的开发策略，发展多形式、多层次的乡村旅游，从整个林甸县层面，对各镇之间进行差异化规划，以温泉资源为核心，凸显鹤鸣湖镇与其他兄弟镇的区别，从而避免内耗并改善鹤鸣湖镇乡村旅游产业体系。

② 旅游产业基础较弱。

近年来，鹤鸣湖镇乡村旅游飞速发展。农事体验等注重游客体验的旅游项目在当地较受欢迎，林甸“温泉鼓手节”等旅游节事活动的成功举办为当地旅游带来了一定的知名度，但乡村旅游的基础还是较为薄弱。

由于资金不足，当地在乡村旅游开发过程中，无法及时更新与完善相关旅游基础设施，出现了一些景区基础设施配套落后以及景点风貌呈现不精致的现象。因此，在开发过程中重视环境保护，体现生态价值，显得尤为重要。前期旅游规划阶段，更需要有专业人士对规划与设计严格把关，避免滥开发与随意开发，导致重复的低水平建设，浪费人力物力。

作为林甸县的下辖镇，鹤鸣湖镇依靠温泉旅游资源优势，已逐渐融入林甸县整体的乡村旅游发展。虽然当地旅游开发还是主要依赖旅游资源的天然优势，在文旅融合等方面还处于探索与初级阶段，旅游产业与其他产业的融合度不够，尚未真正形成成熟的发展态势，但幸运的是当地旅游产业链已经初步形成，并且正在朝着全域旅游的良好态势发展，整体发展趋势良好。

从图 12 - 1 可以看出，“4#历史文化传承、遗迹”这一指标对应游客满意度并不高，意味着当地旅游和文化产业的融合度不高，文旅融合的发展水平无法更好地满足消费者，说明鹤鸣湖镇未来要进一步立足自身农业特色，在“农文旅融合”等方面作出积极有效的探索与尝试。另外，“10#居住条件（酒店、民宿等）”“13#基础设施（水电、通信、网络信号等）”“18#公共环境卫生（景区地面、公共厕所保洁等）”等指标对应的游客满意度也并不高，说明案例地亟待提升公共环境卫生水平，改善整体居住条件，进一步完善基础设施建设。

③ 缺乏专业人才，旅游服务与管理水平偏低。

乡村旅游要实现高质量发展需要有高质量的服务供给，而要实现优质与专业的服务，离不开专业人才队伍的建设。引进并留住高素质的专业人才，是鹤鸣湖镇提升乡村旅游服务水平的关键点。

当前鹤鸣湖镇乡村旅游人才稀缺，旅游行业高水平、高层次管理人才与旅游服务专业技术人才严重不足，适应新时代互联网营销的专业营销策划与推广人员也严重缺乏，“16#服务从业人员服务意识与态度”这一指标满意度较低。提高人员素质，提供优质服务，提升当地旅游服务水平，已成为当地迫切需要解决的问题。

另外，也说明了目前鹤鸣湖镇对旅游人才招引缺乏力度。这提醒当地政府要关注人才，及时制定旅游专项人才引进政策，除了引进旅游专项人才，还要重视本土旅游人才的培养。只有做到引才与留才并举，才能顺利解决乡村旅游高质量发展面临的人才瓶颈问题。

④ 对旅游的宣传推广力度不够。

近年来，鹤鸣湖镇乡村旅游飞速发展，但当地乡村旅游景点小而散，对品牌价值重视度不高，缺少品牌意识。“9#景区品牌影响力和吸引力”这一指标的满意度低于4.00，并不是很高，说明鹤鸣湖镇在乡村旅游的推广上存在天然短板，营销缺乏系统化，特别是相对南方很多省份来说，对林甸与鹤鸣湖温泉认知度并不高。

由于资金不足，推广力度不够，对乡村旅游品牌建设也缺乏认知，线上与线下各自为战，对新媒体营销的涉及度不高，在抖音等媒体上介绍鹤鸣湖镇的乡村旅游产品极少，加上缺乏新媒体运营人才，使得乡村旅游产品无法得到有效曝光和推广。

政府需要重视当地乡村旅游品牌建设，提升知名度，注重与兄弟镇的协同营销，整合林甸县全域乡村旅游资源，制订更契合高质量发展的营销策略，从而争取拓展出更多的潜在客源。

### 3. 鹤鸣湖镇乡村旅游高质量发展水平测度

鹤鸣湖镇乡村旅游高质量发展测评体系从6个维度（创新水平、协调水平、绿色水平、开放水平、共享水平、产业基础水平）出发，选取22个三级指标进行综合评估（见表12－3）。这些指标涵盖乡村旅游的产品、理念、服务、政策创新，政策监管统筹能力及产业融合程度，生态环境质量，宣传力量与交通便利性，共享共建全域旅游发展的程度与游客满意度，以及乡村旅游产业发展水平与资源层次等方面。利用SPSS 26.0数据处理软件，结合鹤鸣湖镇相关数据，对乡村旅游发展水平进行测度，以全面反映鹤鸣湖镇乡村旅游的高质量发展状况。

表 12－3　　鹤鸣湖镇乡村旅游高质量发展测评指标

| 一级指标 | 二级指标 | 三级指标 |
| --- | --- | --- |
| 鹤鸣湖镇乡村旅游高质量发展水平 | 创新水平 | 节庆游数量（持续至今且开展3年以上） |
| | | 政府规划中包含乡村旅游特色小镇、康养小镇数量 |
| | | 全国乡村旅游重点村数量 |
| | | 当地政府出台乡村旅游发展政策数量 |
| | 协调水平 | 政府工作报告规划旅游相关工作文件数量 |
| | | 该地区出台相关旅游管理机制数量 |
| | | 政府规划中乡村“旅游＋”产业融合项目数量 |
| | 绿色水平 | 空气质量达2级标准及以上的天数 |
| | | 森林覆盖率 |
| | | 省级以上自然保护区数量 |
| | | 国家级地质公园数量 |
| | 开放水平 | 黑龙江省主流媒体对该地乡村旅游宣传报道次数 |
| | | 区域内国道以上公路数量（条） |
| | | 3A级及以上景区拥有微信公众号的比例 |
| | 共享水平 | 国家全域旅游示范区数量 |
| | | 该地区3A级及以上景区主流旅游App网络好评平均得分 |
| | | 3A级及以上景区游客中心平均数量（个/景区） |
| | 产业基础水平 | 乡村旅游总收入占地区生产总值比例 |
| | | 3A级及以上景区数量 |
| | | 3A级及以上景区属于人文景观的景点数量 |
| | | 乡村旅游总收入（亿元） |
| | | 乡村旅游接待游客数量（万人） |

资料来源：韩赟婧．顺平县乡村旅游高质量发展研究［D］．石家庄：河北师范大学，2021.

（1）数据来源。

为确保研究结论的客观与公正性，所选用的数据来源于2020～2022年黑龙江省与大庆市的统计年鉴、林甸县相关统计公报及鹤鸣湖镇人民政府2020～2022年决算公开说明及公开表，等等。

（2）测度方法：熵值法。

采用熵值法从数理统计角度获取现有的公开统计数据，对鹤鸣湖镇乡村旅游发展水平进行测度。熵是对不确定性的一种度量。熵越大说明数据越混乱，携带的信息越少，效用值越小，权重也越小；反之，熵值越小，涵盖信息量越大，不确定性就越小，权重也越大。用熵值法对多层级的指标进行赋权，具有客观可信性，能有效减少主观因素对分析结果产生影响。

（3）数据无量纲化处理。

第一步，用极差法对数据进行无量纲化处理，以保证各项指标具有可比性，$X'_{ij}$为处理后的数据值。

因为计算过程中存在对数运算，为避免出现 0 或负值无法取对数，影响统计结果，可将正向化后得到的数值 $X'_{ij}$ 向右平移 0.001 个单位，得到平移后的数值 $X''_{ij}$：

$$X'_{ij}=\frac{X_{ij}-\min(X_j)}{\max(X_j)-\min(X_j)} \tag{12.1}$$

$$X''_{ij}=X'_{ij}+0.001 \tag{12.2}$$

第二步，计算第 $i$ 项第 $j$ 个样本占指标的比重，公式如下：

$$P_{ij}=\frac{X''_{ij}}{\sum_{i=1}^{n}X''_{ij}} \tag{12.3}$$

第三步，计算第 $j$ 列指标的信息熵值 $e_j$ 和差异性系数 $g_j$：

$$e_j=-\frac{1}{\ln n}\sum_{i=1}^{n}P_{ij}\ln(P_{ij}) \tag{12.4}$$

$$g_j=1-e_j \tag{12.5}$$

第四步，计算第 $j$ 项指标的权重 $W_j$ 与熵值 $e_j$：

$$W_j=\frac{g_j}{\sum_{j=1}^{m}g_j} \tag{12.6}$$

各指标对应权重 $W_j$、熵值 $e_j$ 和差异化系数 $g_j$ 如表 12－4 所示。

**表 12－4　鹤鸣湖镇乡村旅游高质量发展指标对应权重 $W_j$、熵值 $e_j$ 与差异化系数 $g_j$**

| 二级指标 | 权重 $W_j$（%） | 三级指标 | 权重 $W_j$（%） | 熵值 $e_j$ | 差异化系数 $g_j$ |
|---|---|---|---|---|---|
| 创新水平 | 22.81 | 节庆游数量（持续至今且开展 3 年以上） | 0.00 | 1.0000 | 0.0000 |
| | | 政府规划中包含乡村旅游特色小镇、康养小镇数量 | 5.32 | 0.5812 | 0.4188 |
| | | 全国乡村旅游重点村数量 | 11.44 | 0.0994 | 0.9006 |
| | | 当地政府出台乡村旅游发展政策数量 | 6.05 | 0.5239 | 0.4761 |
| 协调水平 | 10.62 | 政府工作报告规划旅游相关工作数量 | 5.70 | 0.5512 | 0.4488 |
| | | 该地区出台相关旅游管理机制数量 | 0.00 | 1.0000 | 0.0000 |
| | | 政府规划中乡村“旅游＋”产业融合项目数量 | 4.92 | 0.6128 | 0.3872 |

续表

| 二级指标 | 权重 $W_j$（%） | 三级指标 | 权重 $W_j$（%） | 熵值 $e_j$ | 差异化系数 $g_j$ |
|---|---|---|---|---|---|
| 绿色水平 | 9.75 | 空气质量达2级标准及以上的天数 | 5.31 | 0.5812 | 0.4188 |
| | | 森林覆盖率 | 4.44 | 0.6499 | 0.3501 |
| | | 省级以上自然保护区数量 | 0.00 | 1.0000 | 0.0000 |
| | | 国家级地质公园数量 | 0.00 | 1.0000 | 0.0000 |
| 开放水平 | 14.75 | 黑龙江省主流媒体对该地乡村旅游宣传报道次数 | 4.91 | 0.6128 | 0.3872 |
| | | 区域内国道以上公路数量（条） | 4.92 | 0.6128 | 0.3872 |
| | | 3A级及以上景区拥有微信公众号的比例 | 4.92 | 0.6128 | 0.3872 |
| 共享水平 | 18.51 | 国家全域旅游示范区数量 | 0.00 | 1.0000 | 0.0000 |
| | | 3A级及以上景区主流旅游App网络好评平均得分 | 6.36 | 0.4994 | 0.5006 |
| | | 3A级及以上景区游客中心平均数量（个/景区） | 4.37 | 0.6561 | 0.3439 |
| | | 乡村旅游总收入占地区生产总值比例 | 7.78 | 0.3877 | 0.6123 |
| 产业基础水平 | 23.56 | 3A级及以上景区数量 | 4.37 | 0.6561 | 0.3439 |
| | | 3A级及以上景区属于人文景观的景点数量 | 4.37 | 0.6561 | 0.3439 |
| | | 乡村旅游总收入（亿元） | 7.77 | 0.3877 | 0.6123 |
| | | 乡村旅游接待游客数量（万人） | 7.05 | 0.4445 | 0.5555 |

（4）综合评价结果。

由于涉及多层数据，需要将每层指标数据与权重 $e_j$ 相乘后求和Σ，计算综合得分，以此得到2019～2021年度鹤鸣湖镇乡村旅游高质量发展评价得分。因处理后数值较小，选择将得分扩大并调整为百分制区间以方便直观显示（见表12－5）。

**表12－5　鹤鸣湖镇乡村旅游高质量发展评价得分**

| 年份 | 创新 | 协调 | 绿色 | 开放 | 共享 | 产业基础 | 总分 |
|---|---|---|---|---|---|---|---|
| 2019 | 6.07 | 5.70 | 0.01 | 4.93 | 7.79 | 14.84 | 39.34 |
| 2020 | 3.87 | 4.36 | 5.47 | 7.38 | 5.96 | 8.75 | 35.79 |
| 2021 | 16.77 | 4.93 | 9.77 | 9.84 | 11.79 | 11.12 | 64.22 |

（5）评价结果分析。

对标高质量发展要求，鹤鸣湖镇乡村旅游水平总体并不高。

“创新水平”体现旅游产品创新、旅游品牌创新和旅游政策环境创新等内容，总权重为22.81%，2019～2021年创新发展平均得分为8.90，2019年与2020年，鹤鸣湖镇在创新发展方面是比较落后的，随着乡村振兴战略的深入实施，2021年在“创新水平”方面有了显著进步。

“协调水平”内容包括政策监督和产业协调两方面，2019～2021年协调发展平均得分仅为5.00分，权重为10.62%。说明鹤鸣湖镇协调发展能力严重不足，关于政府规划与管理、产业融合等方面的相互协作亟待加强。受新冠疫情影响，协调水平与旅游产业基础水平这两个方面比2019年相比有所下降。

“绿色水平”包括生态环境各项指标，2019～2021年平均得分为5.08分，权重为9.75%，得分较低。主要原因在于鹤鸣湖镇严重缺失省级以上自然保护区以及国家级地质公园。

“开放水平”2019～2021年平均得分为7.38，权重为14.75%，且已经连续2年实现递增，说明鹤鸣湖镇乡村旅游开放水平持续向好。在乡村振兴背景下，黑龙江省内媒体对案例地有了更多的关注与报道。

“共享水平”2019～2021年平均得分为8.51，权重为18.51%，鹤鸣湖镇的全域旅游趋势、游客满意度、乡村旅游收入等指标显示，除了2020年受新冠疫情影响程度较大，当地乡村旅游“共享水平”正在朝着共建共享的高质量发展改革方向迈进。

“产业基础水平”权重为23.56%，选择从鹤鸣湖镇旅游经济发展情况、旅游资源以及人文历史等方面进行评价，2019～2021年产业基础平均分为11.57分。受新冠疫情影响，2020年与2021年还未恢复至2019年疫情前的水平，鹤鸣湖镇乡村旅游接待游客数量与旅游收入有所下降，对旅游产业基础水平产生了负面影响。目前，鹤鸣湖镇乡村旅游已经逐渐恢复，未来预期乐观。

综上所述，随着乡村振兴不断深入，鹤鸣湖镇政府出台了一系列扶持乡村旅游发展的政策。对比2019年和2020年，2021年在创新水平、绿色水平、开放水平、共享水平这四大方面都有了明显进步；但在协调水平与产业基础水平两方面还存在欠缺与不足。

未来，应通过加强产业融合，采取一定措施实现“农文旅”产业融合与协调发展，利用新媒体扩大宣传力度，以吸引更多游客，实现鹤鸣湖镇乡村旅游收入稳步递增，为当地乡村旅游高质量发展奠定坚实的物质基础。

#### 4. 鹤鸣湖镇乡村旅游高质量发展提升策略

坚持绿色发展理念是鹤鸣湖镇实现乡村旅游高质量发展的基础。近年来，鹤鸣湖镇乡村旅游规模不断扩大，但总体而言，当地的乡村旅游产品供给水平仍然较低。如何更好满足游客对美好生活的向往，促进乡村旅游实现高质量发展，是鹤鸣湖镇乡村旅游面临的新课题。

针对案例地实证分析结果表明，需要着力发展“产业基础水平”与“协调水平”，克服乡村旅游开发层次不高、配套设施不齐全等一系列问题，尤其是需要保持旅游资源“本真性”。守好“绿水青山”才能实现“金山银山”。鹤鸣湖镇地热资源极具优势，当地优质的温泉品质决定了其在温泉旅游方面具有较大的发展潜力与后劲。游客们渴望远离城市喧嚣，期待抽离烦恼，放空大脑，能一边呼吸着新鲜的空气，一边体验泡温泉所带来的放松与惬意。如今，在全域旅游态势下，鹤鸣湖镇要分清主次，以温泉旅游为核心，以最大效能发挥地热资源核心优势，利用丰富湿地资源，形成集温泉疗养与湿地观光于一体的度假胜地。

基于前文的研究结果，为了聚焦与凸显优势，建议鹤鸣湖镇以温泉游为核心，将研学旅游、冰雪旅游等作为补充，提升旅游品质，带动康养等产业共同发展。这一举措是对当地自然资源的优化配置利用，可以凸显案例地资源禀赋优势。同时，通过梳理研究结果，可考虑从强化“供给侧结构性改革”、建立“多元分配机制”、促进“双循环”、实施“需求侧改革”等四大环节，提出契合案例地鹤鸣湖镇的乡村旅游高质量发展的策略与建议，希望能够对案例地巩固脱贫攻坚成果并最终实现乡村旅游高质量发展起到抛砖引玉的作用。

（1）丰富旅游产品供应。

鹤鸣湖镇乡村旅游发展的问题与矛盾主要体现在供给侧，本质就是旅游产品供给跟不上游客日益增长的消费升级需求，导致存在诸多问题。例如：开发层次不高；乡村旅游产业缺乏特色，旅游产品重复开发；旅游基础设施较为落后；文旅融合度不高；宣传推广力度不足；景区品牌建设不力，等等。

这一系列问题，说明鹤鸣湖镇乡村旅游要实现有效供给，还需要政府、企业、社区、居民等各方共同参与，彼此发挥优势，形成联动效应。

要通过保护与治理并举，夯实生态本底。坚持合理开发，有效保护地热资源，优化生态环境；减少随意性和盲目性开发，以温泉资源为核心统一规划，提升旅游资源开发层次，重视生态效益；优化旅游水生态环境，推进污水减排，加强对农业生产所造成水污染的治理。

为实现鹤鸣湖镇高效利用资源，实现乡村旅游高质量发展之路，进一步提出以下六点发展策略。

① 重点打造以温泉旅游为核心的康养旅游。

提升旅游资源转换效率是旅游经济高质量发展的前提。利用地热资源，提升温泉旅游品质，是林甸县旅游实现高质量发展的一个突破口。日本专家木村清且先生来林甸体验温泉后认为林甸温泉可与日本箱根温泉相媲美，但温泉旅游的开发层次偏低。

作为林甸县的温泉资源优势镇，鹤鸣湖镇应该重点打造以温泉旅游为核心的康养旅游。鹤鸣湖镇温泉旅游以面向大众的度假村、疗养院等为主，缺乏有特色、有规模、有影响力的旅游综合体，要重点扶持温泉旅游龙头企业并优化乡村旅游供给结构，丰富温泉旅游产品种类，提升温泉旅游档次。例如，在冬季，北方冰雪天气结合鹤鸣湖镇当地丰富的地热温泉资源，形成了特有寒地温泉养生，可以开辟滑雪、雪地高尔夫等旅游项目，欣赏室外的雾凇风景。另外，面向大众的洗浴等项目消费单价较低，缺少深度体验，不能适应游客的个性化需求，要完善温泉度假服务设施，持续改善周边酒店住宿条件，形成以温泉养生度假为主的乡村旅游集群，开发与温泉有关的特色果蔬、药膳等，打造“温泉之乡”和“康养之城”。

② 加强农旅融合。

除了自然风景和田园风光以外，在鹤鸣湖镇，关于农家乐、采摘等乡村旅游活动也比较受欢迎。问卷调查显示，“8#农事体验活动（采摘等）”游客满意度达到了4.00，还有继续提升的空间。当地应该采取措施丰富旅游产品，不能让旅游产品局限于只是提供单一的农事体验活动。例如，可提供体验式消费；建设特色主题养生餐厅，开发特色美食；增加农业采摘、垂钓、田园农业、研学科普等内容，利用当地农村自然环境，实践现代农业之创新经营体制。不仅要吸引游客参观农田、奶牛场等，更要利用奶牛养殖的优势，以课外拓展的方式，吸引家长陪同孩子实现家庭亲子游，让孩子身临其境，并制作视频作为留念，给孩子颁发体验证书，让孩子和家长更有获得感。通过上述措施，可以有效挖掘农业潜力，加强“农旅融合”并提升旅游层次水平。

③ 定制乡村专属文化 IP。

挖掘文化资源，开发文创产品，实现“文旅融合”。乡村旅游发展在关注产业给当地带来经济效益的同时，也需要关注农村生活环境、乡村文明和谐、文化保护与传承等方面。鹤鸣湖镇可以充分挖掘满族人文元素，打造满族文化休闲乐园、满族文化馆等，以满族婚礼吸引眼球，将满族饮食、服饰、老物件等推向游客，带动满族旅游文创产品的开发；编排龙江剧、二人转等演出，打造当地特色民俗活动。

另外，围绕游客需求推陈出新，丰富旅游产品，增加旅游供给。“6#纪念品（伴手礼、土特产等）”和“7#娱乐节目（烧烤、垂钓、棋牌等）”这 2 个指标，引申重要性较高，分别为 0.33824 与 0.30773，但与之相对应的是游客满意度却并不高，说明当地现有旅游产品无法满足游客需求。通过开展民俗活动，能吸引更多游客；开发文创纪念品，能增加经济收益，实现乡村旅游提质增效。

④ 其他类型探索。

建艺术村，吸引画家前来创作，开辟教育农园，与农业院校合作，把林甸农业资源，作为校外大课堂，让学生在接近自然生态环境下，学习农业学知识，参与农业生产与生活；周末农夫模式，指居住在城市的白领，来租用农民的耕地种植自己喜欢的蔬菜，平时由农夫照顾，周末休息时，可以来田里体验浇水、施肥，并收获成果。

⑤ 扩大宣传吸引人才。

旅游产品供给无法独立于旅游消费需求之外，必须重视推广营销，以便于及时售卖产品。“9#景区品牌影响力和吸引力”这一指标的引申重要性较高，为0.31197；但游客满意度为3.96，并不高。这表明景区影响力和吸引力在游客心目中占有一席之地，鹤鸣湖镇应该要加大乡村旅游宣传力度，进行乡村旅游品牌建设和品牌宣传，让更多生活在南方城市的人们能够了解林甸县，了解鹤鸣湖镇，了解鹤鸣湖镇乡村旅游并最终转化为潜在客源。

要合理利用新媒体平台。抖音是深受年轻人喜爱的平台，里面有很多乡村旅游内容。通过抖音可以提升案例地的知名度，介绍当地旅游资源，能够展现林甸鹤鸣湖旅游景区的自然风光和田园特色，提高浏览量和曝光率，从而吸引浏览者并最终转化为游客，给当地带来旅游收入。不妨利用林甸冰雪温泉节、林甸美食旅游节等节事活动，在抖音等平台进行内容营销，提升旅游热度，力争打造爆款。

另外，宣传效果想要达到良好效果，还需要新媒体人才持续运营与策划才能实现。当地要制定政策，吸引旅游行业高素质管理人才以及训练有素的旅游行业专业服务人才。“16#服务从业人员服务意识与态度”游客满意度为3.93，并不理想。究其原因在于鹤鸣湖镇总体经济发展水平较低，当地工资待遇较差导致难以吸引旅游高层次人才。专业人才短缺造成当地无法持续提供高品质的服务，进而影响游客满意度，会对当地旅游高质量发展形成一定阻力。因此，鹤鸣湖镇政府要制定并配套落实人才激励政策，让人才有所期盼，才能真正提升人才积极性。对实际工作中涌现出来的优秀运营人才要给予认可，要出台政策并对宣传当地旅游有贡献之人直接给予奖励，要评选杰出新媒体推广者认定为人才，享受专属人才政策。通过以人才为基础，开展定期系统培训，强调培训后上岗，建立岗位考核机制，以此提升从业人员的服务意识与水平，带动鹤鸣湖镇整体服务质量提升。

⑥ 完善旅游基础设施建设。

提升当地可进入性，是实现游客进入当地旅游的必要前提。当前，鹤鸣湖镇经济发展水平不高，乡村基础设施落后，公共基础配套不健全。从省会哈尔滨到林甸县鹤鸣湖镇的游客以短途自驾游和团队游为主，出行主要依赖高速公路。除公路以外的其他到达方式严重缺乏，迄今为止，当地尚未开通铁路，导致游客在交通上所花费的时间成本相对较高。政府要尽力提升当地可进入性，通过减少对游客的阻碍，促使其对鹤鸣湖镇乡村旅游作出最终选择。

提升旅游基础设施建设，是鹤鸣湖镇乡村旅游实现全域高质量发展的基础保障，积极提升案例地的“产业基础水平”与“协调水平”，并持续优化“创新水平”，弥补不足。例如，设施不完善所带来的安全、卫生、通信等方面的问题，会导致游客重游意愿降低、直接影响旅游收入，必须重视这方面的建设。从 IPA 四象限图可以看出，关于“11#就餐环境（氛围、卫生情况等）”“15#互联网售票、Wi-Fi 覆盖”“19#交通情况、停车场车位”这三个与公共基础设施有关的评价指标，都是游客重视度较高的。因此，需要加大资金投入，完善交通设施配套，改造停车场、增加旅游交通驿站，完善道路标识等，持续对鹤鸣湖镇的旅游基础设施进行完善升级。

一是政府要加强治理，规范执法，确保游客权益。“12#购物价格诚信”游客满意度为 3.95，表明当地要完善“明码标价”制度，严格规范经营商户行为，落实市场监督与整治；新增其他网络反馈渠道，让游客诉求第一时间得到解决；还要畅通游客投诉渠道，确保举报热线在工作时间能够正常拨通。

二是对景区周边餐馆严格管理，加强卫生监督并提升店铺形象。例如，由政府统一对店铺招牌与门头进行统一设计并更新。

三是设立林甸智慧旅游服务中心，实现景区业务线上化，增加游客旅游体验感，提升旅游服务水平。例如：增加景区智能导航，实现游客分流，避免人群拥挤。

（2）构建多元分配机制。

应该以政府为主导，建立公平正义的多元分配机制。首先，要设立乡村旅游利益分配与协调相关机构；其次，要重点关注环境效益与社会效益，对旅游企业适当减税让利；再次，需要规范收益分配程序并适当让利于当地居民，避免由于旅游开发导致失去传统农业收入的当地居民，收入锐减；最后，更要注重生态价值，避免“公地悲剧”。作为旅游企业，应该承担相应社会责任。鼓励旅游企业将部分利益回馈于当地社区，积极吸纳当地居民就业。作为当地居民，要积极响应社区号召，加入旅游企业工作或者参与旅游企业经营。最终形成政府、旅游企业、居民三者之间的利益共同体，实现互利共荣。

（3）融入双循环释放活力。

融入“双循环”，产业链是基础。鹤鸣湖镇乡村旅游发展应立足温泉旅游等特色资源，通过产业融合，壮大和发展产业链，需要进一步深度挖掘“农文旅”融合项目，例如：在产品加工上，加大研发并提升农副产品附加值，带动乡村旅游消费升级。

融入“双循环”，营销链是纽带。随着互联网的普及，人们的消费习惯正在发生翻天覆地的变化，商家的营销方式也需要与时俱进。传统的电视、报纸等媒体，如今已经慢慢被抖音、快手、微博、公众号、短视频等新型社交媒体所赶超。以视频直播等形式，开展场景营销，可以把旅游资源生动地展示到线上，还能和潜在游客形成互动，如今正在受到越来越多的重视。通过这些措施也能在一定程度上解决案例地宣传推广力度不够、品牌影响力不足的问题。

鹤鸣湖镇乡村旅游营销应改变传统方式，加强智慧旅游、与大数据等平台建设，发展电子商务。通过抖音等新型社交媒体开展线上宣传，充分展示当地旅游产品特色，提升当地旅游企业整体形象。以喜闻乐见又形象生动的方式，让更多人群能感知鹤鸣湖镇乡村旅游，从而提高案例地知名度。

同时，要通过着力推进线上线下一体化营销，整合与优化乡村旅游资源，实现效果最大化。当地要探索构建区域营销网络平台，促进林甸县域内各景区之间协调合作，实现本镇与林甸县其他兄弟镇之间共同搭建线上农产品产销平台，从而整合宣传、拓展空间、拓宽渠道。

另外，通过畅通信息渠道，降低信息甄别成本，拓展信息服务对象，延伸信息服务时间等手段，进一步方便游客，持续提升游客融入度与获得感，从而促使案例地更好融入“双循环”。

（4）拉动消费需求。

从人口和经济总量来看，我国是全球最有潜力的消费市场之一，国内市场持续不断扩大。当前我国经济增长由“投资拉动”向“消费推动”转变，要以扩大内需、重视需求侧管理。消费意愿则是实现消费过程的引导力，居民消费能力是影响旅游消费水平的重要因素。提高居民消费意愿，能够扩大乡村旅游的需求。从之前实证研究结果，也表明当地旅游“产业基础水平”并不高，需要持续提升当地经济水平。作为案例地，政府应该重视壮大乡村经济，加强和林甸县城的联系，持续改善与提高案例地农村居民收入水平。通过建立长效增收机制，提高居民实际可支配收入，可以持续释放旅游消费活力，具体措施有以下3点。

一是要提高旅游消费意愿。在收入分配中，要考虑保障低收入群体收入，让居民手头有闲钱愿意旅游。

二是要减少消费带来的心理压力。通过制度改革，提高社会保障水平，让居民有安全感，获得感、幸福感，解除后顾之忧。

三是通过本地旅游口碑传播，触达更多外地游客，拉动外地旅游消费需求。

案例地鹤鸣湖镇通过一些政策导向，可以达到积累一些本地游客的目的，最大限度拉动林甸县区域内游客的消费需求。但就案例地而言，更需要带动大庆市、黑龙江省乃至全国的游客，考虑通过本地视频号、抖音分享等手段，持续传播鹤鸣湖镇乡村旅游，来触达更多的潜在消费群体，以此吸引更多外地游客，从而真正拉动旅游消费需求，给鹤鸣湖镇乡村旅游带来源源不断的活力。

## （四）结语

乡村振兴的春风为鹤鸣湖镇乡村旅游高质量发展注入了新的活力和希望。面对游客日益增长的需求，鹤鸣湖镇深知转型升级的必要性，通过发展乡村旅游，促进经济增长，提高农民收入，保护和传承文化。未来，鹤鸣湖镇将在乡村振兴战略引领下，深化转型，利用自然资源优势打造特色品牌，同时挖掘文化内涵，成为集观光、休闲、度假、研学于一体的乡村旅游胜地，以开放姿态迎接八方游客，成为连接城乡、促进交流的桥梁，绽放出更加璀璨的光芒，成为人们心中的乡村旅游向往之地。

## 三、启发思考题

1. 在新时代乡村振兴的大背景下，乡村旅游目的地和景区的发展方向是什么？

2. 乡村旅游目的地和景区高质量发展的阻碍因素有哪些？如何找到症结所在，用哪些方法进行测定？如何构建乡村旅游高质量发展测评体系？

3. 如何评价鹤鸣湖镇乡村旅游高质量发展水平？

4. 针对鹤鸣湖镇乡村旅游的高质量发展的路径和方向，有哪些发展建议？

## 四、分析思路

首先，从相关概念界定出发，通过对乡村旅游、乡村振兴以及高质量发展概念的界定，介绍相关理论基础，包括旅游目的地地格理论、游客满意度理论、可持续发展理论等，为后续研究奠定理论基础。其次，介绍林甸县鹤鸣湖镇乡村旅游概况，对鹤鸣湖镇旅游资源与发展现状进行概述。再次，对鹤鸣湖镇乡村旅游高质量发展实证研究。经过问卷设计、发放与收集，借助 SPSS 26.0 进行数据处理，应用修正后的 IPA 分析法，生成 IPA 四象限图，发现鹤鸣湖镇旅游发展存在问题并构建乡村旅游高质量发展测评体系。最后，通过对研究结果进行提炼总结，提出契合案例地的乡村旅游高质量发展策略与建议。

## 五、理论依据与分析

### （一）旅游目的地地格理论

旅游目的地开发与营销的关键是提炼旅游目的地的生活方式本质特征，即地格。

旅游地格即旅游目的地的品牌基因，能够代表旅游目的地，对客源地游客产生吸引力，在竞争中保持竞争力。

近年来，一些学者对旅游目的地品牌的认知由目的地主权向旅游者主权转变。地格理论持续关注旅游品牌战略，研究如何利用“地格因子”吸引游客，降低游客搜索成本与认知风险。基于地格理论的旅游目的地建设过程包括以下几个方面步骤：提炼地格本质；桥接目的地与客源地之间游客的地方依赖；构建旅游目的地品牌；开发支撑生活方式的产品与服务；维持持久竞争优势，等等。地格因子是一个地方生活的本质特征，它是旅游目的地发展的关键所在，旅游目的地品牌只有体现地方特质并契合游客需求才能实现效益最大化。

这一理论对于案例地鹤鸣湖镇的旅游规划开发与旅游产品营销，特别是如何抓取游客要求，打造贴合游客内心需求的“爆款”旅游产品，建设乡村旅游目的地品牌，实现案例地鹤鸣湖镇乡村旅游高质量发展具有重要的参考价值。

### （二）可持续发展理论

可持续发展概念正式出现在 1987 年，世界环境与发展委员会（WCED）发表报告《我们共同的未来》，对可持续发展进行了比较系统的阐述。它是指能满足当代人的需求，也不会对后代人满足其需要的能力构成危害的发展。其应用于旅游业中，就是指旅游业在发展中，既要考虑满足人们对经济增长、社会进步的需要，又关注生态环境保护，保持历史文化传承，保护旅游自然资源和非物质文化遗产等。其本质是要实现区域经济效益、社会效益、历史文化效益以及生态效益之间的协调，保持和谐发展。

乡村旅游需要依托乡村地区旅游资源开展一系列旅游活动，应遵循可持续发展理论，注重在经济发展过程中加强对生态和环境的保护。同时，在实践中将一些重视可持续发展并获得良好效益的地区选为案例地，有针对性地展开分析、总结与研究，形成实践经验反哺并完善可持续发展理论。

### （三）游客满意度理论

顾客满意度研究，最早的文献可追溯到 1965 年美国学者卡多佐（Cardozo）发表的关于顾客的投入、期望和满意的实验研究。20 世纪 70 年代，顾客满意度研究逐渐兴起。美国劳特朋教授在 1990 年提出 4C 理论，他以消费者需求为导向，设定了市场营销组合的四个基本因素，即消费者（consumer）、成本（cost）、沟通（communication）和便利（convenience）。

1962～1967年，菲利普·科特勒完成了后来被誉为“营销学圣经”的《营销管理》一书，该书随着时间与经济形势变换，不断修订更新版本，风靡全球。1996年，菲利普·科特勒在《营销管理》一书的修订版中，首次提出让渡价值理论，认为顾客让渡价值是顾客总价值与顾客总成本之间的差额。其中客户总价值包括：产品价值、服务价值、人员价值、形象价值；客户总成本包括购买商品和服务过程中耗费的货币、时间、体力和精力成本。

游客作为顾客的一种特殊类型，同样适用于顾客让渡价值理论。服务质量是影响游客服务满意的主要因素。提高服务质量能提升游客的服务价值，最终让游客感受到物超所值，增加满意度。满意度研究有利于旅游目的地形象塑造与当地旅游品牌的建立。目前，国内外对游客满意的研究主要集中在游客满意的内涵、影响因素及晕轮效应、满意度测度等方面。

将游客满意度理论用于案例地鹤鸣湖镇的乡村旅游发展研究，从游客需求角度分析当地的旅游发展现状并探索实现乡村旅游高质量发展之路。基于一手问卷调查数据进行实证研究，深入挖掘游客对当地旅游资源，基础设施配套、旅游服务质量等方面的评价，发现当地旅游发展中存在的问题，提出改进建议与措施，对助力鹤鸣湖镇乡村旅游高质量发展具有积极作用。

## 六、教学要点

（1）中央和地方政府在促进旅游业高质量发展的政策解读。

（2）阻碍鹤鸣湖镇乡村旅游高质量发展的因素和症结。

（3）鹤鸣湖镇乡村旅游高质量发展的评价体系。

（4）鹤鸣湖镇乡村旅游高质量发展的路径及对策。

## 七、课堂设计

本案例可以作为专门案例进行课堂讨论，以下是按照时间进度提供的安排建议，仅供参考。整个案例的课堂时间控制在4学时（180分钟）。

### 1. 课前计划

提出启发思考题，请学生在课前完成阅读和初步思考。

### 2. 课中计划

（1）简要的课堂前言，明确案例主题（5 分钟）。

（2）介绍案例的背景，国家层面以及省级和行业发展的需求，鹤鸣湖的地理位置及资源概况。引导同学们了解案例研究的必要性和可行性。案例乡村旅游的高质量发展是必然趋势，如何找寻鹤鸣湖乡村旅游发展的路径是本案例要探讨的重要问题。

（3）案例总体概述（45 分钟）。

（4）分组讨论，告知发言要求。深入思考案例研究的乡村振兴背景、鹤鸣湖高质量发展的条件，以及受到的制约因素和障碍。分析鹤鸣湖乡村旅游高质量发展的路径以及政策保障等（45 分钟）。

（5）小组发言（45 分钟）。

（6）引导学生进一步讨论，老师归纳总结（45 分钟）。

### 3. 课后计划

让学生采用报告、专题论文等形式，对探讨的问题进行梳理、整理和分析，并对乡村旅游高质量发展提出建议和展望。

## 参考文献

［1］陈旭. IPA 分析法的修正及其在游客满意度研究的应用［J］. 旅游学刊，2013，28（11）：59－66.

［2］戴克清，蒋飞燕，莫林丽. 乡村旅游高质量发展评价及其优化对策［J］. 皖西学院学报，2020，36（6）：22－28.

［3］韩赟婧. 顺平县乡村旅游高质量发展研究［D］. 石家庄：河北师范大学，2021.

［4］刘芳. 乡村振兴背景下榆林市乡村旅游高质量发展路径研究［D］. 银川：宁夏大学，2022.

［5］汪伟，汪晓梅. 乡村振兴下林甸县旅游发展策略［J］. 对外经贸，2022（12）：68－70.

［6］王松茂，褚玉静，郭安禧，等. "一带一路"沿线重点省份旅游经济高质量发展研究——基于旅游资源转换效率的测度［J］. 地理科学，2020，40（9）：1505－1512.

［7］王兆峰，邹佳. 乡村旅游高质量发展与共同富裕的动态耦合协调演化——以张家界为例［J］. 湖南师范大学自然科学学报，2022（9）：1－12.

［8］鄢志武，梁小涵，郑汉妮，等. 基于修正 IPA 分析法的武汉市夜间旅游游客满意度研究［J］. 湖北农业科学，2020，59（20）：215－220.

［9］邹统钎，赵英英，常梦倩，等．旅游目的地地格的理论源流、本质与测度指标［J］．旅游导刊，2021，5（1）：1－22.

［10］Wang S，Zhao L，Sai N，et al. Development of Rural Tourism in Liaoning Province from the Perspective of Types［J］．Asian Agricultural Research，2021，13（9）：17－19.

# 案例十三 Case 13

# 夜幕冰城，璀璨夏都
## ——哈尔滨夜间文旅创新开发之思考

**案例摘要：**夜游经济已经成为城市发展的新动能，并持续渗透人们的美好生活。在构建以国内大循环为主体、国内国际双循环相互促进的经济发展新格局的背景下，夜游经济成为各地提振消费的新选择，被赋予了更为重要的意义。发展“夜游经济”，是促进旅游消费的一个重要手段，是拓展新的消费领域的重要抓手，是为城市发展注入新动能的重要尝试。本案例以哈尔滨市为例，分析其在发展夜间旅游中的优劣势并提出建议，为东北地区夜间旅游发展提供依据。

## 一、教学目的与用途

本案例主要适用于旅游管理学等课程相关内容的教学。

本案例适用对象为 MTA 专业硕士及旅游管理类专业的本科生、研究生。

本案例的教学目的为利用案例引发使用者思考，引出夜间旅游规划、开发、过程中可能遇到的问题，点明发展夜间旅游的重要性，为学生了解夜间旅游及旅游知识流动与创新的过程提供经验与启示。

## 二、案例内容

### （一）引言

近年来，随着人们生活节奏的加快，夜晚的时段才真正意义上属于个人，所以夜晚成为人们进行休闲活动的首选时段。旅游业不再局限于日间的时段，夜间旅游这一新业态应运而生。夜间旅游的出现不仅是旅游在时间维度的一种延伸，同时也是对我国旅游产品类型的一种补充。人们在选择旅游目的地时，不仅需在白天享受丰富的旅游项目，地方特色鲜明的夜间旅游项目也越来越受到旅游者的推崇。夜间经济逐渐成为我国扩大内需，满足人民美好生活需要的重要抓手，夜间旅游的悄然兴起被广泛认为是提高旅游者审美情趣，丰富旅游体验，丰富我国休闲旅游产品，促进夜间经济发展的重要途径。为满足夜游参与者的需求，夜间旅游迅速发展。夜经济具有极强的服务消费属性，夜经济的发展不仅延长了消费时间，同时也进一步拓展了消费空间，创造出更加丰富的消费场景。商务部《城市居民消费习惯调查报告》显示，全国60%的消费发生在夜间，夜间已逐渐成为居民消费的“黄金时段”。黑龙江省政府关于支持发展夜经济的部署要求，抓住了促消费、稳增长的关键之处，必将促进全省形成供需互促、产销并进的良性循环，充分发挥夜经济在促进消费方面较强的乘数效应，使之成为释放消费潜力的“新蓝海”、助推经济发展的“新动能”。随着2023年底哈尔滨旅游的“爆发”，进一步开发与创新夜间旅游产品，能进一步促进游客对哈尔滨旅游市场的深度与广度的探索、提高游客满意度。

## （二）案例背景

### 1. 我国夜间旅游发展背景

现代夜经济是现代城市快节奏生活的产物。人们从下班后直接间接地参与各种商业活动和夜间休闲活动。夜经济对城市经济、文化、环境乃至整个社会都有着重要的价值。夜间经济主要体现在城市的夜间经济活动中。在许多领域和用途上刺激一个国家和地区的内需，夜经济无疑是城市经济的新生力量。自改革开放以来，中国的城市化发展和城市化过程中，大量的农村人口进入城市，城市扩张，人口快速增长，城市生活节奏加速。在商品经济下，生活方式的改变，人们的消费模式的改变使白天的经营和消费很难满足人们的需求（吴松涛等，2020）。中国夜间经济自20世纪90年代初开始起步，目前已由早期的灯光夜市发展为包括食、游、购、娱、体、展、演等在内的多元夜间消费市场。“夜经济”也成为中国经济发展的新引擎。以服务消费为主要内容的“夜经济”在城市GDP中所占比重不断加大，发展迅猛，其中北京、上海、深圳、广州、杭州等城市的夜间消费约占全天消费额的一半，并逐步上升。中国经济在日间与夜间正越来越平衡、充分地发展，未来人民日益增长的美好生活需要也将得到更大满足，黑龙江省《2024年政府工作报告》也提出，

2024 年的重点工作包括大力发展特色文化旅游；加强文旅产业市场化运营、标准化建设、规范化管理、智慧化赋能，不断提升文旅产业发展质量；推动冰雪运动、冰雪文化、冰雪装备、冰雪旅游全产业链发展。

国务院办公厅2019 年印发《关于进一步激发文化和旅游消费潜力的意见》，将夜间文旅经济列入发展重点。全国各地都如火如荼制定了相关政策，如苏州市的“姑苏八点半”；北京的“漫步北京、点亮北京、畅游京郊”三大品牌；浙江投资超3000 亿元从各方面开展重大文旅项目；开封市为丰富市民夜游体验展开“明星夜游项目”评选；山东出台了“文旅 20 条”为打造夜间消费聚集区；西安打造了曲江大唐不夜城、第一步行街、城墙、大雁塔、大唐芙蓉园等五个夜景之地。近年来国内夜间旅游在良好的政策条件下蓬勃发展，涌现了许多创新型旅游产品及较为热门的夜间旅游城市（见表 13 –1），我国夜游项目主要集中于景观型及表演型夜游模式时代变迁，由传统节日的夜游转变为多节日、多种类的夜间消费活动，并成为游客越来越追崇的一种旅游方式；部分城市发展特色街区的夜间休闲项目，构建夜间休闲集聚区，结合当地的文化，发展适合本地的夜间旅游形式。另外，近年来短视频成为一种新型的宣传手段，这些城市都很好地抓住了短视频这一传媒形式为其夜间旅游进行宣传，另外随着互联网技术的发展，许多景区将 AR、VR 等技术与夜游项目相结合。

**表 13 –1　　国内夜游项目发展汇总**

| 年份 | 省份 | 夜游项目 | 项目亮点 |
|---|---|---|---|
| 1982 | 陕西 | 《仿唐乐舞》 | 夜旅游的开端 |
| 1995 | 深圳 | “欧洲之夜”主题新年庆典活动 | 世界之窗文化演艺 |
| 1999 | 上海 | 金茂大厦建成 | 夜景的夜游新篇章 |
| 2000 | 南京 | 水幕电影 | 鼓楼区政府投资 1600 万元从英国引进 |
| 2004 | 桂林 | 《印象刘三姐》 | 全国第一部山水实景演出 |
| 2008 | 陕西 | “七彩凤县” | 全城亮化项目和不遗余力的营销 |
| 2013 | 山西 | 《又见平遥》 | 大型室内情景体验式演出 |
| 2017 | | | 全民自媒体时代的到来 |
| 2018 | 重庆 | 洪崖洞 | 景区建设与动画电影《千与千寻》极为相似 |
| | 长沙 | 超级文和友 | 20 世纪 80 年代风格的长沙老街区，消费对象不局限于外地游客，老品牌本地居民也相当认可 |
| | 西安 | 大唐不夜城 | 对标 5A 级景区标准，全面改造升级街区硬件建设和基础设施配套 |
| 2019 | 北京 | 紫禁城上元夜 | 建院近百年来第一次在晚间免费对公众开放，也是紫禁城古建筑群第一次在晚间被较大规模点亮 |

续表

| 年份 | 省份 | 夜游项目 | 项目亮点 |
| --- | --- | --- | --- |
| 2021 | 河北 | 《风华涉县》 | 华北区域首个大型塔楼实景光影演艺，充分运用“真人演艺+杂技”及戏剧、灯光秀、水幕投影、3D Mapping 影像艺术等舞台科技装置 |
| 2022 | 云南 | 《荷风夜拾光》 | “神话传说 IP+真人闯关”模式，通过顶级光影特效营造场景，叠加盲盒文创新玩法和剧本杀体验，为游客奉上一个拥有极致视听体验、互动参与感浓厚的沉浸式夜游目的地 |

随着我国夜经济迅速发展，政府也出台了相应的夜经济扶持政策。夜间经济的发展可以分为两个阶段：第一个阶段是 2004～2014 年，地方政府开始出台和夜间经济相关的政策，对夜间经济进行扶持，如表 13－2 所示；第二个阶段是 2014 年至今，各地推出相应的政策，将夜间经济推向高潮，如表 13－3 所示。

**表 13－2　部分专项扶持夜间经济政策梳理**

| 年份 | 地区 | 政策名称 | 特点 |
| --- | --- | --- | --- |
| 2004 | 青岛市 | 《加快发展我市市区夜间经济的实施意见》 | 对以夜间旅游为核心的夜间经济发展进行积极的探索 |
| 2006 | 杭州市 | 《杭州市夜间娱乐休闲生活发展报告》 | 率先启动夜间旅游休闲发展的序幕 |
| 2007 | 全国 | 《中国优秀旅游城市检查标准》 | 明确提出“城市夜景与晚间旅游活动”的要求 |
| 2010 | 石家庄市 | 《关于推进夜经济发展的实施意见》 | 对发展夜间经济进行积极的探索 |

**表 13－3　2014 年后部分推进夜间经济发展政策梳理**

| 年份 | 地区 | 政策内容 |
| --- | --- | --- |
| 2014 | 宁波市 | 《关于发展月光经济的指导意见》 |
| 2014 | 重庆市 | 《关于发展夜市经济的意见》 |
| 2017 | 南京市 | 《关于加快推进夜间经济发展的实施意见》 |
| 2018 | 西安市 | 《关于推进夜游西安的实施方案》 |
| 2018 | 北京市 | 《支持“深夜食堂”特色餐饮发展项目申报指南》 |
| 2018 | 天津市 | 《关于加快推进夜间经济发展的实施意见》 |
| 2018 | 全国 | 中央经济工作会议提出“促进形成国内强大市场”，提振夜间经济、繁荣夜间消费 |
| 2019 | 北京市 | 出台繁荣夜间经济促消费政策，鼓励重点街区及商场、超市、便利店适当延长营业时间 |
| 2019 | 济南市 | 济南市《2019 年政府工作报告》中提出，要建设一座具有独特韵味的“不夜城” |
| 2019 | 全国 | 国务院办公厅印发《关于进一步激发文化和旅游消费潜力的意见》，其中提出要大力发展夜间文旅经济，鼓励有条件的景区开展夜间游览服务；丰富夜间文化演出市场，优化文化和旅游场所的夜间餐饮、购物、演艺等服务，持续扩大夜间文旅消费规模 |
| 2021 | 全国 | 《“十四五”文化和旅游发展规划》提出夜间经济的发展路径 |
| 2021 | 全国 | 文旅部发布《关于开展第一批国家级夜间文化和旅游消费集聚区建设工作的通知》，明确分批次遴选、建设 200 家以上国家级夜间文化和旅游消费集聚区等 |

### 2. 哈尔滨市夜间旅游发展历程

哈尔滨市也为打造“新夜幕下哈尔滨”出台了《哈尔滨市繁荣夜间经济实施方案（2020—2022 年）》。哈尔滨，坐落于我国东北部的省会城市，大气及国际化是这座城市的特点。作为世界音乐之都之一，哈尔滨的音乐表演及观赏场所居多，市民参与音乐活动的热情高涨。同时作为国内热门的夏季避暑胜地，舒适的夏季夜间气温是其开展夜游的优势条件。哈尔滨冬季的严寒使得夜间出行掣肘，但良好的冰雪景观、冰雪运动氛围让冬季的哈尔滨成为国内热门旅游城市。这些城市特色都是哈尔滨夜间旅游发展的良好基础。黑龙江省从 2017 年起也陆续在政府工作报告中提出了夜经济的相关政策，如表 13 – 4 所示。

**表 13 – 4　黑龙江省“夜间经济”政策梳理**

| 年份 | 地区 | 政策名称 | 内容 |
|---|---|---|---|
| 2017 | 黑龙江省 | 《黑龙江省生态旅游专项规划（2017—2025）》 | 丰富以自驾、通用航空为突破口的度假业态；重点提升旅游服务要素，创新配套娱乐体验设施，形成特色吸引，强化夜经济 |
| 2017 | 黑龙江省 | 《黑龙江省冰雪旅游专项规划（2017—2025）》 | 开发系列旅游商品，依托城市商圈和特色购物街区的打造，带动冰雪旅游购物消费；围绕“24 小时休闲”理念，做强夜经济 |
| 2019 | 黑龙江省 | 《关于进一步加快冬季旅游发展的指导意见》 | 着力发展文旅夜经济。打造夜游主题游乐活动。鼓励重点景区延迟闭园时间，推动夜间开放，支持景区通过夜景打造、旅游演艺、特色活动、商街夜市等多种形式，丰富夜间游览内容，提升夜游体验，建设独具韵味的“夜色景区”。鼓励博物馆、文化馆、图书馆、美术馆、工人文化宫和影剧院、音乐厅、体育馆等文体设施延迟开放时间，鼓励开发“文博之夜”、文艺演出、健身康养、体育赛事等夜间体验项目，打造夜间消费“文化和旅游 IP” |
| 2020 | 黑龙江省 | 《黑龙江省旅游景区质量提升三年行动计划（2021—2023 年）》 | 发展景区夜间经济。鼓励景区延长开放时间和发展景区夜游项目。在旅游景区打造“城市夜生活综合体”、夜间消费“文化和旅游 IP”和夜间文旅消费集聚区。协调适当延长景区夜经济项目周边的地铁、公交运营时间，增加公共交通运行班次，提高人们夜间出行的便捷性 |
| 2020 | 黑龙江省 | 《哈尔滨市繁荣夜间经济实施方案（2020—2022 年）》 | 哈尔滨市将形成“一带、双核、十片区”夜间经济集聚区空间布局 |
| 2022 | 黑龙江省 | 黑龙江省人民政府关于印发贯彻落实国务院扎实稳住经济一揽子政策措施实施方案的通知 | 大力发展夜间特色餐饮、夜间购物娱乐、夜间文化休闲、夜间观光旅游、夜间演艺等形式多样的“夜间经济”。放宽准入条件、压缩办理时限，鼓励“夜间经济”经营主体进入市场。出台服务“夜间经济”的若干措施，降低经营成本。完善夜间消费出行交通配套设施，加大夜经济街区夜间停车优惠力度 |

续表

| 年份 | 地区 | 政策名称 | 内容 |
| --- | --- | --- | --- |
| 2023 | 黑龙江省 | 黑龙江省商务厅联合7部门出台《关于推动夜经济发展　进一步促进消费稳定增长的指导意见》 | 围绕加强规划引领、打造消费地标、升级夜间商圈、鼓励延时经营、借力电商平台、打造文旅品牌、拓展体育市场、强化交通组织、减免有关费用、提供政策支持等10个方面为夜经济发展提供了政策支持，2023年末打造3~5处夜间经济示范街区，提出了累计培育140家以上龙江老字号企业的工作目标，表明了对符合条件的年度新增批发、零售、住宿、餐饮线上企业给予资金支持 |
| 2023 | 黑龙江省 | 黑龙江省人民政府办公厅印发关于促进全省经济运行整体好转若干政策措施的通知 | 推动生活性服务业全面恢复，创造条件鼓励早市、夜经济、路边摊等发展，在地方权限内免收一切费用，对符合条件的年度新增批发、零售、住宿、餐饮限上企业每户一次性奖励30万元，让龙江大地恢复"烟火气" |

在大力发展夜间经济政策的指引下，哈尔滨陆续形成"一带、双核、十片区"夜间经济集聚区。"一带"即打造松花江沿线夜间经济产业带；"双核"即以中央大街、太阳岛为核心，打造新型"商旅文体"融合发展两大地标；"十片区"即以中华巴洛克风情街、群力、哈西、学府凯德、秋林、会展中心、香坊万达、融创茂、哈尔滨大剧院、利民为十大夜间经济重点片区。培育升级五大消费场景，推出九大主题活动（见表13-5）。到2020年底，"一带、双核、十片区"的夜经济集聚区雏形基本形成。到2022年底，全市培育形成一批布局合理、功能完善、业态多元、管理规范的夜间特色商圈和景区。

**表13-5　　哈尔滨"夜间经济"九大主题活动**

| 主题活动名称 | 活动内容 | 活动范围 |
| --- | --- | --- |
| "冰雪狂欢购" | 联合全市30户大型商场、70户大中型超市延长营业时间，开展全城百店同步打折促销活动 | 9区 |
| "夜购星期五" | 联合全市30户大型商场、70户大中型超市延长营业时间，开展全城百店同步打折促销活动 | 9区 |
| 国际服饰发布会和时装节 | 组织海宁、华南城等皮草集散地，开展新品皮草展示发布等活动 | 道里、道外、南岗区 |
| "冰雪梦幻夜" | 围绕冰雪大世界、雪雕博览会、冰雪嘉年华等景区及哈尔滨冰雪大世界四季冰雪、冰雪影都等项目，开发冰雪体验娱乐、冰雪景观、冬季温泉等旅游产品和活动 | 松北、道里区 |
| "月美松花江" | 推出水上环线夜游线路，开展音乐节、露营节、沙滩文化节等夜游节庆娱乐活动 | 道里、松北、道外区 |
| "江上奇妙夜" | 利用群力德嘉码头等江上产业资源，丰富私人游艇码头俱乐部业态，划定特定区域停靠特色游船，吸引企业在船上开展夜间会议、洽谈、餐饮、婚宴等活动 | 道里区 |

续表

| 主题活动名称 | 活动内容 | 活动范围 |
|---|---|---|
| “啤酒狂欢季” | 在太阳岛、哈尔滨大剧院、中央大街、斯大林公园等重点景区和商圈，搭建啤酒大棚，引入比利时、德国等世界知名精酿啤酒和地产优质啤酒，丰富演艺活动，让本地居民、外地游客夜游松花江的同时，充分体验哈尔滨独特的啤酒文化 | 9 区 |
| “夜赏博物馆” | 鼓励支持各类文博场馆夜间开放，组织特色主题展览 | 9 区 |
| “哈尔滨灯光节” | 配合重大旅游购物等主题活动及节庆活动，在松花江沿岸、中央大街等重点商圈集中开展形式多样的灯光艺术展演活动 | 松北、道里、道外、南岗区 |

## （三）案例主题内容

### 1. 哈尔滨夜间旅游现状概述

（1）数据分析。

① 研究方法。借助八爪鱼采集器对互联网上的哈尔滨旅游游记文本进行采集，运用搜集客软件对收集整理到的文本内容进行系统的信息挖掘，主要进行中文分词、词频的功能性分析、社会语义网络分析，为旅游目的地分析提供有效数据支持。

② 数据来源。携程网是中国规模最大的旅游网站，产品类型丰富，网络业务涉及广泛，网站活跃用户庞大，使用群体宽泛，游记数量多且内容丰富。基于此，选取携程网的游记文本数据来建立基础数据信息库，时间跨度为 2018 年 8 月至 2024 年 1 月，共获得 1016 篇原始游记，筛选后得到 730 篇游记作为研究的原始数据。

③ 数据预处理。将采集到的文本数据进行合并，通过使用搜集客软件、查找文献和询问相关研究人员的方法，获取与哈尔滨旅游相关特征词加入自定义词表，过滤与研究目的关联较小的高频特征词，再将同义词归类，经过处理共得到 219 万字游记用于分析研究，通过对文本进行社会网络关系图的绘制，探究高频词之间的内在联系与含义。

④ 研究结果分析。通过进行分词及词频分析，统计排名前 156 的高频词如表 13 –6 所示。

**表 13 –6　　哈尔滨旅游游记高频词（前 156 位）**

| 高频词 | 词频 | 序号 | 高频词 | 词频 | 序号 | 高频词 | 词频 | 序号 |
|---|---|---|---|---|---|---|---|---|
| 雪 | 19135 | 1 | 东北 | 3343 | 4 | 建筑 | 21613 | 7 |
| 哈尔滨 | 7988 | 2 | 中央大街 | 2745 | 5 | 滑雪 | 2147 | 8 |
| 冰 | 7559 | 3 | 冰雪 | 2468 | 6 | 冬 | 1931 | 9 |

续表

| 高频词 | 词频 | 序号 | 高频词 | 词频 | 序号 | 高频词 | 词频 | 序号 |
|---|---|---|---|---|---|---|---|---|
| 俄罗斯 | 1670 | 10 | 冬季 | 515 | 45 | 烧烤 | 327 | 80 |
| 松花江 | 1355 | 11 | 博物馆 | 514 | 46 | 啤酒 | 323 | 81 |
| 冰雪大世界 | 1339 | 12 | 冰雕 | 514 | 47 | 面包 | 319 | 82 |
| 雪地 | 1239 | 13 | 艺术 | 504 | 48 | 打卡 | 301 | 83 |
| 体验 | 1071 | 14 | 索菲亚教堂 | 499 | 49 | 滑梯 | 299 | 84 |
| 公园 | 1069 | 15 | 排队 | 478 | 50 | 老道外 | 297 | 85 |
| 餐厅 | 1005 | 16 | 梦幻 | 475 | 51 | 夜晚 | 291 | 86 |
| 门票 | 919 | 17 | 免费 | 474 | 52 | 欧式 | 286 | 87 |
| 拍照 | 868 | 18 | 美丽 | 469 | 53 | 大雪 | 284 | 88 |
| 冬天 | 864 | 19 | 俄式 | 465 | 54 | 美好 | 284 | 89 |
| 好吃 | 815 | 20 | 童话 | 460 | 55 | 导游 | 282 | 90 |
| 历史 | 807 | 21 | 道外 | 445 | 56 | 伏尔加庄园 | 281 | 91 |
| 广场 | 787 | 22 | 表演 | 436 | 57 | 热闹 | 279 | 92 |
| 喜欢 | 771 | 23 | 温度 | 422 | 58 | 下雪 | 275 | 93 |
| 味道 | 769 | 24 | 饺子 | 411 | 59 | 开心 | 266 | 94 |
| 黑龙江 | 746 | 25 | 值得 | 404 | 60 | 锅包肉 | 262 | 95 |
| 风情 | 737 | 26 | 炕 | 385 | 61 | 刺激 | 254 | 96 |
| 太阳岛 | 720 | 27 | 美景 | 381 | 62 | 浪漫 | 251 | 97 |
| 马迭尔 | 722 | 28 | 热情 | 380 | 63 | 温暖 | 250 | 98 |
| 亚布力 | 714 | 29 | 爬犁 | 378 | 64 | 拍摄 | 246 | 99 |
| 风格 | 686 | 30 | 好看 | 371 | 65 | 雪景 | 245 | 100 |
| 照片 | 686 | 31 | 暖宝宝 | 369 | 66 | 冰城 | 244 | 101 |
| 文化 | 643 | 32 | 红肠 | 367 | 67 | 独特 | 241 | 102 |
| 冰棍 | 640 | 33 | 便宜 | 366 | 68 | 冰上 | 240 | 103 |
| 南方 | 638 | 34 | 夜景 | 364 | 69 | 铁锅炖 | 239 | 104 |
| 方便 | 624 | 35 | 参观 | 362 | 70 | 好玩 | 235 | 105 |
| 天气 | 616 | 36 | 马迭尔冰棍 | 362 | 71 | 设施 | 234 | 106 |
| 滑雪场 | 601 | 37 | 西餐厅 | 359 | 72 | 动物 | 229 | 107 |
| 美食 | 593 | 38 | 大巴 | 356 | 73 | 乐园 | 227 | 108 |
| 很好 | 584 | 39 | 防洪纪念塔 | 354 | 74 | 步行街 | 222 | 109 |
| 保暖 | 583 | 40 | 寒冷 | 352 | 75 | 雪人 | 222 | 110 |
| 服务 | 560 | 41 | 漂亮 | 350 | 76 | 围巾 | 221 | 111 |
| 温泉 | 540 | 42 | 巴洛克 | 339 | 77 | 秋林 | 211 | 112 |
| 零下 | 536 | 43 | 羽绒服 | 334 | 78 | 雪地靴 | 208 | 113 |
| 手套 | 530 | 44 | 雪圈 | 334 | 79 | 玩雪 | 208 | 114 |

续表

| 高频词 | 词频 | 序号 | 高频词 | 词频 | 序号 | 高频词 | 词频 | 序号 |
|---|---|---|---|---|---|---|---|---|
| 极地馆 | 201 | 115 | 网红 | 171 | 129 | 大剧院 | 142 | 143 |
| 春饼 | 200 | 116 | 冰灯 | 169 | 130 | 神奇 | 141 | 144 |
| 南方人 | 199 | 117 | 幸福 | 164 | 131 | 快乐 | 139 | 145 |
| 雪花 | 191 | 118 | 水果 | 164 | 132 | 雪博会 | 139 | 146 |
| 舒服 | 190 | 119 | 鸟 | 164 | 133 | 冻梨 | 138 | 147 |
| 音乐 | 190 | 120 | 中东铁路 | 163 | 134 | 建筑风格 | 137 | 148 |
| 东北菜 | 188 | 121 | 加绒 | 160 | 135 | 震撼 | 129 | 149 |
| 暖气 | 181 | 122 | 索道 | 159 | 136 | 欧式建筑 | 127 | 150 |
| 舒适 | 180 | 123 | 老虎 | 156 | 137 | 有趣 | 124 | 151 |
| 冰糖葫芦 | 179 | 124 | 果戈里大街 | 155 | 138 | 拜占庭式 | 123 | 152 |
| 演出 | 179 | 125 | 松花江畔 | 153 | 139 | 华梅西餐厅 | 122 | 153 |
| 森林公园 | 175 | 126 | 特产 | 152 | 140 | 二人转 | 122 | 154 |
| 民俗 | 173 | 127 | 斯大林公园 | 151 | 141 | 欢乐 | 121 | 155 |
| 繁华 | 171 | 128 | 傍晚 | 144 | 142 | 大列巴 | 120 | 156 |

可以看出，高频词主要有关于游客在哈尔滨旅游时的景点、美食、娱乐及娱乐设施、建筑及饮食风格、情感体验、消费、气候、保暖装备等。从高频词来看，冬季冰雪旅游相关的频数较高，有鲜明的饮食文化、季节特色和异国风情（见图 13－1）。

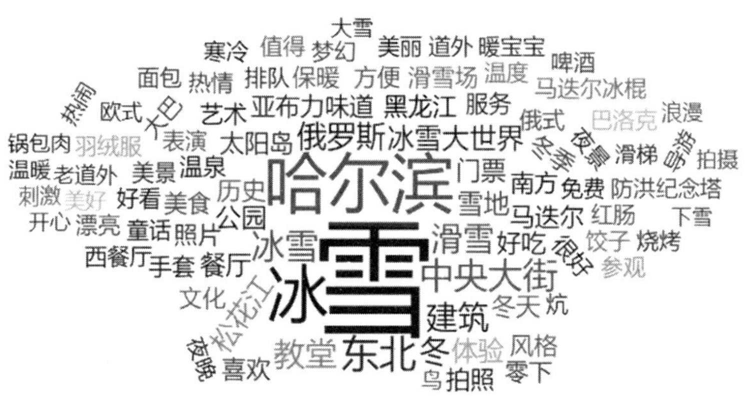


**图 13－1　哈尔滨游记高频词词云**

通过对游记中高频词的共现，运用文本分析软件的“社会网络分析”功能对抓取的游记进行分析，如图 13－2 所示，以哈尔滨、冰、雪、东北、中央大街为核心，以索菲亚大教堂、松花江、冬、味道、冰雪、体验为核心节点向外辐射。

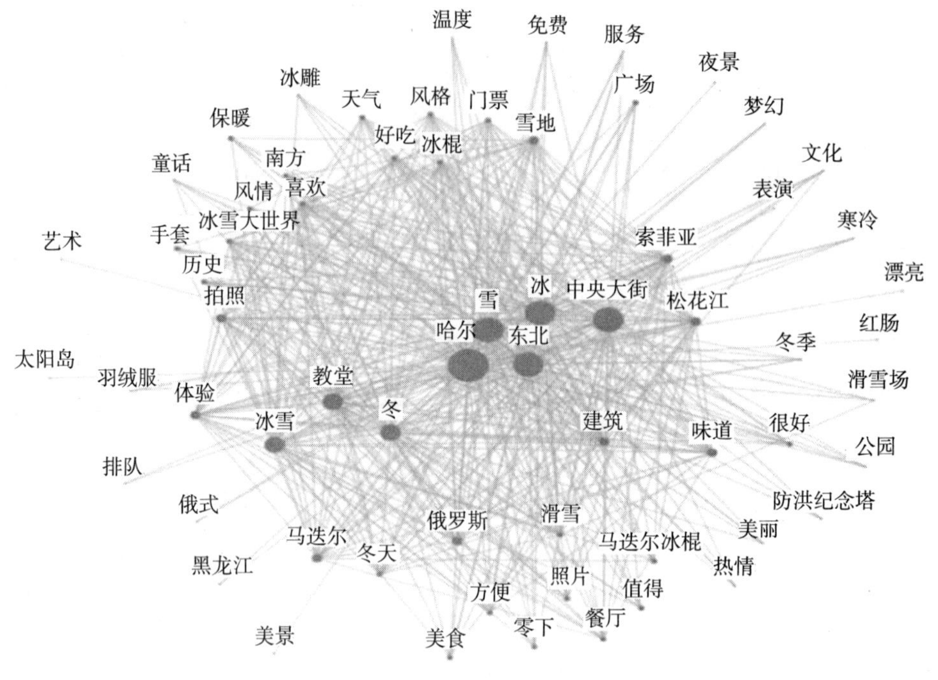


图 13-2 社会网络分析

（2）哈尔滨夜间旅游现状。

美团数据显示，2023 年 3 月以来，哈尔滨市夜间消费整体订单量同比增长 40.3%，哈尔滨市在美团平台上夜间餐饮订单量同比增长达 51.2%。其中，哈西大街、学院路、群力地区、新阳路、中央大街沿线为夜间餐饮订单量最多的五个商圈。与此同时，随着哈尔滨消费持续回暖，加之大众对康养保健、冰雪游玩、体育锻炼的关注，带动了哈尔滨夜间休闲娱乐消费强势复苏。美团数据显示，2023 年 3 月，哈市休闲娱乐夜间订单量比 2022 年同期增长 204.1%，其中，茶馆、游戏厅、酒吧、DIY 手工坊等，增速均超过 200%。2023 年，按常规口径监测，哈市共接待总游客量 1.35 亿人次，同比增长 145.78%，比 2019 年增长 41.4%。全市实现旅游总收入 1692.45 亿元，同比增长 239.03%，比 2019 年增长 7.4%。

此外，随着 2023 年冬天冰雪大世界的出圈，2024 年元旦期间，黑龙江旅游人气火爆，热度屡创新高，全省累计接待游客 661.9 万人次，同比增长 173.7%，哈尔滨市累计接待游客 304.79 万人次，旅游总收入 59.14 亿元，旅游接待量和旅游收入达到历史峰值。现在，“尔滨”热仍在持续，中央大街每天的游客量都会超过 40 万人次；一个小小的炸糕档口，每天销售炸糕就高达近 8000 个。冰雪季的消费热度，被“尔滨宠客模式”点燃后，迅速向更多的地方扩散。南方人北上滑雪，北方人南下避寒，成为旅游新热点。一场场南北双向奔赴、多地联动的文旅联欢，进一步释放了强劲的旅游消费潜力。

目前在哈尔滨市比较成熟的产品主要有：冰雪大世界、融创文旅城雪世界、太阳岛风景名胜区等主题公园，松花江游船，以哈尔滨师大夜市为代表的夜市，以中央大街、道外中华巴洛克为代表的历史文化街区，以马迭尔西餐厅、华梅西餐厅、波特曼西餐厅、塔道斯西餐厅、老厨家等为代表的餐厅，以相声、刘老根大舞台为代表的演艺类项目等。但是总体上产品系统性不足，品类不全，传统单调，档次较低，没有形成 IP 区域品牌影响力和核心竞争力，仍处在小而散的初级发展状态。根据《旅游资源分类、调查与评价》（GB/T 18972—2017），将哈尔滨现存的各类旅游资源进行划分。从旅游资源的分类角度来看，哈尔滨主城区现有的较为成熟的夜间旅游资源主要对应 8 个主类中的水域景观、建筑与设施、历史遗迹及人文活动这 4 个主类（见表 13－7）。

**表 13－7　　哈尔滨夜间旅游资源分类**

<table>
<tr><th>主类</th><th>亚类</th><th>基本类型</th><th>景区名称</th></tr>
<tr><td>水域景观</td><td>河系</td><td>游憩河段</td><td>松花江</td></tr>
<tr><td rowspan="6">建筑与设施</td><td rowspan="2">人文景观综合体</td><td>文化活动场所</td><td>哈尔滨大剧院、哈尔滨音乐厅</td></tr>
<tr><td>游乐休闲度假地</td><td>哈尔滨融创乐园、哈尔滨融创雪世界</td></tr>
<tr><td rowspan="4">实用建筑与核心设施</td><td>特色街区</td><td>中央大街、果戈里大街、中华巴洛克风情街</td></tr>
<tr><td>独立场所</td><td>冰雪大世界</td></tr>
<tr><td>桥梁</td><td>滨江铁路桥</td></tr>
<tr><td>特色市场</td><td>师大夜市</td></tr>
<tr><td>历史遗迹</td><td>物质类文化遗存</td><td>建筑遗迹</td><td>索菲亚教堂</td></tr>
<tr><td>人文活动</td><td>岁时节令</td><td>现代节庆</td><td>哈尔滨之夏音乐会、哈尔滨啤酒节、哈尔滨冰雪节</td></tr>
</table>

### 2. 哈尔滨夜间旅游优势分析

（1）独特的文化底蕴。

哈尔滨的历史源远流长，是一座从来没有过城墙的城市，也是“一国两朝”发祥地，即金、清两代王朝和渤海国的发祥地。早在 22000 年前，旧石器时代晚期，这里就已经有人类活动。大约 5000 年前，哈尔滨地区进入新石器时代。大约 3000 年前，殷商晚期，哈尔滨进入青铜时代，属于黑龙江地区最早的古代文明国家——白金宝文化的分布区域。公元 1115 年，金代在上京（哈尔滨阿城市）建都。

19 世纪末，哈尔滨已出现村屯数十个，居民约 3 万人，为城市的形成与发展奠定了基础。1896～1903 年，随着中东铁路建设，工商业及人口开始在哈尔滨一带聚集。中东铁路建成时，哈尔滨已经形成近代城市的雏形。20 世纪初，哈尔滨就已成为国际性商埠，先后有 33 个国家的 16 万余侨民聚集在这里，19 个国家在此设领事馆，成为当时的北满经济中心和国际都市。1932 年，哈尔滨曾为日伪统治，1945 年，哈尔滨从日伪统治下解放，人口已达 70 余万人。1946 年 4 月 28 日，哈尔滨正式建立了人民政权，成为全国解放最早的大城市。

改革开放后，哈尔滨揭开了发展的新篇章，国民经济和社会事业取得举世瞩目的成就，先后建立了高新技术开发区和经济技术产业开发区，建立了全国首家内陆港，连续举办了哈尔滨经济贸易洽谈会并升级为中俄博览会、哈尔滨国际冰雪节、哈尔滨之夏音乐节。

特殊的历史进程和地理位置造就了哈尔滨这座具有异国情调的美丽城市，它不仅荟萃了北方少数民族的历史文化，而且融合了中外文化，是中国著名的历史文化名城和旅游城市，素有“冰城”“东方莫斯科”“东方小巴黎”之美称。欧陆文化是哈尔滨城市历史文化的发展之本，万国建筑、艺术殿堂和欧式生活汇聚于此，使哈尔滨成为名副其实的欧陆文化高地。

另外，哈尔滨还有四大特色资源。①活力休闲都市：城市休闲氛围浓郁，“亚洲第一街”品牌享誉全国。②纯净优质生态：江、湖、河、田园、冰雪生态资源高度组合，奠定生态休闲优质基础。③璀璨金源文化：金源文化积淀深厚，军事遗迹资源突出，构成文化体验重要支撑。④北国原味乡村：乡村资源依托性好，民俗风情独具特色，差异化开发潜力大。

近年来，哈尔滨经济和社会发展突飞猛进，城市综合实力进入全国十强，旅游业跻身全国旅游业城市竞争力前 20 名，位列“中国幸福城市”第 7 名、全球避暑名城前 20 强，被授予“音乐之城”“全国文明城市”“国家公交都市建设示范城市”“大美湿地城市”“全国双拥模范城”“厕所革命优秀城市”“中国最具竞争力区域金融中心城市”“全国文化体制改革工作先进城市”等荣誉称号。

（2）丰富的旅游资源。

哈尔滨市内建筑中西合璧，有圣索菲亚大教堂、圣·尼古拉大教堂、俄罗斯木屋、哥特式楼宇、中央大街、哈尔滨极地馆、防洪纪念塔、文庙、极乐寺、萧红故居、苏联红军烈士纪念碑等文物古迹和东北林园、亚布力滑雪旅游度假区、原始森林等 500 余处人文自然景观，特色文化、特色工艺、民间艺术、节事赛事、生活资源及康养资源等多类特色资源异彩纷呈，极具开发潜力。

哈尔滨同时有许多民俗活动可供开发，如野游、野餐、冬泳、喝哈尔滨啤酒、看冰灯、冰上婚礼等。哈尔滨拥有多项国家级非物质文化遗产：达斡尔族鲁日格勒舞、龙江皮影戏、老汤精配制、东北大鼓、老王麻子膏药制作技艺。哈尔滨是东亚文化之都，哈尔滨国际冰雪节、中俄博览会、哈尔滨啤酒节、哈尔滨世界农业博览会、哈尔滨国际车展、哈尔滨寒地博览会等众多节庆展会曾在此举办。其中喝哈啤、看冰灯、龙江皮影戏、东北大鼓以及各项节庆展会都是可供开发的良好夜经济资源。富有特色的冰灯、雪景和异域风情的建筑成为哈尔滨独一无二的夜游项目名片。近年来改建成的松花江铁路大桥夜间灯火通明，站在桥上两岸风景尽收眼底，傍晚时暮色湛蓝，如梦如幻，也成为了网红打卡地。

（3）特色的地域美食。

中华民族千百年来的传统饮食文化与西方饮食文化相交融，形成了哈尔滨独特的餐饮文化，即哈尔滨风味，其特点可以概括为“朴实中透析出秀气，粗犷中蕴藏着精华”。哈尔滨居民以汉族为主，其中多为山东省与河北省移民。旧时的哈尔滨，外国侨民比例较多，其中俄侨占多数。外侨生活方式与习俗对哈尔滨人的文化、饮食习俗有一定影响。

哈尔滨的特色美食有东北炖菜、白肉血肠、炒肉渍菜粉、冰点心、冰糖葫芦、红肠、“大列巴”面包、“沙一克”面包、格瓦斯、烤冷面、罐虾等，这为哈尔滨夜经济的发展提供了具有当地特色的美食文化素材。

（4）良好的市场潜力。

哈尔滨市拥有众多高校。高校学生是一个活跃的群体，他们拥有充沛的精力、强健的体魄、充裕的时间和强大的参与积极性，成为夜游活动所面向的重要客户群体。截至2023年4月，哈尔滨市共计51所大学，其中本科学校27所，专科学校24所；国家“双一流”高校有4所，分别是哈尔滨工业大学、哈尔滨工程大学、东北林业大学和东北农业大学。众多来自全国各地的高校学生为哈尔滨提供了良好的市场潜力，学生的新媒体“种草”也为哈尔滨夜间旅游创造了一个良好的宣传窗口。

### 3. 哈尔滨夜间旅游发展劣势

（1）冬季气候劣势。

哈尔滨市位于北温带的内陆地区，冬季时间长，并且十分寒冷，从10月到次年3月气温都在0℃以下，1月平均温度是-25℃～-14℃，有时也会出现暴雪天气。从9月到次年清明都处于昼短夜长状态，下午四五点夜幕就开始降临，寒风呼啸，这样的天气会削减人们出行的动力。哈尔滨风力较大，为露天夜市带来了一定的阻碍，如何保温、如何避风也成为夜市亟待解决的问题。

（2）冬季城市景观照明缺陷。

哈尔滨寒冷的气候持续时间可以从10月中旬到次年4月中旬，特殊情况下可以超过一年的一半时间。这种特点为哈尔滨的季节照明带来一定的难度，因此季节特色原则要考虑结冰期与非结冰期。

半年的昼短夜长的气候特点降低了城市夜间的活力，对城市的竞争力与吸引力都产生了消极的影响。在照明规划中如何强化现有特点，创造独特的夜景形象，扩大对外宣传力度，推动城市旅游产业的发展，从而改善经济结构并促进经济健康发展，是目前需要探索的新领域。哈尔滨现有的城市景观照明规划已不能满足城市“夜经济”和寒地城市“金山银山”的要求，部分的次要街道、广场、公园还存在亮化不足和缺少基本功能照明的情况。

（3）夜游活动人气欠缺。

在2020年5月文旅产业指数实验室发布的全国城市夜游人气指数排名中，上海、广州、杭州、成都、西安、长沙、南京、重庆、深圳、天津上榜前10名，而哈尔滨并未入列。由此可见，基于游客数量、人均消费和夜游人气等多项指标看，现阶段哈尔滨夜游活动人气不足，经济效益不理想，美誉度不高。

（4）夜游产品缺乏系统性。

目前在哈尔滨市比较成熟的产品主要有：冰雪大世界、融创文旅城雪世界、太阳岛风景名胜区等主题公园，松花江游船，以哈尔滨师大夜市为代表的夜市，以中央大街、道外中华巴洛克为代表的历史文化街区，以马迭尔西餐厅、华梅西餐厅、波特曼西餐厅、塔道斯西餐厅、老厨家等为代表的西餐中餐店，以相声、刘老根大舞台为代表的演艺类项目等。另外，2021年7月哈尔滨新区自贸区新开发了夜经济“夏都夜肆”。但是总体上产品系统性不足，品类不全，传统单调，档次较低，没有形成IP区域品牌影响力和核心竞争力，仍处在小而散的初级发展状态。

（5）夜游产品业态结构欠妥。

松花江游船数量少、内容缺乏沉浸性，吸引力不足；哈尔滨市的演艺项目仍以传统品类相声、刘老根大舞台为主，且小而散；在国内外具有一定知名度的冰上杂技《冰秀》在哈尔滨市没有固定剧场，而且演出也多集中在冬季；主题公园和博物馆的沉浸式演艺活动数量更是不足。在其他地区很稀松平常的高科技灯光秀、无人机表演等项目在哈尔滨市却是寥寥无几。剧本杀等潮流产品新业态和沉浸式体验产品的品牌影响力不够，导致产品和业态结构不合理。

夜游配套功能和智能服务不完善，无法满足游客的高品质要求。哈尔滨目前只有马迭尔宾馆、华梅西餐厅、塔道斯和老厨家具有一定的知名度，民宿等新型住宿发育明显不足；通往伏尔加庄园等景区的公共交通不畅达；具有一定知名度和影响力的配套娱乐项目不足以支撑夜间长时间停留。更重要的是智能化管理服务跟不上作为互联网原住民的“Z世代”主体游客对智能化和数字化的需求。因此整体上距离高品质还有相当长的距离。

（6）夜间文旅市场化水平较低。

黑龙江省和哈尔滨市由于历史的原因形成了市场化程度低、市场主体竞争力弱的现状，尤其是民营经济发育不足，表现在夜游经济发展上同样为投资不足，融资能力相对较弱。目前投资运营发展比较好的是由融创文旅城参与的哈尔滨新区自贸区“夏都夜肆”。哈尔滨文旅集团主要投资于演艺项目、西餐文化和地铁广告，目前尚处在品牌和市场培育阶段。而太阳岛资产公司主要投资冰雪四季项目，目前还处在建设阶段。由本地企业投资经营项目的数量十分有限，影响力还远远不够，旅游项目融资成效不理想。

## （四）启示与思考

作为激发新一轮消费升级潜力的重要举措，夜间经济是激发城镇商业活动潜力、调适民众消费需求的重要途径，也是拉动城市经济发展的增长点。在借鉴全国各地成功夜经济案例基础上，要结合哈尔滨的城市特点，发挥地区独有优势，扬长避短，形成独有的特色和风格。充分发挥哈尔滨冬季冰雪旅游和夏季凉爽舒适的气候旅游资源优势，以冬季和夏季夜游产品为重点时间节点，叫响“冰城夏都”品牌。同时，要以哈尔滨特有的多元文化为灵魂，以夜间旅游作为载体，打造“夜幕下的哈尔滨”IP。

### 1. 强化政府主导与政策扶持，发挥哈尔滨特色区位优势

发展夜经济的核心是提供更多夜经济消费服务。当地政府可以借鉴淄博政府在旅游中扮演的角色，打造服务型政府，做到真正的“小政府”，以城市管理为核心，进行消费引导以及消费环境建设，制定鼓励发展夜经济的优惠政策，出台交通保障措施，提供夜经济发展的基础环境，降低夜生活消费费用和企业运营成本，丰富消费场景，配套消费服务。从政府、企业、消费者三方综合考虑，激发市场主观能动性、发挥创造力、多方融合，助推城市夜经济高质量发展。

哈尔滨市在学习优秀夜经济成功案例的过程中，要充分考虑地域特点，不能照搬照抄，应结合哈尔滨城市特征，立足本地，在科学制定夜间文化和旅游发展空间规划、发展政策的基础上，形成联动机制。联合多个商圈、多个品牌、多家门店，融合文、旅、商、体各领域，发动各部门、各相关要素统筹落实哈尔滨市夜间经济发展。例如，政府要牵头部署，金融部门要配合实施信贷政策、商家也积极参与各种优惠让利活动，全城联动，一举“引爆”哈尔滨夜经济。

在具体落实的过程中，可以学习北京设立市、区、街（乡镇）三级夜间经济

“掌灯人”制度，以及设立夜生活首席执行官理事会，形成夜间经济集聚区运行监测机制，健全市场自治管理机制。实行网格化、责任制，积极落实哈尔滨市提出的“一带、双核、十片区”夜间经济集聚区规划，打造城市夜游产品新格局，确保政策规划落实到位。加强夜间景观照明亮化提升工作，协同优化夜间停车、交通、灯光、治安等城市综合配套。运用科技与艺术，丰富夜间潮玩潮购新体验场景现代光影与数字技术，推进城市街景装饰、夜间标识、景观小品、灯光设施、休闲设施等智慧配套设施建设。

同时，还要制定相关激励政策，开展夜间经济精细化管理示范区建设，并加强市场监管执法，建立由公安、文旅监察、市场监督共同参与的新型联合监管机制。

总体来说，夜间旅游的发展需要城市政府支持，街道办等牵头组织，商家合规经营，消费者积极参与，同时，切实提高城市智能化管理水平，才能让夜游长效高质量发展，达成共赢共享的目标。

#### 2. 深挖哈尔滨旅游资源及文化优势

（1）深植独特文化，焕发夜间旅游生机。

以“区域性文化差异”为切入点，将哈尔滨市独具特色的黑土风韵、欧陆风情、少数民族文化和艺术活动与夜间旅游产品相结合。哈尔滨被誉为“音乐之城”“大美湿地城市”，具有丰富红色文化、工业文化等，19 个国家在哈尔滨设领事馆。在旅游资源方面的结合方面，哈尔滨本身就属于资源依托型城市，建筑十分有特色，被誉为“东方小巴黎”、文物古迹众多、旅游资源和非物质文化遗产都十分丰富，将自身的特色与夜游活动相结合，形成独特的、浓厚的、不可替代的龙江夜经济文化。

例如，可充分利用松花江资源，打造“夜游松花江”品牌。目前，哈尔滨出台的夜游主题活动“月美松花江”，已推出水上环线夜游线路，开展音乐节、露营节、沙滩文化节等夜游节庆娱乐活动。在此基础上，积极发展旅游演艺。以冰雪情韵、欧陆风情、闯关东精神以及巴洛克文化等极具地域和城市特色的文化类型为依托，着力打造大型演艺活动，填补哈尔滨缺乏具有广泛影响力的演艺活动的空白。文化体验是深度体验，如果仅仅依靠静态呈现诠释力不足，可结合灯光秀、虚拟现实（VR）、增强现实（AR）、元宇宙等技术，推出沉浸式演出。以高科技技术赋能夜游文旅消费产品，让文化更加鲜活起来，让观众和游客更加有沉浸感。可借鉴《最忆是杭州》《敦煌盛典》《印象刘三姐》《印象大红袍》，以及长江漂移式多维体验剧《知音号》等实景演出。另外，可以下大力气发展在国内外具有一定知名度的冰上杂技《冰秀》，设置有固定剧场，利用科技手段打造春夏秋冬全季节演出。积极策划“夜幕下哈尔滨”旅游常态演出，打造松花江夜游演艺项目品牌。

沿江可以打造夜间体育项目，以及建设拓展训练基地、少年户外体育活动营地、江上体育运动等项目，举办体育赛事活动。例如，组织沿江嗨跑项目比赛，邀请消费季星推官在沿江商圈各地标、商场、商户处打卡，并录制活动宣传视频，以“线下打卡＋线上导流”的方式，倡导市民在健康生活之余，为传统商业赋能，活跃夜间消费市场。

同时，沿江两岸建设市民休闲运动设施，可以综合运用光、电、影技术，创新运动方式。例如，可通过数十人同时骑行动感单车，随着消耗的卡路里越来越多，卡路里转化成光影，投影到大屏幕，漂亮的光线逐渐绘制成人或其他动物的样子，光线人会进行各种表演，大家会为了一个完整的表演而竭尽全力骑行，最后随着卡路里消耗的增多达到高潮时，全场欢呼，成功的喜悦涤荡在松花江畔。为枯燥的健身，增加娱乐性、趣味性，无形之中也会发扬了集体主义精神。通过一系列的策划，居民前来参与，不但会丰富人民文化精神，还可以为夜间消费进行引流，实现江上经营项目优化及江岸沿线文化商业提升。

夜间旅游的灵魂在于消费，以消费带动经济发展，在上述文、旅、体发展的基础上，可以沿江建设或整合商场资源，扩展夜间营业面积，引进品牌入驻，打造沉浸式、体验式夜间经济文旅消费，以此促进哈尔滨经济的发展。另外，打造哈尔滨松花江节事活动，并定期举办，届时邀请专业人士和广大市民群众共同参与，并适时推出新型夜游产品，在松花江上及沿江两岸重要节点，打造创新体验型消费空间。

综上，围绕松花江沿岸不同特点，形成“休闲生活段、活力商业段、文旅消费段、艺术生活段”四个相互关联又各具特色的江岸商业片区，使“夜游松花江”成为中国著名夜游品牌，并努力申请成为国家级夜间文化和旅游消费集聚区。

（2）融入地道东北味，点亮夜游新风尚。

夜间经济与美食有着天然的自洽性，不管是20世纪七八十年代西方国家以改善城市中心“空巢”现象而发展夜间经济，还是中国当下为释放消费升级潜能、推进供给侧结构性改革而聚焦夜间经济，美食都是城市夜间生活的标配。酒吧、咖啡馆、餐厅、夜宵夜市是城市消费活力的体现，更是城市繁荣发展的重要指标。美食是夜经济的必需品，从最初低配需求的灯光夜市到中配需求的拍照打卡再到高配需求的沉浸式夜游，美食从未缺席。但是随着时代的发展，夜游的美食出现了同质化严重、缺少创意等问题。很多地方的夜游活动走入了盲目追求“大而广”忽略了“小而精”。

作为中国最北方的龙江特色饮食文化，在发展中绝对不能顾此失彼，不仅要有时间供给下的广度思维，更要强调空间供给下的深度思维，避免出现因为业态多元化而忽视了差异化和特色化的情况。一个地区的饮食往往是最能体现当地风土人情的，因此，将龙江菜与夜游项目结合，可以打造龙江饮食夜文化。例如北派创新满汉全席、五大连池美食，庄稼院的饭、金人特色坑烧、埠菜、俄餐等特色可以考虑作为夜游饮食的主干，在其主干中进行扩大、发展，使游客和当地居民可以深度、沉浸式、完整地体验特色的龙江夜生活。

（3）拓展冰雪魅力，打造夜游新亮点。

在冬季要充分发挥哈尔滨的冰雪优势，夜间旅游与哈尔滨的冰雪资源要通过文化交织互融、科技赋能、产品创新实现高质量发展，为进一步促进冰雪资源优势转化为产业竞争优势，还应该不断丰富冰雪旅游经营业态，全面推动冰雪旅游与相关产业的深度融合，形成以冰雪旅游为主导的集冰雪渔业、冰雪建筑、冰雪装备、冰雪赛事、冰雪民俗、冰雪会展、冰雪康体、冰雪经贸、冰雪教育等多样化业态于一体的集聚形态；可以将文化、科技、民俗、动漫等元素融入夜经济冰雪旅游，将人民群众喜闻乐见的事物以冰雪的形式表达，赋予冰雪旅游新的生命力。其中，可以借鉴吉林市通过“抗联英雄”“林海雪原”等当地文化打造了冰雪红色主题旅游项目；还可以在原有的活动中再次挖掘，例如黑龙江省通过文化、动漫等融合打造了著名的“龙江冰袖”冰上演出、中国（哈尔滨）冰雪动漫展、冰雪大世界、国际冰雪节等。目前哈尔滨在夜游活动发展中也结合冰雪进行尝试，举办了夜间经济九大主题活动，其中冰雪主题有“冰雪狂欢购”，联合全市 30 户大型商场、70 户大中型超市延长营业时间，开展全城百店同步打折促销活动；“冰雪梦幻夜”围绕冰雪大世界、雪雕博览会、冰雪嘉年华等景区及哈尔滨冰雪大世界四季冰雪、冰雪影都等项目，开发冰雪体验娱乐、冰雪景观、冬季温泉等旅游产品和活动。可以在此基础上，赋予冰雪文化精神。

综上，在新发展格局的促进下，夜经济冰雪旅游的多元发展将立足满足内需，以需求带动供给，畅通冰雪旅游产业链条，继续加强产品优化、扩大内需、文旅融合、科技赋能、区域协调、创新驱动等举措，构建夜经济冰雪旅游高质量发展的多维推动机制，畅通国民经济大循环，推进冰雪旅游的供给侧结构性改革，以期实现冰雪旅游的跨越式发展。

（4）创新文旅产品，驱动主力客群消费增长。

夜间旅游发展主要目标客户是千禧一代和“Z 世代”的青年群体，主要表现为“年轻化”“品质化”“主题游”等特征，这部分群体的消费能力极强。哈尔滨高校众多，因此发展夜游项目十分有优势。千禧一代和“Z 世代”的青年更加注重产品的质感、舒适度、个性化，追求产品带来的多样化、高品质和体验式消费，且具有完美主义、新奇和时尚意识、享乐意识、品牌意识和冲动意识，因而倾向于个性化和体验化消费。例如小众产品、限量产品、定制化产品等。因此在产品的开发上一定要科学并有针对性地进行产品设计。企业要把消费者体验放到首要位置，然后给客户提供一系列的个性化服务，提供交互式数字显示设备，增强消费者线上的消费体验感，提高购物的趣味性和满足感。要真正以消费者为中心，在以数字化为核心的销售模式下，为消费者提供更具价值的服务。除此之外，为了增加项目的多样性，哈尔滨已出台政策拟利用群力德嘉码头等江上产业资源，丰富私人游艇码头俱乐部业态划定特定区域停靠特色游船，吸引企业在船上开展夜间会议、洽谈、餐饮、婚宴等活动。另外，在保护沿江生态的基础上，还可以考虑增加江上无人机表演，尤其是节假日，吸引居民参观。除此之外，可以考虑开发如江上婚礼、江上音乐会等互动项目，建设江上主题乐园、电竞中心等吸引年轻人集聚的项目。

#### 3. 弥补缺失，强化配套建设

（1）延长服务时间，满足游客需求。

延长日间有关服务业和服务部门的开业时间，同时延长夜间旅游活动的时间，充分挖掘消费者的消费潜力，满足青年消费者的消费欲望。目前有些商店、服务场所和相关服务部门仅在白天营业，与夜经济的要求格格不入。另外，在夏季等夜间旅游的旺季，夜游的经营活动与文娱活动收市时间仍较早，好多顾客意犹未尽，倘若延长夜游活动时间，消费者的消费时间便会相应延长。所以在这种情况下，夜间旅游活动仍有潜力可挖，延长运营时间大有可为。

（2）升级夜间旅游，打造品牌标杆。

夜间旅游是白天游在时间和空间上的延伸，因此也要做到一城一景色，打造出自己的品牌；面对日益多样化、差异化、个性化的旅游需求，哈尔滨的夜间旅游还需要探索如何与多元潮流元素的融合创新，形成破圈效应。在夜游品牌上可以参考苏州荟萃楼打造的“姑苏八点半”，它是苏州市打造的夜游品牌，2020 年“五一”期间，推出了一系列苏州特色的演出、夜游线路和消费活动，凸显了夜间经济集合效应。活动现场精心打造了丝绸街区、美食街区、娱乐街区、文化街区、购房街区等板块。在潮流夜市区，汇集了来自盛泽以及苏州和吴江其他区镇的传统美食、纺织产品、手工艺品等诸多特色产品。盛泽的特色美食大受追捧。在丝绸街区主打盛泽本土知名丝绸产品，重点推广盛泽丝绸文化，将丝绸文化及产品与盛泽夜游“完美对接”。宋锦钱包是盛泽传统丝绸工艺与现代科技完美结合的产品，在夜游品牌发布会上，盛泽利用网络直播和线下销售对其进行推广。哈尔滨的资源极其丰富，以大庆市为例，大庆市不光有丰富的石油资源，当地的土特产也十分丰富。例如西红柿、玉米等作物，由于特殊的盐碱地，导致当地的农产品都有别于其他地区，可以以政府为主导联接企业和农户达成合伙人，在夜经济中为农户提供展位，打开销路；利用现代科技还原一颗果实的生长过程、味道独特的原因、自己产品加工和制作过程体验等，让更多人了解大庆的土特产，有利于城市名片的打造。

（3）夯实基础设施配套，驱动夜游迈向新高度。

夜间旅游是一个系统工程，任何一个环节的工作不到位、不作为、运作不力都会给夜游的整体运作带来负面影响。目前，随着经济社会的不断发展和城市现代化水平的不断提高，各个城市的服务功能不断得到完善，较以前有了长足的进步，但在有些方面还是与城市现代生活的要求有差距。首先，哈尔滨的公交车虽然近年来的收车时间已经有所延迟，但依旧难以适应夜游发展的要求。大多数线路到晚间 20 点、21 点就停运，其他地级市的多数线路甚至傍晚 17 点、18 点就停运，县城的公交停运时间更早。这样的服务水平与现代化城市的发展要求相距较远，与夜间旅游的发展要求也不匹配，应当加以改进。其次，哈尔滨的城市照明度也需要进行调整，在没有夜间旅游的地方很多街道很早就熄灯，为游客和当地人返程造成了很大的阻碍，可以考虑但不限于在人流较多的街道延长照明时间。最后，智能化管理服务跟不上游客对智能化和数字化的需求，亟须大力发展智能化管理服务。

综上所述，依托服务型政府，健全夜游内容，政府、相关行业、消费者联动才能推进夜间旅游经济全方位发展。夜间旅游绝不是某个点或某条街道的繁华，单打独斗的时代已经过去，发展夜间旅游产品要有长远的眼光融合的思想、创新的理念。在空间上将城市的各个点链接成片，形成区域优势，要立足消费新趋势，围绕消费新需求，进一步完善规划布局，不断丰富夜间消费场景，努力让夜间经济“蛋糕”越做越大，形成示范和带动效应，有序释放夜间经济活力。同时，要完善配套服务设施，建立“食、游、娱、演”等在内的全要素夜生活格局，补齐“吃住行游购娱”短板弱项，精心打造各具特色的夜间经济示范街区，促进夜间经济持续健康发展。要充分利用好“黄金 4 小时”，积极培育消费新业态新模式，加快经营模式转变、消费方式创新，积极开展丰富多彩、形式多样的促销活动，吸引更多市民和游客参与夜间消费。城市夜游要以城市市民的晚间生活和活动为载体，城市市民的晚间活动越丰富，城市夜经济越有活力。这方面若做得好，市民晚间生活活动与城市夜经济发展之间就会形成良性互动；做得不好，二者就难以形成合力。离开城市夜生活的蓬勃发展，城市夜游就成了无源之水、无本之木。城市观光旅游、市民休闲健身等活动都与夜间旅游的发展具有很强的相关性。其中，有些是以自身的吸引力吸引市民参与夜游活动，有些是直接或间接地促进市民在夜间旅游场所消费。同时，城市夜游的发展壮大也能反过来推动相关行业的发展与繁荣。若是二者关系处理得当，则当地经济发展必然如虎添翼，更上一层楼；若是有所偏废，则会事倍功半，降低经济运行效率。与此同时，夜间旅游的发展也是为了让人民群众更大限度地体验美好生活，从这个意义上讲，城市夜经济的发展与文体事业发展的目标是完全一致的。大力发展夜经济，创造高配需求，打造有故事、有人情味的丰富夜生活，有助于为哈尔滨经济发展增添活力，为居民添幸福、为经济增收入，为城市加光彩。

## 三、启发思考题

1. 哈尔滨夜间旅游的发展对东北其他城市有怎样的启发？
2. 如何补齐哈尔滨冬季夜游的短板？
3. 夜游对文旅发展的重要性有哪些？

## 四、分析思路

教师可依据自己的教学目标灵活使用本案例，也可依据自己的教学自行设计问答。

案例可由课堂问答模式展开，以哈尔滨或其他省份夜游产品视频抛砖引玉，让学员结合自身学习经验讨论旅游发展中开发夜间旅游的价值意义，并引入案例思考题。从旅游从业者或游客的视角切入，活跃课堂，进而引导学生认识到开发夜间旅游在全域旅游中的作用，最后点明开发夜间旅游产品的重要性，期望对学员未来发展全域旅游有一定的启发。

案例的具体分析思路如下：

首先，介绍哈尔滨夜游产品的类型，并剖析其在文化、社会、地区等方面发展的优势与劣势。

其次，基于游客感知、旅游地生命周期、旅游行为学，阐明哈尔滨发展夜间经济的必要性及可行性。

再次，将其置于当前全域旅游的背景下，引导学生进一步依托材料，推导出哈尔滨夜间旅游发展的关键原因。

最后，在学生对夜间旅游、夜经济整体大概了解的基础上，可让学生结合自身经验与体会，总结哈尔滨夜间旅游产品发展的未来趋势及对东北地区夜游借鉴与启示意义。

# 五、理论依据与分析

## （一）夜间旅游开发模式类型

### 1. 观赏型开发模式

观赏型开发模式是以静态景观为主体，将同样的景观制造出与白天旅游不一样的效果。这类产品往往依托旅游地已经成熟的旅游景观，通过灯光照明突出其夜间特色，对于硬件设施及能源供应的依赖性较强，让游客的体验更为丰富。夜间光景塑造的重点在于灯光照明，针对基础设施完善，交通便利，能源供给充足的景区而言，夜间光影产品的打造是十分便利且具有优势的，如各类灯会、焰火晚会以及夜间游船。

### 2. 表演型开发模式

表演型夜间旅游，以表演的形式，在特定的舞台空间进行展示，是观赏性突出的动态旅游产品，这种夜游产品是我国一些大型景区的首选，利用景区内的场地优势，选择专业的演职人员为游客带来视觉和听觉的享受。桂林的《印象刘三姐》、丽江的《丽水金沙》、西安唐乐宫的《仿唐乐舞》以及杭州的《宋城千古情》，都是我国较为成功的表演型夜间旅游产品的典型案例。

### 3. 参与型开发模式

参与型开发模式是指游客可以亲自体验、亲自参与的旅游产品。这类夜游产品分布较为广泛，数量较多，由于具有参与和体验的特点。此类产品更容易满足游客的需要，所以深受游客喜爱。参与型以品尝小吃、购物、娱乐为主，此类产品重点对顾客进行了引导，能够让游客具有参与感。一般情况下，会以提供形形色色的小商品，或者集市的形式加以相应的主题形成短暂的文化街区，让游客在当地产生强烈的体验感和满足感，如成都的春熙路、哈尔滨的师大夜市等。此类模式前期投入较小，发展夜游产品具有较大的潜力。

### 4. 民俗节庆型开发模式

将民俗节庆活动作为夜间休闲游憩活动开展的背景，展现我国的民俗文化。例如正月十五的元宵节，也被称为“灯节”，在此背景下可供发展庆祝传统民俗节庆的夜间旅游活动。除传承我国优秀传统外，各城市的文化资源，也可以成为夜间民俗节庆活动发展的基础。例如，哈尔滨之夏音乐会、青岛啤酒节等，很大程度上促使了夏季夜游市场的兴盛。而冬天由于气温较低，加上一些地方早晚温差较大，许多人往往更倾向于在室内活动，减少出门的频次，导致冬季夜间旅游市场相对平淡。但这种情况不适用于拥有季节性旅游淡旺季的城市，例如哈尔滨的冬季，就是旅游的旺季。

## （二）夜间旅游的特点

### 1. 时间性

夜间旅游发生于日落之后的夜间，直到深夜结束，是一种特有的旅游形式。相比其他旅游形式，夜间旅游具有更强的时间特性。夜间旅游相较于日间旅游，存在更强的局限性，因此夜旅游产品要满足游客的时间性。通常情况下项目时长较短，且以单项消耗时间短的项目居多，例如，游乐场夜场、观看夜间灯光秀或在夜市品尝小吃及购买小商品等。除此之外，一些城市由于季节的不同也会使夜间旅游产生明显的淡旺季区别。我国大部分地区普遍夏天气温较高，因此人们会更愿意选择在夜晚进行外出活动。民俗节庆类夜间旅游，以节庆活动为背景，为庆祝及传承当地民俗文化或地域、文化，让夜游参与者在夜间感官的刺激下，同时感受当地文化所带来的魅力。民俗与地域文化有机结合夜间旅游，是未来夜间旅游不可或缺的一种类型。

### 2. 空间性

由于夜间旅游是日间旅游的延续，在空间上夜间旅游的活动范围也比较有限，更多的是以日间旅游景区为中心，在周边进行夜间旅游的活动。目前的夜间旅游大多存在空间性，即一般情况下限定在城市内进行夜间旅游活动。当前国内的夜间旅游项目，首要考虑灯光照明、交通便利及安全保障等方面。新冠疫情对当下旅游业已产生重创，为了节约资金投入未来几年的夜间旅游要依托完备的城市公共基础建设才能保证夜游的健康发展。

### 3. 休闲性

白天忙碌的身体能够在夜间得到及时的调整和休息，使绝大多数人对于夜间旅游所带来的效果充满希望与向往。夜间旅游的休闲性体现在夜游参与者在选择夜间游憩活动时，主要选择休闲类的活动。外地的游客由于旅游的时间有限，重点的行程普遍安排在日间，到了夜晚精力会稍显不足，夜间旅游便不再适合开展刺激性过强、体能消耗过大的项目，旅游者转而会选择以放松身心为主的旅游活动，因此休闲性是夜间旅游一个很大的特点。开展休闲活动，例如品尝当地美食、欣赏当地夜景等，在放松身心同时可以更好地了解当地的人文环境，融入本地居民所营造的夜间生活场景，以减弱其离开熟悉环境的不适感，增强其对旅游地的文化认同、归属感及幸福感。而当地居民在繁忙的工作之余，也需要在夜晚的时段通过休闲活动缓解身心的疲惫。

#### 4. 文化性

夜间旅游是一种特殊的城市文化体现，主要表现在地域差异、文化表现方式、民俗习惯等方面的不同，人们会对不同城市的文化内涵表现出更大的兴趣。夜间旅游文化体验来自对文化要素的感知。文化要素是文化旅游的核心，是特定区域的文化符号，文化要素以不同的形式呈现给游客，并影响游客的旅游体验。因此，夜间旅游的发展是追求晚间休闲放松一种生活方式，反映了该地区的一种生活方式，参与本地特有的夜间活动是地域文化的渗透。

### （三）基础理论

#### 1. 旅游地生命周期理论

旅游生命地周期理论主要表述演进的过程，是 1980 年加拿大学者巴特勒根据产品周期的概念所提出的（见图 13－3）。他认为任何一个旅游地的发展过程一般都包括探索、起步、发展、稳固、停滞和衰落或复苏的六个阶段。

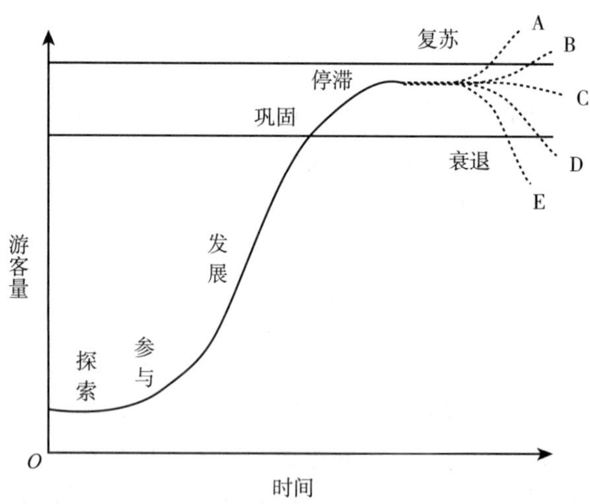


**图 13－3　旅游地生命周期理论**

旅游产品的生命周期被认为是旅游地生命周期的本质。但在随后的发展中，有学者认为在称谓上“旅游地生命周期理论”更为严谨，但是可以用于指导旅游产品演化的研究。如今旅游地生命周期模型逐渐成为旅游发展预测的重要理论。旅游地生命周期理论应用可以作为解释旅游地发展的模型、指导市场营销和规划以及作为一种预测工具。

### 2. 游客作为学理论

游客即旅游者，是旅游市场所研究的重点，自 20 世纪 40 年代开始，旅游专家学者就开始从人类学角度研究旅游者行为规律。旅游者行为作为管理学、心理学、社会学等诸多学科的交叉研究内容，备受关注。旅游研究中，“旅游者行为”“游客行为”“旅游消费行为”“旅游者消费行为”“旅游消费者行为”这几个概念较为常见，经常相互替代使用。旅游消费心理和旅游环境是旅游行为的基本要素。游客及本地居民是旅游市场研究的重点，这些夜间休闲游憩活动参与者的行为受到心理、环境等多种因素的影响。

### 3. 游客感知理论

游客感知理论的前身，是 1982 年格罗鲁斯提出的顾客感知服务理论。该理论认为不论有形产品还是无形服务，受顾客感知程度影响其质量水平，顾客满意度越高，其心理预期与实际感知间差值相近；预期与实际感受值差距大，导致顾客不满意顾客感知价值在商业各个领域得到研究。在旅游业引入感知价值理论对了解游客的需求有着较大的实践性意义。旅游者的个人价值取向决定其目的地选择偏好。从游客感知的角度出发考虑夜间旅游的发展现状才能提高游客满意度、满足游客旅游目的结合景区自身特色，提升员工素质和景区整体形象，才是各景区良好竞争发展的重要途径。游客在夜游中的感知对夜间旅游的市场研究有着很大的参考价值，游客即本地居民作为旅游市场主体的服务对象，他们对夜游感知及需求对夜间旅游的市场开发至关重要。

## 六、教学要点

（1）夜间旅游过程中的旅游资源类型划分及其作用发挥。

（2）游客感知下的夜间旅游产品的需求与创新。

（3）旅游地生命周期理论对旅游地的影响。

## 七、课堂设计

### （一）教学时间安排

课程时间在2课时左右（每课时45分钟，共90分钟）。

### （二）课前计划

课前要求学生自由组成学习讨论小组，2～4个人一组，在组成学习小组之后，教师给学生发布思考题。思考题可以根据需要从本案例的“启发思考题”中有针对地选择，也可以自行提出有意义的思考题。要求学生阅读案例，每个学习小组撰写1份1000～2000字的案例分析回答这些思考题，在讨论前提交给教师。

### （三）课中计划

（1）案例回顾，明确主题（5～8分钟）。

（2）小组讨论总结（30分钟）。

（3）深入讨论，重点关注全域旅游中夜间旅游产品的开发与创新，探讨一些启发性的问题，可以让学生分角色扮演，从游客、从业者等角色来探讨如何实现夜游产品的创新（30分钟）。

（4）拓展讨论哈尔滨夜游产品的优势与不足（15分钟）。

（5）归纳总结（7～10分钟）。

### （四）课后计划

请学生采用报告的形式为自己所熟悉的旅游地提供一份夜游产品的设计，应包括市场背景分析、管理策略等内容。

## 参考文献

[1] 白凯，王馨. 中国旅游者行为研究述评（1987—2018）[J]. 旅游导刊，2018，2（6）：

17 - 32.

[2] 陈学文. 明代杭州的夜市 [J]. 浙江学刊，2007 (2)：106 - 111.

[3] 顾至欣. 城市夜间旅游产品定义及分类 [J]. 城市问题，2013 (11)：98 - 102.

[4] 姬长栋，王征. 北方特色城市夜经济升级路径探究——基于济南例证的分析 [J]. 北京财贸职业学院学报，2023，39 (2)：10 - 13.

[5] 江雨珊，戚瑞双，叶海蓉. 千禧一代的消费模式和营销模式分析 [J]. 现代商贸工业，2022，43 (22)：75 - 77.

[6] 梁婉文，蔡晓珊. 夜间旅游文化要素感知研究——以夜游广州"魅力珠江"之旅为例 [J]. 全国流通经济，2021 (9)：121 - 123.

[7] 刘志远. 雏议唐代"夜市"经济的雏形——鬼市 [J]. 中北大学学报（社会科学版），2009，25 (2)：24 - 27.

[8] [南宋] 孟元老. 东京梦华录 [M]. 台北：时报文化出版事业有限公司，2009.

[9] 倪根金. 汉代夜市考补 [J]. 学术研究，2000 (9)：89 - 92.

[10] 祁洪玲，刘继生，梅林，等. 旅游地生命周期理论争议再辨析——兼与张立生先生商榷 [J]. 地理与地理信息科学，2014，30 (4)：78 - 84，126.

[11] 王晶，彭巍，吴冬颖. 扩大哈尔滨市夜间文旅消费之路径研究 [J]. 学理论，2022 (6)：90 - 93.

[12] 王丽娟，高丽敏. 北京市旅游经济与城市环境协调发展测度与评价 [J]. 北京财贸职业学院学报，2022 (4)：20 - 24.

[13] 韦小岿. 城市消费视域下夜经济业态运营探究 [J]. 老字号品牌营销，2020 (10)：69 - 70.

[14] 吴松涛，裴梓博. 城市景观照明总体规划研究——以哈尔滨市为例 [J]. 低温建筑技术，2020，42 (6)：1 - 5，11.

[15] 岳超，荆延德. 中国夜间旅游研究综述 [J]. 旅游论坛，2013，6 (4)：71 - 76.

[16] 张润泽. 基于人参交易的夜经济发展研究 [D]. 长春：吉林大学，2021.

[17] 赵黎明. 发展乡村旅游改善农村民生 [J]. 旅游学刊，2010，25 (9)：8 - 9.

# 案例十四
Case 14

# 快乐长沙，韵味星城
## ——文旅融合助长沙走上“网红”路

**案例摘要：**本案例以长沙为例，介绍不同时期长沙旅游业的发展脉络，梳理21世纪以来长沙的游客增长趋势和随之出台的文旅相关政策，发现近年来长沙旅游热度高涨和文旅融合息息相关。案例主要从自然人文景观、美食文化、公共文化服务、品牌文旅活动、夜经济文化、媒体传播六个方面介绍长沙文旅融合途径和举措，希望能给同类型城市的旅游开发带来一些启发。

## 一、教学目的与用途

本案例主要适用于旅游目的地开发与管理、旅游规划与开发、文化旅游等课程相关内容的教学。

本案例适用对象为MTA专业硕士及旅游管理类专业的本科生、研究生。

本案例的教学目的是让学生了解长沙市作为城市型旅游目的地的崛起与发展历程，聚焦其从传统旅游城市向“网红城市”转变的动因，并深入探讨文旅融合的新路径、互联网及新媒体的革新作用、城市IP的塑造、特色旅游产品的开发、全域旅游的推进等多个维度。本案例旨在全面提升学生对旅游地生命周期理论的理解与应用能力，以及对当代旅游市场趋势的敏锐洞察力，启发学生对“新旅游”的思考，增强学生在旅游行业的创新能力，从而为城市型旅游目的地的发展提供借鉴。

## 二、案例内容

### （一）引言

长沙，素有“星城”之美誉，作为湖南省的行政首府与核心经济枢纽，不仅在长江中游区域占据举足轻重的地位，也在全球化的经济版图中扮演重要角色。近年来，长沙成功跨越众多知名旅游城市的重围，以其独特的魅力深受游客的喜爱，被誉为“媒体艺术之都”。这一转变不仅体现在其作为旅游目的地的迅速崛起上，更在于长沙成功塑造了独特的城市形象与文化标识。2020 年，长沙凭借其在夜间经济领域的卓越表现，荣登“中国十大夜经济影响力城市”榜单，并且连续三年在“中国潮经济·网红城市百强榜”中稳居全国前十，这一成就不仅反映了其作为新兴网红城市的强大吸引力，也体现了其在城市品牌塑造与传播策略上的独到之处。面对旅游业同质化发展的挑战，深度挖掘长沙的旅游发展之路，探究其背后的内在逻辑与成功经验，具有重要的理论与实践价值。

### （二）长沙旅游发展现状

本案例采用 2000～2021 年的长沙接待旅游人数和旅游收入数据，主要数据来源为湖南省文化和旅游发展统计公报、中国旅游统计年鉴、湖南统计年鉴。通过旅游地生命周期理论，计算出旅游人数增长率，刻画长沙 21 世纪以来的旅游业发展趋势。旅游地的生命周期阶段，目前学术界的主要判断方法有两种：第一种是游客接待量增长率判断法，第二种是类比判断法。本案例采取第一种，通过运用游客接待量的增长率指标，对 21 世纪以来长沙的旅游发展趋势进行分析和判断。当旅游产品刚进入市场，接待旅游者人数增长率并不稳定，往往低于 5%，此阶段为旅游产品生命周期的引入期；当增长率保持在 5% 或者 10% 甚至更高的时候，就进入生命周期的成长期阶段；当接待旅游者的增幅开始逐渐减缓，但是增长率依旧保持在 0%～5% 时，此时就进入旅游地旅游产品生命周期的成熟期阶段；当接待旅游者增长率出现负数时，就进入生命周期的衰退期。

由表 14－1 可以看出，2006 年以前长沙接待旅游者增长率偏低且不稳定，处于旅游产品引入阶段；2007 年开始长沙市接待旅游者增长率持续快速增长到 2012 年，2013 年增速放缓，但仍保持稳步前进，一直到 2019 年这个阶段可视为成长阶段。

由于新冠疫情的影响，2020 年和 2021 年的增长率都表现为负数。根据旅游人数增长率放缓，且在 2016 年和 2018 年分别低至 6.2% 和 5.3%，可推测不久的将来长沙即将步入旅游产品生命周期的成熟期阶段。

**表 14－1　　2000～2021 年长沙接待旅游人数和旅游收入统计**

| 年份 | 接待旅游者总人数（万人次） | 旅游业总收入（千万元） | 旅游人数增长率（%） |
|---|---|---|---|
| 2000 | 1923.2 | 820 | |
| 2001 | 2020.5 | 927 | 5.1 |
| 2002 | 2084.8 | 1025 | 3.2 |
| 2003 | 2164.9 | 1174 | 3.8 |
| 2004 | 2300.8 | 1380 | 6.3 |
| 2005 | 2514.6 | 1912 | 9.3 |
| 2006 | 2619.6 | 2226 | 4.2 |
| 2007 | 2861.5 | 2589 | 9.2 |
| 2008 | 3297.2 | 3002 | 15.2 |
| 2009 | 3894.5 | 3558 | 18.1 |
| 2010 | 4854.6 | 4580 | 24.7 |
| 2011 | 6013.6 | 5829 | 23.9 |
| 2012 | 8088.1 | 7831 | 34.5 |
| 2013 | 9602.3 | 10063 | 18.7 |
| 2014 | 10607.3 | 11921 | 10.5 |
| 2015 | 11721.3 | 13515 | 10.5 |
| 2016 | 12450 | 15348 | 6.2 |
| 2017 | 14218.8 | 16599 | 14.2 |
| 2018 | 14973.5 | 18080 | 5.3 |
| 2019 | 16832.6 | 20290 | 12.4 |
| 2020 | 15194.3 | 16613 | －9.7 |
| 2021 | 11479.3 | 12902 | －24.4 |
| 2022 | 11994.4 | 1317 | 4.5 |
| 2023 | 19453.3 | 2193 | 62.2 |

资料来源：相关年份《长沙统计年鉴》。

从图 14－1 中可以明显看出长沙旅游业规模在 2007 年开始飞速发展。旅游收入随着旅游人数的增加而增加，并且增长率超过了旅游人数增长率，这说明旅游过程中的人均消费在不断提高。2021 年的“五一”假期，长沙共接待旅游者超过 500 万人次，相比上年同比增长近四成，旅游收入高达54.23亿元，同比增长过半，和2019年的“五一”假期数据对比，旅游总人次增长12.49%，旅游的总收入增长达到22.9%①。旅游人数的增加必然伴随旅游产品的变化，根据2004～2020年长沙市历年等级景区数量绘制变化，如图14－1所示，发现长沙的景区数量增长趋势与旅游人数增长趋势非常相似。截至2022年4月，长沙有A级景区61个，不可移动文物2413处，博物馆36家，馆藏文物30余万件，非物质文化遗产项目1366个。

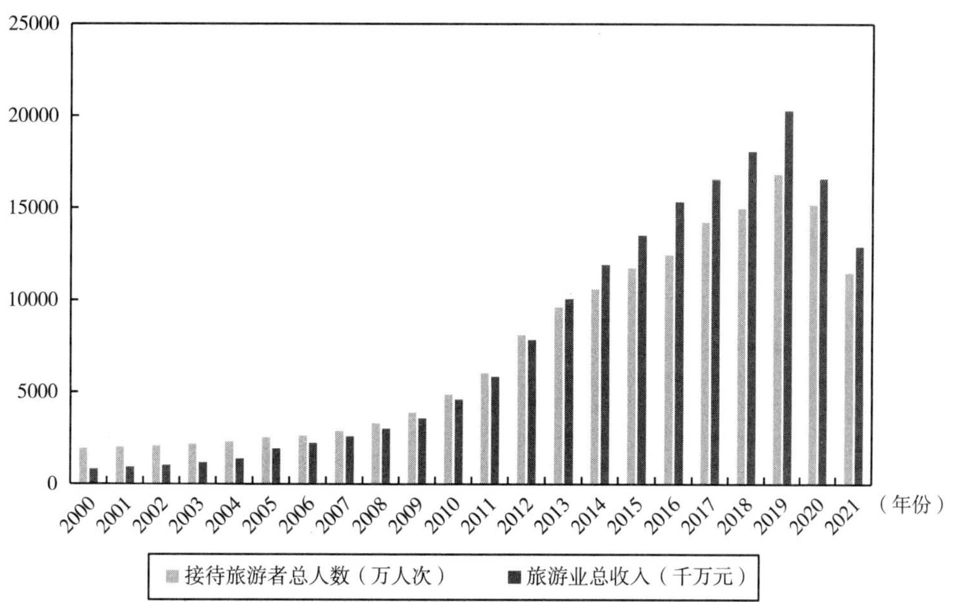


**图14－1　2000～2021年长沙接待旅游人数和旅游收入变化**

资料来源：根据相关年份《湖南省文化和旅游厅文化和旅游发展统计公报》数据整理。

## （三）长沙旅游发展历程

根据长沙市统计局公布的信息，新中国成立以来，长沙的旅游产业大致可以划分为四个阶段：第一阶段为不具备产业特征的旅游业萌芽期（1949～1978年）；第二阶段为长沙旅游业的起步期，开始将旅游业作为经济性产业来发展（1979～1985年）；第三阶段为阶段快速发展期（1985～1995年），长沙的旅游业开始由单一的接待事业向旅游产业转变；第四阶段为1995年至今的跨越式发展期。下面主要介绍改革开放以来至今的主要发展状况，具体划分如下。

（1）1978～1995年的“1.0时代”，此时的长沙顺应中国旅游业发展的大体状

① 根据湖南省文化旅游行业统计监测系统数据测算。

况，以入境游为主，旅游主要功能是外事接待，处于由接待事业向旅游产业转变的快速发展期。

（2）1995～2002 年是“2.0 时代”，此时的长沙旅游业逐渐开始由事业型向经济型转变，以团队观光为主。2002 年是长沙旅游业发展的关键里程碑，旅游总收入首次突破百亿元大关，旅游业成为长沙新的经济增长点。

（3）2002～2013 年则是长沙旅游的“3.0 时代”，此时由于我国综合国力的提高以及人民生活水平的提升，对于旅游业要求更高，这时长沙市旅游业开始追求更高的品质，为游客提供更优质的服务。《2013 年中国旅游业统计公报》数据显示，2013 年长沙实现旅游总收入 1006 亿元，成为突破千亿元的转折年。

（4）2013 年至今，随着移动互联网的发展助力以及交通日渐便利，长沙旅游体现为更加个性化和自由化的“4.0 时代”。长沙旅游业出游方式逐渐从跟团游向自助游、自驾游等多种方式并存发展，旅游活动不再仅以观光为主，旅行者开始热衷深度游，追求更优的品质，注重旅游体验感。

从长沙的发展历程可以看出不同时期长沙旅游业的主要方向和发展趋势，旅游方式逐渐关注游客的体验，从消费者的角度出发。目前长沙的旅游方式得到巨大的进步，不同于以往单一的景点景区观赏，开始升级为综合目的地的聚集区，提供多样化服务，并且在不断向全域游览推进演变，旅游体验也更加注重满足个性化需求，不再只是单纯的“逛”“吃”“看”，方式越来越多样化，开始追求更优的品质，并且也在不断加强文化与旅游市场的结合。

## （四）长沙旅游发展的原因分析

### 1. 政府强化推动与政策体系构建

（1）加强对文旅融合重要性的认知。

目前长沙整体的旅游格局顺应国家政策的响应，致力强调景点协同发展。2009 年，《文化部　国家旅游局关于促进文化与旅游结合发展的指导意见》首次明确提出文旅融合发展。2011 年、2014 年，我国分别出台了文化大繁荣相关政策和旅游业改革的若干政策，都指出了文旅融合的重要程度以及必要性，说明文旅融合的战略确实能够有效促进长沙文旅事业的发展。

（2）区域联动与文化旅游深度融合。

2021 年 4 月，文化和旅游部颁布《“十四五”文化和旅游发展规划》，强调文化在旅游发展中的作用，要求提升长沙旅游的文化内涵，以旅游促进文化传播，坚持以文化塑造旅游，在旅游中彰显出文化，制造文化和旅游融合发展的新业态。

2022 年 9 月，中共湖南省委、湖南省人民政府发布《关于加快建设世界旅游目的地的意见》，强调着力打造以长沙等为代表的城市文化和都市休闲名片，大力实施强省会战略，加快文旅名城工程建设。

（3）加强非物质文化遗产在文旅中的作用。

2023 年 2 月文化和旅游部颁布《文化和旅游部关于推动非物质文化遗产与旅游深度融合发展的通知》，其中指出要做好对非物质历史文化遗产的保护与继承，根据世界旅游发展的规律与特征，在保证非物质历史文化遗产不受损害的前提下，宽领域、深层次、高标准地促进非物质历史文化遗产和旅游深度融合。长沙市先后出台《关于大力发展全域旅游的实施意见》《关于进一步推动文化旅游深度融合高质量发展的意见》《关于进一步激发文化和旅游消费潜力创建国家文化和旅游消费示范城市的实施意见》《长沙市“十四五”文化和旅游融合发展规划（2021—2025）》等文件，这些都为长沙市的旅游发展搭建了较为完备的政策体系和前提基础。

### 2. 自然人文景观的创新表达

（1）历史景点焕发新生。

长沙致力对辖区内历史景点进行提质升级，深入挖掘传统文化，并以创新方式呈现。古色古香的太平老街、都正街摇身一变，变为潮流宠儿，从坡子街到解放西路，再到琴岛演艺中心、田汉大剧院，文化和娱乐深度融合拉开现代城市休闲新篇章；湖南博物院中，以往让人惊叹的辛追夫人、千古绝唱，巧为天宫的单衣，这些国宝文物在低声吟唱，讲述着过去的故事。现在为了更加让观众了解历史的绝唱，湖南省博物馆、湖南省京剧保护传承中心致力为观众提供前所未有的沉浸式场景，给游客不一样的视听感受，通过马王堆，展现和还原著名的动态展《一念・辛追梦》，通过科技手段将历史文物包装点缀，使得传统京剧表演更加活灵活现，与多媒体视觉影像巧妙结合，将历史丰满体现在世人眼中，在这座国家历史文化名城的街头巷尾，新旧文化交相辉映，相辅相成，历史与潮流在这里双向融合，既充满历史韵味，又洋溢着青春活力。另外，长沙的红色景点相继衍生出了新的玩法，如沿着旅游爱好者开辟出来的“爱心穿越线”攀登岳麓山，探寻与毛泽东、黄兴、蔡锷等密切相连的革命文物，打卡山中的名胜古迹，感受红色文化的魅力。

（2）现代景点引领潮流。

除了已有的历史故里，长沙也在致力打造现代文化景点，加强现代文旅打卡地建设，建设现代化、个性化的文旅项目，推动景区景点提质升级。在“十三五”期间，新华联铜官窑古镇、炭河古城、大王山等旅游度假区都在不断提质升级，积极构建文化新场景，成为具有全国影响力的文旅项目。马栏山的视频文创产业园也逐步成为全国前沿的视频文创基地。除此之外，华强集团的美丽中华、湘江欢乐城等重大项目也在加快发展。根据湖南省文化和旅游厅数据，截至2022年长沙全市建设人文旅游产品的重点项目已经有110个，建设期间的累计投入已超过271.7亿元，不少景点已顺利晋级国家4A级景区，数量超过20个，当中包含知名景区洋湖湿地公园、黑麋峰、文家市秋收起义纪念园、关山景区等，花明楼的景区也成功跻身国家5A级景区行列中，沩山风景名胜区也焕然一新。

（3）乡村景点深度挖掘。

顺应时代要求，长沙也在不断推进乡村振兴战略，积极促进长沙乡村文旅的消费，侧重于长沙整体的提质升级。截至2022年，长沙全市各类休闲农庄达到500余家。另外，充分结合农村现有资源，打造一体化乡村旅游休闲场景，通过长沙的景区地域划分，开发了望城湘江古镇群、浏阳美丽乡村、宁乡灰汤度假等地，设计出多种乡村旅游线路。通过不断深挖当地传统文化，结合民俗风情，开展独具长沙特色的特色文旅体验活动，如稻花香里农耕文化园举办注重农耕文化和乡土体验的亲子游；望城千龙湖结合美景营造氛围，举办沙滩秘境音乐会；宁乡举办的沩山茶旅文化节、充满夏日氛围的“夏之恋·乡约长沙”。由于政策的支持和长沙人民的积极响应，目前许多乡村城市已经入选全国乡村旅游重点村，成为热门旅游打卡地，其中长沙县的开慧镇、望城区的铜官镇等已经入选省级特色文旅小镇，这使得长沙的旅游行业发展更上一层楼。

### 3. 湘式美食品牌的打造

2017年12月，长沙被授予了“国际美食之都”的称号。长沙的众多美食品牌已经成为网红，美食也逐渐变成了重要的旅游吸引物，无数游客为长沙的美食“折腰”，这一切都离不开长沙对美食文化的深入挖掘和品牌的精心打造。2021年“五一”期间，网红美食宾客盈门，著名的茶颜悦色品牌因其只在长沙及其周边少数城市开设门店，是奶茶爱好者的必打卡点，售出饮品高达150万杯。[①] 黑色经典臭豆腐、湘菜壹盏灯、费大厨、炊烟时代等都被无数游客打卡，这些经典的美食品牌都是长沙美食不可或缺的因素。

（1）湘菜文化提升旅游热度。

作为中国历史悠久的八大菜系之一，湘菜以其香辣、香鲜、软嫩的特色深受人们喜爱。费大厨、壹盏灯、炊烟小炒黄牛肉等拥有20年以上创办历史的湘菜品牌坚持打造正宗的湘味，形成了属于自己的独特菜品风格，以其悠久的企业文化俘获人

---

① 张福芳，欧阳倩．“五一”假期，“网红长沙”再次火出“圈”［EB/OL］．(2021-05-06)．http://www.hunan.gov.cn/hnszf/hnyw/zwdt/202105/t20210506_16523741.html.

气。新兴的品牌也纷纷从菜系文化中下起了功夫，如笨罗卜浏阳菜馆在传承了浏阳菜的传统风味，将客家美食技艺运用得炉火纯青，把浏阳的豆豉作为特色，通过把茶油结合起来，不仅满足现代人所要求的色香味，满足游客的味蕾需求，还提供了丰富营养价值，开始形成独特的菜系流传，近年来长期“霸榜”地道湘菜口味榜前列。长沙不仅不断研发新鲜美食血液，同时也十分注重“老字号”的龙头效应，重视对餐饮“老字号”的保护与扶持，促进二者携手并进，在原有口碑和顾客积累的基础上，走产品创新、经营模式创新，通过构建适应长沙消费习性的产品体系和营销体系。

（2）打造特色奶茶小吃品牌。

茶饮、点心、小吃等品牌深掘传统文化，并将传统文化以创新的方式表达。茶颜悦色坚持中茶西做的理念，品类不断推新，“声声乌龙”“幽兰拿铁”“桂花弄”等充满古风古韵的中国诗意品名与其每个鲜茶不同的现萃茶饮特色相得益彰。茶颜悦色不仅口感颇受年轻人喜爱，还将“五一广场”等长沙地标印在马克杯上，讲述长沙故事的中国风包装设计也成为了长沙城市形象的“代言人”，如今茶颜悦色遍布长沙大街小巷，却依旧宾客盈门，成为长沙人日常必不可少的饮品和旅客打卡必去之处。除此之外，主打“国风新中式点心”的墨茉点心局、以东方珍栗闻名的金栗门、黑色经典臭豆腐、天马牛肉饼、糖油粑粑等传统美食，既赚足了网络流量，又赚足了宾客流量。

（3）文和友情景再现重体验。

长沙超级文和友作为外来游客必打卡的地点之一，已逐渐成为长沙著名的网红美食品牌的主要聚集地和文旅打卡景点的标志。其主要是以老长沙多年的市井文化作为特色、推出湖湘饮食文化，通过长沙当地的方言和具有长沙特色的文化艺术作为吸引因素，在现代化大厦内 1∶1 重现 20 世纪 80 年代的长沙市井生活，通过蒙太奇手法重现众多旧时生活场景，比如多个经典的老长沙街区、人文景观、老长沙近代民居，极具视觉冲击感。不仅改变了过去单一的旅游体验，将“吃”从味觉体验变为视、听、游、娱多重体验，符合新时代注重多样化体验感的旅游方式。文和友作为长沙老文化的窗口，是城市文旅政策的载体，为游客观察长沙本土文化与习俗提供了消费场域，具有政策观察窗口的反馈手段和文旅消费新模式创新的案例价值，是新型文旅消费的典型代表，为新时代的文旅产业发展提供了新路径。

#### 4. 公共文化服务的不断完善

长沙不断完善的公共文化场所和服务是传播长沙文化的重要窗口，近年来建设的长沙市图书馆、博物馆、文旅融合示范点、各类艺术团等公共文化平台百花齐放，成为这座城市别样的风景。

（1）长沙市图书馆。

1960年成立的长沙市图书馆是地市级的综合性公共图书馆，原址位于王台，是湖南图书馆事业的发祥地。新馆于2015年底全面开放，目前全市共建立分馆超过100家，另外还设立了24小时自助图书馆和流动服务点，在总馆和各个分馆之间实现了一卡通用的借阅服务。近年来，长沙市图书馆还不断推出创意活动，旨在传播湖湘优秀文化，已成为游客了解长沙文化的重要窗口。2016年，“声音图书馆”计划正式启动，为市民提供了以声音的形式展现长沙历史和面貌的机会，形成了大量具有长沙口授、长沙童谣、星城故事片、乡土有声诗等长沙地方文化特色的有声图书、音像作品。此外，长沙市图书馆还建设了优秀的数字阅读内容，具备优质的语音阅读资源库，并开发了《读书友岳麓》《听见老长沙》等语音阅读创作。2020年，长沙市图书馆将长沙非物质文化要素与宠物文化创意相结合，打造“湖湘猫”IP，推动了湖湘优秀文化的推广。同年，长沙图书馆和长沙档案馆共同建设“一本书、一个城市设立——民国长沙城市档案”，结合1934年《长沙市指南》的有关内容，展示民国记忆，有效推动了文旅融合。2022年，长沙市图书馆围绕赣州景区、新民学会旧址设计了“历史文化之旅”双日游路线，让游客感受古城长沙的深厚文化。长沙图书馆也是各分馆和共同推出活动，通过阅读长沙出台的地方文献，深入了解长沙，缩短历史文化的距离。长沙市图书馆分馆也积极参与了文化传播和旅游推广。

（2）长沙各大博物馆、艺术馆、纪念馆。

近年来长沙大力发展博物馆游，对非国有博物馆的发展提供资金支持，鼓励兴办民办博物馆，许多具有当地特色的艺术馆和影像馆、名人纪念馆等博物馆都成为网红打卡点。2014年，长沙市制定了《长沙市民办博物馆专项资金使用管理办法（试行）》，其中提出政府每年会专门为非国有博物馆安排资金300万元进行专项补助。在不断的努力下，现在非国有博物馆也成为旅游发展的重要一分子，民营博物馆呈现出逐步增长的趋势。截至2021年，湖南省共有博物馆174家，其中民营博物馆就有37家。[①] 这些博物馆都是文旅融合重要的载体，成为是一个城市文化作为软实力的重要平台和载体，其数量和质量体现了一个城市的文明程度，提高了城市消费文化和质量，推动旅游高质量发展。

（3）文旅融合示范点提供便捷服务。

良好的服务示范点是提升城市形象的重要载体，提升公共文化服务效能，加快

① 曾衡林．促进民营博物馆良性发展［EB/OL］．（2024－11－08）．https://www.hunantoday.cn/news/xhn/202411/21263002.html.

长沙的公共文化旅游服务高质量发展能够有力推动长沙市文旅融合发展，加快探索公共文化机构的新服务方式，并且与旅游咨询服务中心进行合作，不断融合，找到发展的路径和方法，刻不容缓。2021 年 4 月，长沙市文化旅游广电局就发出号召，让长沙 30 多个公共文化机构共同打造示范基地，建立长沙文旅融合的示范点。这些示范点不仅是长沙当地人的文化活动中心，也是外来游客的旅游服务咨询驿站，可以为游客提供专业化的旅游线路景点、吃住行游购娱等多信息，提供更权威的旅游咨询服务，提升旅游服务质量，同时也为景区和企业提供营销直播场地、旅游资源服务等，能够多角度多重服务市民、游客、景区和文旅企业，是宣扬长沙文旅公共服务融合发展的有效途径。

### 5. 品牌文旅活动提升热度

（1）兴办节会赛事活动聚人气。

长沙兴办各种节会赛事活动层出不穷，极大丰富了居民业余生活，活跃城市氛围，塑造“快乐长沙，韵味星城”的城市形象，14 年连续获得“最具幸福感城市”的殊荣。这些活动涉及音乐、艺术、娱乐、文创、新媒体、体育、烹饪、旅游等领域，如长沙金鹰电视艺术节、长沙媒体艺术节、颇具文化创意的“一带一路”青年创意与遗产论坛、传统文化的坡子街庙会、杜鹃花艺术节到独具特色的图书交易会、印刷博览会等，各类赛事活动层出不穷，吸引了各界爱好者的参与。目前长沙各区县都在依据特色和现有资源不断开展湘式文化消费活动，侧重于加强长沙的整体吸引魅力。比如在长沙的芙蓉区举办的文旅系列活动——“芙蓉等你来”，湘式美食的“东湖味道——美食旅游文化节”等。再比如，望城区举办充满中国节日氛围的春节民俗活动——“中国年·望城味”“锦绣潇湘湖南文创大赛”，并且还创办了许多国际赛事，其中有“千龙湖国际龙舟赛”，以及风筝旅游节等节会活动。岳麓区也举办了“花开四季·畅享岳麓”文旅消费节，并且在激情的夏日，邀请网红来岳麓参加文旅消费的推介会，与长沙重点的文旅企业进行交流。各类节会赛事活动活跃了长沙的文旅市场，吸引大量周边游客参与，为长沙旅游业聚集人气。

（2）文旅消费活动带动旅游发展。

2020 年受新冠疫情影响，旅游市场有所萎靡，从而衍生出旅游消费活动，各类主题消费活动不仅带动了消费，更丰富了消费形式。如“夏之恋·端午行——越老越味”非遗老手艺活动，从惠民目的出发，发放了 50 万元的消费券，超过 50 万名观众前来参加活动、体验展销，推动了当地经济的复苏，并且还成功将非遗表演、文化向全国展现，活动期间非遗文创产业的线上线下消费总共突破 400 亿元。此外，由商业、会展等政府部门共同主办第一届“夜星城”消费节。雨花区上线“嗨购雨花”平台，为入驻嗨玩等多个板块的商家提供 100 万元消费券，通过政府补贴、商家让利等多种方式刺激群众消费。天心区联合各企业共同助力长沙文旅市场快速发展，其中 80 余家重点文旅消费企业相约，共同将企业的资源进行整合，构建文旅消费平台，加速城市发展。岳麓区 2022 年为了促进季暨长沙市四季主题消费活动，发放“星城消费券”3000 万元，2023 年夏季推出了“潮起潇湘 · 相约长沙”的文旅消费季，并在携程、去哪儿平台发放 200 万元消费券。

（3）传统文艺作品展演精彩不断。

文艺作品展演能有效吸引游客，是提升旅游质量的重要方式。近几年长沙市也在不断挖掘传统文艺作品，不断为游客提供各色的文艺产品。2021 年民族歌剧《半条红军被》成功上演，得到观众的喜爱，并且湘剧《国歌 · 时候》也不断为游客呈现更好的演出，为长沙注入新的旅游资源。长沙不断推出文艺作品展演，推广和传播长沙优秀传统文化。为了保护和宣扬长沙的传统文化，长沙也走出新路径，侧重将演艺场景搬入景区，既避免搭建场景所需要的额外费用，同时也利用景区本身的人流量积极宣传长沙的传统文化，比如长沙的“百村千场文化进万家”的活动，不仅惠民，也促进了经济的发展。除了为游客提供传统演出，长沙也致力为游客提供专业化的服务，比如长沙交响乐团、长沙市的歌舞剧院以及市花鼓戏保护传承中心等多个文艺院团也被受邀其中，目前已经在橘子洲、新华联铜官窑等景区，进行了数百场精彩绝伦的演出，不仅将传统文化发扬光大，同时也丰富了游客的观赏和体验感，让游客在欣赏美景中的同时也感受到长沙文化的魅力，这些文化旅游名片和超级城市 IP 是吸引国内外游客的重要引擎，让长沙旅游业飞速发展。

### 6. 夜经济文化的深度挖掘

2019 年 8 月，国务院办公厅《关于进一步激发文化和旅游消费潜力的意见》中就提出要大力利用夜经济，抓住假日时机刺激游客消费，加速夜间文旅经济，打造国家级夜间文旅消费集聚区。2019 年 12 月，长沙顺应政策要求，提出 24 小时城市的目标，加大对夜间文化的挖掘，夜间消费活动更加多元，打造长沙不夜城，全天为游客服务，以打造国际化的消费中心为出发点持续刺激新业态，通过规划合理可持续的夜市街区，将夜间经济主要划分为七类集中区域，分别是商业中心地带、人员密集的区域、热门旅游景区、具有休闲功能的城市区、小巷、历史文化街区以及文体娱乐功能区。在各方的持续努力下，长沙的“夜经济”品牌十分成功，“夜经济”交易额遥遥领先，并迅速增长。凌晨三点的长沙依然车水马龙，喧闹不止，焕发着新生机，表现出“活力足、场景多、品牌响”特点，领先全国的夜经济盛况，成为“中国十大夜经济影响力城市”之一。

（1）长沙夜间消费文化起源。

长沙的夜间消费习惯并非近几年才兴起，这在20世纪80年代末就已经体现出来，当其他地区还只注重于日间经济，长沙的夜间消费就已经体现出来，久而久之，已经成为本地的一种消费习惯，同时也是刺激长沙夜间消费发展的重要因素之一。如今长沙的夜间消费文化不仅是长沙的传统，也是长沙的特色。比如长沙的“歌厅文化”“酒吧文化”等，到目前依旧盛行，甚至开始向全国扩散，其主要通过学习香港和台湾的歌厅演艺文化方式，总结经验，形成自己的文化特色。目前长沙的夜经济名列前茅，已经成为内地的文娱风潮最火爆的城市之一。无数外地游客来长沙体验夜间消费，为了满足长沙游客的消费需求，其相关必要的夜间经济配套服务也随之产生，带动当地的经济发展，形成了独具长沙文化特色的夜间文化。当下最火的坡子街，不仅是长沙颇负盛名的古街，也是夜间消费的主战场，已经成为长沙标志性的商业文化街区。

（2）搭建夜经济场景促夜文化传播。

近年来，为了促进夜间文化的传播，长沙致力于培育和建设夜间文化传播的载体，通过搭建长沙特色的夜消费街区来构建夜经济场景，创造平台，刺激夜经济增长。2022年长沙市打造了梅溪湖商圈、桐梓坡商圈、红星商圈等著名商圈，并且成为夜间消费示范商圈，加大建设太平街、坡子街、黄兴路步行街等不同的主题夜市街区，创设多个夜市，不仅售卖各种商品杂货，也为游客提供美食服务，其中颇为著名的就是扬帆夜市、文和友、渔人码头等夜市。除此之外许多大型景区如世界之窗、谊兄弟电影小镇等也在积极打造夜间消费场景，推出实景演出。同时，合理运用公共服务设施，将图书馆等公共场馆也摇身一变，转化为夜间文化的主要活跃区域之一。24小时书店、餐厅、便利店等延时消费业态充足。另外，乡村成为夜间文化的一大场景，成为一大亮点。2023年5月，文旅部精选推出了152条长沙乡村旅游的精品线路①，其中上榜的就有浏阳的小河乡、张坊镇田溪村等，许多非遗生态村都被纳入游客的必游之地。目前越来越多的乡村民宿为了刺激消费，也在积极开发乡村夜间的消费产品，推动长沙乡村夜经济快速发展。

（3）夜娱活动丰富夜间文化。

丰富的夜间娱乐活动不断充实长沙的夜文化的蓝图。为了让游客有更充足的体验，长沙以美丽的现代城市夜景灯光和流传千年的古代湘江、浏阳河两岸地标性建筑融合，作为长沙特色，打造多个夜游产品。其中较为典型的就是湘江泛舟游、橘子洲夜游等。积极研发各类美食，多元新兴业态层出不穷。同时夜间演出展会也奏

---

① 文旅部．“大美春光在路上”，文化和旅游部发布152条乡村旅游精品线路［EB/OL］．（2023－04－27）．https://www.mct.gov.cn/whzx/whyw/202304/t20230427_943443.htm.

响夜经济乐章，为了刺激夜间文化的传播，政府起到带头作用，每年向长沙音乐厅、梅溪湖大剧院等文艺团体购买公共服务对自营企业的演出进行补助，并且对群众设置惠民票价甚至是免费赠票，笑工场、湘江剧场等人气高涨，推动了夜间文化的传播。对于当代年轻人，野肆月球、方寸 LIFE 等酒吧品牌备受追捧，符合年轻人喜好的脱口秀、主题酒店、乡村民宿等“泛文旅消费”也深受喜爱。长沙夜经济文艺作品不断推陈出新，2023 年 4 月，《长沙夜生活》上映，全方位展现了长沙夜生活的人情风貌。除了游览和体验性的业余活动，学习知识的夜间活动也成为热门，夜间文化服务让夜间经济书香四溢。比如“德思勤”书店，除了有着书店本身的功能，目前已经是长沙的一种文化地标，其主打 24 小时不打烊，全天为顾客服务，各类书籍应有尽有，收集来自全球的创意创新设计；再比如长沙的“书香夜市”，由长沙市图书馆重点打造，主要通过独具特色的地方文献来推广活动。并且夜间经济不可或缺的长沙地摊经济，就开始在火宫殿，历史记载从清末年间开启，距今已延续了四百多年。具有十分重要的意义，长沙市图书馆融合历史，在火宫殿摆摊，开展地摊经济，不仅展示了公共图书馆的文化旅游影响力，也给夜市增添了文化温度，不仅满足游客的消费者需求，提供多功能的服务，也具有学习价值，在商业性、艺术性、文化性都达到了平衡。

### 7. 媒体传播打造城市 IP

在 20 世纪，湖南卫视就已经创造出许多综艺神话，已经有了“电视湘军”的名号，随后，湖南广播电视台找准定位，确立了以娱乐立台的理念，从快乐出发，给游客和观众塑造了充满活力、充满欢乐的城市文化形象。其中天天向上、快乐大本营伴随了一代又一代的观众，为其留下不可磨灭的童年记忆；再比如推出记录坡子街派出所民警的日常工作和“奇葩”怪事的“守护解放西”节目，让人们了解守护国家安全和社会秩序的不易，颇具有教育意义。目前作为当下视频平台的重量级选手，湖南广电旗下的芒果 TV 在 2017 年就已经率先实现了 4. 89 亿元盈利，成为我国主要的视频播放 App。目前移动互联网的时代对于长沙发展更加锦上添花，有效刺激了粉丝经济的发展。长沙作为“世界媒体艺术之都”，其个性化、年轻、充满活力、快乐的文娱氛围深受时代要求和年轻人的喜爱，爱豆和演员的粉丝经济效益也是长沙发展的重要推动力，能够间接影响游客对长沙城市的整体风貌评价。短视频的网红效益和巨大流量也衍生出众多具有长沙特色的网红打卡地。通过运用新媒体的传播手段，发挥“城市 + 媒体”协作优势，通过提供情绪价值，加大城市形象营销，比如在橘子洲追寻革命精神，感受爱国爱党的家国情怀和文人豪迈；在湘江两岸感受千年之美，体验现代科技与古代之美的碰撞。长沙的传统媒体与新媒体和谐共生、交相辉映。虽然已有盛名，长沙也在通过不断深挖本地的文化基因，打造有“地方感”的文化底色，同时也海纳百川，包容万象，各种优美文化都在这里得到赞赏，交汇新生，形成独特的文化特色，通过其深厚的影响力和创造力，打造出了活力四射、富有文化底蕴的“大长沙城市圈”的城市 IP 形象。

### （五）结语

长沙围绕“建设国家创新创意中心、打造国际文化名城、世界旅游目的地”的发展蓝图，从区域品牌塑造维度着手，成功赢得了广泛的城市知名度与美誉度。通过构建完善的政策框架，长沙在自然人文景观、美食文化、公共文化服务、品牌文旅活动、夜经济文化以及媒体传播策略等多方面并驾齐驱，实现了旅游形式、旅游服务、娱乐活动、餐饮住宿特色以及交通方式的全面革新。不仅促进了文化与旅游的深度融合，使旅游成为滋养人们精神世界的食粮，还显著提升了长沙居民的幸福感和旅游者的满意度，进而推动了长沙迅速崛起为备受瞩目的“网红城市”。然而，面对“网红城市”的标签，如何确保长沙的持续繁荣与影响力，成为了一个亟待解决的关键问题。在未来的发展中，长沙需进一步探索可持续发展的路径，以保持其独特的城市魅力与长期的竞争优势，使这座充满活力与魅力的城市充满无限的潜力。

## 三、启发思考题

1. 长沙为何一跃成为“网红城市”？
2. 新中国成立以来，我国旅游消费者的旅游需求发生了怎样的变化？
3. 城市型旅游目的地文旅融合的途径有哪些？
4. 长沙是如何利用自己的优势发展旅游业的？
5. 长沙在旅游业的发展中存在哪些局限？
6. 如何让“网红城市”长沙实现长红？
7. 其他城市是否可以借鉴长沙的发展路径？应该如何借鉴？

## 四、分析思路

本案例分析的逻辑路径如图 14 - 2 所示。

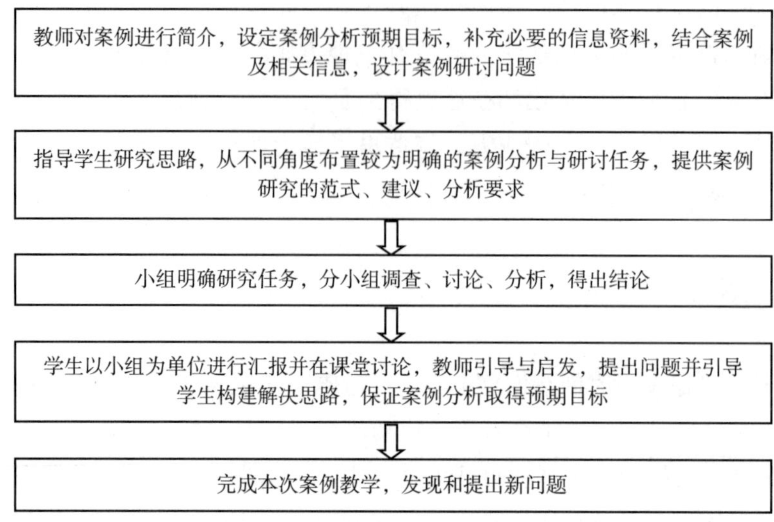


图 14－2　案例十四分析思路

## 五、理论依据与分析

本案例主要分析依据为旅游地生命周期理论。学界较为普遍公认和广泛应用的旅游地生命周期理论模型来自巴特勒（Butler）于 1980 年提出的“旅游地六阶段演化”。他将旅游地的发展进行了阶段性的划分，并对不同阶段进行了诠释：旅游地的生命周期始于一小部分具有冒险精神、不喜欢商业化旅游地的旅游者的“早期探险”（exploration）。在“参与”（involvement）阶段，由于当地人们积极参与向消费者提供休闲设施以及随后的广告宣传，使旅游者数量进一步增加。在“发展”（development）阶段，旅游者数量增加更快，而且对旅游经营实施控制的权力也大部分从当地人手中转到外来公司的手中。在“巩固”（consolidation）阶段，尽管旅游者总人数仍在增长，但增长的速度已经放慢。至于“停滞”（stagnation）阶段，旅游者人数已经达到高峰，旅游地本身也不再让旅游者感到是一个特别时髦的去处了。而到了“衰退”（decline）阶段，因旅游者被新的度假地所吸引，致使这一行将衰亡的旅游地只有依赖短距离的一日旅游者和周末旅游者的造访来维持其生计。针对巴特勒关于旅游地生命周期的这一理论模型，西方学者一直在做实证性的探索。尽管他们发现实际情况与这个理论模型之间存在差异，但他们的研究成果都支持这一理论的一般观点。

实际上，旅游地生命周期曲线的具体形状虽然因旅游地自身的发展速度、可进入性、政府政策以及竞争状况等因素的差异而各有变异，但每个旅游地都难免要经过“早期探险”“地方参与”“发展”“巩固”“停滞”“衰退”这样几个阶段。能够满足一切时代的旅游者的口味的度假地实际上是不存在的。然而，从经营的角度而言，没有一个旅游度假地的经营者不期望他所开发经营的度假地能在为他提供利润的前提下尽可能长久地生存下去。在弄清了影响旅游度假地寿命长短的因素并进而作出明智决策之后，旅游地的可持续发展是不难实现的。

## 六、教学要点

案例分析的关键在于将实际与理论相结合。依据实际案例使学生深入理解理论知识，并利用理论知识来指导实践，增强分析问题、解决问题、预测发展趋势并提前做好预案的能力。

案例教学中的关键能力点在于培养学生的战略思维，教导学生如何洞察市场趋势和消费者需求，更好地把握市场机遇，设计符合市场需求的产品或服务。同时强调产品设计的重要性，鼓励学生掌握产品设计的原则和技巧，善于从用户角度出发敢于创新，勇于尝试新的方法和思路，设计出具有竞争力的产品。

## 七、课堂设计

本教学案例建议规划为 2 ~ 3 个课时进行深入探讨。教学流程设计如下。

### 1. 理论导入与背景介绍（45 分钟）

（1）教师讲解：教师对旅游地生命周期理论进行系统性介绍，包括该理论的起源、核心观点以及在实际中的应用价值。随后结合长沙旅游的基本情况，概述长沙作为旅游目的地的历史演变、特色资源及当前发展态势。

（2）背景铺垫：通过展示相关数据、图片或视频资料，使学生直观感受长沙旅游业的蓬勃发展，为后续讨论奠定基础。

### 2. 问题思考与小组讨论（60 ~ 90 分钟）

（1）引导思考：教师提出问题，如“长沙旅游快速发展的主要原因是什么?”“当前长沙旅游业面临哪些挑战或问题?”等，鼓励学生独立思考并准备发言。

（2）小组讨论：将学生分成若干小组，每组围绕上述问题展开深入讨论。要求各小组结合旅游地生命周期理论，分析长沙旅游业的发展阶段、面临的挑战及可能的解决策略。

（3）实践探讨：进一步探讨长沙在旅游开发与管理中的实践措施，特别是针对夜旅游经济的提升策略。各组需讨论这些措施的有效性、可行性及潜在影响。

（4）汇报交流：每个小组选派代表向全班汇报讨论成果，其他同学和教师进行点评和提问，促进思想碰撞和深度交流。

### 3. 关键要点总结与启示（约30分钟）

（1）教师总结：教师根据各小组的汇报和讨论情况，总结本次课堂的关键要点，包括长沙旅游业发展的成功经验、面临的挑战及应对策略等。

（2）启示提炼：引导学生思考这些经验和策略对其他旅游目的地的启示，以及如何在未来旅游发展中应用这些理论和方法。

### 4. 课后作业与深入思考（约5分钟）

（1）布置作业：课堂结束前，教师布置相关作业，如撰写一篇关于长沙旅游业发展的案例分析报告，或设计一个针对长沙夜旅游经济的提升方案。

（2）提出问题：为了激发学生的持续思考，教师可以提出一些进一步思考的问题，如“长沙旅游业未来可能面临的新挑战是什么？”“如何创新旅游产品和服务以满足游客的多元化需求？”等。

## 参考文献

［1］长沙市统计局．长沙旅游业硕果累累［EB/OL］．（2019－10－10）．http：//www. changsha. gov. cn/szf/ztzl/sjfb/tjfx/201910/t20191010_8254418. html.

［2］长沙市文旅广电局．全国首创书香夜市，长沙图书馆走进火宫殿摆摊——长沙的夜晚不止有烟火气，更有书香［EB/OL］．（2020－08－28）．http：//whhlyt. hunan. gov. cn/whhlyt/news/sxxw/202008/t20200828_13677502. html.

［3］长沙图书馆．让乡村图书馆近悦远来（星城夜谈）［EB/OL］．［2022－02－19］．https：//mp. weixin. qq. com/s/dWyHUQpm7OcRgRTuz-qfyg.

［4］长沙图书馆．用声音传递城市书香｜长株潭三城声音图书馆联盟持续发力［EB/OL］．（2021－12－31）［2022－05－18］．https：//mp. weixin. qq. com/s/8cekZVB5FBRdEuFmWGAwiQ.

［5］长沙图书馆．阅见长沙｜23条双休日精品旅游路线任你挑，择日出发吧［EB/OL］．（2020－04－09）［2022－02－19］．https：//mp. weixin. qq. com/s/XY-nDNzEqgQih7CMM49hEw.

［6］长沙图书馆．展讯｜人民金融档案印记［EB/OL］．（2021－07－29）［2022－02－19］．

https：//mp. weixin. qq. com/s/AlFpO3msSRu5GsdaFEEtIw.

［7］常成．“夜经济”发展助推文旅融合的探索与思考［J］．当代旅游，2020，18（Z2）：30－31，37.

［8］丁俊杰，刁星彤．东亚文化之都：“域牌”的一种思考［J］．未来传播，2023，30（2）：2－10，138.

［9］傅才武，王异凡．场景视阈下城市夜间文旅消费空间研究——基于长沙超级文和友文化场景的透视［J］．武汉大学学报（哲学社会科学版），2021，74（6）：58－70.

［10］李莎，周淑云，刘沄沄．公共图书馆地方文献资源推广的实践研究——基于文旅融合的研究视角［J］．图书馆研究，2022，52（6）：59－66.

［11］李治．长沙夜经济“破圈”凭什么［N］．湖南日报，2023－07－28（005）.

［12］欧阳倩．一城山水一城歌——长沙市改革开放40年文化旅游业发展综述［EB/OL］．［2018－12－03］．https：//www. hunantoday. cn/news/xhn/201812/15948827. html.

［13］王自洋，陈一诗，肖雨滋．文旅融合背景下我国公共图书馆特色资源建设与利用策略研究［J］．图书馆，2021（6）：80－86.

［14］谢彦君．旅游地生命周期的控制与调整［J］．旅游学刊，1995（2）：41－44，60.

［15］禹建湘．长沙文旅消费示范性建构研究［J］．长沙大学学报，2022，36（4）：22－28.

［16］张玲．湖南长沙：探索文旅公共服务融合新路径［N］．中国文化报，2021－11－11（001）.

［17］张蕖．“网红城市”长沙崛起录［J］．国际品牌观察，2021（25）：49－51.

［18］张瑜，张晓楠，刘晓莉．西安文化旅游生命周期分析研究［J］．新西部（下旬．理论版），2011（7）：35－36.

［19］Butler R W. The Concept of a Tourist Area Cycle of Evolution：Implications for Management of Resources［J］．Canadian Geographer，1980，124（1）：5－12.